厦门同文书库

总　　编：中共厦门市委宣传部
　　　　　厦门市社会科学界联合会
执行编辑：厦门市社会科学院

编委会

主　　任：叶重耕
副主任：何瑞福
委　　员：戴志望　温金辉　傅如荣
　　　　　陈向光　彭心安　陈怀群
　　　　　庄志辉　李建发　曾　路
　　　　　洪文建　赵振祥　陈　珍
　　　　　徐祥清　魏志坚　陈振明
　　　　　朱　菁　李　桢

编辑部

主　　编：何瑞福
副主编：陈怀群　庄志辉　王彦龙　李　桢
编　　辑：李文泰

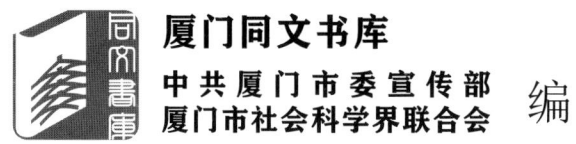

厦门同文书库
中共厦门市委宣传部
厦门市社会科学界联合会　编

何丙仲学术文集

何丙仲　著

图书在版编目(CIP)数据

何丙仲学术文集 / 何丙仲著. —厦门：鹭江出版社，2018.10
ISBN 978-7-5459-1495-5

Ⅰ.①何… Ⅱ.①何… Ⅲ.①厦门—地方史—文集 Ⅳ.①K295.73-53

中国版本图书馆 CIP 数据核字(2018)第 141561 号

厦门同文书库
中共厦门市委宣传部 编
厦门市社会科学界联合会

HEBINGZHONG XUESHU WENJI
何丙仲学术文集
何丙仲　著

出版发行：鹭江出版社
地　　址：厦门市湖明路 22 号　　　　　　　　　邮政编码：361004
印　　刷：厦门集大印刷厂
地　　址：厦门市集美区环珠路 256—260 号 3 号厂房一至二楼　　邮政编码：361021
开　　本：787mm×1092mm　1/16
插　　页：6
印　　张：25.5
字　　数：486 千字
版　　次：2018 年 10 月第 1 版　　2018 年 10 月第 1 次印刷
书　　号：ISBN 978-7-5459-1495-5
定　　价：95.00 元

如发现印装质量问题，请寄承印厂调换。

图1 在复旦大学读书期间作者（右）与同学互相学习（1985年）

图2 大学毕业在中国历史博物馆实习期间，与恩师启功、史树青两先生合影（1986年）

图3 陪恩师张宗洽先生参观上海博物馆（2002年）

图4 田野考古调查（同安区，1998年）

图5 田野考古调查（翔安区，1998年）

图6 与金门学者寻访清代闽台书法家吕世宜墓（2007年）

图7 出席厦门市社科联第6届代表大会（2012年）

图8 1990年旅美探亲期间，就读于加州托伦斯语言学校，结业时与阿克曼（Pet Ackerman）老师（中）合影

图9 难忘母校栽培之恩（2012年）

图10 在书房里读书学习（2013年）

图11 整理资料，已成每日常课

图12 2002年秋在荷兰莱顿大学访学期间，与包乐史教授（Prof. Bluses）、聂德龄教授合影

图 13　与旅荷学者江树生先生在荷兰海牙国家档案馆（2002年）

图 14　在巴黎与现代艺术家黄永砯世兄合影（2002年）

图 15　旅欧期间，在法国巴黎参观名胜古迹（2002年）

图 16　应邀为来访的泰国诗琳通公主介绍鼓浪屿历史文化（2002年）

图 17　与文物研究所长罗哲文老师在泉州（2010年）

图 18　与国学大师陈寅恪重要助手黄萱女士合影（2000 年）

图 19　在思明区首届郑成功文化节，与意大利学者白蒂（Prof. P. Garioti）久别重逢（2009 年）

图 20　与中国社科院清史研究所王春瑜研究员合影（2006 年）

图 21　在兰州与敦煌研究院院长樊锦诗教授合影（2013 年）

图 22　陪学者陈丹青游览鼓浪屿（2016 年）

图 23　作为鼓浪屿申遗顾问与国际古迹考察团安德斯博士一起接受采访（2012 年）

图 24　鼓浪屿申遗成功，与夫人颜惠芬同联合国教科文总干事博科娃女士合影（2017 年）

图 25　可爱的家，是作者工作和学习的大后方（2018 年）

序言/001
闽南文化研究/001
- ◎明末清初闽南文化研究/003
- ◎厦门独特的海洋文化/012
- ◎有关明代中左所城历史评价的几个问题/020
- ◎试论《温陵诗纪》和古近代泉南诗文化/028
- ◎明清时期厦门书画艺术的发展及厦台书画交流述略/036
- ◎闽南白话字溯源/054
- ◎1841～1860年美国归正教会在闽南地区的活动述评
  ——读《美国传教士与晚清中国现代化》/066

郑成功研究/077
- ◎郑成功强渡鹿耳门登陆台湾的日期新考/079
- ◎试论16、17世纪台湾在远东的地位及郑成功之驱荷复台/083
- ◎南明人物郑彩早年史事考/094
- ◎浅论弘光朝之后的郑彩/103
- ◎郑成功部属阮旻锡与《夕阳寮诗稿》/112
- ◎从《靖海纪略》解读郑芝龙/129
- ◎"顺治被炮毙于厦门"之我见/134
- ◎读《清史稿》札记
  ——说与郑成功有关的清朝官员/140

鼓浪屿历史文化研究/149
- ◎鼓浪屿建筑风貌的发展过程/151
- ◎鼓浪屿音乐文化发展概述/163
- ◎鸦片战争期间鼓浪屿若干史实的考证/174
- ◎有关合记与和记洋行的考证/184
- ◎纪里布与厦门开埠/191

◎鼓浪屿华侨史略/197

人物、文物与文献研究/213

◎陈化成大事年表/215
◎阮旻锡先生年谱/221
◎林次崖希元先生年谱/230
◎先大父仰潜府君年表/252
◎吴真人史实新考
　　　　——读厦门孙氏族谱《柳塘记》/258
◎千古英雄遗事业，等闲大海著微沤
　　　　——阮旻锡与《夕阳寮诗稿》/262
◎百年事业虽未竟，也有声名史册香
　　　　——林希元与《林次崖先生文集》/267
◎马革倘能归故里，招魂应向日南州
　　　　——易顺鼎反割台始末/273
◎有关郑成功若干文物的考释/280
◎陈永华"憩园"闲章考释/284
◎《陈忠愍公遗像诗卷》研究/286
◎厦门石刻文化绪论/293
◎厦门美术专科学校述略/334
◎海沧院前出土欧洲佛郎机铜炮考略/343
◎《厦门石刻撷珍》前言/348
◎《琴岛潮音》前言/351
◎重刊《梦梅花馆诗钞》前言/354
◎重刊《稚华诗稿》前言/357
◎重刊《小兰雪堂吟稿》前言/359
◎重刊《虚白楼诗》前言/362
◎重刊《禾山诗钞》前言/366
◎重刊《顽石山房笔记》与《紫燕金鱼室笔记》前言/368
◎重刊《海天吟社诗存》、《鹭江乙组梅社吟草》前言/372
◎重刊《红叶草堂笔记》、《感旧录》前言/376
◎蔡复一《遯庵全集》点校后记/380

附录/383

序　言

何丙仲先生是我所敬佩的学人。近日，他的大作《何丙仲学术文集》即将印行，征序于我。我虽不敏，断无辞谢的道理。一是可以对新著先睹为快，二是可以借此聊表我对丙仲先生的敬佩之情。

丙仲先生退休前任职于厦门市文博单位，大半辈子专注于闽南区域特别是厦门市历史文化的保护和研究工作，取得了丰硕的成果。已经出版的论著、译著就有《厦门碑志汇编》、《厦门墓志铭汇粹》、《厦门纵横》、《近代西人眼中的厦门》、《鼓浪屿公共租界》等等。至于单篇发表的论文札记等，总有不下百篇吧。这次整理出版的《何丙仲学术文集》，可以说是他多年来精心研究的力作之选。

近年来，区域社会文化史的研究得到社会各界的高度重视，但是毋庸讳言的是，许多所谓的区域社会文化史研究成果，大多发表一些诸如勤劳勇敢、爱拼会赢、尊师重道等等可以适用于全中国甚至适用于全世界的空泛之论。反观丙仲先生的研究成果，我们就可以发现他的学术兴趣，有两点十分突出。一是他注重历史文化的细部考察；二是注重对于中外文献资料以及民间文献资料的发掘与阐释。正因为如此，我们在《何丙仲学术文集》中所看到的篇章，基本上是前人未曾涉及到的问题，能发人之所未发。而在另一方面，由于掌握了许多以往被人忽视的文献资料，他又可以在前人反复论述过的问题上，寻找到新的突破。譬如，关于明末清初郑成功的史实研究，从上一世纪上半叶以来，几代人不懈努力，成果丰硕，在此基础上试图有所推进，难度很大。但是丙仲先生却能够在许多细部的问题上，深入探索，寻找突破，发表了一系列富有新意的学术论文，让人耳目一新。这些论著，都将在闽南区域社会文化史及厦门社会文化史的科学研究上，留下深刻的学术印记。

目前，丙仲先生已经年过古稀，又有脚疾诸病，不良于行。但是他依然顽强研读，时有新作。古人有云："种学绩文，孜孜不辍，见书必传，其家所藏。"丙仲先生之谓也。我祝愿丙仲先生多多珍重，为继承弘扬包括厦门市在内的中国优秀传统文化，做出更大的贡献。

厦门大学国学研究院　陈支平
2018 年 7 月 10 日

闽南文化研究

明末清初闽南文化研究

明末清初闽南文化的研究，是研究闽南文化总体发展历史相当重要的课题。

一

西晋末年，"衣冠入闽"，中原汉文化开始传入闽南地区。经过唐五代的蓬勃发展，两宋时期福建地方文化已日趋发达，特别是书院教育的兴盛，朱子学的走向全国，吾闽一时被称作"东南全盛之邦"①，而闽南地区因泉州港外贸的繁荣，衣冠文物之盛自不待言。宋元以后，福建文化"趋于缓慢的发展"②。然而明王朝为巩固其封建专制统治而尊经崇儒，继续大力推行程朱理学，客观上对文化教育反而有利。因而有明一代，福建地方文化虽始终以朱子学为指导思想，文化教育却相对得到发展，进而带动了社会文风的盛行。和省内其他地方相比，闽南漳泉两地在这些方面的表现更为显著：

（一）福建是南宋朱子学的发祥地，闽南地区尤以曾经经过"朱子过化"而自豪。元、明两代由于封建统治者的推崇和提倡，程朱理学被视为正学，成为一统天下的主导思想和读书考试的必修书，所以"明兴科名，与吴越争雄焉"③。明嘉靖以后，随着国势由盛转衰，尤其是王阳明学说一时盛行，朱子学的社会基础受到动摇，走向低谷。唯独在福建有蔡清、陈琛、张岳和林希元等朱子学学者，积极起来进行捍卫和抵制，这些学者都是闽南人，后三人被称作"泉州三狂"，结果王阳明学说在福建特别是闽南地区找不到市场。闽南地区是朱子学牢固的地盘。明代，闽南文化自始至终蒙上朱熹义理之学的幽光。

（二）文化教育相对发展。明代全国各地州县皆设有府学和县儒学，书院也获得官学的同等待遇，同时，社学普遍创立。闽南地区亦然。据明何乔远《闽书》和清同治重刊《福建通志》等文献所载的资料统计，闽南泉、漳两地分别有9所、25所书院，社学也分别有77所、100所。书院和社学的数量比同时省会福州及其属邑的总和还要多。这些教育机构以讲授《四书》、《五经》的朱子注解为主要内容，造就了一大批科举人才，整个明代福建共有进士

2495人，闽南地区就有892人（其中泉州586人，漳州306人），占总数35.75％。全闽举人总数2692人，泉、漳两地的总和占总数32.34％，闽南文化之葩即植根于这片文化教育十分兴盛的沃壤上。

（三）朱子学在闽南泉、漳地区的盛行，教育的兴盛，既为封建社会造就了一大批文化人，同时也使社会形成"教化行而风俗美"的人文环境。据明末何乔远《闽书·风俗志》所载，泉州安平（今晋江市安海镇）人不但"经商贾力于徽歙，入海而贸夷"，而且那里还有着"儿童诵读，声闻于达道。士挟一经，俛首钵心，无所不能为，贫者教授资俯仰，益壮不懈，是以缙绅先生为盛于中原"的景象；浯洲（今大金门岛）"士多读书，取高第不成者，去而之刀笔"；同安乃"朱文公之所过化也，其韵犹存"；龙溪人不但"入海贸夷"、"开山种畬"，其"士君子"还表现出一种"斌斌有文，翩然意气，而多自贵于千秋之业"的气质；漳浦的"君子娴于文辞，不但用以取出身而已"；甚至连被视作闽南末邑的诏安，当地的老百姓也有"羯羠多学；萑苇君子之风"。有关闽南社会风情，从这些一鳞半爪的概述，可知明人称誉闽南地方为"海滨邹鲁"，实非溢美之词。

以上所述，可以说是明代闽南文化的基本状况。

二

嘉靖朝是明史的分水岭。明嘉靖年间，国势由"财裕民足，四海晏然"的局面开始走向滑坡。嘉靖以后，尤其是末期的天启、崇祯两朝，明封建王朝已经危机四伏，内外交困，最后以灭亡告终。明后期的全国形势大致可以归纳为：（1）封建统治者朝廷内部腐朽没落，矛盾重重；（2）豪绅地主侵占田地，阶级矛盾不断激化，爆发农民起义；（3）东南沿海反海禁斗争日益尖锐，海盗、海商兴起；（4）反抗税监和"宦官之祸"斗争的深化，引发东林党为首的党社纷争；（5）倭寇及西方殖民势力的不断骚扰；（6）北方的满洲势力虎视眈眈，伺机入侵。整个社会发生了剧烈的动荡。从明后期到南明郑成功收复台湾的几十年间，发展缓慢的闽南文化突然出现前所未有的繁荣，涌现出郑成功、黄道周等一大批青史留名的杰出人物。明末清初的闽南文化有着如此绚丽的色彩和丰富的内容，除了程朱理学的长期浸润、文化教育事业和社会文风的兴盛等原因之外，显然是受到外部因素的影响。今据读书所得，归纳其外部因素有以下几个方面：

（一）东林党精神或思潮的影响。

明嘉靖年间，大江南北以及山、陕个别地区的文人社集很是繁盛。及至万历、天启两朝，文人社集逐步发展成为社党势力，卷入政治斗争的漩涡。当时

"东林势盛,罗天下清流"④,他们议论朝政,在反对矿税监和反阉党的斗争中,发展成为当时主要的社党。东林党人在学术上尊崇程朱理学,但他们不务空谈,主张躬行实践,通过过问政治,以求经世致用。他们还提倡人格,敢于揭发弊政,和邪恶势力做斗争。在当时的历史背景下,东林党人是值得肯定的,因此,在明后期的大变革大动荡中,东林党得到朝野人士比较广泛的支持和拥护。在方志的人物传记中,我们发现大部分闽南籍的官员都不同程度与税监、阉党做过斗争。他们中多带有东林党倾向或者就是东林党人,如万历年间入阁当政的与闽南关系密切的福清人叶向高和晋江人李廷机,就是著名的东林党人。崇祯朝"五十宰相"中的张瑞图、林釬、蒋德璟和黄景昉都是闽南泉、漳人氏,除张瑞图外,多数是站在东林党立场的人物。海澄进士周起元(厦门海沧镇衙里村人)为官敢于仗义执言,并顽强地与阉党做斗争,风骨铮铮,甚得东林党人赞许;同安进士陈文瑞因营救著名的东林党人周顺昌,并且为被阉党迫害致死的颜佩苇等五人(事见中学课本《五人墓碑记》)料理后事和立碑而名重一时。其他如黄道周、林一柱、林孕昌、张廷拱、陈天定、黄克缵和黄汝良等在朝当官的闽南士人都能恪守正气,态度鲜明地与邪恶势力做斗争而得到当世和后代的肯定,其中黄道周等就是相当有名气的东林党人。值得一提的是黄道周七岁就习朱子学,后以研究易学等学问称誉海内。当清兵入关后民族矛盾激化之际,黄道周不是"坐谈心性",而是毅然挺身而出,亲自带兵抗清,最后舍身就义,用生命实践了朱子学"致知力行"的儒家义理。黄道周等上述的这一大批具有东林党进步思想的人物给福建朱子学增添新的内容,对当时士林的影响甚大,其后清军入关,他们大多积极参加郑成功的抗清复台事业,或者遁迹山林以遗民著述名世,以自己的行为恪守朱子学"夷夏之防"的理论。

此外,更有一部分参与或同情东林党而受排斥的闽南士人回乡后结社讲学,自然也把东林党的精神或思潮带到当地。晋江人进士林孕昌被逐回老家后,与同安布衣黄文炤"倡导明旦气之学",结笋堤社讲学,"分'文、行、忠、信'四大柱课艺"。⑤东林党人曾樱、黄道周以及蒋德璟等人声气相求,先后入社,"论学必依程朱、虚斋正派"⑥。同时泉州的社集还有宗镜社、颖社等,漳州有黄道周的邺山讲堂、蒋孟育等人创立的元云诗社等。

从明末闽南士林与东林党的关系,及其影响(如东林党的排斥性等流弊对后来闽南文坛的影响,可能即其一)等情况分析,东林党精神或思潮这个因素不可忽视。

(二)"西来孔子"对闽南文化的影响。

16世纪随着新航路的开辟,西方势力开始对远东进行扩张,天主教耶稣教会也步其后尘接踵而来。被葡萄牙人占据的澳门成为天主教传教的中心,并向其他地区扩散。1582年,传教士利玛窦来华布道,即采取接触上流社会和士大夫阶层由上而下的方式开展活动。万历三十八年（1610年）来华的天主教意大利传教士艾儒略于天启五年（1625年）赴闽并遍历福建各地，即沿用利玛窦的方式与官宦和文士广泛接触，论道讲学，传教洗礼。艾儒略在闽23年，共建有大教堂22座，小教堂不计，受洗1万余人。⑦方豪先生曾称："在中国天主教外来传教士中，再没有比艾儒略更受学者欢迎的。《圣教信微》说他被尊为'西来孔子'，这样崇高的尊称，连利玛窦也没有获得。"⑧

其实在艾儒略入闽前后，已有到澳门经商的闽南人接触并信仰了天主教，并把天主教带回故乡。著名海商集团首领、郑成功的父亲郑芝龙及其家族就有不少人是天主教徒。1621年，郑芝龙到澳门学习经商，不久便接受天主教义，领餐受洗，取圣名为尼古拉。1644年，日本长崎发现一艘郑芝龙的商船，船中有《玫瑰经》、念珠及宗教书，持有者自称圣名"安多尼"。郑氏安平宅中还设有传道场所，可做弥撒，亦有神父传教。

天主教在闽中（包括闽南）地区传道取得成功的原因，我们认为有以下主要原因：（1）闽中特别是闽南地区文化教育相对发达，社会文化基础比其他地区略高；（2）明嘉靖以后，党社活动繁盛，"杂学"兴起，士大夫和知识分子有探求程朱理学以外其他思想的欲望和自由；（3）"西来孔子"善于尊重中国文化，融合中国文化于天主教的传教方式，得到士大夫和知识分子的认同。

在艾儒略等人的积极活动下，闽南文化增加了新的内容。有一批闽南文化的精英分子认同了艾儒略的天主教学说。追随艾氏布道讲学的就有泉州举人张赓、漳州人严赞化等人。既是大学士又是东林党人的叶向高更是艾儒略的知音至友。闽中士大夫和读书人共有71人向艾儒略题赠诗作，其中有张瑞图、何乔远、池显方、黄文炤、庄际昌等闽南泉、漳两地著名的士大夫和读书人共28人，约占三分之一强，由此可见天主教对闽南文化影响程度值得注意。

1649年艾儒略去世后，闽中天主教势力转弱，直到清代康熙中叶的"禁教"为止的几十年间，"西来孔子"的天主教学说和他带来的类似《职方外纪》这样的西洋地理学等新知，毕竟给终日讲究义理，埋首举子业的闽南知识界注入了新的观念，促进了对西方的了解，不失为闽南文化开放性一次最初的演练。

（三）海洋文化对闽南文化的影响。

明朝政府为防倭患，长期以来执行海禁政策，"寸板不准下海"，与此同时坚持"唯止通贡，不许通商"⑨的朝贡贸易原则。这些举措引起东南沿海民间海商的强烈反抗。在海禁与反海禁的斗争中，民间海上贸易不断得以发展，闽南人一步步走向海洋。闽南文化也逐步融合了海洋的意识。

明代成化弘治之际（1465～1505年）兴起而衰落于天启年间的著名闽南月港走私贸易，开通了东西洋（即东南亚诸国）和日本的海上商业往来，葡萄牙、西班牙和日本等外国商船直接停泊在九龙江口的海面，除传统的香料、珠宝外，带来了更多的是生活日用品，如番米、椰子、燕窝、番被、番镜、番藤席、西洋布和各种皮货、矿产，番薯、烟草和天鹅绒等异国物种此时期也传入闽南地区。天启以后，厦门港逐渐取代了月港海外贸易的地位，万历年间举人池显方在其《大同赋》曾描述厦门港的社会风情说该处"郎机（指葡萄牙）始通，旁达西洋，商舶四穹。冬发鹢首，夏返梓栊。朱提成岳，珍宝如嵩。醖醿如淮，肴品若丛。俳优传奇，青楼侑觞"。物质生活的丰富，已经催化精神文化生活发生变异。大量的舶来日用品在闽南沿海地区的出现，川走东西洋的海商、水手带回来有关航海和海外的信息，种种社会生活的变化而产生的新观念新视野，冲击着程朱理学在闽南的社会基础。

郑成功即为受海洋文化影响的典型人物。郑成功出身于明末最具代表性的闽南海商家庭，其父郑芝龙和郑氏家族的其他人大多是在东西洋航海逐利的豪强人物。郑芝龙颇能诗文，今尚能读到他的石刻诗文和有关远东海图的题跋，他还懂日本、荷兰等国语言，敢于违背传统理学名节、夷夏之防的观念，娶夷妇为妻。郑成功七岁从日本回国后，即接受传统的以朱子学为中心的儒学教育，从《延平二王集》中所读他早年的诗作，大多乃刻板空泛的应试习作，特别是文献所说郑成功少年时代写过得到时人夸奖的"洒扫应对"类的文章，其实都不能超出程朱理学的窠臼。然而因为他受到家庭和闽南社会的背景影响，海洋文化和商品经济的观念在他的头脑中占据相当大的成份。郑成功在举师抗清的同时，就以"通洋裕国"为重要策略。1650年，郑成功诛郑联、併郑彩、建立金门厦门抗清基地，既是为其抗清复台找到立足点，更是为着夺取海商首领地位和占据通洋口岸这两个目的。郑成功在金厦抗清的十余年间，不断地发展海上贸易，与荷兰殖民主义者在远东和东南亚海域进行商业竞争，他亲自查验"五行十商"，掌握海上贸易的大局，并于1662年率师驱除荷兰殖民者，收复了台湾。既维护祖国的神圣领土，又切断荷兰人的海上贸易航线，控制了远东台湾海峡的海权，迫使荷兰在东方的扩张势力一蹶不振。郑成功"由秀才封王"，但这位"秀才"绝不是"居敬穷理"的理学门徒，海洋文化的胸襟与理念造就了这位被国人誉为富有民族气节和爱国主义精神的民族英雄，还被国际学术界尊称为17世纪叱咤风云的海上大英雄！

郑成功是闽南地区接受海洋文化影响而产生的人物中的一位。其他方面的杰出人物还有张燮等人。张燮，字绍和，龙溪人，明万历举人。受江南东林党结社风气的影响，曾与蒋孟育、高克正等文士结为元云诗社，并与著名的东林党人、理学家黄道周、周起元为至交。张燮关心时务，对闽南航海贸易尤为关注，编著有《东西洋考》一书，至今仍然是研究中外关系史和经济史的重要文献。闽南文化的海洋性，在明末清初已奠定了基础。

(四)"海外几社"对闽南文化的影响。

明嘉靖到万历初年是文人士大夫结社的萌芽时期,到了崇祯年间,江南一带已是社集林立。除了势力最大的东林党外,还有张溥、张采等人的复社,杨廷枢、顾麟士等人的应社,夏允彝、徐孚远、陈子龙等在松江创立的几社等等。崇祯初年,几个大的社集合而统称复社,时有"小东林"之称。但实际上仍"各分坛坫"⑩,分别独立活动。他们以文会友,切磋学问,砥砺气节,议论朝政,具有鲜明的政治倾向性。清军入关打到江南后,击碎了这群士子诗酒结社的逸情,他们中"大半都为国牺牲了性命,颓废的老者,也入山当了和尚"⑪,当然还有少数软骨头的文人投顺了清朝。总之,一时繁盛的社事活动顿作鸟兽散。

迨清兵南下之际,松江几社的陈子龙、夏允彝两人相继在抗清斗争中殉难,社中人物徐孚远则辗转随监国鲁王南奔厦门依附郑成功,几乎同时抵厦的还有张煌言、陈士京、沈佺期、卢若腾和曹从龙等富有民族气节的诗人、志士。郑成功本人也擅长作诗,青年时代曾受业于东林党魁首钱谦益,1646年起师抗清后,与一度流寓闽南的原东林党人曾樱、路振飞等人也颇有过从。徐孚远等人终于在闽南找到一处安身立命的理想所在,并创立"海外几社",继续以诗文抒发其"悲宕激壮"的民族气节和爱国热情。

据现存文献所载,时称"(海外)几社六君子"的为徐孚远、张煌言、陈士京、卢若腾、沈佺期和曹云龙。当时向徐孚远等人请教诗文或"从之游"者,尚有莆田人周金汤、曾世袞、漳浦人黄骥陛、张若仲、同安人纪文畴和纪许国父子、林霍和庄潜等一大批寓厦的闽南士人,厦门人叶后诏和郑郊还和徐孚远结为"方外七友"。他们在抗清战斗的间隙,经常在金、厦两岛"寻幽选胜","仙洞、虎溪间,游展折焉"。⑫"海外几社"是厦门历史上第一个见诸文献记载的诗文社集,社友们的诗文创作及对闽南文化的影响均可在地方文化史上占据重要的一席之地。

清初学者黄宗羲曾称许他们"犹是东林之流亚余韵也,一堂诗友,冷风热血洗涤乾坤"⑬,事实上,"海外几社"的社友们辗转入闽并直接参加郑成功的抗清斗争,同时把当时相对繁荣发达的江南文风引进闽南,甚至又传播到了台湾,其积极的意义决非东林党人所能望其项背。

三

由于受到以上几个外部因素的影响,明代后期的闽南文化在原有的朱子学传统和相对比较兴盛的文化教育的基础上,经过交流整合,呈现出新的繁荣景象。综观福建文化发展的全过程,可以发现明末清初闽南地区涌现出的这一批杰出历史人物及其影响,还有社会文化的兴旺发达程度,比之两宋福建文化繁荣时期都毫不逊色。

其一,人才辈出。从明后期的嘉靖年间到清初这短短百数十年间,历经不平凡的社会大动荡,各种文化和思想在闽南大地进行着撞击、交流和融合,闽南文化注入了新的血液,同时也先后涌现出一大批带着时代烙印和闽南地方特色的杰出人物,登上中国历史大舞台而名垂史册。诸如民族英雄郑成功,即是儒家文化结合海洋文化而产生的典型人物。他在抗清、复台以及发展海上贸易方面既表现了儒家的爱国情操,也体现了海洋文化坚毅、开放的风范。他的爱国主义精神至今仍受到后人的无限崇敬。理学名家黄道周用生命和热血把朱子学"经世致用"的精神发挥到极致,他的书法和诗文也因其坚贞的民族气节而受到后人的尊敬,传颂千秋。著名的海商郑芝龙、郑彩及其庞大的家族驰骋在东西洋,17世纪他们所从事的中国商品经济发展之兴衰仍令后人扼腕不已。此外,在中国历史上著有姓名的还有率师专征台澎、统一大清版图的施琅,助清朝南下打江山的原明朝大臣洪承畴以及清初发展朱子学的名臣李光地等。在文学艺术领域赫赫有名的有具有强烈变革精神的文学家李贽(卓吾)、被海内文坛尊称为"演迤详赡、蔚为文宗"的王慎中等人。书法方面首推张瑞图和黄道周,他们的行书艺术被视为中国书法史上的高峰,肖像画家曾鲸(波臣)的技法融入西洋画的效果,"出一新机轴"⑭,开一代画派。这批闽南籍杰出人物的影响已超越地方性,他们与两宋时期出类拔萃的思想家、教育家朱熹和科学家苏颂等人物一样,都是闽南人的骄傲。就这批历史人物的数量和影响的范围和深度而言,明末清初的闽南文化被称作是整个文化发展过程的第二波峰,当是确论。

其二,社会文化"百花齐放"。宋元之后,闽南地区的月港、安平港和厦门港渐次取代泉州港的海上贸易地位,成为东南对海外航海贸易的中心。因而该地区的商品经济在当时相对发达。社会文化的内容也会比其他以外地方更为丰富多彩。加上明代封建统治者把注意力集中在"海禁"方面,对文化无法更多干预,文化发展比较自由。同时海商富豪的出现,科举出仕已不再成为读书人唯一的出路,因而社会民间的文风比以前更盛。文学、艺术领域出现"百花齐放"的局面。

这段时期,文人著述已形成高潮。明朝特别是后期,记载在泉漳地区方志里的人物大多都有诗文集。郑成功的幕僚阮旻锡一人就有二十余种著作,郑成功的叔父郑鸿逵乃武进士出身,也辑录有诗集一本。可惜三四百年后这些丰富的文化遗产几乎荡然无存。所存的有抗倭名将俞大猷的《正气堂集》,激昂慷慨,独树一帜。重要的诗文作品还有卢若腾的《岛噫集》、王忠孝的《王忠孝公全集》、阮旻锡的《夕阳寮诗稿》和李光地的《榕阴全集》等诗文集,史学方面有何乔远的《闽书》、阮旻锡的《海上见闻录》、杨英的《先王实录》等。

中外交通史有张燮的《东西洋考》等。明代晋江何炯所编《清源文献》十八卷以及当代史学家朱维干教授所编《四库全书闽人著作提要》均可查明代闽南人的著作，在同一时期全省中已占相当大的比重。

福建戏曲基本上根源于唐五代，宋代南戏形成，而成熟期则在明代。梨园戏中最出名的《荔镜传》等剧目皆盛行于此时。当时"泉腔"盛行，"虽至俳优之戏，必使操'泉音'"⑮。明代闽南人还到琉球国演戏，表演《荆钗》、《姜诗》诸剧。

提到中国古陶瓷文化，不能不以明代最成熟的德化窑白瓷为例，特别是何朝宗创作的德化瓷塑作品，现已成为耳熟能详的国宝。此外，配合海外贸易而烧制的漳窑瓷器（福建青花瓷）也是盛行于明后期的闽南，成为近年中外陶瓷界研究热点之一。

在开展海上贸易的过程，闽南文化也比前代更多地向外传播。明代之时，妈祖信仰、朱子思想就传到异国他乡。著名的黄檗宗隐元和尚和朱舜水等人就从厦门出发到日本，带去了中国传统文化。至今日本还有"漳州寺"、"福州寺"等，就是明代福建（主要是闽南）名僧不辞劳苦，远渡重洋前去传播的。

明代闽南文化的许多门类都臻于成熟，在明末清初特定的背景下，呈现了新的生命力。

繁荣一时的闽南文化在1646年清兵入闽时遭受到致命的摧残。满洲统治者的武装力量攻城略地，屠杀不肯剃发归顺的汉人，其中就有许多有民族气节的文化人。更有不少文化人遁入空门或归隐山林，表示不妥协的态度。还有一部分文化人则追随郑成功起师抗清。整个文化阵营基本上崩溃了。清朝统治者在武力征服的同时，开始采取文化镇压政策。顺治九年（1652年）由礼部题奏，提出六条禁令，其一为"生员不许纠党多人，立盟结社"⑯，到了顺治十七年，更根据《严禁社盟疏》而颁行全国，对文人结社活动"着严行禁止"⑰。康熙朝并且开始进行可怕的"文字狱"。闽南文化发展到清初，又进入新的停滞期。至于清初闽南文化所遭受的破坏，笔者日后另有专文，此不赘述。

特定社会环境产生的闽南文化，在明末清初动荡的时代背景所绽放出的异彩，其特色、内涵等方面还值得引起重视，深入研究。本文的重心在于探讨外部因素对明末清初闽南文化的影响，也涉及其他，姑作初探。

本文载于《闽南文化研究》，福建省炎黄文化研究会、中国人民政治协商会议泉州市委员会主编，海峡文艺出版社，2004年11月。

注释：

① 张守《毗陵集》卷六。
②⑭ 王耀华《福建文化概览》，福建教育出版社，1994年。
③ 李光地《重修文庄蔡先生祠序》，转引自高令印、陈其芳《福建朱子学》。
④《明史》卷二百五十六《崔景荣传赞》。
⑤（乾隆）《泉州府志》卷四十五《林孕昌传》。
⑥（乾隆）《泉州府志》卷四十八《林云龙传》。
⑦ 顾保鹄《熙朝崇正集印本序》，载《天主教东传文献》第一编，台湾学生书局出版。
⑧ 方豪《中国天主教史人物传》（上册）《艾儒略》。
⑨ 王圻《续文献通考》卷二十六《市籴考二》。
⑩ 陆世仪《复社纪略》卷一。
⑪ 谢国桢《明清之际党社运动考》。
⑫（道光）《厦门志》。
⑬ 黄宗羲《东林学案》。
⑮ 何乔远《闽书》。
⑯《松下杂钞》卷二。
⑰ 杨雍建《黄门奏疏》卷上，转引自谢国桢《明清之际党社运动考》。

 # 厦门独特的海洋文化

一、厦门港口独特的地理优势

厦门地处我国的东南部,由厦门岛和大陆沿海部分地区以及周边数十个大大小小的岛屿组成。其西面紧靠九龙江出海口,东南面向大海,曲折的港湾与台湾海峡和太平洋海域相连通。其北部、东北部是连绵的丘陵山地,构成了其依山枕海而呈"海口型"的独特地理优势。厦门港自古以来就是天然良港,高居堂奥,雄视漳泉。它界乎上海和广州这两大港口之间,与台湾的距离最近。

厦门的东北部和泉州接壤,西面溯九龙江口而上不远就是漳州。厦门和泉州、漳州这两座历史文化名城的管辖地区统称作闽南,连绵不断的闽浙山地丘陵使闽南地区与中原内陆地区相对隔离。海,得天独厚地和厦门联系在一起,并为厦门人提供了开拓进取的无垠空间。

闽南,包括整个福建在古代被称作蛮荒之地。先秦时期的《山海经》甚至还有"闽在海中"的记载。据人类学研究的结果表明,生活在闽南的先民,作为南方海洋部族的一支——闽越族人,即承袭越人"以船为舟,以楫为马,往若飘风,去则难从"的文化传统,很早就活跃在海上,以海为生,习水便舟。距离厦门咫尺之遥的金门富国墩贝丘遗址和漳州复船山贝丘遗址,证实了生活在闽南地区的闽越族这个海洋民族"以海为田"的生活习性。厦门濒海星罗棋布的大小岛屿,更是给先民提供了"行舟楫之便"。

特殊的地理环境,使厦门的文化发展既积累着农耕文明为主的大陆文化的底蕴,也同时蕴含着海洋文化的另一种底蕴。从文化的演变、发展来看,与其说厦门是大陆文化与海洋文化互相交融和影响的一个交汇点,不如说它是大陆农耕文明向海洋文明发展、过渡的重要基点,更为确切。众所周知,闽南的社会主要由历史上中原的移民所组成的,中原文化也随着移民的不断迁入而在闽南大地生根发芽。秦汉之时,中原人民已陆续南迁入闽。东晋永嘉二年(308年)前后,"衣冠南渡"形成第一次移民高潮。稍前的晋太康三年(282年)厦门同安已经建县,今厦门海沧原来所属的龙溪亦在南北朝时期的梁大同六年

（540年）设县。初唐陈元光父子率师到闽南守土开发，而后有唐垂拱二年（686年）的置治漳州，景云二年（711年）泉州的设治和贞元十九年（803年）金门的设立万安牧马监。厦门岛以外的闽南开发到这个时候已经成熟。沿海社会经济的发展，导致了向海洋延伸的趋势。厦门岛的开发因应了这个大势，成为大陆农耕文明向海洋文明发展、过渡的重要跳板。据近年泉州出土的唐大中十一年（857年）墓志所载，最初到"海之中洲"的厦门的是墓主的曾祖父（当为陈喜）。原先这里"四向沧波，非利涉之舟，人所罕至"，陈喜"乃刳舟剡楫，罄家浮海"而来。这方墓志的内容告诉我们，至少公元9世纪，不但内陆已能用船运载马匹到金门岛，到厦门岛也有了"利涉之舟"。随着移民社会的建立，厦门岛开始与闽南沿海地区声气相求，一同站在向海洋文化发展的最前端。

二、厦门海洋文化的形成

闽南地区在地望上远离中原，远离中原正统的政治和文化中心。两晋以后，中原文化随着移民不断迁徙入闽而得到播迁，经过长期反复地交融和积淀而形成了一种独特的区域文化，这就是闽南文化。中原地区自汉唐以来已进入封建社会的鼎盛时期，在文化上形成了以儒家思想为核心的主导地位。儒家文化的不断南播，进入闽南这个被山地丘陵阻隔而又面向海洋的"蛮荒"之地，即使这种区域文化有认同、接受儒家文化对社会的教化、规范和制约的一面，也使其在文化上形成了"远儒性"的特征的另一面。有学者认为，这种"远儒"特征表现在其"尊孔崇儒"的同时，也"表现出更多的非正统、非规范的文化特征和叛逆性格，也更易接受外来文化影响"[①]，也即自由、开放的一面。闽南文化的双重性格，构成矛盾统一的辩证关系。两宋时期，闽南已完成从蛮荒之地到理学之邦的建构。一方面是闽南的泉州成为集造船、航海和贸易为一体的东方第一大港，有诗赞其"苍官影里三州路，涨海声中万国商"的繁华景象；而另一方面则是闽南大地（尤其厦门的同安）几乎成为朱熹理学思想的过化之地。但两个现象并行不悖地共存。漳、泉之间的驿道，五通、东渡和刘五店等渡口码头，使厦门与大陆紧紧联成一体。厦门辖区内发现的宋元时期的许多窑址以及流传、保存于海内外的大量外销陶瓷文物，说明至迟在宋代，崇商尚贾的观念冲击着闽南地区，海洋经济已波及了厦门。

厦门人民在向海洋拓展的过程中，发展了自己的海洋经济、海洋社会和海洋人文模式，积淀了丰厚的文化，体现了闽南文化海洋性的一面。然而厦门之逐步成为一个港口，是在明清时期。明初，朝廷为防倭患和施行海禁政策，在福建沿海设立五卫十二所，建在厦门岛上的中左守御千户所城即其中之一。随着官方"朝贡贸易"的结束以及泉州港的式微，闽南的海洋活动转以民间非法走私和下海通番为主。海禁和反海禁的斗争，维系着有明一代。中后期以后，大西洋沿岸的欧洲国家通过"地理大发现"，开始从大陆经济向海洋经济转变，并且向远东海域扩张。与此同时，泉州的安平港和以漳州月港为主的厦门湾的私商对外贸易也日渐频繁，后期的月港还由非法的走私港变成合法的民间海商国际贸易商港。被封建统治者称作"海盗"的闽南人有曾一本、林道乾、林凤、袁进、林辛老、李旦、刘香等，其中李旦、颜思齐、郑芝龙势力最强，影响最大。这些闽南人纵横于从日本到印度洋以东的海域，建立中国人为主的贸易圈，并在海外形成了闽南移民社区。1650 年，郑芝龙之子郑成功在厦门、金门建立抗清、复台根据地的同时，以厦门为口岸，大力发展海上贸易，借以"通洋裕国"。郑成功据金、厦期间，厦门成为闽南最主要的港市聚落，因此说，郑成功是厦门港的奠基人。1661 年，郑成功一举打败西方势力中最强硬的荷兰殖民者，收复东西洋海上贸易网络中的关键区位——台湾，控制了远东海域的海洋贸易，从而为中国人争得了海权。

"蛮荒"之地的生存理念，使闽南人逐渐从"以海为田"的半渔半农，变成私通番市、"亦商亦盗"的"负海奸民"，崇商尚贾的寻求致富之道慢慢取代了儒学文化的思想禁锢；不惧海上风涛的险恶，从敢以违禁下海，到敢与强敌作殊死的搏斗而最后取得胜利，闽南人勇以冒险进取的文化心态进一步得到升华。闽南人，或者厦门人那种冒险进取、崇商尚贾的海洋文化心态终于凸现出来。

清初，厦门的海洋经济一度受到打击。但随着 1683 年台湾的回归，大清版图的统一，清政府取消"海禁"并在厦门设立闽海关正口，厦门港得到空前的发展，成为和台湾对渡的"台运"正口，同时又是对东南亚贸易的重要口岸，出现"番船往来，商贾翔集，物产糜至"的繁荣景象。雍正年间，在《奉督宪禁革水手图赖碑》②上署上名款的"沐恩"商船主就有四百多户（尚未"沐恩"者更不知凡几），足以估算当时厦门港海船数量之多。港口的空间格局也逐步完成，厦门港除了仍沿用沙坡尾水仙宫路头，还增设沿厦门岛西南的洪本部、打铁、新路街等十多个码头，与航海贸易行业有关的街市同时也已形成。厦门真正成了大陆东南一个重要的港市。鸦片战争之前，国人基本上还不知道英吉利是何方丑夷，而道光十九年（1829 年）出版的《厦门志》不但有关于"东洋"的日本、朝鲜和琉球，"东南洋"的吕宋等地和"南洋"的越南、暹罗等地的记载，还有"西南洋"的荷兰、英咭唎、法兰西等"番市"的大体情况。可以说，至少到了 19 世纪初年，从太平洋到大西洋的广阔海域已经纳入厦门人的视野。特别是贸易的发展，商品的流通，财富的积累，港市的繁华，人们生活的提高，已经对民众的文化心理，行为观念，价值取向等产生重大而深刻的影响。

然而清朝政府执行的这种"有限开放"的对外贸易政策，是很难以满足完成工业革命后西方殖民者的胃口的。1840年的鸦片战争，西方列强的坚船利炮终于轰开了古老中国的大门。厦门，成了近代中国最早被迫对外开放的五个通商口岸之一。长期植根于儒家文化土壤的闽南人海洋文化心态，受到"西潮"的强烈撞击，开始经受着"蔚蓝色"文明的锤炼。鸦片战争后，西方列强迫使清朝朝廷签订了不平等条约，开辟通商口岸，夺得设立租界、协定关税、沿海贸易等一系列特权，使我国的对外贸易和沿海港市的发展发生了根本性的变化，原先厦门独立自主的海洋贸易，也逐渐变成了半殖民地海洋贸易，同时也成为联结近代世界市场的商品运输环节。

厦门作为港市，其原有的海洋文化特点也在起着变化。"西潮"卷裹着西方文化逐步渗透进来，西洋的宗教以及教育、音乐和医疗卫生，甚至生活习俗等等，慢慢被厦门人所包容、接受。这期间，不断有更多的厦门人出国谋生，有的还到先进的西方国家留学接受知识和技能。更为重要的是明清时期或者近代早期漂洋过海到东南亚等地移民谋生的闽南裔人士纷纷回到祖籍地，厦门这座特殊的港市，成为他们在清末民初那动荡时代的首选之地。大量华侨长期或短期的回到厦门居住或发展，进而把他们在东南亚诸国多元的海洋文化带到厦门来。20世纪初，在华侨和地方人士的共同促进下，厦门开始进行近代化城市的建设。20世纪二三十年代，厦门成为饮誉中国东南部，甚至东南亚最具特色的海港城市。厦门的海洋文化特色发展到这个阶段，已经臻于成熟。

三、厦门以海洋文化为特色的区域人文特点

厦门处于大陆与海洋的边缘，特殊的地理环境为厦门人民在向海洋拓展，发展海洋经济、海洋社会和海洋人文等方面提供了有利条件。大陆边缘的江河出海口和曲折的海湾，又为文化形成积淀奠定了不可多得的基础。厦门区域文化具有的海洋特色，乃是因为它植根于闽南文化的土壤上，而闽南文化正是中原文化的区域性表现。因而，这种闽南文化与海洋结合的海洋文化的独特性，迥然有异于国内的其他港市。

闽南文化在自唐宋以来漫长的形成过程中，由于中原儒家文化的不断南播，进入闽南这个与中原阻隔而又面向海洋之地，在文化上一度形成了以儒家思想为核心的主导地位。但因为"蛮荒"的艰难开拓，和海洋社会生活的复杂多变，自然崇拜、祖先崇拜、鬼神崇拜等等与儒家文化相异的文化心态遂滋生蔓延。闽南移民的社会文化性格中，既保存有"尊孔崇儒"的一面，又表现出其自由、开放的一面。闽南文化这两种既对立又统一的双重文化性格，在海洋经济逐步发展的前提下，后者会体现得越来越充分。宋元以后泉州港的对外贸易，明代漳州月港走私贸易以及郑氏海商集团对远东海域的控制等，都可以为

例。明末清初崛起的厦门港市，聚合了漳、泉两地不同时期不同背景形成的文化的积淀，在厦门独特的地域中重新形成以海洋文化为特点的区域文化。厦门这个区域文化之有别于漳、泉两地，在于厦门从明末以后朝着港市发展，而漳、泉两地尚停留于地区范围里政治、经济和文化的中心，没有再进一步形成港市。依托港市为聚落的厦门人（其中漳、泉两地移民占一定比例），在发展海外贸易促进社会经济繁荣，创造光辉灿烂而有富有特色的区域文化的同时，通过与世界的接触开阔了国际视野；通过与大海的搏斗练就了吃苦耐劳的秉性，也培育了积极进取的理念和敢于冒险的精神。

因此，面临汹涌澎湃的"西潮"，厦门人似乎具备先天的适应性和包容性。一百多年的中西方文化的互相撞击，互相交流，使厦门以海洋文化为特色的区域文化特点更加彰显出来。厦门以海洋文化为特色的区域文化至少具有以下特点：

（一）既崇商又尚儒。

与中原相比，尽管包括厦门在内的闽南地区的开发相对较晚，但民间的航海经商贸易，却开展得相当早。其中一个根本的原因是地少人多，迫使人们不得不"以海为田"，发展海上贸易。宋代诗人谢履的《泉南歌》可以为证，诗句云："泉州人稠山谷瘠，虽欲就耕无地辟。州南有海浩无穷，每岁造舟通异域。""州南有海通异域"，说明包括泉州府所属的同安一带海域当时也"通异域"。在濒海先民从"兴渔盐之利"的近海渔猎，到"行舟楫之便"的发展海洋经济，一直到"扬帆外国，交易射利"的拓展海洋事业。儒家文化的"重儒轻商"观念在此过程中节节弱化，而崇商尚贾的理念却不断得到抬升，但其"尚儒"的思想内核并无改变。尤其到了明末海上私商盛行的时候，崇商尚贾在现实中得到了实惠，这个理念更是深入人心。郑氏海商集团纵横远东海洋，所获得的巨大利润不但让其家族富甲东南，有能力拥戴封建小王朝，还拥有打败世界强敌——荷兰殖民者，收复台湾的强大实力。郑芝龙、郑成功父子经商致富的成功，同样也是曾经作为口岸基地的厦门人耳熟能详之事。郑成功"忠君"的儒家理念，是其赢得人民支持的社会基础。清代，闽海关的设置以及关赋市税的征收，意味着海市的开放和商业活动的合法，生活在"海潮回环，乡村绣错，不减通都大邑之风"的厦门人之崇商理念更上了一个层次。他们无论在本地或出洋到海外，均以经商作为致富的一条捷径，特别是海外厦门人更甚。关于厦门商人的经商才能，近代一位英国人有过评价说："（厦门）当地人民似乎是天生的商人和水手，由于他们家乡的贫瘠，多数人无业可就，但更主要的是他们的性格驱使他们离乡背井，……无论他们到什么地方，就很少再贫困下去，相反地，他们往往变得富裕起来。由于他们资金多，人又勤劳和擅长经营，……这个贫瘠的地方却成为中国最富饶的地区之一。"③近代以来，海外著名的侨商，如黄仲涵、陈嘉庚、黄奕住、李清泉等数不胜数，无一不是通过经商获取利润的。他们和其他祖籍地的侨商略有不同之处在于：他们中多数人致富后都能反馈于中国本土的文化教育事业。陈嘉庚先生"倾资兴学"的事迹就是其中一个典型。因为厦门人的崇商尚贾传统理念，是紧紧植根于"崇儒"与"远儒"两种文化性格共存的闽南文化这块沃土上，因而厦门人的崇商尚贾理念，有其独特的地方。

（二）既冒险又知足。

明初，随郑和下西洋的马欢在其《瀛涯纪略》里就有他在东南亚见到今所称大厦门湾范围内的海澄人聚落之记载。向海洋发展，成为闽南人厦门人唯一的历史选择。宋元时期，西太平洋沿岸与印度洋沿岸由海路连接成海上"丝绸之路"，形成中世纪东方世界的海洋贸易圈。厦门曾经和泉州港等一起参与过海上"丝绸之路"的贸易活动。明清时期，民间非法走私和下海通番成为闽南主要的海洋活动。清代厦门港开放以后，厦门"服贾者以贩海为利薮，视汪洋巨浸如衽席，北至宁波、上海、天津、锦州，南至粤东，对渡台湾。一岁往来数次。外至吕宋、苏禄、实力、噶喇巴，冬去夏回，一年一次。初则获利数倍至数十倍不等"④。因此明末清初的顾炎武说："滨海之民惟利是视，走死地如鹜，往往至外瓯脱之地。"⑤闽南人通过与大海的搏斗练就了吃苦耐劳的秉性，也培育了积极进取的理念和敢于冒险的精神。然而，值得注意的是，这些海外从商或移民者，除了谋求自身的发展外，并无其他目的。这种秉性和精神，在郑成功身上表现得最为充分。郑成功据金、厦两岛坚持艰苦卓绝的抗清斗争长达十五年之久，除了弘扬民族气节反抗民族压迫这个因素，也不能排除是为了其郑氏海商集团的利益这个目的。1661年，郑成功率师冒险强渡天险鹿耳门，与当时世界上最强悍的荷兰人展开殊死的搏斗，经过九个月的水陆大战，终于收复了台湾，确保其在远东的贸易地位。郑成功收复台湾后，得悉闽南海商受到菲律宾殖民当局欺侮的消息，尽管他当时刚打败荷兰人，努力强盛，也只是致信西班牙总督，令其敛迹，并没有出兵朝发夕到的菲律宾。⑥郑成功这种冒险进取，不畏强敌的精神，以及他的"不战而屈人之兵"的儒家风度，展现着闽南人的风采，也鼓舞着其后闽南人，或者说是厦门人继续冲破海洋的藩篱，去大力发展海洋事业。近代大量出洋到海外谋生的闽南人厦门人，绝大部分是赤手空拳到异国求生存谋发展的，他们凭的就是这种敢冒险勇于进取的精神。但有一点值得注意的是，他们可能在海外侨居地当上"甲必丹"，却没有产生过像西方人那样强烈的殖民欲望。究其原因，是否闽南文化自身发展过程中的崇儒思想在起作用？尚值得探讨，但至少说明经过惊涛骇浪洗礼的这种进取精神，颇具一定的特殊意义。

（三）既开放又包容。

"尊孔崇儒"与长期以来接受海洋文化影响形成的价值取向的辩证共存，表现在厦门人性格上，即包容性与开放性的共存一体。厦门人从古至今都与海打交道，他们虽然受到儒家文化、朱子理学的熏陶，但就生存而言，受到大海的养育和影响还更为现实一些。儒学和朱子理学的教化，承继了儒家文化传统上包容的一面，海洋取向则决定他们性格中开放的一面。

早在宋元时期，多元宗教并存于泉州，竟奇迹般地融合于"海滨邹鲁"、朱子过化之地。明末意大利传教士艾儒略在闽中活动，闽南士子（包括池显方、黄文焰等厦门人）并没有排斥之，反而通过这位"西来孔子"的《职方外纪》认识到大洋以外的坤舆万国。明末清初的郑芝龙，既是纵横海上亦商亦盗的豪杰，又是深受儒家正统观念影响的人物，为求功名利禄他不惜以海商利益为筹码，先接受明朝招抚继而主动降清。但纵观平生却非常新潮开放，他懂外国话，精通生意，擅长海战，信天主教，娶东洋妇，有病服西药，可谓集开放与保守于一身的典型人物。近代鸦片战争的硝烟刚刚散去的1843年，徐继畬在厦门主动通过洋人了解西方世界，写下《瀛环纪略》，成为我国关于近代世界地理启蒙的第一人。而今尚存美国的第一方正式的中文碑记，竟是他在厦门用文言文撰写的对华盛顿的颂词；1847年，厦门人林鍼作为第一个民间人士应邀去到美国。他仔细考察了太平洋彼岸的那块"新大陆"，把在那里的所见所闻写进他的《西海纪游草》，成为国人了解美国最初的读物。徐继畬和林鍼以包容的心态所完成的一切，帮助中国人超越海洋认识了外部的世界，与"师夷长技以制夷"的构想一样是寻求强国梦的时代爱国强音。把持着这种既开放又包容的文化心态的近现代厦门人，尽管他们下南洋谋生，到西方留学求知识，但心中怀着的还是一颗中国心，他们绝大部分都能像卢嘉锡、黄祯祥、周淑安、林巧稚等厦门学人那样，学成报效祖国，基本上没有赖在异邦洗碗等绿卡；也绝大部分都能像陈嘉庚、黄奕住等厦门籍华侨那样，富贵不忘家乡，为厦门作为近代港市的兴起而贡献力量。开放与包容，实质上是海洋文化赋予厦门人性格的一种特征。

当今世界经济格局正在发生激烈的变化，海洋、海权、海洋经济和海洋人文社会科学等等问题成为国际社会的热点。中华民族面临着复兴海洋发展、重振海洋大国雄风的机遇和挑战。厦门，作为中国的一个现代化经济特区，在21世纪海洋大发展的时代，将扮演一个十分重要的角色。关于厦门"以港立市"的城市定位和建设海峡西岸经济带的蓝图设想，无疑是高瞻远瞩的。因此，了解厦门这座城市地理位置的优越条件，认识经过千百年来在这里所孕育的海洋文化的整个过程，以及厦门以海洋文化为特色的区域人文特点，发扬先民那种重视商品贸易，敢向海洋求发展的经济理念，传承其冒险进取的拼搏精神和那种既有包容性又有开放性的优美的人文性格，将是一件很有意义的工作。

本文载于《闽南文化研究》（内刊）第十一期，厦门市闽南文化研究所、厦门市闽南文化研究会主办，2006年12月。本文刊载时做了一些修改。

注释：

① 刘登瀚《论闽台文化的地域特征》，载《闽南文化研究》，厦门市闽南文化研究所、厦门市闽南文化学术研究会主办，2003年3月。

② 何丙仲《厦门碑志汇编》，中国广播电视出版社，2004年7月。

③ 郭士立《中国沿海三次航行记》，载《鸦片战争在闽台史料选编》，福建人民出版社，1982年。

④ 周凯《厦门志》卷十五。

⑤ 顾炎武《天下郡国利病书》卷九十六。

⑥ 《郑成功致菲律宾总督书》，载《延平二王遗集》，上海辞书出版社，2012年5月。

有关明代中左所城历史评价的几个问题

明初所建的中左所城，是厦门历史上重要的一座有墙垣的军事设置。在此之前，仅知宋代嘉禾屿（厦门岛）曾经设防驻兵，元代曾"置嘉禾千户戍嘉禾屿"①，然未闻二者有城寨之设。中左所城设立 200 多年后，厦门逐渐成为一个通商口岸，"旁达四洋，商舶四穷。冬发鹢首，夏返梓梠"②。降至明末清初，郑成功更以厦门为贩洋贸易的中心，为清代厦门港的兴盛奠定了基础。建造所城与通商港口的兴起，同为厦门史的两件大事，分别发生在明初和后期，因而有必要探讨这两者之间的关系，并评价一下中左所城在抗倭斗争中的作用。

一、中左所城对厦门港发展历史的影响

明初"海疆不靖"，原因有二：其一，为日本南北朝（1336～1396 年）的分裂时期，封建领主及其失意的武士、浪人勾结中国沿海走私商人结合而成的所谓"倭寇"，经常到中国沿海进行武装掠夺和骚扰，即史称的"倭患"；其二，为在统一全国的战争中，被征服了的张士诚、方国珍余部，盘踞在浙东沿海诸岛所进行的负隅顽抗。这两股海上势力亦曾"相勾结、焚民居、掠货财，北自辽海、山东，南抵闽、浙、东粤滨海之区，无岁不被其害"③，为祸甚烈。

明太祖面临这种形势，采取的是海禁和加强沿海防御设施等闭关自守的政策。他认为"海可通外邦，故尝禁其往来"④，要杜绝因与海外往来而诱发的"寇乱"，就必须先加强内部的控制，稳定沿海地区的统治秩序。明太祖颁布海禁政策的时间早于沿海的设卫建城。洪武四年（1371 年）十二月，"仍禁濒海民不得私出海"⑤。同年，有福建兴化卫指挥李兴、李春私遣人出海行贾，明太祖连忙"遣人谕之，有犯者论如律"⑥。此后，明政府又多次重申禁令，严禁沿海吏民出海通番。以后愈禁愈严，直至"片板不得下海"⑦，而在沿海要害之处筑城设卫，乃从洪武十七年（1384 年）才开始。因而，我们有理由认为加强沿海海防设施，是厉行海禁政策的一个组成部分，是其补充或具体化的措施。中左所城就是在这样的社会背景下建造的。

唐宋以来，闽南地区的商品经济得到了进一步的发展，海上贸易日渐兴盛。到了宋元时期，政府对外实行开放政策，鼓励海外贸易，泉州设有市舶司机构，外商的合法权益得到保护，泉州一时成为我国对外交通的重要港口。闽南濒海之民一向"资衣食于海"，"泛海通番"，往往被视作谋生致富的途径。⑧但因闽南各地的发展情况和客观条件各不相同，泛海经商的程度自然不一样。比如宋元时期泉州刺桐港已呈一派"涨海声中万国商"⑨的繁荣景象，而距其不远、居有千余户人家的嘉禾屿（厦门岛），至今却还未能找到足以反映其当年航海通商情况的文物、文献证据。这至少说明，明初建城之际，厦门可能尚未成为通洋口岸。

明政府为什么选择厦门岛建城？显然是其地理形势的重要性已受到充分的认识。历来皆认为厦门岛"高踞堂奥，雄视漳泉"⑩，尤为"漳郡之咽喉"⑪。明初汤和、周德兴行视滨海要害处筑城，中左所城和崇武、金门、高浦、六鳌、铜山等十余座所城的所在地，肯定都是经过认真"相视"而后确定的战略要地，并由此构成海上防御体系。早在宋代，漳州与泉州、福州、兴化已并称为福建的四大造船地点。绍兴年间，为纲运的需要，漳州被征用的海船每年达120余艘。⑫造船业之发达是发展海上贸易的重要保证，因而漳州和泉州应同属于宋元时期贩洋贸易之要地。厦门岛控扼九龙江口，岛上建城设所，对内可以严格控制漳州至九龙江口一带人民"擅出海与外国互市"⑬，甚至"入海捕鱼"⑭；对外则可以此抵御倭寇海贼的骚扰破坏。

宋代沿海所建的巡检寨城，已经具备有防御海寇和检查监督舶商不得"偷税"或"违制"这两种功能，关于这方面情况，明代《崇武所城志》已备述之。明初卫所和巡司水寨的设立，史书一向都简单认为"仅为防倭"，却忽略了它与海禁的关系。洪武十七年（1384年）方鸣谦首次向明太祖建议"御倭之策"时，曾强调"置卫所。……则倭不得入，人亦不得傅岸"⑮，这就明白地说明了卫所负有防倭和禁海两大任务。沿海防御体系建立以后，明政府并没有丝毫放松海禁政策之贯彻执行，防倭御倭和"禁民入海"这两方面的记载往往交替或同时出现在明代历朝皇帝的实录里。执行海禁政策，负责稽查、"捕治"敢于犯禁者的还是固戍在卫所城中的官兵。因此，明初所建的卫所城寨具备双重职责是肯定的。

明代"卫兵有三，曰'征操军'，曰'屯旗军'，曰'屯粮军'"⑯。后两个兵种的任务是屯田，征操军实为水陆两栖部队，"入则守城，以时训练，谓之见操军；出则按季践更，谓之出海军"⑰。征操军每次出海未必都能遭遇到倭寇海贼，尤其在嘉靖年间之前，倭患尚未严重，出海征操的官兵长期"无事则沿海巡檄，以备不虞"⑱。换言之，没有倭寇海贼前来骚扰，便以那些"私通海外诸国"[19]甚或下海捕鱼的沿海人民当作"巡檄"的对象。甚至嘉靖年间倭患方炽，寇警频传之际，卫所官兵也没有忘记海禁的职责，嘉靖三十九年（1560年）倭寇进犯闽南，都御史唐顺之还在疾呼"稽查之者，其在沿海察司之官"[20]。

当然，沿海海防设施在抗倭保境方面是起到一定积极作用的，但它长期以来作为执行海禁政策的有力武器所产生的消极作用，却没有能够得到充分的认识。

众所周知，明代海禁政策直接摧残、打击的对象是民间海商。在当时的历史条件下，私人海上贸易活动促进了社会经济的发展，是具有进步意义的。海禁政策的严厉推行，受害者不仅仅局限于泛海通番的私人海商，亦殃及广大沿海地区的人民。他们赖以生存的途径由此断绝，"渔樵不通，生理日促，转而为盗"[21]，"商贩数年来海禁戒严，民难聊生"[22]，"东南元气，于是大伤"[23]。成化八年（1472年）明政府不得不把设在泉州已有380多年历史的市舶司移至福州。闽南地区素来地少人稠，"非仰通夷无所给衣食"[24]，"为了维持生计，人民只好铤而走险从事走私贸易。明代前期的永宣之际，走私贸易已渐蔚成风气，甚至官僚地主因有利可图，也参加向海外的逐利，于是"富家以财，贫人以躯，输中华之产，驰异域之邦"[25]。明朝官员统统把他们诬为盗贼，认为比倭寇还可怕，不惜出动兵力加以镇压。海禁和反海禁的斗争成为明中叶以后沿海地区的另一个重要社会矛盾。嘉靖年间的浙江巡抚朱纨深有感慨地说："去外国盗易，去中国盗难，……去中国衣冠之盗尤难。"[26]从景泰四年（1453年）起至万历后期的150多年间。海上走私势力终于在距离厦门岛不远的九龙江口的海澄——月港找到适合其存在并发展的地方，形成了当时有名的走私贸易中心，对繁荣中外经济发挥了积极的作用。

以月港为主的海上走私贸易的不断发展，迫使明政府不得不在隆庆元年（1567年）以后开放了海禁，"准贩东西二洋"[27]。海舶从月港起航，"计一潮至圭屿"，再"半潮至中左所"，经"盘验"后"移驻曾家澳（即今曾厝垵），候风开驾"，分别开往东西洋。[28]其后万历年间，政府还在厦门岛上设"商引"以征收"舶税"。斯时海禁已开，中左所仍保留着对海上贸易的控制和管理。由于种种原因，月港海上贸易最后逐步走向衰弱，明后期厦门港渐次取代它在国际贸易中的地位。和月港相比较，厦门港作为港口的天然条件要优越得多，前此数百年的寂寞固然有许多因素，但海禁政策的负作用毋庸置疑应是主要的原因。

建城设卫是明朝统治者动用封建的国家机器推行海禁政策的具体措施。厦门作为东南沿海的一个战略要地，岛上建有中左所城和塔头巡检司城，其周围的军事防御设置亦布置得相当严密。相邻有福建沿海五卫之一的镇海卫，还有金门、高浦两个守御千户所和多处巡检司城和墩台，与厦门一水之遥的浯屿水寨是当时闽海兵力最强的五大水寨之一。厦门岛正处于严密的控制之中。这是明代厦门不可能与月港同时成为国际贸易港口的原因之一。

在全面评价中左所城的历史作用时，既要充分肯定它在抵御外来侵略、保境安民的一定作用，也要注意到它在厦门港发展过程中所发挥过的负面作用。早在清代道光年间的《厦门志》中，评述厦门沿革时说："厦门……前明屡被兵燹，为倭奴、伪郑所觊觎。自康熙十九年奠定后，人民蕃庶，土地开辟，市廛殷阜，四方货物辐辏，骎骎乎可比一大都会矣。"[29]他只字不提明初厦门建城一事，而把清初厦门港社会经济繁荣的原因直接归功于清代国家的统一。就厦门港发展的全部过程而言，《厦门志》的态度是比较客观、慎重的。

二、中左所城在抗倭斗争中的作用

明代立国之初，沿海地区面临着倭寇和张士诚残部构成的威胁。明太祖最初还是采取比较积极主动的态度，锐意海防，加强海上巡防。洪武三年（1370年）七月，"置水军等二十四卫"，每卫配备"船五十艘"[30]。洪武五年（1372年）"诏浙江、福建濒海九卫造海舟六百六十艘，以御倭寇"[31]，并遣靖海侯吴桢节制沿海诸卫官军，率水师出海巡哨等等。然而海疆辽阔，倭患不断。虽然如此，明太祖权衡形势，仍将军事部署的重点投放在北方边境。他认为对付蒙元残部"设险守国，盖其难哉"[32]，反而认为"日本蕞尔夷，而数为侵盗，我不欲与之争。固我封戍而已"[33]。基于这种战略思想，倭寇被视同一般海贼，也就不会有继续增强武装力量、主动攻剿抗击的决心，转而采取"闭关自守"的对策自是必然。于是，洪武四年（1371年）始便在督造防倭海船的同时，颁布禁海之令，其后更是屡颁禁令，愈禁愈严，似乎关起大门"禁濒海民私通海外诸国"，就能彻底解决问题。事实上，倭患问题并没有从根本上得到解决。以《明太祖实录》所载有关资料统计，洪武四年（1371年）到十七年（1384年），山东、浙江、福建、广东等沿海地区仍不断遭受倭寇的骚扰进犯，比较严重的就有十数起。洪武十七年，明太祖采纳方鸣谦关于加强海防建设，在沿海要害处设卫建城的建议，先后派遣汤和、周德兴到东南沿海各地经略防务，设卫建城。中左所城和沿海各处的卫所城寨和巡司水寨均是这种消极政策下的产物。

倭寇为乱中国，从元代至正十八年（1358年）至明后期万历四十六年（1618年），前后260多年，其间以嘉靖年间（1522～1566年）最为猖獗。学术界一般把倭患分为前后两期。前期以日本人为主体，在中国沿海进行时商时寇的活动，尚未酿成大患。后期约在嘉靖年间前后，民间海商不甘于海禁政策的摧残打击，不得不采取武装走私或者通倭的形式与朝廷对抗，甚至"漳泉流贼挟残倭以为酋首，遂用其名以鼓舞徒众"㉞，或者如厦门岛"穷民投附"倭寇海贼，"助成其势"㉟的现象也时有发生。总之，此时所谓的倭寇，实际上是以附倭从倭的中国人为主体，为害最烈。

倭患的前期，证诸《明实录》等有关文献可知真正比较严重的"海氛"并不是发生在闽南沿海地区，可以说包括中左所在内的闽南诸卫所，几乎没有充分的机会发挥其抗倭的功能。相对而言，前期倭患的时间要比后期长。在这期间，《厦门志》仅载有正统十四年（1449年）这一次海贼攻掠中左所的记录，其前后各有近百年没有有关倭寇海贼进犯骚扰的记载。明中叶之前无多战事，卫所官兵"无事则沿海巡檄"，驾海舟大肆对下海通番者进行稽查和"捕治"，执行海禁政策几成主要任务。

明中叶以后，封建统治阶级日趋腐败，武备日渐废弛。福建沿海诸卫所城从建造之日起到倭患真正严重的嘉靖年间不过百余年，但多数城寨却因"升平日久"而失修，多已破败。永宁卫辖下的千户所城（包括厦门岛上的中左所城）分别在建造后50年间，增高或扩建过两次，其后再也没有修建过。以致嘉靖年间有的卫所城寨已经"烟不昼举，火不夜发"㊱，崇武千户所城的南端甚至几被飞沙所掩，城中营房多被附居者混占。㊲中左所城的情况虽未见诸记载，但估计和闽南诸卫所城不相上下。所城如此，官军的情况也很糟。"沿海诸卫所官旗，多克减军粮入己，以致军士艰难，或相聚为盗，或兴贩私盐"㊳。更严重的是兵士逃亡，军伍缺额。即使留下来的官兵也只会趁机借口"以防倭故"而"禁民入海捕鱼"㊴，有的甚至冒充倭寇，"登岸焚劫村舍"㊵。这种军队实已不堪一击了。正统十四年（1449年）那次海贼攻掠中左所，官兵没有参战，反而是"邑人叶秉乾率义兵战却之"㊶就很说明问题。

倭寇即趁机在沿海地区武备废弛的情况下日益猖獗起来。据同安、海澄和厦门的方志记载来看，嘉靖年间的倭患首先从厦门岛发难。嘉靖二十四年（1545年）"海寇掠中左所。时值饥荒，寇登岸，杀居民，搂辱妇女，索银赎命。穷民投附，助成其势"㊷。此次倭祸未有官兵抵抗，且有穷民投附助长气势，厦门岛上的人民受害至惨可想而知。嘉靖二十六年（1547年）以后，佛郎机（葡萄牙）和倭寇海贼进犯骚扰目标转至浯屿、月港等地，往往先攻踞浯屿，再犯月港；或者占据月港再向浯洲（金门）、同安、漳浦、长泰等地焚劫骚扰。浯屿几乎成了贼窝。福建沿海各地倭警频传，"十年之内，破卫者一，破所者二，……破城堡者不下二十余处。屠城则百里无烟，焚舍而穷年烽火"㊸。闽南沿海地区陷入一片血火之中。《海澄县志》记载，从嘉靖二十八年（1549年）至四十三年（1564年）前后16年间，倭寇对月港的骚扰劫掠就有15次，有时一年两次。其中有一次攻陷镇海卫城。倭寇进犯的路线多数由浯屿出发，在月港、岛美、丰田（白水）等处烧杀抢掠后，"复还浯屿"。当时作为东南沿海对外贸易中心的月港，海商聚居，市镇繁华，自然成为倭寇觊觎的地方。厦门岛适在浯屿与海澄（月港）之间，倭寇从浯屿至月港能够如此横行无阻，说明作为控扼"漳郡之咽喉"的厦门岛，其岛上的中左所城并没有发挥它本来应有的御敌却敌作用。

嘉靖年间同安、金门以及九龙江口内外的倭患和抗倭斗争，几乎与厦门或中左所无直接的关系，《厦门志·旧事》的有关记载可以为据：

"（嘉靖）二十六年，佛郎机番船泊浯屿。巡海副使柯乔发兵攻之。"

"（嘉靖）二十七年夏四月，都指挥卢镗大败贼于浯屿。六月，贼冲大担外屿者再，柯乔御之严，贼遁去。"

"（嘉靖）三十六年冬十一月．倭泊浯屿，掠同安。"

"（嘉靖）三十七年，倭泊浯屿，火其寨，攻同安。知县徐宗夔拒却之。五月，海贼洪泽珍巢旧浯屿。冬，倭再泊浯屿。"

"（嘉靖）三十八年春正月，倭自浯屿掠月港、珠浦、官屿。五月，掠大嶝。新倭自浙至浯屿焚掠。"

"（嘉靖）三十九年，新倭屯浯屿。四月，漳贼谢万贯率十二舟自浯屿引倭陷浯洲，大掠。知县谭维鼎率义兵救援，泊澳头。五月，参将王磷、把总邓一贵追击倭寇于鼓浪屿及刺屿尾，大败之。"

综上所述，嘉靖年间闽南沿海地区以浯屿遭到的倭祸最为严重，甚至沦为倭匪巢穴，成为倭寇海贼进犯闽南的一个跳板。原因之一是嘉靖年间原来浯屿设置的水寨的内迁。明初在中左所建城之时，福建沿海建有三座水寨（景泰年间增至五座），浯屿水寨是其中兵力最强的一座。到了后来水寨官兵渐惮过海，遂借口浯屿水寨孤悬海中，独立无援，先是景泰三年（1452年）侍郎薛希琏经略海上曾奏移之。据朱维干《福建史稿》，嘉靖三十八年（1559年）之前它终于被移至厦门。浯屿水寨的内迁正值倭祸猖獗之际，空岛无备，以致遭此蹂躏。原因之二当是中左所官兵自顾不暇。迁移水寨这个关乎海防战略的重大失误，致使中左所顿失有力屏藩，闽南的防御体系出现了缺口。嘉靖二十四年倭寇的首次进犯，中左所城的武备力量可能受挫殆尽，遑论腾出手来保护浯屿。

嘉靖二十四年的这一次痛劫后，史书上几乎不再出现倭寇骚犯中左所的记载。这个现象颇值得深思。稍后的抗倭将领柯乔、卢镗、魏一恭、刘恩至、张四维、张汉等和知县徐宗夔、谭维鼎等在浯屿、同安等处的抗倭行动，也都基本上与中左所无关。嘉靖三十九年（1560年）四月，金门所官澳巡司城再次被倭寇攻破，寇匪纵火屠杀，"积尸与城埒"，人民曾愤怒地责问："向使有官兵稍为截击，亦何至是？"[44]知县谭维鼎前去救援，率领的竟然又是"义兵"。[45]所有这些都发生在与中左所咫尺之遥的地方。如果中左所不是沦为倭寇的盘踞点，至少其抗倭御敌的能力也足以令人怀疑。

作为福建沿海防御体系的一个环节，无论从其规模、兵力或者在抗倭斗争中的实际作用进行分析，中左所城的积极作用都是相当有限的。从明代防倭抗倭的全部过程来看，广大军民的爱国精神才是明后期抗倭斗争，以及天启年间厦门攻剿红夷（荷兰殖民者）取得胜利的重要保证。明末清初，民族英雄郑成功据厦门为抗清根据地，根本没有依赖这座小小的中左所城，而成就了抗清复台的千秋大业。

明代为了防倭"靖海氛"以设卫建城、加强海防设施来进一步强化海禁政策，实际上是封建的明朝统治者消极被动国策的深化。由于沿海人民长期不懈地斗争，终于迫使明政府开放海禁。但是长时期厉行海禁的结果，已经极大地影响了沿海地区社会经济的发展。厦门迟至海禁解除后的明代后期才开始有海上贸易的发展，这与作为执行海禁政策和防倭御侮职能的中左所城在厦门岛上的设立不能说没有关系。

开放海禁后不久的隆庆三年（1569年），在广大军民的英勇抗击下，倭患开始弭平。其后，明政府对"海防善后"采取了许多措施，诸如恢复五水寨旧制、查复军粮旧额和军队建制的重新改设等等，唯独没有修建在倭患期间被焚毁的大量卫所城寨。可见明政府对中左所等沿海诸卫所在抗倭实战中所发挥的作用已有比较清醒的认识。天启元年（1621年），新设福建泉南游击，"设游击中左所"[46]，统泉郡陆兵两营和浯屿、浯澎、冲锋三寨的水兵，厦门才真正成为闽南的军事要地。这正是明代末年（天启年间）厦门能够发展为较为繁荣的港口的重要保证之一。

本文载于《厦门城六百年》，方友义等编，鹭江出版社，1996年11月。

注释：

①⑯⑰（道光）《厦门志》卷三《兵制略》。
②（民国）《同安县志》卷二十五《艺文》。
③《明史纪事本末》卷五十五《沿海倭乱》。
④⑤⑥《明大祖实录》卷七十。
⑦⑧㉖《明史》卷二百五《朱纨传》。
⑨王象之《舆地纪胜·福建路·泉州》卷一百三十，引"清源集李文敏（即李邴）诗"。
⑩⑪（道光）《厦门志》卷二《形势》。
⑫陈自强《论明代漳州月港》，载《福建论坛》1982年第2期。

⑬《明太祖实录》卷二百五十二。
⑭《明太祖实录》卷七十六。
⑮《明史》卷一百二十六《汤和传》。
⑱《明太祖实录》卷七十八。
⑲《明史》卷八十一《食货》。
⑳（乾隆）《泉州府志·海防》。
㉑赵文华《嘉靖平倭祇役纪略》卷五。
㉒（乾隆）《海澄县志》卷二十三《艺文志》。
㉓陈懋恒《明代倭变考略》。
㉔何乔远《闽书》卷四十《捍围志》。
㉕（乾隆）《海澄县志》卷十五《风俗志》。
㉗张燮《东西洋考·饷税考》。
㉘张燮《东西洋考·舟师考》。
㉙（道光）《厦门志》卷二《分域略》。
㉚《明太祖实录》卷五十四。
㉛《明太祖实录》卷七十五。
㉜《明史纪事本末》卷十《故元遗兵》。
㉝王世贞《弇州史料·东欧王世家》。
㉞〔明〕林春《海寇论》，转引自（日）佐久间重男著，林仁川、陈杰中译《中国岭南海域的海寇与月港二十四将的叛乱》。
㉟㊶㊷㊺（道光）《厦门志》卷十六《旧事》。
㊱（弘治）《兴化府志·戎政考》。
㊲〔明〕朱彤《崇武所城志·军营房》。
㊳《明英亲正统实录》卷一百二十六。
㊴《明太祖实录》卷一百五十九、卷七十六。
㊵李拔《福宁府志》卷四十三《祥异》。
㊸（乾隆）《海澄县志》卷二十一，李英《请设海澄县志疏》。
㊹（光绪）《金门志》卷十五《纪兵》。
㊻《明熹宗实录》卷十六。

试论《温陵诗纪》和古近代泉南诗文化

一

《温陵诗纪》辑成于清光绪乙亥年（1875 年），泉州润芬堂木刻活字版。所收录的作者几乎是清初至中晚期以晋江（当时县治在今泉州鲤城区内）为中心的泉南诗坛的精英人物，其中有最早活动于清初康熙年间的丁炜（雁水）、阮旻锡、富鸿基、陈迁鹤等人，时代较晚的有清道光、咸丰年间的吕世宜、陈庆镛、李廷钰等人，时间跨度近两百年。可以说，《温陵诗纪》是清代泉南地区诗坛优秀作品的集萃，同时也是研究闽南地区诗文化的重要文献。

近年来，学术界对自然环境、经济环境和文化环境这三个互相关联的要素是深化研究区域文化的切入点的这个观点逐渐取得认同。闽南文化主要由泉州、漳州和厦门这三个既有共同文化特征又略有所区别的局部区域文化所组成，也可以说即晋江流域（泉州）和九龙江流域（漳州）的文化以及厦门特有的闽南港口文化这三种局部区域文化的总和。厦门的文化是上述这两江流域文化长期交汇融合的结果，但作为港口城市，厦门一地还融汇着其他外来的文化，因此称之为闽南港口文化。对以上这些局部区域文化进行探讨，是闽南文化综合、深入研究的基础。诗文化历来被视作一个时代较有代表性的文化类型。以晋江流域（泉州）的诗文化为基点，进一步探索闽南诗文化的发展过程以及这个局部区域诗文化自身的特色等等问题，《温陵诗纪》确实是一部不可或缺的文献。

晋江流域（泉州）的文化，也被称作"泉南文化"，这种文化的孕育与涵盖的主要在古代泉州府所管辖的范围，即晋江流域地区（俗称"五县"），当然也包括厦门，虽然厦门不在晋江流域，但因为历史上它长期隶属于泉州府同安县。"吟诗作对"是闽南社会古来的传统风情之一，也是闽南文化的一项重要内容。此风泉南尤盛，民间士庶多爱好诗文、"家家弦诵"。清乾隆《泉州府志·艺文》也称赞说："溯唐以来泉之以诗名者指不胜屈，吴楚诸名士或未能过之。笋水濯波，朋山绚彩，不亦秀气所钟欤！"即使鸦片战争前夕，厦门还有"虽市楼估客,濡染耳目,亦有能拈诗斗韵者"[①]的遗风。诗在闽南,尤其在泉南地区,它不仅仅是纯文学的一个种类,虽然从古到今闽南地区以诗鸣者也确实代不乏人,甚至产生过在中国文学(诗)史上有一定名气的诗人,然而它更是一种社会风气,一种渗透在文化肌理的现象。因而以《温陵诗纪》这部文献为切入点来浅探泉南诗文化,是很有意义的。

二

探讨泉南诗文化,离不开对闽南诗文化的发展全过程的了解。这方面,近些年来有关区域文学史的研究已取得了不少成果。闽南诗文化的发展史正越来越得到各方面的重视。

可以说,涉及闽南传说的古代文字记载还谈不上太丰富。三国两晋时期,闽南地区和整个福建一样,尚没有自己的诗文作家,南北朝入闽的文人如江淹等也都未涉足过闽南大地。这当然与开发的进程有关。闽南诗文化最初应该追溯到唐高宗时,是时陈政、陈元光率府兵入闽开发漳南一带,其属下有丁儒等一批文士能诗,陈元光本人也擅诗,著有《龙湖集》。他们的诗作最早反映了闽南(九龙江流域)一带的风物民俗。随着开发与社会经济的发展,中唐时期闽南的泉州终于出现了第一个走向全国的文学家欧阳詹,《全唐诗》收录他的诗三百多首,其《晚泊漳州营头亭》一诗被誉为是闽人写闽南山水最早的作品。长溪(今霞浦)的薛令之被称作是福建第一个进士诗人,他虽没来过厦门,但"南陈北薛"的传说使他一直成为当地文化的标榜。真正被称为厦门历史上最早诗人的当属晚唐的陈黯,值得注意的是当时在福建文坛被誉作"八贤"(包括陈黯在内)者,闽南籍竟占5人。晚唐流寓闽南的著名诗人韩偓,其《韩翰林集》一半以上的作品就创作于闽南,或者说与泉南地区有关。其他如薛播、席相、姜公辅、詹敦仁、周朴等晚唐、五代时期的流寓官宦,其中很多都是诗文名家,他们与当地文人的广泛交流,共同开创了泉南地区诗歌文学的生发时期。

两宋时期,福建文学进入相对辉煌的繁盛时期,名家名作迭出,不少作家和作品甚至在一些领域还处于领先地位,名垂于中国文学史。与闽北、闽中等地区相比,同一时期闽南地区的文学发展比较平稳,蔡襄、朱熹以及同安人苏颂等人在文化方面的影响也不可低估。降至元代,还有惠安卢崎、同安邱葵和晋江乡土诗人廖梦观(释大圭)等富有特色的作品在福建文学史占了一席之地。一大批像杨亿、柳永、严羽、李纲、张元干、刘子翚、刘克庄、谢翱、杨载等名垂中国文学史的人物,却是产生于相对内陆较不开放的闽北和其他地区。以社会经济发展与文学艺术的关系来考察,这似乎和宋元时期该地区航海贸易之发达,商品经济之开始滋润民生实在不甚对称,但这不属于本文讨论的问题。我们从近人的研究成果发现，有宋一代泉南地区竟有五十余位诗人有诗文集存世②，他们的作品虽然没有杨亿、柳永、严羽等人影响那么远那么大，但仍可以从中看到当时诗文化在闽南地区的社会普及情况。从广义上说，文化的社会普及和文化名人的出现一样重要。

明初随着福州为中心的"闽中诗派"的崛起，福建诗文的复古和崇尚盛唐的倾向也开始滥觞。明中后期有惠安黄克晦、晋江俞大猷、同安蔡复一、蔡献臣，还有抗倭人物张经、沈有容、陈第等在闽南的创作，闽南诗坛开始恢复新的活跃。俞大猷诗"乃有拔山挽河之概"③；蔡复一的诗近公安、竟陵，"醉心钟、谭"④；陈第"不甚宗唐"⑤。继而，因月港——厦门湾对外航海贸易的兴起，加上南明时期满洲异族入侵，社会发生一次剧烈的变革，以黄道周、郑成功、王忠孝、卢若腾等人的作品，以及张煌言、沈孚远等浙东参加抗清斗争的志士们在闽南大地所写下的爱国诗篇，共同推进闽南诗文化的新风雅，促使闽南诗文化走向同一时代海内诗文创作的高潮。此际有"诗歌不步汉魏、唐宋，而博奥黝深，雕镂古健，风格自成一家"⑥，而且以文章气节名闻天下的黄道周，有写作最早反抗殖民主义的《复台》诗的民族英雄郑成功，有写作《南洋贼》而被誉为"中国诗史较早反映反抗西方侵略者入侵的诗篇"的卢若腾⑦和关心东西洋贸易、写作《霏云居集》的张燮等等。闽南诗歌文化的这段辉煌，为时虽然不长，但从风格的多姿多彩和内容涉及的新领域来说，在闽诗乃至中国文学的发展史上应有其重要的地位。特别是随着郑成功的收复和开发台湾，闽南诗文化还为台湾古文化带来了一个良好的开端，其意义更不可估量。明末清初，闽南诗文化进入最辉煌的时期。

清朝一统版图之后，"遗民诗"也是福建区域文学的一个特色。同安（厦门）阮旻锡的《夕阳寮诗》在清初"遗民诗"中颇为海内学林所重。

从清到近代，随着闽台经济、文化交流的日益频繁，福建区域文学的发展也翻开了新的篇章。在明代标榜宗唐的"闽中诗派"的基础上，清初曹学佺、张远等人进而提倡"于唐取法杜、韩，于宋取法苏轼"，泉南诗人丁炜也提出既学唐而不墨守成规，也不能因追求标新立异而致流于"坏决气体"⑧等等主张。曹学佺、丁炜、张远等人所提出的在唐诗传统的基础上吸收其他不同流派、风格的营养，不断推陈出新的理念，对清代福建尤其是闽南诗文化产生了相当重要的影响。有清一代，闽南地区的诗坛存在着宗唐为主流的趋向，但这绝不是"诗必盛唐"的刻板复古，而是有所"推陈出新"，呈现出既平稳又有发展的局面。但在清道光之后，中国社会又面临了一次严峻的变革。鸦片战争以后，列强势力、西方文化相继入侵，促使这个闭关锁国的封建社会发生了激烈的震荡。长期以来优游于农耕文化的诗坛也在所不免。就福建而言，先后涌现了像林则徐、梁章钜、林昌彝等具有强烈爱国精神的诗人，也出现了像严复、林纾、邱炜萲等早期吸收外来思想文化的诗人，和连横、林鹤年、施士洁等以连接闽台缘为特色的诗人。然而，以陈三立、陈宝琛、郑孝胥为代表的"同光体"闽派诗人群体也应运而生。他们承续"学人之诗"为风尚，以标榜宋诗为识别，以高古坚苍为宗，鼓吹脱离现实的复古主义。这个充满"文学的保守思想"⑨的诗派影响广泛，诗人众多，延续时间长，曾经风靡一时。

但总体看来，闽南诗文化并没有受到"同光体"诗派的影响。与该诗派几乎同时而活跃在闽南诗坛者初时有龚显曾、邱炜萲、林鹤年、施士洁等，稍晚则有苏菱槎、林骚、苏大山、杜唐（印陶）、陈桂琛、苏警予、谢云声和李禧等，他们的作品尽管叙事言物的情境各有不同，风格也千姿百态，然而始终把握从唐欧阳詹、韩偓到清丁炜这个崇尚唐风而"宜稍变而通"的传统脉络，继续营造近代闽南诗文化的繁荣景象。闽南（泉南）民间从近代到今天，犹奉"唐诗三百首"为学诗、写诗之圭臬而又能兼收众长的良好风气。

综上所述，我们认为闽南地区古近代诗文化的发展脉络，始终是贯穿着唐诗风格这条传统主线的。

三

《温陵诗纪》这部清初至中晚期泉南籍诗人的作品选集，共有作者127人，选辑各体诗1205首，分为12卷。编者陈棨仁和龚显曾，是清光绪年间八闽名宦、泉南文化的健者和著名的诗人。陈棨仁字铁香，福建晋江人，清同治十三年（1874年）进士，喜金石学，著有《闽中金石略》；龚显曾字咏樵，号薇农，亦晋江人，清同治二年（1863年）进士，改庶吉士，授编修，未几归闽南，著有《薇花吟馆初稿》六卷。

编者之一的龚显曾在《温陵诗纪》的序言里对泉南诗文化的发展过程的叙述，颇有见地。他写道："闽居滨海澨，处僻南邦。诹乐律而仅附鞮鞻，隶职方而尚远吴越。自中原多故，迁来八族衣冠；而北向无心，寂甚六朝圭组。自乐其土，不善为名。洎李唐之代兴，乃争衡于上国。四门振藻，声擅芝英；九牧彯华，美搜竹箭。及乎香孩御办，藻运中兴；临平宅都，雅风南扇。西崑一集，文公夺钱、刘之辔；南渡四家，千岩参范、陆之席。沧浪谈艺，妙于钟嵘；邦衡称诗，剺及朱子。斯其盛也，又有进焉：元悬金镜，得百战之健儿；明理珠囊，有二蓝为先导。幔亭骖青邱之靳，少谷操变雅之声。遵岩流别，沿洄齐、梁；石仓声歌，摩抴何、李。何尝刻画二元，钩模十子。效唐临之帖，守品汇之科哉。是以秀泉山之句，黄文江博采诸贤；集清源之文，真希元备搜郡彦。晋安风雅，惟和索其遗珠；岭海文编，荔乡重若享寻。古人可作，高风不磨。又况极圣代之甄陶，成文章之邹鲁，而尚有拾牧斋盲论，持闽派訾言者。于戏！亦见其傎矣。"在这篇以骈体文写作的序言中，他提到地处"海瀍"、"南邦"的泉南诗创作肇兴于唐之"四门",即担任过"四门助教"的欧阳詹。欧阳詹给闽诗带来了唐风。两宋时期,"西崑体"是闽北浦城诗人杨亿等人为"一洗颓唐五季风"⑩而提倡的诗风。龚显曾认为闽(包括泉南)诗既受钱惟演、刘筠等"西崑体"的"雅风南扇",也接受朱熹等理学家"涵养和平"⑪、"中和条贯"⑫之诗风的影响。加上当时严羽在其《沧浪诗话》里倡导宗唐特别是宗盛唐的理论引导,宋元时期福建诗文化空前繁荣,泉南也不会例外。两宋时期泉南诗文化在社会的普及,当是当时中原戏曲艺术到该地区扎根发展的重要原因之一。民间戏曲艺术与诗文化有着相辅相成的互动关系,故泉南诗风还是"斯其盛也"。

龚显曾在序言里述及明代闽南诗文化,尤其推崇明初被评为"体格专法唐人"⑬的蓝智、蓝仁兄弟;弘治、正德年间被称作"继杜陵之绪"⑭的闽县诗人郑善夫(号少谷山人);论诗主唐音的林鸿、高棅等"闽中十才子";海内专"摹拟盛唐,名为崛起"的李梦阳、何景明⑮;万历、天启年间"有盛唐之声"⑯的曹学佺(石仓)和编著《晋安风雅》、推崇"闽中十子"的徐燉(著有《幔亭集》)等人。而提到"为文遵唐宋"的晋江王慎中(号遵岩)时,亦称"遵岩流别,沿洄齐、梁"。对最受明代中叶的公安、竟陵诗派所称誉的同安诗人蔡复一,则只字未提。龚显曾所点到的这些对泉南诗文化发生影响的闽籍诗人,无一不是宗唐、学唐的实践者和倡导者。这和学术界归纳明代的福建诗文处于复古崇尚盛唐的时期⑰,看法相当一致。编者自己的宗唐倾向也已经寓于其间。

泉南诗人的作品总集,最早有唐五代黄滔所编的《泉山秀句集》(今佚)。此后的历朝历代泉南诗人的作品除作者个人结集传世外,多散见于全省性的诗歌总集、方志"艺文略"和诸家诗话。《温陵诗纪》是继《泉山秀句集》之后第一部泉南诗歌总集,龚显曾的这篇序言也可以说是针对泉南古诗文化最早的系统论述。编者龚显曾编《温陵诗纪》的态度是严谨的,如他不同意明末钱谦益在其《列朝诗集小传》里所批评闽派之诗乃承袭明初林鸿等"以声律圆稳为宗"等看法,则在序言中讥之为"盲论"。但值得注意的是,他却有意从略了入清以后泉南诗文化发展的介绍。我认为原因种种,而其中不排除编者以编书实践来说明问题的因素。以编者的文化素养、思想倾向等等所构成的辑录标准进行精选的作品,本身就很能体现编者所弘扬和倡导的理念。何况《温陵诗纪》的部分有影响的作者还选载了诸家的评论,实际上这也起到对清初至中晚期泉南诗坛的全面评价和介绍的作用。这也许是编者编选本朝本地人物的作品所持的客观态度。

整部《温陵诗纪》,以作者个人入选篇数统计,数量在20篇以上者有:丁炜(66首),陈允锡(50首),阮旻锡(40首),黄朝阳(21首),陈一策(34

首),陈科捷(31首),王克峻(33首),刘逢升(38首),王懋昭(29首),许邦光(29首),蔡云鹏(32首),曾承基(26首),蔡鸿儒(38首),陈庆镛(27首),李廷钰(21首),王晨耀(21首),所选作品占总数44.48%。结合所载诸家评论或其他文学批评,可以得知这些入选作品最多的诗人中,宗唐、学唐者居相当大的比例。如晋江诗人丁炜(号雁水)旗帜鲜明地提倡"诗当取材汉魏,而以三唐为宗"[18],鼓吹"近体宜宗初唐"[19]。清著名诗人朱竹垞认为"雁水诗直者不伉,绮者不靡,约言之而可思,长言之而可歌,可谓善学唐人者矣"。另一著名诗人王渔洋也评丁炜的"长律结体于少陵,揉华于沈宋,故为独绝"。沈荃《问山堂诗集·序》则评曰:"拟古则登建安之堂奥,近体则扬大历之飙流。"《桐西旧话》甚至称赞他的诗"宛然三唐遗韵"。晋江丁炜和侯官张远被称作当时扬誉海内的福建诗人,他们主张学唐,反对"自束其性情,以步趋唐人之余响"[20]的诗歌创作主张,为清代闽南(泉南)诗风奠定了基调。此外,还有晋江诗人陈允锡(号亶斋),《温陵诗纪》载清初商丘宋牧仲评曰:"亶斋诗尤工五言古体,出入汉魏、少陵要自抒其胸臆而止。近体佳处亦从杜出,稍下犹是杜牧、许浑境地。"厦门诗人阮旻锡(号轮山),《温陵诗纪》载有当时江南董苍水、杜苍略等著名遗民诗人的评价,丁炜推崇阮旻锡的诗"乃合唐宋诸名家而集大成之诗"。当时诗人陈允锡也认为"轮山诗何尝不从汉、魏、三唐出?而师心变化有出于古人范围之外者"。陈科捷,在所著《静学居诗话》里自称"年十四,初学为诗,即将(《全唐诗》)……手自钞辑,大抵多大历、元和间人。……及取李杜二集翻阅寻绎,于是稍知其门户"等等,可见上述有影响的诗人大多是近二百年间在泉南倡导"诗必宗唐"的佼佼者。泉南诗文化以遵循唐诗传统为主流的特征于此也得以充分表现。

编者对其他流派、风格的诗人之作也不摒弃,当然入选数量所占比例相对较少,这也符合客观实际。其中仅近代理学家陈庆镛属于例外,可能因陈氏是鸦片战争时期的名御史,还写作《籀经堂类稿》有声士林,其学习闽中陈寿祺那种读来"坚苍奇峭",拗口难懂的学人诗居然选录了27首,置于书中颇显突兀。除此之外,像"诗才横逸,瓣香韩、苏"[21]的蔡云鹏,自称"笔神似杜皆关学,诗派如苏一任桃"的蔡鸿儒,"七言今体律切工致伐材于西崑,结响于剑南"[22]的王晨耀等人明显不类唐诗风格的诗作也都有录入。正如该书的另一位编者陈棨仁在"凡例八则"所云:"缘情之作,肖性所存。此启秀于齐梁,彼薰香于汉魏。祖唐祖宋,俱成宗派之图;以雅以南,并擅色丝之调。傥据私心为去取,势必弃名家于蓁芜。"以此客观的态度进行编选,它所反映的清代泉南诗文化,比较全面而且合乎客观实际。

四

龚显曾在《温陵诗纪》的序言里，称其编纂此书的目的乃"思表故乡之人物，先徵文教之昌明。诗取温陵，追比清源文献；纪标昭代，掞张盛世元音"。表明其宗旨在于宣扬泉南故乡的诗人、呼吁继承诗文化的优良传统和鼓吹"盛世元音"。

首先，《温陵诗纪》对泉南诗文化的发展进行了总结，并对其后的发展铺平了道路。编者通过序言和编选的作品以及诸家的评价，肯定泉南诗文化的传统和特色，推崇丁炜、阮旻锡、陈允锡等泉南诗人所倡导的学唐而"不墨守成规，也不标新立异"的理念。《温陵诗纪》问世以后，泉南诗坛先后涌现出像写作反映"八国联军"之乱的《百哀诗》、力学杜甫的吴鲁，写有反映台湾历史风情的《东宁百咏》、也学杜甫史诗的苏菱槎等等一大批泉南诗人。他们继承唐诗关心家国的优良传统，形式或内容不但有传统的印迹，而且难能可贵的是既富有时代的气息，又有自己的面目。这和陈棨仁、龚显曾两人诗文成就的影响，尤其是《温陵诗纪》的大力提倡关系至大。

其次，《温陵诗纪》客观上为后代保留了宝贵的文化遗产。闽南诗歌总集历来不多，泉南历史人物遗留下来的诗文集也甚不丰富。除了早已不存的《泉山秀句集》外，明代人所编纂的几部均为其他区域的诗歌总集。清代开始，始有乾隆年间林从直的《明闽诗选》、《清闽诗选》，黄日纪的《全闽诗隽》，郑杰的《全闽诗录》、《国朝全闽诗录》、《国朝全闽诗续录》，梁章钜的《东南峤外诗文钞》、《闽诗钞》等。然而这些总集所载闽南诗人及其作品有限，比如龙溪人居厦门的黄日纪所编《全闽诗隽》，录自唐至清初闽籍诗人 327 人的作品，但仅漳州一地的诗人就占了三分之二以上，搜寻到的泉南籍作者之作就很难全面。是以陈棨仁在书前的《凡例八则》就曾惋叹说："一人之书又难期于该备，况年岁既远，散佚堪虞。"说明当时搜集起来已非易事，何况现今？书中的作者和作品或散见于地方史志的"艺文录"，或见诸个人编印的集子，时至今日经风雨的侵蚀，多数已零落不堪。《温陵诗纪》不但起到搜遗篇、集大成的作用，也为后世的研究者提供了方便。该书还仿照钱谦益编《列朝诗集小传》的体例，各家作品前都冠有小传和著作书名，既是清代泉南诗人的"人物志"，也为后人提供了调查、搜集的线索。

《温陵诗纪》自然也存在着一些不足之处。昔黄日纪编《全闽诗隽》，大量辑录了漳州诗人之作，后世遂有"登录多不当"之讥。《温陵诗纪》也有此问题，书中晋江县籍诗人约占总人数的 59%，其他县分中作者最多的同安县才占 15.5%。再者，晋江以外的作者有遗漏的现象，如乾隆年间厦门著名诗人张廷仪、莫凤翔、林遇青、林明琚等"云洲诗社"成员均无辑入，甚至清代乾隆年间闽南最有影响的厦门诗人黄日纪、张锡麟、薛起凤等竟也榜上无名。黄日纪等人虽系龙溪籍，但道光《厦门志》没有把他们置于"流寓传"。类似情况，可能在泉南其他县份也都存在。然而，和《温陵诗纪》存世的意义相比较，此皆瑕不掩瑜。

泉南诗文化是闽南文化一个重要的组成部分。只有把泉南诗文化和九龙江流域（漳州）和厦门这两个局部区域的诗文化结合起来，放置在中国文学发展史的大范围里进行研究，闽南文化当中诗文化这一朵奇葩，必将会开放得更加绚丽。

本文载于《论闽南文化——第三届闽南文化学术研讨会论文集》，福建省炎黄文化研究会、漳州市政协编，鹭江出版社，2008年12月。

注释：
① 周凯《厦门志·风俗记》。
② 傅金星《泉贤著作述评》，鹭江出版社，1994年1月。
③ 梁章钜《东南峤外诗话》卷七。
④ 《明诗纪事》庚集卷十八。
⑤⑦⑨⑰ 陈庆元《福建文学发展史》，福建教育出版社，1996年11月。
⑥ 《二世堂文集·黄道周传》。
⑧⑲ 丁炜《罗珂雪〈耐耕堂诗文集〉序》。
⑩ 杨浚《论次闽诗·杨亿》。
⑪ 纪昀《瀛奎律髓汇评》卷二十。
⑫ 吕留良《宋诗钞》。
⑬ 朱彝尊《静志居诗话》卷四。
⑭⑯ 谢章铤《论诗绝句三十首序》。
⑮ 《四库全书总目》卷一百八十九。
⑱ 丁炜《于畏之西江草诗·序》。
⑳ 张远《张恫臣诗·序》。
㉑㉒ 《桐西旧话》。

明清时期厦门书画艺术的发展及厦台书画交流述略

书画艺术是一种比较能够直接、充分而且客观地反映人文思想、体现社会文明的文化表现形式，它必须通过纵向传承与横向交流等规律来寻求自身的发展壮大，于是必然会形成一个特殊的文化群体，或者艺术流派，成为一种文化。古往今来的书画艺术家几乎全都是知识分子，或社会阶层更高的人物。因此，书画一般都被视为主流文化的一个重要组成部分。在区域文化的研究过程中，书画史（包括纵向的传承和横向的交流）的探讨的确相当有意义。

闽南与台湾同属于一种区域文化，即闽南文化。自明、清以来，闽南各地以及闽、台两岸的书画艺术就存在着交流互动、相辅相成的关系。清代中期厦门成为"台运"的口岸之时，它还是大陆艺术精英东渡台湾的起点。近代厦门港口城市兴起以后，港市经济的发展使闽南社会中心发生转移，厦门自然更是闽、台之间交流的西岸桥头堡，同时也是两岸书画艺术交流的一个枢纽。

从区域文化发展的轨迹来看，近代以来相对良好的人文环境，使厦门汇聚了闽南漳、泉两地的文化精髓。与此同时，闽南文化还依托厦门的港口优势，不断吸纳了大量的外来文化，丰富了自身的内涵，凸显了其海洋文化的特征。厦门书画艺术的发展，从宏观的角度来看，也可以说是闽南文化发展的一个缩影。因此，本文拟对明清时期厦门书画艺术的发展，以及厦、台之间的书画艺术交流进行初步的探讨，以求证于研究闽南文化的各位先进。

一、明代闽南地区书画述略

书画艺术这门"国粹"，从青铜时代至秦汉时期的萌芽发展，到唐宋时期的辉煌灿烂，乃至明清时期的成熟丰满，已有数千年的历史。但福建因为地理位置等因素所限，与中原文化的发展进程相比，其步伐显然是滞后的。在唐代中原书画已经进入辉煌的时代，闽画才开始滥觞时期。①两宋时期，因为有惠崇、朱熹和蔡襄等书画名家的出现，八闽的书画艺术才开始与中原地区接轨。但由于闽省各地的社会发展不甚平衡，迨至宋元时期，闽南漳、泉两地的书画艺术却还在起步阶段,陈子奋《福建画人传》②里当时闽南的书画家仅有后唐的泉州人释从允、宋代的龙溪人陈淳(人称"北溪先生"),晋江人陈登(字元龙)和元代的龙溪女子黄至规等寥寥数人。漳、泉地区自诩为朱文公"过化"之地,然而当时其书法在该地区的影响并不大,现署朱熹或晦翁名款的题刻绝大多数是后人所为。

闽南地区书画艺术的兴起是在明代。《福建画人传》收录有明代闽籍画家304人,其中泉州有黄克晦、王建章、王朝佐、李仲衡等26人,漳州有徐大渊、蔡烃、徐登第等8人,有明一代闽南画家的人数已经接近全省总数的10%。书法方面虽无法统计,但总体水平应该不低,因为明后期泉州的张瑞图和漳州的黄道周的书艺在全国已名列前茅,当年名满天下,其后彪炳书史了。

从这些书画家的生平分析,他们基本上是出现于倭患逐渐弭平的嘉靖末年以后。在此之前,因为明初设立卫所制度,施行禁海政策,"片板不得下海",对资源羞涩的闽南地区为害甚烈,加上频年倭患,民生已近凋敝,何来发展教育,遑论文化艺术?嘉靖、隆庆之后,海禁废弛,倭患渐平,加上"私人海上贸易的发展",刺激了福建经济的发展③,文化教育事业也随之得以恢复和发展。以明代泉州府历朝考取进士的人数进行统计对比,颇能说明问题:明朝泉州府进士共595名,嘉靖朝之前的154年间只有110名,其中永春、德化两县才有1名进士,而超过五分之四的进士是后122年间泉属各县考取的。举人的情况亦然,明代1734名举人,嘉靖以后就占有1342名。④科举取得的成就,是和教育的发达有至关重要的关系。明代中后期以后,闽南官方和民间的办学蔚然成风,府学、县学、卫学以外,书院、社学、经馆遍地开花。单惠安一县社学最多时就有230个。⑤教育的普遍与发达,同时也是书画,特别是书法艺术发展的有利因素,张瑞图、黄道周的出现在闽南,就不足为奇了。海商经济的发展,科举的发达,使闽南士子有了增广视野、扩大交流的机会。张瑞图、黄道周和沈起津等人都是通过科举,能够到当时的文化中心——南都(即今南京)接触先进文化,与董其昌、陈继儒、倪元璐等书画名家广泛切磋、交流。他们不但共同推进了当时海内书画艺术的变革,在中国艺术史上产生积极的影响,还把先进的艺术文化带回漳、泉,为闽南书画艺术的发展奠定了基础。与此同时,张瑞图父子、王建章的书画则对日本产生了影响。可见到了明代嘉靖以后,即16世纪的中叶,闽南的书画才真正开始进入繁荣时期。

厦门地处周围设有镇海卫城和金门、高浦、中左(厦门)三个守御千户所城,以及为数不少的巡检司城的"漳州河"口(即厦门湾)。直到明末的天启年间,因"漳州河"的月港私商贸易的衰落,厦门才逐渐取代而成为"旁达西洋,商舶四穷"的港口。但与闽南其他地方相比较,文教方面的起步并不一致。还以科举为例:有明一代厦门(嘉禾屿)籍登科中举的人数不多(进士9

名、举人 29 名），绝大部分也都是出现在嘉靖朝以后。⑥厦门的书画家也开始出现在这个时候。

文献记载的明代同安包括厦门的书画家人数不多，内容也过于简练。如《福建通志》所载明代同安人刘韵佳，一称刘运佳，只有"善书画，尤精篆刻"寥寥数字。《福建画人传》记雕塑家王崇德，称其"字道修，号大轮山人，同安人，善塑土，初不得于书，去而学画，继不得于画，乃去而为塑，以意所独诸，别署'雕龙氏'"。但值得注意的是据乾隆《鹭江志》所载，明代厦门有三四位"方外之人"，个个是能诗善书画的艺术家，如释明光"尤工草书，时有同寺僧（释）如寿精于楷书，与光齐名，人称'明光草，如寿真'"，另一位是释雪芝，"工草书，善画兰"，还有一位释明任，"善行、草大字"。这些出家人虽暂无发现有作品传世，但历史上他们对厦门书画艺术的作用却值得肯定的。

目前所发现的有关明代书画的文物以摩崖题刻居多，共 60 方，占全市摩崖石刻总数的五分之一。其中本地作者有正统年间的叶普亮，嘉靖年间的刘汝楠，隆庆至万历年间的洪朝选、刘存德、刘存业、傅钥、陈文鸾、黄文炤、池显方、林懋时，天启、崇祯年间的林宗载等。他们虽然均非以书法鸣世，作品也以楷书为多，但写来开阔自然、端庄凝健，各具风采。如傅钥在天界寺所题的楷书"仙岩"、"天界"，每字高达 1.5 米，通幅笔力遒劲，结体精严，的确是明代书法的上品之作。林宗载在南普陀所题的草书"飞泉"两字，俊逸潇洒，足以体现当时海内行草书法的水平。目前明代厦门当地画家的作品尚未发现。1967 年岛上出土明隆庆辛未（1571 年）的池春台墓葬，内有一方画像砖，所绘为人物正面官服坐像（疑即墓主），墨笔淡彩，用笔简练准确，线条也灵动有江南文人画的意趣。此画虽未必是名家所绘，但对研究当时厦门的绘画颇有参考价值。

我们只能从这些摩崖石刻保留下来的书法作品，以及零星出土的绘画文物，结合文献记载，大体了解到明中后期厦门书画的一些概况。

二、 郑成功对闽台书画的促进作用

（一）郑成功抗清时期金厦两岛的书画艺术。

明末清初，郑成功在闽南起师抗清，1650 年至 1661 年期间还据金门、厦门为根据地，训练抗清力量，号召天下节烈之士，一时金厦两岛汇聚了不少东南的文化精英，给闽南文化注入新的营养。如"松江几社"的徐孚远南奔厦门依附郑成功，还与张煌言、陈士京、沈佺期等著名文人组织"海外几社"，抒发其民族气节和爱国情操。在他们的影响下，金厦两地的文化活动空前活跃，一大批闽南文士如同安纪石青父子、林霍等也纷纷"从之游"，厦门的叶后诏等还与徐孚远结为"方外七友"，"一堂诗友，冷风热血洗涤乾坤"（《东林学案》)。在戎马倥偬的岁月里，一般说来难得有闲情逸致进行书画创作，但还是有一些作品被保存下来。今将所见比较可靠的明郑时期书法作品披陈如下：

1. 郑成功行草书法《致隐元禅师书信》（藏日本京都府宇治市万福寺）；
2. 王忠孝行书题郑成功弈棋图《百字赞》（原件藏中国国家历史博物馆）；
3. 张煌言行书诗稿（藏杭州张苍水纪念馆）；
4. 沈佺期楷书《皇明钦赐祭葬太师彦千郑公暨弟太傅涛千公墓志铭》（藏厦门郑成功纪念馆）；
5. 永安伯黄廷楷书《明待赠王太孺人墓志铭》（藏厦门郑成功纪念馆）；
6. 鲁王朱以海"汉影云根"楷书题刻（在金门县古岗湖畔）；
7. 宁靖王朱术桂行楷书轴（见行政院文化建设委员会主编《明清时代台湾书画作品》，台湾私人收藏）；
8. 明永历甲午（1654年）诸葛倬等四人楷书诗刻（在金门县古岗湖畔）；
9. "双忠魂"楷书题刻〔明永历四年（1650年），在厦门鸿山公园〕；
10. 陈士京行书"浦菴"题刻（在鼓浪屿陈士京墓）；
11. 思明州知州邓会行书诗刻（共四通，在厦门万石山公园、虎溪岩）；
12. 明永历年款楷书"海山第一"题刻（卢若腾书，在金门县太武山）；
13. 明永历七年（1653年）余宏志楷书"樵溪桥"题刻（在厦门市紫云岩）；
14. 董飏先行草诗刻（署"山云上人"款，在金门县献台山顶）。

郑成功据金厦时期绘画方面留下的文物实物较少，所知者有：

1. 明黄梓工笔设色《郑成功弈棋图》画轴（原件藏中国国家历史博物馆）；
2. 明佚名工笔设色《台湾行乐图》画轴（藏厦门郑成功纪念馆）；
3. 明佚名工笔设色行乐图轴（今定作《郑经像》，藏厦门郑成功纪念馆）；
4. 明佚名工笔设色行乐图轴（今定作《郑克塽像》，藏厦门郑成功纪念馆）；
5. 明佚名工笔设色林习山夫妇画像轴（藏金门县烈屿乡林氏宗祠）。

明郑时期遗留下来的书画文物当不止这些，上面所举的近二十件作品或石刻文物都是闽台地区一般能见到者。郑成功"由秀才封王"，其行草书信写来自然洒脱，似有江南名家文徵明的书风，这与他青少年时代在南都求学，游走诸名师门下有关。在擅长书法的郑成功的有意或无意的倡导下，王忠孝、张煌言、陈士京、董飏先和邓会的行书作品，也都能遵"遒媚"之法而另辟蹊径，各臻其妙。特别是陈士京的"浦菴"二字，下笔豪放不拘，气势雄健。由是观之，明中叶以后书道变革创新之风于张瑞图、黄道周之后，已经再次惠及闽南，这对闽南尤其是金、厦两地书法艺术发展的意义是很大的。

如果把郑成功时代的这批具有"波臣画法"的"行乐图",纳入中国古代绘画史进行考察,就会发现其意义非同寻常。我们知道,中国古代肖像画大多采用墨线彩染的传统技法,到了明代后期,由于社会文化的大众化倾向和西洋绘画的传入,传统肖像画发生了演化,以多层晕染来表现的写实性凹凸法,即"波臣画法"开始进入画坛⑦。这一画派的领军人物曾鲸(1564~1647年),字波臣,乃福建莆田人,与郑成功时代相近,地望也相毗邻。《郑成功弈棋图》的作者黄梓即曾波臣的弟子,其他"行乐图"虽无具名,但从画风也可见其师承。明郑时代保留至今的这些肖像画数量虽少,但已足以体现郑成功及其周围的闽南人得风气之先的胸襟,当然,它也从侧面反映了当时先进画风在闽南的影响。

(二)郑成功是传播书画艺术入台的第一人。

郑成功的伟大功绩不仅在于他后来的率师东征、收复台湾,也体现在他对台湾的文化传播。1661年,随他渡台的就有许多文人,"克台之后,奉冠裳而渡鹿耳者,盖八百余人"⑧。翌年,郑成功逝世后,其子郑经继承遗志,在陈永华等人的辅佐下,在屯田拓垦、发展经济的同时,大力推行文化教育。1666年设立了孔庙,接着又命各村庄设学校,开科取士,"取进者入太学,……拔其优者补六科内都事"⑨。虽然历史文献没有特别强调书画传播的记载,但众所周知传统国学教育中书法是一门很重要的技艺,"各社令设学校延师,令子弟读书";宁靖王朱术桂"善书翰,承天庙宇多所题额"⑩,凡此种种,都应该视作传统书画艺术在台湾的植根与传播。

何况郑经本人也是书画爱好者。日本内阁文库藏有"式天氏"(即郑经)所著《东壁楼集》旧刻本共八卷,笔者从中发现一些有关书画方面的新史料。如卷三有《画花鸟》五律一首云:"此图谁写真,百物传其神。栖宿群飞动,芳菲杂笑嗷。无关天雨露,何论节冬春。古纸空留影,不知落笔人。"卷四有《壁间画》七律一首云:"高堂素壁起峥嵘,人到面前鸟弗惊。春去枝头花不落,寒来岭上草长生。阴晴云雾时时绕,隐显渔舟夜夜横。古纸千年忘笔迹,此图频问那知名。"可见郑氏家中的"高堂素壁"展示着大陆带过去的花鸟画,或画有渔舟的山水画,都是画在"古纸"上面的,想必系有年份的名画,而且有一定影响,因有人来"频问"作者的情况。卷二的《过故人庄得辙字》有诗句写道:"堂上高悬高士图,席中佳肴金尊设。"由此可见不仅仅是延平王一家热爱书画艺术,连其乡下老友家中也挂着"高士图",大陆传统书画艺术在台湾早期的传播可以窥豹一斑。可惜这些文物见证皆已不传,上举的那几幅"行乐图",只不过是康熙二十三年(1624年)郑氏后人携归北京的一个部分。

郑经治台二十余年,和其他早期开发者一样,并没有以诗词见长,也无书画作品存世。但从他写的诗中可以知道,他偶然也会"听政余闲觉寂寞,寄情山水墨翰筵"（卷四《东壁楼》），有时也"一斗百篇诗渺渺，三杯落笔字滔滔"（卷六《夏日李公见访》）。他公余对书画艺术的爱好，对其在台湾的传播、发展的作用将是肯定的。

三、清前、中期厦门的书画与厦、台书画交流

（一）清代厦门书画艺术的兴起。

清初，随着1683年台湾的回归，由于水师提督、台厦兵备道（1721年改设台厦道，1727年才分设台湾道和兴泉永道）等衙门的设立，厦门成为闽南和台湾两地的行政中心。清政府还在厦门设立闽海关正口，指定厦门港为与台湾对渡的"台运"正口，厦门同时又是"南北郊"和对东南亚贸易的重要口岸，使厦门成为闽南的经济中心，一时有"番船往来，商贾翔集，物产縻至"的繁荣景象。港市商品经济的发达和闽南台湾两地行政中心的形成，为厦门社会文化的发展具备了先决的条件。

1. 港市的繁荣吸纳了漳、泉两地的精英，提高了厦门的文化品位。如厦门文化史上影响最大的云洲诗社，其领袖人物黄日纪即龙溪移居厦门的诗人，"云洲八子"中的佼佼者黄莲士、薛起凤和林遇青也都是寓厦的闽南人。

2. 厦门作为闽南和台湾的行政中心，有得到因公到厦、或由厦转台的官宦人士对文化方面的提倡和影响的优势。这些官宦人士往往文化素质较高，作用颇大。如历任水师提督的施琅、甘国宝、彭楚汉，兴泉永道的白瀛、俞成、倪琇、周凯，厦门海防同知李暲，游宦来厦的有著名诗人赵翼，大画家"扬州八怪"黄慎和文化名人郭尚先、高澍然、杨浚等等，他们的名字已进入地方的文化史册。

如果说，明末郑成功据金、厦抗清时期，厦门地方文化由于东南精英文化的融入而初展风采，那么到了鸦片战争前的清代，则因为具有闽南、台湾的行政中心和港市经济的相对发达以及"台运"等等有利条件，增强了对外交流，扩大了视野，厦门地方文化已经呈现出前所未有的繁荣。黄日纪的榕林别墅一时成为闽南的文化沙龙，云洲诗社社友们的著作至今仍为地方文化的瑰宝，厦门存世的方志文献也编纂于斯时，即以现存的碑志石刻为例，清乾隆前后的内容质量和数量也最可观。厦门的书画艺术自然也应运而生，目前这一期间的书画名家的作品除了摩崖石刻保留一部分书法以外，绢纸类的书画作品仍然存世不多。但从乾隆三十一年（1766年）始修，三十四年冬开刻的《鹭江志》，尚能了解到清代从1644年至1766年这一百二十多年之间，厦门书画艺术家的大体梗概。

《鹭江志》所载厦门书画家（1644～1766 年）

姓　名	字、号	类　别	评　价	备　注
庄　渔	字友樵	画山水、翎毛	画俱入妙，人以沈石田目之	寓厦门，初学医。有隐士风
杨金鳞	字子石	兼通书画		长泰诸生，住厦局内。善作文
陈基贤	字竹友	善大小书（法）	笔法坚凝，一时独擅	
黄日辉		善小楷		邑诸生
陈昂泰	字青夫	书法	苍劲类颜、柳	玉屏石碑是其遗迹
罗　经	字尔宜	兼工书画	酷肖赵松雪	邑诸生
康凤声		善草书	笔势飞舞，颇涉妩媚	漳浦人，移住厦门
黄国楷		能书善画	书学米南宫	龙溪籍，住厦门
施　清	字宜从	善画山水		能诗
王文明		画海族酷肖	笔甚苍老	
黄树德	字小修	工草书，尤精水墨	涉笔有致	
曾　坦	字诙伯	善画山水		
蒋国梁	字祯士	能诗善画	笔意仿文衡山、倪云林诸家	
蔡催庆	号壶兰道人	工于画，好作泼墨	兴之所到，自然入妙	
王继宇			不论古今墨迹一见便能摹仿	《厦门志》作王维宇

道光十二年（1832 年）编成，十九年（1839 年）开刻的《厦门志》所载厦门的书画家，其中 15 人已载于《鹭江志》，其余 15 人当是活动于 1766 年至 1832 年这 60 多年间的书画艺术家。

《厦门志》所载厦门书画家（1766～1832 年）

姓 名	字、号	类 别	评 价	备 注
林元俊	字份生	时挥毫作竹、石及草书	纵横如意，瘦硬入古	善弈精医。本厦门人，徙居台湾
吴 麟	字仁卿，号祥苑	工行楷	以古为师，自阁贴至宋元大家，无不临摹逼肖	县诸生
林汉峰	字湘青	工小楷		海澄诸生，居厦门
周锦园	字振玉	书法	规抚松雪	邑诸生
徐宏音	字次徽	工真、草书		龙溪诸生，居厦门
黄鸣冈	字友梧	精篆刻		龙溪诸生，居厦门
黄朝正				黄鸣冈弟
林墨香	林必辉	字墨香		著《清爱堂钟鼎款识》等
陈治灿	字奎峰	能篆书		
王 庆		画人物		晋江人，居厦门
范 云	字翠轩	画人物	虽不合古法，生面独开，形容酷肖	
林 远		画人物	在蒋国梁右	
陈斯泰	字元阳	善指墨画虎		
苏鸣夏	字荔村	善画墨兰		其先海澄人，鸣夏始居厦门
许 嵓	字伯珸号珊崖	工指墨	仙佛、花卉、翎毛俱饶古致，尤长于巨幅	客游姑苏、粤东而画益进

当然，《鹭江志》和《厦门志》所载的书画名家不可能是全面的。这些专业书画家一般都按照体例归入"方技"这一门类，而有些业余书画艺术都很有影响的人物，则根据他们的情况列入"文学"或其他门类。比如黄日纪、薛起凤、黄莲士、林遇青等人在"方技"里头就查不到，但他们在厦门保留大量的

优秀书法题刻，却是研究乾隆时代厦门书法的重要依据。另外还有因循古代修志"生不立传"的原则，略去了同代有成就的书画名家，如陈荣瑞、吕世宜和叶化成等仅在《厦门志·风俗记》略带一笔，称："篆隶推吕孝廉世宜，山水有叶上舍化成，墨竹有陈征士荣瑞，皆可观。"实际上，其后能真正传世而且在闽台两地产生影响的，反而是他们这几位。因而在探讨清代前、中期厦门书画艺术发展的情况时，就应该把视野扩大到石刻和流散传世的文物这个范围。

（二）清代前、中期厦门书画的特色。

这个时期厦门的书画在保守传统的基础上，开始出现不断革新的趋势。

明末的厦门人已有热爱传统书画的风气，《鹭江志》辑有明末阮旻锡的《籁余集序》，说其友"郑子好藏三代鼎彝、秦汉金石及宋元名人墨迹"，可惜全毁于万石岩的火灾。可见厦门保存纸绢类书画之不易，只好借石刻以存墨迹。这也是厦门摩崖石刻数量如此之多的一个原因。

清代前、中期书法刻石在厦门保留较多，通过这些书法刻石，我们大体上可以了解到当时厦门的书风和社会风尚。清康、乾时代，海内"馆阁体"盛行，普遍崇尚的是赵孟頫、董其昌等传统的书风。从总体上来看，当时厦门也是以此为主流，文坛领袖黄日纪纯习帖学一路的16幅行书题刻，就宛然法乳于赵孟頫的风格。但虽然如此，我们仍可以从万石岩李暲的"万笏朝天"、倪琇的"石林"，太平岩弈仁的"石笑"，虎溪岩李暲的"入我门来"等等风景名胜的岩石上，欣赏到这些熔碑入帖，一扫柔美之风的擘窠大字。这种刚健内秀的书风更能够引起闽南人的精神共鸣。《厦门志·风俗记》说"（厦门人）亦习为书画，自编修郭尚先先生主讲玉屏，楷法为之一变"，实际上在嘉庆年间的郭尚先来厦讲学之前，书法方面的革新意识已在这些摩崖石刻上有所体现。

清康、乾甚至嘉庆朝厦门的绘画作品虽不多见，然而从零星的遗存，如《鹭江志》中蒋国梁的几幅山水画（木刻本）和其他同代人的若干作品，仍可看出他们囿于传统技法的倾向，下笔未脱"四王"之窠臼。乾隆《鹭江志》赞扬他们能恪守古法，善于以颜、柳、倪云林、米南宫、赵松雪、沈石田、文衡山等古今书画墨迹为师。看来方志对当时书画风气的概括还是很客观的。可是到了道光《厦门志》，对清中期厦门书画风气的看法就略有不同，除了"以古为师"、"瘦硬入古"等套话以外，还出现某些画家"虽不合古法，（但）生面独开"的评价。这说明清中期厦门的书画已发生了新的变化。事实也是如此，一方面是厦门书画家交游、视野的扩大，能够主动吸收外部营养，提高本身的技艺和素质，如画家许裔"客游姑苏、粤东而画益进"，还有清中期厦门书画家林元俊、蔡催庆等到台湾进行艺术交流等等，即可为例；另一方面则得力于外地文化精英对厦门艺坛的影响，如先后寓厦的水师提督画家甘国宝、"扬州八怪"黄慎和书画家郭尚先等，对当地书画的发展发挥过积极的作用。众所周知,指墨画始于清初的高其佩,而乾隆年间的甘国宝已精于此道并把它传至厦门和台湾,不久后厦门人许仑即以"工指墨"鸣世,此亦厦门书画家在传统的基础上敢于创新的例证。

(三)清代前、中期厦、台书画艺术的交流。

清初的四十多年间,台湾和厦门一度同属于一个行政单位,《台湾府志》写道:"台郡与厦门如鸟之两翼,土俗谓厦即台,台即厦。"足见两地的关系是十分密切的。书画界的交往也一样,台、厦之间的交流随着两地社会经济的发展而日臻密切。

郑氏治理台湾时所传播的传统文化,随着清初台湾回归所带来经济的发展以及两岸来往的密切,已经在台湾岛上遍地开花。清代康熙至嘉庆期间,台湾本地就相继涌现出张钰、林朝英、庄敬夫和王之敬等一批书画家。张钰,字质坚,号彬园,台湾县治人,雍正十三年(1735年)入武闱,"善草书,工画,尤精绘龙虎。大幅巨制,益蓬勃有生气,悬之壁间,风云奔涌,人多宝之"[11]。林朝英(1739~1816年),字伯彦,号一峰、梅峰,台湾台南人,工写意花鸟画,并擅行草。他的画落笔泼辣豪放,而墨韵十足,有人认为他似乎受到"八怪"画风的影响,但台湾学者却指出"其纵逸之处且较徐文长或比浙派作风更有过之"[12]。据说林家拥有商船,常往来于厦、台之间。林朝英在闽南一带接受徐渭或者"扬州八怪"黄慎的熏陶,是很正常的。庄敬夫,字钦翰,号桂园,台湾人,"以水墨绘事著名,意到笔随,各臻其妙。每有作,得者辄秘为家珍,以是人争仿之。嘉庆初卒"[13]。王之敬,字笃夫,号莲峰,"擅书画,每下笔悉入妙品,当道重之"[14]。近年台湾出版的《明清时代台湾书画作品》收录有林朝英和庄敬夫的作品。林朝英有《墨竹图》、《墨荷图》、《蕉石白鹭图》、《双凫图》、《自画像》和行草书法多幅,台湾学者认为与明中叶以来盛行的文人画至有关系。庄敬夫的《松鹿图》等三幅佳作,则已略近"扬州八怪"之笔墨。从这些作品可以看到台湾早期书画的发展是与大陆的艺术史息息相关的。

清代前、中期台湾书画艺术的发展,与两岸文化的交流是分不开的。在此期间,清政府派到台湾任职者,就有倪鸿范、甘国宝、朱景英和杨廷理等擅长书画的官员。厦门是当时渡台的来往必经之地,所以他们的影响波及了两地。倪鸿范,字伯畴,福建晋江人,康雍时代以署福建水师提督入台,厦门现存有他写于乾隆辛未(1751年)的两幅巨幅行草诗刻,气势磅礴,力迈群伦,因其有功于台,故《台湾通志》有其传。福建水师提督甘国宝(1702~1769年),字继赵,号和庵,福建古田人。闽、台两地的方志皆称其善指墨画虎,厦、台两地至今都保存有他的墨宝甚至有关他的传说,可以想见其对海峡两岸文化的贡献。乾隆三十四年(1769年)任台湾海防同知的湖南解元朱景英,乾嘉之际任台湾南路海防兼理番同知、台湾道的广西拔贡杨廷理(1747~1813

年),则因在台有政绩,所以民间连他们的书画也拱如珍璧,加以弘扬。

两岸之间的民间艺术往来也是一个重要的交流渠道。其中代表性人物有黄慎和郭尚先。布衣黄慎(1687~1772年),号瘿瓢子,福建汀州人,是中国绘画史上著名的书画家,1724年定居扬州,是为"八怪"之一。乾隆十五年(1750年)应时任巡台使者的朋友杨玉坡之请准备到台湾。杨开鼎,号玉坡,是江南的翰林,1749年巡察台湾道,他也"工书法,刚健中有袅娜之姿,得者如获至宝"⑮。黄慎到台湾的目的是为了弘扬书画,交流艺术,可惜因故未果,只好寄寓在厦门。扬州博物馆藏有他在厦门画的《双鹭图》,上题"乾隆庚午(1750年)小春至海关"等语,而江西省博物馆也藏有他的一幅《鹭石图》,上有"乾隆辛未(1751年)渡台不果,行至海门玉沙洲"等题跋,由此可知黄慎寓厦大约头尾两年,《厦门志·列传下》的"寓贤"记载当时"厦门画家多宗之"。郭尚先,字兰石,福建莆田人,清进士、翰林,任大理寺卿等职,但嘉庆二十年(1815年)入台,是以民间身份"建馆于八里岔,授徒自遣"⑯。郭尚先是清代著名的书法家,兼擅画兰竹。入台前他在厦门短期主讲玉屏书院,已使当地的"楷法为之一变"。他在台的书画效应亦应与在厦相伯仲。稍后渡台交流的有林元俊、蔡催庆等厦门书画家。《重修台湾县志》、《彰化县志》以及《重修台湾省通志》都有他们的传记,如蔡催庆传就写得比《鹭江志》全面、具体得多。这可能是蔡氏在台时间较长,影响较大的原因。

在两岸艺术交流的过程中,大陆书画家也虚心向台湾同行学习。《台湾通史·列传六》的"文苑"和《台北市志》的"人物志"都载吴鸿业,字希周,淡水人,"尤善画蝶,人呼'吴蝴蝶'","连江黄杏村客台,素知画,从之学,数年尽得其技"。

四、清代后期厦门的书画与厦、台书画交流

中英鸦片战争之后,厦门成了近代中国最早被迫对外开放的五个通商口岸之一,一个对外、对内沿海口岸通商贸易的港市逐渐形成。五方(包括华侨)汇聚、华洋杂处的社会环境,使常言所说的"厦门人"的素质结构发生了变化。多元文化的相互混合、包容与交融,有利于厦门海洋文化特色的形成,也有利于各种文化的交流与发展。

以来厦门的书画广泛接受外来的影响,深化厦、台之间的交流,都比清代前、中期有长足的进步。厦门书画艺术就在这种社会背景下得到进一步的繁荣。

(一)清代后期台厦书画述略

近代厦门成为东南重要的通商口岸以后,厦门的文化逐步形成多元的架构,形式更为丰富多彩。此中原因种种,但就书画而言,至少有以下几点值得

注意：

其一，是得到前来厦门、台湾任职的兴泉永道周凯、福建水师提督彭楚汉、杨岐珍等人的倡导和扶持，两岸的书画艺术蔚然成风。周凯（1778～1837年），字仲礼，号芸皋，浙江富阳人，嘉庆进士，道光十年（1830年）任兴泉永兵备道，驻厦门。工书画，山水师元、明诸大家，浑雅苍秀，自成一家，对闽台书画艺术影响颇大。稍后的吕世宜、叶化成等人皆受过他的熏陶。彭楚汉，字纪南，湖南衡阳人，清同治、光绪间任福建水师提督，驻厦门。擅长丹青，尤嗜水墨画梅，颇具文人画旨趣。厦门画家吴大经、苏元和章澥皆得其亲授。

其二，扩大与漳、泉以及其他地方书画的交流。如泉州画家郭徽（字彦美，号云谷）、书法家吴鲁（号肃堂，清末状元）、林翀鹤、曾遒（字振仲）等，漳州画家叶文舟（字晴帆，号藕香）等。尤其应该指出的是清初崛起的漳州诏安的画派，到了清代中、后期开始成为气候。这段时期诏安画坛涌现的谢颖苏（1811～1864年，字琯樵）、沈瑶池（约1810～1872年，号古松）、汪志周（字瘦石）和沈镜湖（1858～1936年，号慎草山人）等书画家，都是研究厦门美术发展过程中，大家所熟悉的人物。闽、台两岸知名度甚高的马兆麟（1837～1918年，字瑞书，号竹坪、东山里人）、林嘉（1874～1939年，号瑞亭）、赖绍南（号少嵩）等因其寓厦而有影响，遗作还被辑入《厦门近现代国画家作品选》。其他见诸于零星旧闻者，还有满族人傅余庵（1850～1916年），工草虫花卉，画法颇近海派任薰、任伯年一路，厦门近现代名画家赵素（号龙骖）即其入室弟子。

其三，与台湾书画界往来密切。这些书画家与厦门乃至闽南等大陆地区同行之间的相互交流，使两岸的艺术水平共同得到提高。

厦门书画的繁荣，表现在以下几个方面：

1. 与此前任何时候相比较，清代后期台、厦书画界最为明显的变化就是书画家人数增多。清道光以后的大约七十年间，厦门涌现出一大批书画名家，可以见诸民国《厦门市志》的"艺术传"。但该方志尚属稿本，所以人物的辑录或有疏漏，体例也有待斟酌。如道光间画竹名家陈荣瑞（1780～1832年），字辑五，号雪航，厦门人。工小楷、墨竹，《中国美术家人名大辞典》有传）、陈邦选以及同、光间善画兰竹的李容、江枫（字秋帆），遗作存世成为当今收藏界的热门货，而当时的市志却无其传；佳作颇为当今收藏界所重视的书画家吕世宜、叶化成、林鹗腾、杨凤来、方兆福（含婿庄序易）、叶大年、李廷钰等的传记则编入其他门类。他们的生平与成就已编入本人所编纂的《厦门历代书画家》（未刊），兹不赘述。现将民国《厦门市志》（《鹭江志》、《厦门志》辑入者不再重复）中清代后期的书画家列表如下：

《厦门市志》所载厦门书画家（1832～1911 年）

姓 名	字、号	类 别	评 价	备 注
林 鸿	字霁秋	涉猎书画、篆刻		酷嗜音乐，尤精琵琶
欧阳粥	字梦良	善书尤擅擘窠书	入柳诚悬堂奥	邻近匾额多出其手
欧阳桢	字少椿	工篆刻，擅行楷，晚攻魏碑	陶渚宣、蔡公时过厦，咸推重之	
陈克虎		善作山水、人物	衣褶描笔有行云流水之妙	
吴纪勋	字桢村	善画山水	笔力矫健不凡，常作大帧，笔法近黄大痴	
吴荫棠	字藻川	能画水。晚专画竹	画水笔墨淋漓，颇饶逸气	吴纪勋之侄
叶舒泰	字老鹤	画山水	疏秀苍老	
叶鸣皋	字少鹤	画山水		能世其学
林嵩龄	字景松	丹青花鸟	似吴纶堂（大经）笔意	
赵 斌	字少村	画山水。能作蝇头字	笔意朗润，酷似曹云西。书札亦娴雅	
林必瑞	字研香	擅画墨竹		
叶来昌	字小谷	能书画		名书画家叶化成之子
吴大经	字纶堂	画山水花鸟	画有独到处，中年后，喜作梅菊怪石，墨沈淋漓奇诡	吴大经、苏元、章瀚并称厦门三画家
苏 元	字笑三，号梦鹿山樵	擅画梅、鱼，兼擅山水花鸟		苏元、吴大经、章瀚并称厦门三画家
章 瀚	字汉仙	花鸟、人物、山水俱擅胜	晚年笔尤苍老，神致栩然	章瀚、吴大经、苏元并称厦门三画家

今一并将民国《同安县志》中《人物录·方技》所记载的活动于厦门的同安书画家列表如下,以供参考。其中大部分活动于清代中、后期,并且多有作品传世。只有李无惑是明代人物;张伯虎、刘运佳的活动年代不详,姑录于此;庄渔、许崙已见《鹭江志》、《厦门志》,故略。

民国《同安县志》所载明清两代同安书画家

姓 名	字、号	类 别	评 价	备 注
〔明〕李无惑		善小篆	盖斯公、阳冰之后,未见其比,其劲健端好又过于阳冰	
〔清〕张伯虎		以善画名		翔风里青屿(金门)人
〔清〕刘运佳		善书画		其篆刻尤精
〔清〕黄陶潜		以医、画名	图画出于天然,以墨水挥洒,苍古入妙	
〔清〕陈燮堂	字和卿	以画自隐。尤工山水	节枝、人物,具见精神。山水雅有衡山、石田家数	周芸皋(凯)观察厦门,物色之,谓"近代画家罕有其匹也"
〔清〕吴 慎		善画	写意尤苍古	
〔清〕谢 正	字筠山	山水、博古	为一时名士重,谓"其直(人)沈、唐之奥"	
〔清〕谢蓉生	字秋塘	颇能画竹		谢正之叔
〔清〕高 峻	字叔崧,别号浣香老人	工书画。凡山水、花卉、人物靡不精究。尤工草虫	其描摹形神毕肖,栩栩欲活,人多爱之。尤工习六朝之体,如走龙蛇,飞行无迹。时人称三绝	陈子奋《福建画人录》误定为明代画家。今据其作品题跋年款,知其生于1835年。70岁时犹能作画
〔清〕倪观海	字铁泉	工于画	声名远播。画牡丹花娇艳夺目,意态翩仙,宛有生气	
〔清〕谢 佑	字元阳	善镌刻印篆	古气横溢	

2. 以厦、台为主的两岸文化交流取得丰硕成果，台湾涌现出一大批书画家，为日后两岸书画艺术的共同提高打下良好的基础。清代后期，至"乙未（1895年）割台"这段时期，台湾也涌现不少书画家。其中较为著名的有林占梅（1821～1868年，淡水人，字雪梅，号鹤山，工诗书，善绘画）、曹敬（1818～1859年，淡水人，字兴钦，号慤民，兼工书画，善为黄杨木雕）、丁捷三（嘉义人，字子微，善书画，尤精翎毛）、王献琛（1830～1889年，台南人，字世希，号宝堂，能作水墨画，书亦疏放）、林觉（台南人，字铃子，号卧云子，善绘花鸟，人物尤精）、吴尚霑（台南人，号秋农，擅长书画、篆刻）、洪丹九（艋舺人，善雕刻，吕世宜等入台传艺时，得其协助）、卢周臣（台南人，善淡墨山水、人物）、张书绅（淡水人，字子训，号半崖，"其书则有中锋冠全闽之誉"）、张长春（大龙峒人，浑名"臭头年先"，喜弄丹青，所绘神佛鬼怪，奇禽异兽，意趣横生）、许龙（嘉义人，字禹门，号守愚子，善长人物、花鸟）、范耀庚（1877～？新竹人，字西星，号瘦竹，人物、花鸟皆佳，指画尤能开创新意）、叶汉卿（新竹人，名镜镕，善长兰竹，亦善书法）、吕璧松（1872～？，台南人，喜丹青，悉心研究"南宗"水墨画法）、蔡雪溪（1885～？，台北人，字信其，善丹青，兼擅中、日画法，为台湾早期北派之首）、蔡九五（1885～？，台北人，字秉乾，善绘花鸟禽鱼，画鱼气韵生动）、谢彬（台南人，善庙宇壁画）、释荣芳（凤山人。同、光间开元寺住持，精通拳法，兼擅书画）、释莲芳（台南三官堂住持，工书画）等人。⑰

3. 传统书画各呈其妙，百花竞艳。清代后期，厦门的书法各种书体都益臻其妙，都各有杰出的名家。如以专擅汉隶著名的吕世宜（1784～1855年），字西邨，号不翁，福建金门人，世居厦门。清道光壬午（1822年）举人，性爱金石，工考证，篆隶尤佳。至今犹是闽台两地名气最大的书法家。吕世宜曾应聘至台湾板桥林家，对台湾文化贡献颇大。行书方面最出色者为同治、光绪年间的同安举人陈荣试，字秋崖，其名虽不见经传，但因陈荣试的行书得力于赵（孟頫）、董（其昌），笔墨淹雅苍润，颇为后世识者所珍爱。楷书则有光绪年间的杨凤来，字企亭，厦门市级文物保护单位《重建兴泉永道署碑记》即其为道台的代笔，俊采神驰，纯入唐代欧阳询的法度。晋江寓厦的学者杨浚，其近邓石如风韵的篆书石刻，至今还为厦门山水生色。绘画方面更是出现前所未有的繁荣，清代后期所有的画种皆已齐全，山水、人物、花鸟、兰竹、草虫等等，门门有高手；写意、工笔、兼工带写，种种技法都已成熟。影响至今的有周凯、叶化成的山水，陈荣瑞、李容、江枫（字秋帆）的墨竹，彭楚汉的墨梅，陈邦选的小写意人物，谢颖苏、马兆麟、吴大经、苏元（号笑三）的兼工带写的花鸟，高峻（叔崧）的工笔草虫等等，现已成为厦门的历史文化瑰宝。

（二）清代后期的台、厦书画交流。

台、厦书画的交流源远流长，自明末清初以降一直没有停息过。这种交流更是频繁，其中如厦门画家陈邦选（约1770～1850年），字仲子、得青、宝谷，号白鹤山人，道光年间随乡人入台，以书画、篆刻自给。其作品多流传于台湾，台湾近年出版的《清代台南府城书画展览专集》犹收录有他的作品和传记，评者谓其指墨人物的造诣可与高其佩相伯仲。《闽台历代国画鉴赏》一书记载陈邦选寓台时，新竹人范耀庚倾心向其学画，所以人物、花鸟皆佳，指墨画尤能创新意。该书又记载闽南画家谢颖苏初至台湾时，即寄寓在台南举人吴尚霑的修竹山馆。吴尚霑得机会师事谢氏"四君子"画法，后以墨兰最为精湛。不但是大陆西岸的书画家入台传艺，台湾的艺术家也频频渡海东来求艺，或在台遥接正宗的传统，如嘉义人"许龙人物师黄慎，花鸟学八大山人"，作品同样很有文人画的书卷气等等。诸如此类的记载，实在举不胜举。然而影响最大的当推道、咸时期谢颖苏（琯樵）、吕世宜（西邨）和叶化成（东谷）的"三先生"入台弘扬书画艺术。

"三先生"的入台弘扬书画艺术，是闽台文化交流史和台湾文化史的一件大事。"三先生"入台前已是名噪八闽的书画家。他们应台湾板桥林家之邀而入台，连横的《台湾通史》述之较详："当是时，淡水林氏以豪富闻里闬，而（林）国华与弟国芳皆壮年，锐意文事，见世宜书慕，具币聘。……世宜遂主林氏，日益搜拾古代鼎彝，汉唐碑刻，手摹神会，悠然不倦。林氏建枋桥亭园，楹联楣额，多其书也。……是时诏安谢颖苏亦主林氏，以书画名。"据金门学者吴鼎仁学兄考证，"三先生"并非同时"主林氏"，吕世宜在台时间大约为1842年（道光二十二年）至1854年（咸丰四年），居台约十二三年。其友叶化成可能和他一起入台。至于谢颖苏则是咸丰年间到台南，辗转于砖仔桥吴家、海东书院，后来才应板桥林之聘。但不久"因与东家微有争执，遂拂袖而去，寓于艋舺"。居台前后约四年。[18]谢颖苏有否与吕世宜同游？同游时间多长？至今仍是个谜。

但不管怎么说，吕世宜等"三先生"在台时间长，并依托板桥林家豪富的社会地位进一步扩大了影响。日本汉学家尾崎秀真在他的《清代官守台湾的古文学家周凯》[19]论文中写道："台湾流寓人士，于文推周凯，诗推杨雪沧，书推吕西村，画推谢琯樵。"并且说此后"台湾隶书皆吕西村流"，连横说："晚近谈艺之士，辄言吕西村、谢琯樵。"台湾出版的《台湾乡土文物浅说》也说"叶化成，字东谷，……曾游周凯门下，后由凯介至板桥林家为西席，与吕世宜、谢琯樵并称三先生，对北台文化之发皇助益良多"。近年还有台湾学者做出这样的评价："道光间西村渡台后，兴起碑学书法，……影响台人隶书创作之风甚钜。"[20]可见"三先生"对台湾书画艺术的贡献是多么巨大。

综上所述，我们了解到，明清时期，厦、台两地书画艺术的发展轨迹是非常相似的。厦门的书画艺术的发展得益于厦门得天独厚的港口优势。它滥觞于明代中后期，伴随着港口城市的形成、发展，到了清代中叶即中英鸦片战争之前，由于闽、台两地乃至省内外广泛的艺术交流，逐步走向相对的繁荣。近代以降，这种艺术交流更为频繁，厦、台两地的书画艺术几乎已经融为一体。明末清初，郑成功收复台湾之后，就把大陆的书画艺术从厦门、金门传播到台湾，书画艺术这项国粹就开始在那里生根发芽，并且在整个清代（1895年的"乙未割台"之前），通过闽、台或厦、台之间的不断交流，相辅相成，共同缔造了海峡两岸书画艺术的繁荣局面。

由于众所周知的两岸隔绝等等原因，其中尤其是1895年以后台湾整整有五十年的时间遭到日本帝国主义"皇民化"运动的污染，导致正常而且蓬勃发展的祖国大陆书画艺术，到现在却成为台湾艺术家们心中迫切的向往。而今两岸的书画交流已经水到渠成，回顾明清以来我们老祖宗走过的道路，相信是很有意义的事。

本文载于《闽台文化交流》，2008年第一期，漳州师范学院闽台文化研究所编；并转载于《守望与传承——第四届海峡两岸闽南文化学术研讨会论文集》，福建省炎黄文化研究会、中国人民政治协商会议厦门市委员会编，鹭江出版社，2010年3月。该文荣获2008年度厦门市社会科学三等奖。

注释：
① 梁桂元《闽画史稿》，天津人民美术出版社，2001年。
② 陈子奋《福建画人传》，福建省博物馆油印本。
③ 徐晓望主编《福建通史》第四卷《明清》、第五章《晚明福建商品经济的发展》。
④ 陈笃彬、苏黎明《泉州古代科举》，齐鲁书社，2004年。
⑤ 陈笃彬、苏黎明《泉州古代教育》，齐鲁书社，2005年。
⑥ （民国）《同安县志》卷十五《选举》。
⑦ [日]近藤秀实《波臣画派》，吉林美术出版社，2003年。
⑧ 连横《雅堂先生余集》，转引自陈耕《台湾文化概述》，海峡文艺出版社，1993年，第99页。
⑨ 江日升《台湾外纪》，福建人民出版社，1983年，第192页。
⑩ 台湾图书馆特藏组编印《明清时期台湾历史人物小传》，第36页。
⑪ 《福建通史》卷三十四《文苑列传》。

⑫转引自张金鉴《闽台历代国画鉴赏》,海潮摄影艺术出版社,1998年。
⑬台湾图书馆特藏组编印《明清时期台湾历史人物小传》,第195页。
⑭台湾图书馆特藏组编印《明清时期台湾历史人物小传》,第14页。
⑮《台湾关系一百翰林书画集》,台湾出版。
⑯张金鉴《闽台历代国画鉴赏》,海潮摄影艺术出版社,1998年。作者按:台湾"行政院文化建设委员会"编《明清时代台湾书画作品》根据《台湾金石木书画略》之说,郭尚先作"年三十来台,建馆八里岔,授徒自遣。嗣归,举乡试,成嘉庆十二年进士"。此说颇值得怀疑:郭氏生于1785年,1809年(嘉庆十四年)成进士时24岁。此前入台设馆可能性不大。其入台时间应在成进士立朝当官以后(《闽台历代国画鉴赏》作嘉庆二十年,1815年。暂依,俟考),且与在厦主讲书院同,非仅"授徒自遣"而已。

⑰综合台湾"行政院文化建设委员会"编《明清时代台湾书画作品》,张金鉴《闽台历代国画鉴赏》。此外,吴鼎仁《吕世宜书学风格研究》(《铭传大学应用中文研究所硕士论文》):还载有光绪间鹿港的郑鸿猷、郑贻林和台北的吴廷芳,皆写吕西村风格的汉隶。

⑱吴鼎仁《吕世宜书学风格研究》,载于《铭传大学应用中文研究所硕士论文》。作者按:台湾"行政院"文化建设委员会编《明清时代台湾书画作品》考订谢颖苏入台于咸丰七年(1857年)佐幕至台南,则斯时吕世宜已卒有年(咸丰五年卒)。七年说不知何据。

⑲转引自卢嘉兴《台湾研究汇集》第五辑。
⑳转引自吴鼎仁《吕世宜书学风格研究》,载于《铭传大学应用中文研究所硕士论文》。

闽南白话字溯源

闽南方言是历史上中原文化数度迁徙入闽而积淀下来，又经过不断交融而形成的一个汉语方言语种。闽南沿海又处于大陆板块的东南一隅，是中外文化碰撞交汇的前沿地区。东西方的种种交流，语言是不可或缺的最重要的工具。鸦片战争以后，西潮滚滚而来。欧美列强为了让基督教有效、快速地传播和扩散，美国的归正教会、英国的大英长老会和伦敦差会等教会，纷纷派遣传教士来到当时闽南政治经济的中心——厦门，利用原先已掌握的拉丁字母（即罗马字母）的拼音方法，通过认读和拼写，把闽南方言编成字典，向原住民教读，从而取得互相交流的作用。美国传教士毕腓力（P. W. Pitcher）1885 年来华，1910 年出版其《厦门纵横》一书，书中对闽南白话字有过简单的介绍。它说这种文字是"从罗马字挑出 17 个字母组成一个字母表。加上 4 个送气音，即 ch(chh)、k(kh)、p(ph)、t(th)，以及其他两个音合并，即 n 和 g(ng)，和另一个加上逗号的 o(o')，总数 23 个字母"，运用 4 个音调，"用这些字母，就能够表达厦门方言"①。该书出版时，闽南白话字的运用已臻于成熟。他对闽南白话字有如是评价，他说："可以说，传教士们在中国厦门传教工作 60 年中最光彩的成绩，就是在大约 60 多年前创造的闽南白话字。更确切地说，把会意文字转为罗马字母所构成的文字，并不亚于形成一种新的文字。它标志着中国用汉语方言传播思想的模式的一场变革，它给成千上万，将来还可能给上百万的人提供寻求信息的途径，这些中国人本来没有获得知识的机会"。②该书作者还极力推崇打马字·约翰牧师，认为他是"拼写汉字新方案的主要创始人"，对闽南白话字的推广，其功甚伟。此外，"大英长老会的用雅各牧师和美国归正教会的罗啻牧师也热心于闽南白话字的教学（1850 年）"。一直以来，打马字·约翰和用雅各、罗啻等早期入厦的传教牧师，成为叙及闽南白话字必绕不过去的人物。20 世纪 50 年代，我国文字改革运动的带头人倪海曙的《基督教会的罗马字运动》一文还说："教会罗马字最早的流行地是厦门，远在 1850 年（清道光三十年）厦门话已有罗马字拼音方案，当时推行最努力的是 Rev. J. N.

Talmage（按，即打马字·约翰牧师）。"③ 以至于 2008 年鼓浪屿为申报世界文化遗产，出版过一册《闽南白话字》，基本上也持此说法。这说明有关这方面的研究尚有待于开展。

近年来，随着中外文献史料的不断出现，有助于我们对这种已成为历史文化遗产的闽南白话字的研究。本文将对汉语（包括汉语方言）以罗马字母拼写的方法在中国产生、推广的过程进行初步的梳理，并以此短文就正有道。

一

罗马字母又称拉丁字母，是公元前 7 世纪拉丁族人在拼音文字——希腊文字的基础上创制出来的。起初的拉丁字母表仅有 21 个字母符号，后来才增加到 26 个，其字体由于便于阅读和速记，所以成了世界上流传最广泛的字母。目前，西欧、美洲、澳洲以及非洲的大部分民族都使用罗马字母，即拉丁字母。汉语的文字多采用象形和会意文字，文字符号多达五万个以上，与罗马字母形成的文字截然不同。历史上，东西方存在着语言方面的障碍。

16～17 世纪的大航海时代，许多西方传教士来到中国。由于交流和布道的需要，欧洲人率先尝试着越过语言上障碍。后人认为，罗明坚（Michaele Ruggieri）、利玛窦（Matteo Ricci）等意大利耶稣会会士是这方面的先驱。早在 1584 年至 1588 年间，他们已合作编写了一部葡汉字典，用拉丁字母为 5 千余个中文词标出读音。有学者推断其排列是一行葡语单词，一行罗马字，一行汉语词，它是汉字拉丁注音的初创成果，其罗马字拼音系统被认为是"中国最早的一套汉语拼音方案"。可惜这部手稿一直没有整理出版，至今仍藏于意大利罗马的耶稣会档案馆里。

真正系统地以拉丁字母拼读汉语的尝试当是罗明坚和利玛窦。据考证，罗马注音系统完成于明万历二十六年（1598 年），这一年耶稣会修士们编制出一部名叫 *Pin ciu ven ta ssi gni*（即《宾主问答词意》或《平常问答词意》）的词汇表，《利玛窦中国札记》还特别提到此过程中，得到擅长汉语的钟鸣仁修士的帮助，钟鸣仁是中国澳门人④。在此期间，利玛窦还向当时制墨名家程大约的《程氏墨苑》赠予 4 幅西洋宗教画，每幅画均题有拉丁文注音的汉字，其后利玛窦把这些注音文章以《西字奇迹》为题，单独刊行。《西字奇迹》是最早用拉丁字母给汉字注音的出版物。

然而，近年来又有学者通过研究发现，明万历三年（1575 年）到达福建沿海活动的西班牙奥斯会的耶稣会士拉达（Mantin De Rada）根据泉州土音（闽南方言）用西班牙文编著的《华语韵编》⑤，比上述利玛窦等人的拉丁字母注音汉语还早一些。由于这部《华语韵编》所根据的是闽南方言，因而对闽南白话字的研究意义更大。

实际上，与近代闽南白话字关系更密切的，是明末清初欧洲荷兰的新教徒利用罗马字拼音的方法在台湾的传教。1624 年，荷兰的东印度公司占据了我国台湾的南部地区。据台湾学者赖永祥的《（台湾）教会史话》所载，当时荷兰基督教新教徒大多受雇于东印度公司，在大员（安平）、新港和麻豆一带传教，同时协助政务管理。这一带原住民所使用的方言，即所谓的新港语，欧洲人称作"西拉雅语（Sira Ya 或 Sideia）"。荷兰早期入台的新教教徒就曾用罗马字拼音法编写过"新港语汇"及若干祈祷文的译述，同时还编纂一些这方面的入门书，由本国印刷运来台湾发行使用，1646 年后又经范布炼（Simon Van Breen）、倪但理（Daniel Gravius）等人改编，还印成新港语与荷兰语对照的《信仰要目》，这些出版物近代以后有部分根据荷兰莱顿大学图书馆的藏本重印过。台湾北部的淡水于 1628 年被西班牙人占领，天主教会于是也在那里建教堂传教，多明我会传教士爱斯基委（Jacinto Esquivel）曾编有《淡水语辞汇》和《淡水语教理书》，当也是以罗马字标音的。

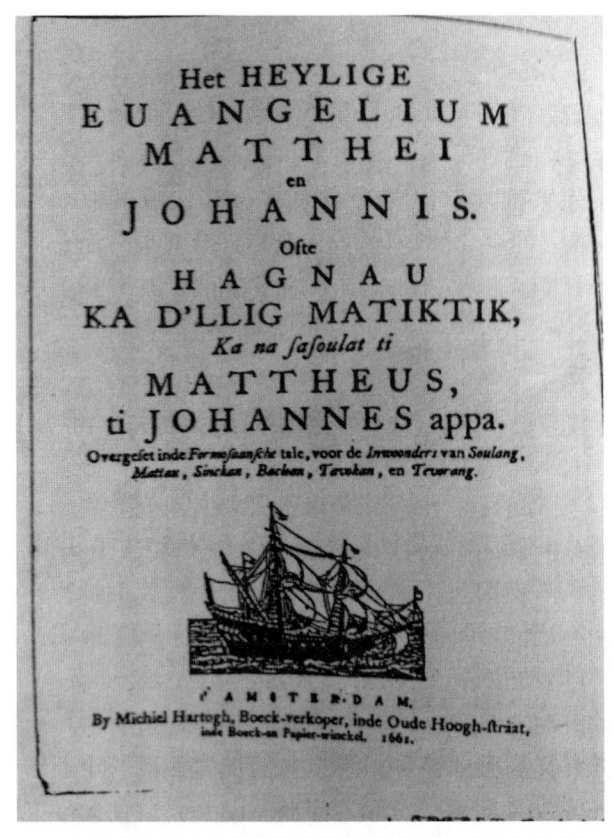

1661 年台湾的以罗马字拼写高山族语言之《马太福音》

虽然，荷兰势力于 1662 年被郑成功驱逐出去，但用罗马字拼写新港语的遗风却零星有所保留。康熙年间周钟瑄编修的《诸罗县志》卷八《风俗志·番俗考》说："习红毛字者，横写为行，自左而右，字与古蜗篆相仿佛。能书者，……谓之'教册仔'，今官设塾师于社，熟番子弟俱令从学，渐通汉文矣。"迟至清嘉庆十八年（1813 年），原住民之间的土地买卖或抵当借贷的契约，仍有采用罗马字注音的新港语的现象，日本学术界称之为"番仔契"。

从明代后期的来华传教，到清康熙末年的禁教，天主教被逐出中国大陆为止，总共差不多有两个世纪。这期间，欧洲耶稣会会士为了扫清东西方语言的障碍，创制出罗马字母为汉语注音的方法，编纂了许多这方面的辞书字典。其中流传较广，影响很大的有格莱莫纳神父（Bazilius a Glemona）在澳门编纂的《汉字西译》，它是一部有关汉语与拉丁语的字典。意大利多明我会的万济国（Francisco Varo）于 1703 年在广州木刻出版的《华语官话语法》（*Artede Lenguo Mandorina*），马若瑟（Joseph de Premare）的《汉语札记》（*Notitia Liquae Sinicae*），这些都是西方人学习中国语言文字的必修书。康熙禁教以后，所有的出版物都被视为禁书，遭到焚毁。但还是有不少随着耶稣会传教士回归欧洲，散存于各地的教会组织。在近代基督教新教的传教士来华之前，它们正好是了解中国文化的必不可少的资源。

第一位新教来华传教的马礼逊（Robert Morrison）到中国之前，就先在英国皇家学会借到一部《拉丁文—中文字典》（很可能即《汉字西译》），开始学习汉语。马若瑟那部《汉语札记》后来在马六甲出版（1831 年），成为许多来华之前在东南亚一带学习汉语方言的传教士的重要参考书。该书后来又经美国传教士裨雅各（James Granger Bridgman）译成英文，1847 年在广州重刻，影响更大。1847 年来华的英国传教士伟烈亚力（Alexander Wylie），就是在旧书摊买到《汉语札记》，激起他对汉语的浓厚兴趣，最后成为著名的汉学家。

二

近代鸦片战争爆发的前后，基督教新教开始卷土重来。这其间，基督教的新旧教在中国几乎空白了一百多年。马礼逊是第一个以英国东印度公司译员身份来华的基督教伦敦差会的传教士。1807 年，他来到中国。由于职业和传教的需要，马礼逊深切感到学习汉语的重要性。在华期间，他在中国文人的帮助下，编纂了一部很重要的辞书——*A Dictionary of the Chinese Language*（有的译为《华英字典》），读者对象是准备学习或使用中文的来华外国人。该书于 1825 年出版，第一部分为《字典》，以《康熙字典》为底本；第二部分为《五车韵府》，按汉字音序查字法排列，每节前面附有罗马天主教会未刊的《字母字典》，以切广东方言发音（偶尔也有北京方言），帮助读者查字；第三部分为

《英汉字典》，附有中国的度量衡、历法、土地丈量和里程计算法，总共六大册，4595页。可以说它是一部有助于了解中国语言和文化的大百科全书，相信早期来厦的传教士都阅读过这部有用的工具书。马礼逊著作等身，除此之外，主要作品还有英文版的《中文文法》（又译作《通用汉言之法》）和《广东土话字汇》等。

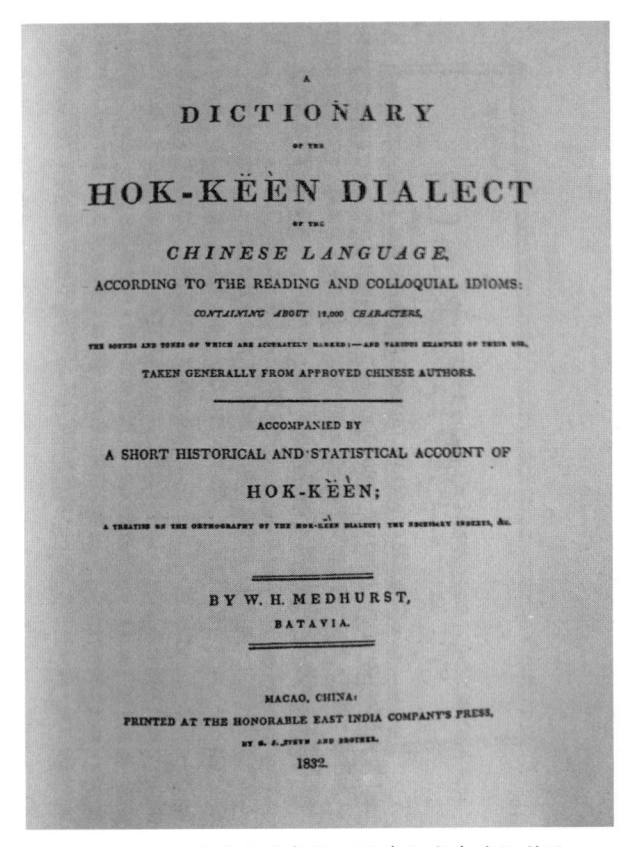

1832年澳门出版的麦都思《福建方言字典》封面

真正与闽南白话字有直接关系，而且对其发展与推广有着积极影响的，当是英国伦敦宣道会的传教士麦都思（Walter Henny Medhurst）。麦都思生于1796年，1817年到达马六甲，并开始勤奋学习语言，讲经布道，并设立印刷馆，与此同时还研究、整理罗马字的闽南话。十余年间他辗转于马来半岛各埠、新加坡、印尼的爪哇等闽南华侨聚居的地方，1843年后至上海传教，创建中国第一个近代印刷所——墨海书馆，1857年在伦敦去世。麦都思精通汉文，又长期与东南亚的闽南华侨有广泛接触，对福建方言产生极大兴趣。1820年在马六甲时就刊行过一本小字典，1837年在澳门出版他的力作《闽英字汇》（*A Dictionary of the Hok-keen Dialect of the Chinese Language*，又译作《福建方言字典》)。该书序论 64 页，本文 860 页，所收的字有 12000 个，主要是根据闽南通俗韵书《十五音》，以漳州腔为主。麦都思这部字典被后人誉为当时"欧洲人研究福建方言的开拓先锋，也是用罗马拼音表记闽南语最首者（按：即第一人）"⑥。从赫德（Robert Hart）的日记中可以看到，麦都思的这部字典是他初学汉语时最想弄到手的工具书⑦，可见此书在当时的影响是很大的。

近代基督教新教最初到厦门布道传福音者，都会提到雅裨理（D. Abeel）、罗啻（Elihu Doty）、波罗满（W. J. Pohlman）和施敦力亚历山大（A. Stronach）和施敦力约翰（J. Stronach）兄弟等牧师。他们都是先到南洋各地，接触那里的闽南华侨，了解厦门的方言民俗，为日后的工作提前预热。第一个到厦门布道的美国归正教会牧师雅裨理，1831 年起就来到爪哇、新加坡、马六甲和曼谷等地，得到麦都思的悉心指导，用三年多的时间努力学习厦门话。美国圣公会牧师文惠廉（W. J. Boone）1837 年到巴达维亚后，便在当地学习方言，一直到 1840 年才离开。美国归正教会牧师罗啻和波罗满 1836 年同到新加坡、婆罗洲的坤甸等地讲道、学习语言，1844 年才来到厦门。他们在东南亚学习闽南方言，麦都思的《福建方言字典》肯定是最有用的教材。因而，我们不能忽视麦都思及其辞书在闽南白话字形成过程的先驱作用。

1843 年，根据《南京条约》开放上海、广州、福州、厦门和宁波为对外通商口岸。这五个口岸均属于不同的方言地区。英国的外交、商务人员进入这些口岸，既需要懂得汉字和官话，还要听得懂当地人士的方言。偏偏英国政府一时缺乏这方面的人才，所以许多翻译工作只能由粗通汉语和方言的传教士来充当。传教士在参与谈判的过程中，不但为基督教在中国的传布争取到了便利，其汉语学习也得到了很大的提高。19 世纪下半叶，来华外国人为着及早排除语言障碍，编纂了大量学习汉字、汉语的工具书。其影响较大的除了马礼逊的《华英字典》之外，还有卫三畏（Samuel Wells Williams）1843 年在澳门香山书院刊行的《英华韵府历阶》（*An English and Chinese Vocabulary in Court Dialect*），威妥玛（Thomas Francis Wade）1867 年的《语言自迩集》（*Ye-Yen Tzu-Erh Chi: A Progressive Course Designed to Assist the Student of Colloquial Chinese as Spoken in the Capital and the Metropolitan Department*），翟理斯（Herbert Allen Giles）1891 年在上海刊行的《华英字典》（*A Chinese-English Dictionary*）等等。这些中外文字典工具书不但有助于外国人对汉语和中国文化的学习与了解，也是中国人了解西方的一个途径。威妥玛的《语言自迩集》因为语音、汉字、词汇、阅读并重，是一部北京官话的教材，不仅来华外国人普遍使用，中国人也用它来学习英文。清代外交官曾纪泽自学英语就用这本书，他的日记留下不少有关阅读、温诵和抄写《语言自迩集》的记载。翟理斯的那部辞书出版后,连上海的华商也都来预订,单洋务大臣张之洞一个人就订购了十部。

19世纪下半叶外国人所编写的这一大批字典工具书,作者大多不以传教为业,所收录的汉语罗马字读音也以"官话"为主。然而作者来自不同国家,所受教育和来华时间都各自不同,因此有必要形成一套统一的汉字拼音方案。威妥玛经过多年潜心研究和实践,在前人基础上改进而成的《语言自迩集》,其拼音跟现行国际音标的许多符号和标音法比较一致,因此成为一部具有权威性的工具书。当然,这部书对在所有方言区域里的"罗马字运动"(如闽南白话字),也会有一定的影响。

三

对近代西方传教士而言,方言区域的布道工作尤为重要,因而他们一开始就用罗马字学习当地方言,在主要的方言区都编制有学习方言的工具书,如裨治文(Elijah Coleman Bridgman)于1841年在澳门出版的《广州方言中文文选》(Chinese Chrestomathy in the Canton Dialect),翟理斯于1877年在上海出版的《汕头方言手册》(Handbook of the Swatow Dialect, with a Vocabulary),艾约瑟(Joseph Edkings)的《上海口语语法》(A Grammar Chinese, as exhibited in the Shanghai)等等。但是运用罗马字母把《圣经》注以方言发音,并形成相对固定的方案在宗教以外的生活中加以应用,还是闽南方言区的厦门做得比较成功。

1842年2月美国归正教会的雅裨理来到厦门鼓浪屿后,继其而来的罗啻、波罗满和施敦力亚历山大和施敦力约翰兄弟等传教士,都有过在东南亚学习闽南方言,得到麦都思指导的经历,因此麦都思那部教材——《福建方言字典》,可以说是闽南白话字的开山之作。

闽南白话字在厦门能够迅速有效的推广,得益于最初来厦的传教士都提前在东南亚做了充分的准备,还有他们入厦后的不懈努力。罗啻、波罗满于1844年6月来到厦门后,在当地原住民的帮助下,努力学习厦门方言。据《美国归正教在厦门(1842~1852)》一书载,一年以后,波罗满的袖珍笔记本已记录了245页与会话有关的重要字和短语,并且带在身边随时准备参考。除此之外,在传教士入厦后的不久,就能够在短时间内先后建起两座标志性的基督教教堂(新街礼拜堂建于1848年,竹树脚礼拜堂建于1859年),并在教堂附近开设妇女儿童的识字班,使闽南白话字很快在民间生根发芽。英国伦敦差会的养为霖夫妇1846年4月就在其住所开设女学,"收学生十二人,为厦门首创之女学"[⑧]。这种在结合识字教育的同时进行福音传播的模式,笔者认为是闽南白话字能在中国各方言区中一枝独秀的原因。

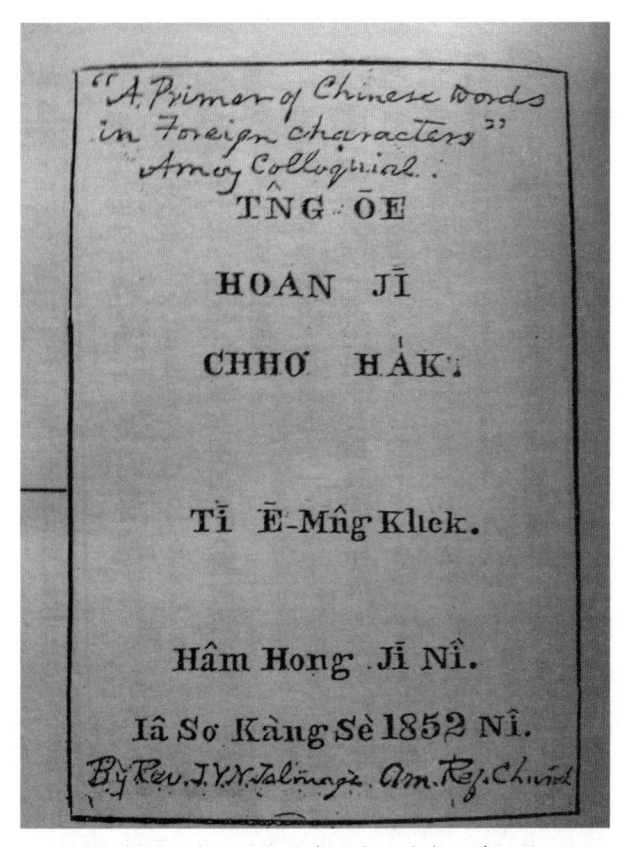

1852 年厦门出版的打马字《唐话番字初学》封面

　　打马字·约翰牧师（Rev J. V. N. Talmage）在此期间的贡献最大。打马字于 1847 年来到厦门，正好赶上"中华第一教堂"——新街礼拜堂的落成，为了推广方言罗马字拼音的需要。他于 1852 年在当地出版了《厦门方言拼写课本》（*Amoy Spelling Book*，因封面题 TNG OE HOAN JI CHHO HAK，故又译为《唐话番字初学》），这本课本共 15 页，是一本采用罗马字母印刷，指导学习厦门方言的人用罗马字母拼读厦门方言的入门教材。《厦门方言拼写课本》是厦门第一本闽南白话字的出版物。第二年，打马字又在厦门出版两本闽南白话字的宗教读物，一为《天路历程（卷一）》（*Pilgrim's Progress in the Amoy Dialect*，*Part 1*），共 77 页，用罗马字标注厦门方言，偶尔引用的押韵部分保留了汉字。一为《厦门方言路得记》（*Book of Ruth*），共 20 页，也是用罗马字撰写，并附有一篇简序⑨。他未完成的遗稿《厦门音新字典》（*E-mng-im e ji-tian*），以汉字单字为目，用罗马拼音标注及加注解，于他去世后的 1894 年在厦门出版刊行。1853 年，罗啻也在广州出版了《英中厦门本地话指南》（*Anglo-Chinese Manual with Romanized colloquial in Amoy Dialect*），该书共 15

章，214页，被视为第一部汉英厦门方言字典。罗啻和打马字采用的厦门方言罗马拼音表记法，被称为美国归正教会表记法。

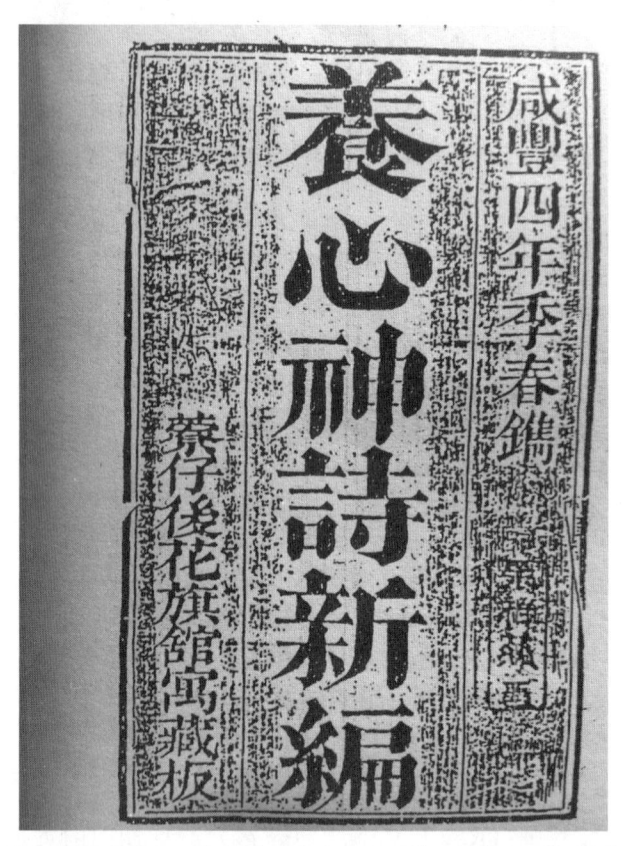

1854年厦门寮仔后印行的闽南白话字《养心神诗新编》封面

19世纪后半叶，闽南白话字在厦门及福建南部的漳泉两地的基督教会之间颇为盛行，传教士编制的闽南白话字工具书也越出越多。大英长老会的传教士杜嘉德（Carstairs Douglas）编著的《厦英大辞典》（或译作《厦门音汉英大辞典》，其英文书名较长：*Chinese English Dictionary of the Vernacular or Spoken Language of Amoy, with the principal variations of the Chang chew and Chin chew dialects*），全书631页，全用闽南白话字和英语，没用一个汉字。杜嘉德1855年抵厦后不久，就着手学习和抄录已故卢壹牧师（John Lloyd）所著《厦门语字汇》的手稿，还参考罗啻的《英中厦门本地话指南》，和施敦力亚历山大有关厦门方言字典的藁本。由于他广泛搜录闽南方言，还得到打马字等其他传教士的帮助，这部词典受到热衷学习厦门方言的各界外国人士的欢迎，被誉为是第一部厦门方言白话字的华英辞典。

继杜嘉德之后，对闽南白话字做出贡献的当推伦敦差会的麦嘉湖（John

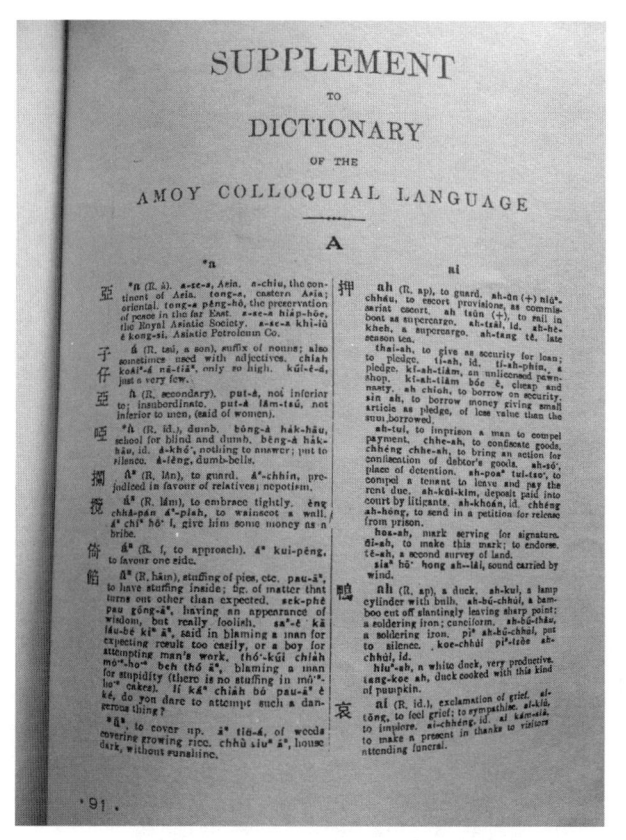

1873 年出版的杜嘉德《厦英大辞典》首页

Macgowan，又译为麦高温，嘉约翰等）。麦嘉湖 1863 年来到厦门，1871 年即刊行《英华口才集》（*A Manual of the Amoy Colloquial*），作为厦门话初学的指导书籍。1883 年，他又出版《英厦辞典》（*English and Chinese Dictionary of the Amoy dialects*），这部词典主要参考了杜嘉德的《厦英大辞典》，"厦译并列汉字及罗马拼音白话字是其一特色"，从此"厦英"与"英厦"的辞典具备。

1913 年由日本横滨福音印刷株式会社印行的《厦门音新字典》（*A Dictionary of the Amoy Vernacular Spoken throughout the prefectures of Chin-chiu, Chiang chiu and Formosa*），编制者是甘为霖（William Campbell）牧师。他的这部字典，收录的汉字选自《康熙字典》，约有一万五千个，语音多采用"十五音"，也参考马礼逊、麦都思、翟理斯等人所编的辞典，以及打马字的《厦门音新字典》，和麦嘉湖的《英华口才集》等等，注释都采用白话字，因此中国人可用厦门音来识字。此外该字典还有附录，如普通地名和人名，六十甲子及节、字部等表，因此很受闽台两岸民众的欢迎。

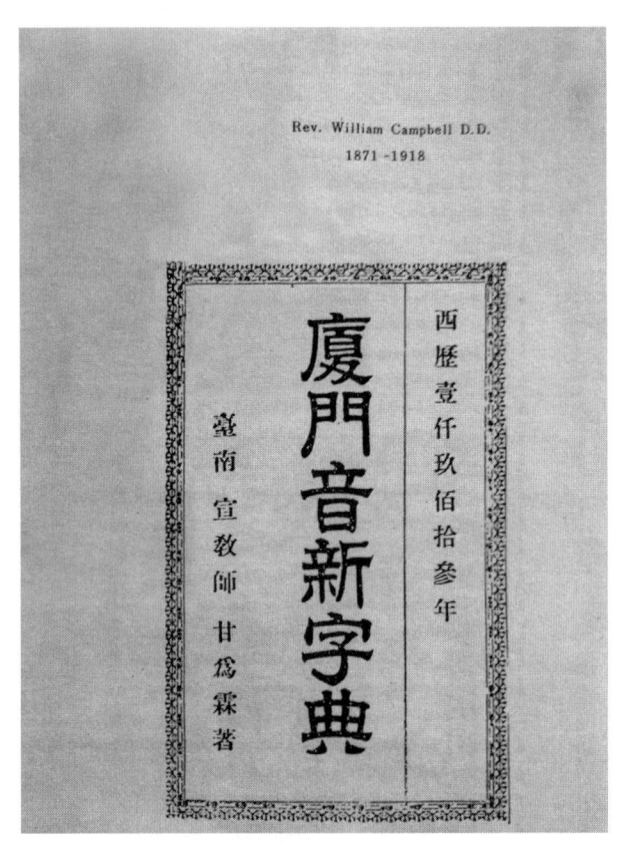

1913年出版的甘为霖《厦门音新字典》

  闽南白话字在短短的数十年中得以推广，并在推广的过程中不断地得到完善和提高。从麦都思在马六甲的《福建方言字典》开始，到入厦后罗啻的《英中厦门本地话指南》，打马字的《唐话番字初学》，一直到甘为霖的《厦门音新字典》，可以说每一部辞书的刊行都标志着每一个阶段的成果。闽南白话字就是这样通过传教士的努力和原住民的协助，一代又一代积累而成的。

  1844年至1860年是美国归正教会、英国大英长老会和伦敦差会在闽南的布道事业发展最快的时期。1844年，基督教势力还仅局限在厦鼓两岛。1860年"中华基督教漳泉长老大会"成立时，上述三公会的势力已到"厦门与附地（禾山、同安）及漳辖西溪一带"和漳辖南溪以及安海以北，几乎达到整个闽南地区。教堂、堂会的数量也迅速增加，新街、竹树脚两座礼拜堂建成后，石码（今龙海市）、同安及漳属西溪一带的山城、天宝以及平和的小溪、坂仔等乡镇都相继建起堂会，受洗信徒到了1856年已有118人之多。

  闽南白话字的发展，与基督教势力在闽南地区的扩展，两者正好相辅相成，相得益彰。从而可以证实，闽南白话字的发展，得益于基督教会所创办的各种为妇女儿童提供的识字班教育。识字班的闽南白话字读与写的训练，其功效肯定远远超过教堂里的教义问答，和圣诗的吟诵。关于闽南白话字与近代基督教在闽南地区发展的相互关系，日后当以专文探讨之。

本文载于《鼓浪屿研究》第六辑，何瑞福主编，厦门大学出版社，2017年。

注释：

①②［美］毕腓力著，何丙仲译《厦门纵横》，厦门大学出版社，2009年。

③该文载于许长安、李乐毅编《闽南白话字》，语文出版社，1992年。

④季压西、陈伟民合著《语言障碍与晚清近代化进程（二）——来华外国人与近代不平等条约》，学苑出版社，2007年版，第183—184页。

⑤吴梦雪《明清时期欧洲人眼中的中国》，中华书局，2000年版，第6页。

⑥赖永祥《教会白话字的源流》，载《（台湾）教会史话》，人光出版社，1990年。

⑦凯瑟琳·F.布鲁纳等著，傅曾仁等译《步入清廷仕途——赫德日记》中国海关出版社，2003年。

⑧许声炎编《闽南中华基督教简史》第一卷。

⑨伟烈亚力著，赵康英译《基督教新教在华传教士名录》，天津人民出版社2013年，第200页。

1841~1860年美国归正教会在闽南地区的活动述评
——读《美国传教士与晚清中国现代化》

一

  基督教对于近代中国社会的影响,是历史学界关注的问题。鸦片战争之后,由于西方列强的侵略,半封建半殖民地的中国社会的发展是曲折、艰难的。和大炮与鸦片裹在一起的基督教传教士怀着"用基督教救中国"、用基督教文化最后取代中国文化的愿望涌进中国的大门。在晚清中国社会发生变革的时期,传教士的活动发挥过一定的影响和作用。传教士每每自觉地按照基督教教会的意志和西方列强国家的利益来规范、干扰和设计中国社会发展的道路,其活动必然带来种种负面的影响。但在中国有识之士"睁眼看世界",并且希望通过引进新学,寻求摆脱贫弱实现富强方略的过程中,传教士把西方较为先进的科技知识、价值观念等"捎带"传入中国,迎合社会变革的需要,客观上却又具有一定的积极意义。如何评价传教团体或传教士对中国社会双重性的影响和作用,成为学术界的一个热门话题。

  正如美国学者费正清教授所认为的"如何评价传教团体对中国的影响是一个真正的难题",近代基督教来华活动虽然才百余年,然而其内部宗派庞杂,又分别属于不同的西方国家。这一大批形形色色的基督教教会分布在中国各地,它们之间来华时间和活动区域都不一样,因此在不同的历史时期和外部条件下,表现出来的影响与作用也都会有所差别。目前,我们对近代基督教基层教会在华活动尚无法逐一弄清其来龙去脉,势必影响到对近代基督教在华活动的全面认识和客观评价。

  近年来出版的《美国传教士与晚清中国现代化》一书把研究的对象集中到一个西方国家的传教团体或传教士范围里面,把它们的活动置于晚清中国社会变革的背景下进行分析研究。开始从另一个侧面接触到解决这个"真正的难题"的边缘,并进行了许多关于传教史研究方面突破性的探索。首次提出的关于美国传教士来华后早期活动的划分阶段问题即其中之一。作者认为"从1830至20世纪初,美国在华传教运动大致经历了三个阶段,这三个阶段是:

(1) 1830～1860年,"准备和开创阶段"。"这一时期传教士的主要任务是争取传教工作合法化和为传教工作做准备"。(2) 19世纪60年代至19世纪80年代下半叶,由于美国内战的影响,传教士来华的传教工作处于缓慢发展阶段。(3) 19世纪80年代下半叶至20年代初,传教工作处于迅速发展阶段。①

看来,在上述"真正的难题",即全国范围内具体基层教会在华的传教经过尚未基本上摸清楚之前,即在总体上对某一时期的活动划分阶段,是值得进一步探讨的。以厦门为中心的闽南地区是近代基督教传教活动相当活跃的地区。具体对该地区的教会分别进行实事求是的调查研究,有益于对基督教在华传教史在总体上的认识。

1830年至1905年期间,美国共有35个大大小小的传教团体在华活动,归正教会(The Reformed Church in America)即其中一个一般的教会。它从1830年派遣传教士来华后,1842年起遂在厦门和闽南地区积极开展活动,并且逐渐发展成为在该地区足以与大英长老会、英国伦敦差会势力抗衡、互为鼎立的一个颇具影响的基督教会组织。历来该教会保留下来的中外文资料相对较多,目前与国内的教徒依然保持一定的联系。本文在掌握目力所及的中外文有关文献和平时调查访问的基础上,试就美国归正教会早期在厦门以及闽南地区的传教活动进行述评,并就其发展的几个过程提出肤浅的看法,旨在为将来有志于此的专家学者提供一些参考。限于篇幅,本文的内容将只能集中在1830年至1860年这一阶段。

二

早在鸦片战争之前的1807年,英国的基督教新教就派遣传教士到中国的广州、香港一带开展传教活动。在这方面,美国人的手脚要比英国人略为迟缓。1830年,基督教美国公理会的传教士裨治文(E. C. Bridgman)来到广州,后来他被称为是美国第一个来华传教者。实际上后来成为归正教传教士的雅裨理(David Abeel)几乎和裨治文同时来华。雅裨理于1804年出生于美国,1826年从纽约的纽布伦斯威克神学院毕业后,开始了其传教生涯。他于1829年出发"到东方等待机会"②,翌年2月抵达广州。先是在英、美海员中布道,不久便到南洋华侨聚居地活动,乘机熟悉中国风俗,学习闽南语。鸦片战争前夕频繁往返于港、穗、澳门和南洋群岛等地。

早期来华的裨治文、伯驾(P. Parker)和卫三畏(S. W. Williams)等传教士一到广州后,就着手布置传教工作,忙于伙同来自英国等国家的传教士们一起译、印圣经,办药局,设蒙馆,稍后还编印有关中国国情调查研究的《中国丛报》、组织以英国大鸦片贩子主持的"在华实用知识传播会"。雅裨理和以后也到厦门传教的美国归正教会传教士波罗满(W. J. Pohlman)和罗啻(E.

Doty）等人都积极地参与了这些活动，并充当重要的角色。后来的事实证明，资本主义对世界的征服不仅表现在政治上的控制和经济上的掠夺，而且还表现在精神上的征服和文化的扩张，对中国亦然。美国归正教会和所有传教团体来华后的准备工作已远远超出传教的范围，唯独没有考虑"争取传教工作合法化"的事宜。

19世纪30年代末期，当鸦片走私交易受到中国人民的抵制时，英国政府率先跳将出来，穷凶极恶地叫嚣要以坚船利炮对中国采取"坚决而有力的行动"③，以武力打开中国的大门。这批早期来华的传教士，包括归正教会的雅裨理等人都纷纷摔掉肩上的道袍，竭力为侵厦鸦片战争鼓噪，甚至直接参与了战争的行动。列强的侵华势力欣喜地"发现传教士是最有力的同盟者"④。在西方国家共同利益的驱动下，侵华势力和传教士紧紧地勾结起来。

美国归正教会传教士雅裨理在鸦片战争爆发的前夕之表现尤为突出。这些传教士一反平时"悲天悯人"的模样，大声狂呼"时候已经到来，我们已经沉默到今天，现在是可以到中国城市的大街上，提高我们的嗓门大喊大叫的日子了"⑤，并且叫嚣"只有战争才能开放中国给基督"⑥。雅裨理更是露骨地宣称发动鸦片战争"是上帝用来打开中国大门的手段"⑦，他咆哮"必须派遣传教士到中华帝国，进入每一个可以进得去的地方，包括中国沿海每一个可以通商的市场。海岸必须侵入，海港必须进去，这是因为过去是，现在仍然是受着大无畏的商业精神的驱使，这一条道路必须搜寻出来，每一个可以踞守的阵地必须占领"⑧。这时的传教士雅裨理已经成为这场在他们看来是"按上帝的意志被用来开辟我们同这个巨大的帝国关系的新纪元"⑨的战争最卖力的一个吹鼓手。

1841年8月26日，继广州失利之后，英军先后攻陷厦门和鼓浪屿。同年9月5日，侵厦英国舰队起锚继续北上，留下3艘兵舰和步兵第18、第26联队的500多名士兵盘踞在鼓浪屿。1842年2月24日，雅裨理和另一个美国圣公会的传教士文惠廉（W. J. Boone）在英军武装保护下，搭乘兵舰赶到厦门。他们一上岸就找到侵厦英军长官戈贝，商谈布置传教的事。⑩从这一天开始揭开美国归正教会在厦门传教的序幕。

大量事实证明，在从19世纪30年代到鸦片战争爆发这十年左右的时间里，来华传教士除了传道或为将来在中国各地传教做大量的准备工作外，基本上从未间断过对侵华战争的宣传鼓动，个别传教士甚至迫不及待地参加在中国沿海的武装侦察行动。早期的基督传教士踏上中国的土地就主动和列强的侵略势力勾结在一起，充当其"用武力开放中国"的帮凶。明火执仗的列强武装势力也"义无反顾"地为传教士实现"基督征服中国"的梦想保驾护航。在帝国主义侵华武装的羽翼下，像雅裨理这样头脑中充斥着又是"基督的意志"，又是"商业的精神"的传教士们竟悍然踏上中国的领土伺机传教,心中哪里还有"法"?那么,"争取传教工作的合法化"就无从谈起了。

真正"争取传教工作的合法化"的是帝国主义列强。但所谓的"法",却是以后胁逼清政府签订的一系列不平等条约。以美国归正教会为例,在其传教士悍然入境后不久,中英《南京条约》就有准许传教士在通商口岸自由传教,"自后有传教来至中国,须一体保护"的条文予以袒护。1844年的中美《望厦条约》中塞入了准许美国人在五口地方设立医院、礼拜堂和墓地的特权。1858年的中美《天津条约》增加了所谓的"传教宽容条款",使其传教士的活动获得空前的自由。说美国归正教会传教士在早期来华的"准备和开创"阶段,就已经有"争取传教工作合法化"的任务似与事实有出入。

三

雅裨理抵厦后,一直到1844年底因病返回美国,前后不足3年。美国归正教会在此期间于厦门、鼓浪屿的传教活动处于缓慢发展时期。原因大致有如下几个方面:

(一)厦门地区基督教开展传教工作的社会基础薄弱。

将近两百年前的明朝后期,基督教耶稣会教士"梯航九万里"来华布道,闽中一带基督教旧教(天主教)一时盛行。然而当时耶稣会的传教对象倾向于官绅和知识分子阶层,已经缺乏牢固的群众基础。清朝康熙帝统一版图以后,国策向意识形态方面的治理倾斜。天主教的传播被认为是"立于大门之外,论人屋内之事"的行为遭到禁止。康熙末年的禁教令,进一步把传教士驱逐到广州、澳门等地,"不许进入内地",国内的教民亦受到严厉的处治。此后一直到道光朝的历朝皇帝也继续禁教排教,使基督天主教的活动受到沉重的打击。因此,在鸦片战争之前厦门民间对基督、耶稣已几乎陌生。道光十九年(1839年)的《厦门志》并无只字提及与"洋教"、"番教"有关的信息。相反的情况是,长期以来厦门及周围地区佛、道之教自上而下相当普遍,民间鬼神信仰之风更是兴盛,"满地丛祠"⑪。尽管厦门作为港口已繁荣到"骎骎乎可比一大都会矣",而且厦门人的性格历来富有包容性,但乍一出现的基督教义对他们来说一时还难以马上接受。雅裨理在厦期间不曾施洗过一个厦门人。直到1846年才有人入教。

(二)传教士的阵营力量不足。

1842年与雅裨理同来的文惠廉不久就离厦门赴沪活动。随之有美国自由开业的医生兼传教士甘明(W. H. Cumming)和美国长老会的医疗传教士合文(J. C. Hepburn)分别于1842年6月和1843年11月来到厦门,他们先是共同在鼓浪屿租房开诊所,同时开展传教工作。1844年1月才迁到厦门"卖鸡巷"

继续活动。1842 年至 1844 年上半年，厦门总共只有 3 个美国来的传教士。1844 年 6 月，又有波罗满和罗啻两个美国归正教会传教士拖家带口前来与之结伴。可是雅稗理、甘明和合文却又分别于 1844 年、1845 年和 1847 年先后离开厦门。1847 年这一年也只有波罗满、罗啻和同年刚刚来到的约翰·打马字（J. V. N. Jalmage）这 3 个传教士在厦门。据统计，从 1842 年到 1860 年，归正教会曾有 16 个传教士先后到过厦门，但这期间却有 9 人分别离厦或去世。美国归正教会传教士走马灯似地在厦门进进出出，实际上同一段时间能够稳定在厦门活动的人数并不多。

步美国归正教会后尘入厦的有 1844 年 7 月入厦的英国伦敦差会传教士养为霖（W. Young）和施约翰（John Stronach）。大英长老会迟了一步，1850 年才派遣养雅各（James Young）来到厦门，继之者为宾为霖（W. C. Burns）、仁信（U. Johnston）和杜嘉德（C. Douglas）等人。

早期入厦的这 3 个分属于英、美不同国家的基督教教会，既要分别致力于巩固和发展它们在厦门、鼓浪屿的基地，又要千方百计拼命向岛外的闽南各地扩张各自的传教范围，仅靠这些人马显然力不从心。何况它们之间表面上团结一致，暗地里却各打算盘，矛盾重重，导致本来就有限的力量分散开来，总体受到削弱。

（三）清政府地方当局有所限制。

清政府对传教士的"不请自来"始终无可奈何，但时不时却要打打官腔以维护天朝大国的面子。中外文献证实：雅稗理及其同伴在《南京条约》签订的前后已多次闯到厦门口岸以外的内地进行活动。清朝地方官吏睁一眼闭一眼，放任其自由。当传教士得寸进尺，企图进一步要求对他们这种偷偷摸摸的行为表示认可时，这些地方官吏才会警戒起来。雅稗理在 1844 年 1 月 27 日的日记记载清政府对他们"提出的第一个建议是限制我们只能在（厦门）几个较开放的街区活动"，不准许"到内地进行一天的旅行"[12]。具体执行情况不得而知，但无论如何，对传教士的活动多少有影响。当时曾有一个在厦门的归正教会传教士对此大为不满，叫嚷"不仅要追求我们的条约权利，而且如果需要，还要追求条约以外的权利。……如果条约过于限制我们，我们可以越过条约"[13]。

基于上述原因，1842 年至 1844 年之间归正教会在厦门的发展相当缓慢，后来的闽南基督教会史把它称作"胚胎时期"。在此期间，几个传教士以宣讲教义、巡回布道和散发基督教宣传品等老一套办法在民间活动，主要是依靠设诊所看病吸引群众，效果甚微。正如当时归正教会自己所说的那样："一无像样的聚会传教场所，二无信徒，身边只是围了些看热闹的人，我们几乎失去信心。"[14]

四

1844年至1860年，美国归正教会及其他几个教会在厦门和闽南一带的传教事业得到迅速的发展。1860年6月26日，这几个西方传教团体携手联合起来，成立"中华基督漳泉长老大会"。该会的成立，标志着基督教传入厦门二十年后，已发展壮大成为闽南地区初具规模、具有一定社会影响的宗教势力，并为1860年以后基督教在当地的深入发展奠定了基础。

鸦片战争爆发后的二十年间，外国侵略者利用从清朝政府手里勒索到的一系列"条约权利"，加强了对中国政治的控制和经济的掠夺，把中国社会一步步逼到半封建半殖民地的深渊。在此期间，由于日益加重的封建剥削和外国资本主义侵略势力的不断侵入，中国近代史上出现第一次革命运动的高潮，太平天国革命动摇了清朝封建统治的半壁江山。外国侵略者趁火打劫，于1856年开始又发动"第二次鸦片战争"，逼使清朝政府丧失更多的主权，中国半殖民地的灾难更加深重。闽南地区也不例外，1853年厦门一带曾爆发过著名的小刀会起义，起义遭受镇压后，中外势力进一步勾结起来，闽南人民和全国人民一样生活在水深火热之中。1844年至1860年基督教在闽南地区就是在这样的社会背景下发展起来的。

关于基督教在厦门以及闽南地区发展壮大的情况，可以以美国归正教会为例。

（一）传教势力范围扩大。1844年以前仅局限在厦门、鼓浪屿两岛。1860年"中华基督教漳泉长老大会"成立时，归正教会和大英长老会等教会瓜分到手的大致范围是"厦门与附地（禾山、同安）及漳辖西溪一带"[15]和漳辖南溪以及安海以北几乎整个闽南地区。

（二）传教士人数有所增加。1844年仅有3个传教士在厦门活动，其中还有2个不属于归正教会。1842年至1860年先后有16个归正教会传教士来华，但他们进进出出，人数不稳定。1860年后同期共同在闽南活动的传教士数量比较趋向稳定，如1860年这一年同时在闽南的就有11个归正教会的传教士，1861年也有7个该教会的传教士同在闽南活动。

兹将1842年至1860年间来厦美国归正教会传教士名录及在厦时间列表于下[16]，仅供参考：

David Abeel（1842～1845年）　　　　　Elihu Doty（1844～1865年）

Eleanor (Ackley) Doty（1844～1845年）　William J. Pohlman（1844～1849年）

Theodosia R. Pohlman（1844～1845年）　John Van Nest Talmage（1847～1892年）

Mary（Smith）Doty（1847~1858 年）	Abby F.（Woodruff）Talmage（1850~1862 年）
John Samson Joralmon（1855~1860 年）	Martha（Condit）Joralmon（1855~1860 年）
Daniel Rapalje（1858~1901 年）	Alvin Ostoom（1858~1864 年）
Susan（Webster）Ostrom（1858~1864 年）	Caroline E. Adriance（1859~1864 年）
John E. Watkins（1860 年）	Sara（Hewston）Watkins（1860 年）

（三）信徒数量增加。美国归正教会从 1846 年开始才有两个年逾古稀的厦门人（王福贵、刘恩舍）作为首批信徒受洗。但从 1849 年至 1856 年却先后发展到 118 个信徒，而且从统计上看，逐年有增加的趋势。1849 年：3 人；1850 年：8 人；1852 年：2 人；1853 年：6 人；1854 年：42 人；1855 年：37 人；1856 年第一季度：15 人。⑰

（四）教堂、堂会数量增多。1842 年雅稗理和甘明在鼓浪屿租到一所民房，边看病边布道。1843 年迁到厦门租用的布道所兼诊所也简陋到"像住家"一样。1844 年波罗满和罗啻在他们那幢用商行改建的楼房开展传教活动，以上他们都没有一个像样的地方。1848 年美国归正教始建造号称"中华第一圣堂"的新街礼拜堂（1849 年 2 月 11 日献堂），1859 年又建造竹树脚礼拜堂（同年 10 月 30 日献堂）。同年，成立了石码堂会，并开始向同安及漳属西溪一带大肆扩展，为其后相继建立的同安、清溪（安溪）、漳州以及南靖的山城、天宝、龙山和平和的小溪、坂仔、南胜、候山、五寨、琯溪等等堂会奠定了基础。

大英长老会和伦敦差会在闽南地区的发展基本上与美国归正教会同步进行，势均力敌。至 1860 年前后，基督教已播及闽南大地。

1844 年至 1860 年间，基督教的传教活动之所以能在闽南地区取得如此迅速的发展，其原因除了中国社会当时的历史背景和不平等条约对传教活动的"宽容"之外，笔者认为还有以下几个方面的因素值得注意：

（一）外国列强的武装势力施加保护。众所周知，英国武装盘踞在鼓浪屿是从 1841 年一直到 1845 年，在此期间，美国归正教会和以后到来的大长老会传教士们都在其羽翼的保护下，放胆开展活动。英舰撤离厦门鼓浪屿后，英、美等国为保护其在"通商口岸"的利益，不会没有保留一定的武装势力的。1858 年，美国政府不满足，硬是在《天津条约》中塞进美国军舰可以在"通商海口游戈巡查"，并且"追捕贼盗"（第九条）这样的条文。传教士有列强武装势力做靠山，依然有恃无恐。其实在《天津条约》签订之前，列强武装在中国境内保护传教士的事件已经发生过。1857 年美国归正教会传教士约拉尔蒙

(J. S. Joralmon)在一封信中曾经写道：当时他们经常乘坐"福音船"从厦门出发到九龙江的沿江沿海一带传教，得到英国领事派遣双桅战船"卡米拉"号的保护，某次"卡米拉"号带来25个海盗，翌晨统统拉出去杀头。⑱约拉尔蒙说的只是其中的一例。外国传教士胁迫清政府出面保护的事件也屡有发生。1860年前后平和县柴头埔乡发生杨姓教民被欺负一事，美国归正教会立即"请美领事照会府道，仰平和县办理"，后来因对处理不满意，又再一次"请美领事移文府道"⑲直接"保护"，方才罢休。

（二）教会之间的明争暗斗加速传教事业的扩展。1844年以后，由于英国伦敦差会和大英长老会的相继而来，美国归正教会表面上与之"同工同牧"，实际上暗中较劲的局面已经开始。归正教会在华的主要传教领域在于厦门及闽南部分地区，而其他两个英国教会在中国另些地方都各有传教的区域。大英长老会初来乍到，看到归正教会在厦门已建有教堂，基础甚好，遂声称"志在传教，不在建立教会"⑳，以免发生冲突。1855年前后一度因养雅各、宾为霖和仁信先后因病回国，还暂时把在厦"一切事业概托归正公会罗啻、打马字二牧师照料焉"㉑。英国伦敦差会属自由教会，到闽南后不久就争取与大英长老会结盟，"从开始就有十五人记人（长老会）册子"㉒。大英长老会采取"不欲胶定一处，乃欲周流四方布道"的迂回策略，绕过厦门的争夺抢先到九龙江流域的"漳辖南溪一带"，包括白水营、石码和漳浦的马坪等乡镇以及"安海以北诸地"㉓自由布道，建立教会。1853年大英长老会到白水营传教，第二年就施洗14人信教。"伊时白水营信徒有到石码经商者，乘机布道于石码"，美国归正教会在厦门听到这个情报，马上"遣派传道前往诲训"，1855年也施洗22个石码人，占领石码。类似上述事例，几乎闽南每个县每个重要乡镇都发生过。是故这三个教会的所谓传教范围都颇错综复杂，有如一枰围棋。闽南的基督教势力就是在这几个教会你追我赶的"竞争"中，在1844年至1860年之间迅速扩展，形成各自初步的格局的。

（三）传教士的传教和社会活动的方式方法进一步改善。以美国归正教会为例，雅稗理等最初来厦的传教士传教方法并不高明，以致效果不彰。雅氏立即改变方针：在加紧对厦门普通老百姓灌输基督教的同时，必须把传教对象扩大到官绅、富人和知识分子阶层，而且传教手段也必须在一般为民看病的基础上，适当增加西方实用科技文化的展示。早在传教士于广州、香港做传教准备工作之时，就把中国的官绅文士阶层视为将来"整个国家最有希望的阶层"。雅稗理刚到厦门时找不到机会。1843年，一个偶然的机会，他作为英国驻厦首任领事纪里布（H. Gribble）的译员，会见了福建布政使徐继畬，发现这位他所见到的高级官员对西方科技文化，特别是世界地理非常感兴趣。在帮助徐继畬了解世界地理的同时，也忘不了送上包括《新约全书》在内的一包宗教书籍。1844年雅稗理继续在中国衙门走动，拜访过总督府的一个副官，越发感悟到让"这个副官、布政使和提督以及所有得到我们赠书的人能够发现倾听上帝拯救真理的必要性"[24]。雅稗理之后的归正教会传教士也这样做。1847年12月10日，四个厦门地方军政官员上门拜访波罗满和罗啻，这两个归正教会传教士明知他们"不是为寻求宗教启蒙而来的"，但还是热情地让他们考察银版照相机、显微镜和望远镜，还操作莱顿瓶的充电，让他们大开眼界。[25]传教士顺应国门被打开后，一部分受过教育的中国人对西学的好奇心理，进而以此拉拢有权势的官员，后来被证实对他们的扩张传教事业很有好处。当然，他们也"歪打正着"无意中充当了促进中西文化交流的角色。

办学堂，设医院等也是传教士在1844年以后在闽南传教的重要辅助工具。雅裨理一到鼓浪屿就忙着和稍后到来的医疗传教士设诊所，他们迁到厦门后也把诊所迁过去。1850年大英长老会的养雅各一到厦门，赶忙在大史巷赁厝设医院，而不是建教会。从此以后，闽南地区掀起了一股西方传教士开办医院的热潮。1846年4月，英国伦敦差会的养为霖夫妇在其住所开设女学，"收学生十二人，为厦门首创之女学"[26]。归正教会迎头赶上，在布道所、教堂附设了类似中国私塾形式的识字班，并与其他教会的传教士合创"白话字"，切音拼字，为妇女和失学者识字读圣经提供了方便，1856年，归正教会的打马字首先提出"把儿童集中到基督教会学校"[27]，这个建议为19世纪70年代基督教会兴办正规学校的先声。由于方式方法的改善和加强，被称作传教工作左右臂的医疗和办学都得到重视，因而从19世纪60年代以后，闽南基督教在前20年的基础上进一步向纵深发展。客观上，因为西方教会的创办医院，兴建新式教育的学校，适应了中国社会发展的需要，所以其活动能得到宽容和承认。

除此之外，归正教会还安排中国知识分子到美国考察访问，回国后替它们宣扬。1847年鼓浪屿人林鍼"受外国花旗聘"，旅居美国一年半，回来写了一部《西海纪游草》，介绍美国的物质文明和社会状况。此外，基督教会还在19世纪七八十年代以后，提倡禁吸鸦片、反对妇女缠足等等，其目的也一样都是为推行"基督教中国"的宗旨。

综上所述，可以说到了1860年，整个闽南地区主要的县份和乡镇已基本上落入英、美基督教会的活动范围之中。1844年至1860年这段被人称作闽南基督教史的"胚胎与建造"时期，此时已由"准备和开创"走向成熟发展的阶段。

五

中国范围内各个地区社会政治、经济和文化学方面的发展存在着差异。而近代来华的61个主要基督教传教团体分属不同的西方国家，况且各种传教团体之间组织形式、传教方式和进入中国的时间等等也都有所不同。因此，这些传教团体在华活动的过程决不会是一个固定的模式。针对某一地区的一个主要传教团体或基层教会的传教历史进行调查研究，对评价近代基督教对华影响问题是有益的。

基于此，本文试以近代史上第一个进入厦门传教，而后发展成为闽南地区重要的基督教组织之一的美国归正教会为例，探索其传教士从1830年到1860年这个"准备和开创"阶段的主要活动。发现这个教会在早期的第一阶段还分为3个过程：1830年至1841年在港、穗和南洋的北婆罗洲等地进行传教准备工作（包括鸦片战争前夕为侵华战争的鼓动行为）；1841年至1844年进入厦门后短暂的缓慢发展时期；1844年至1860年在外国武装势力和不平等条约权利的保护下，传教士改变传教手段，迎合变革中的中国社会的需要，终于发展成为闽南地区比较有影响的一个教会组织，并通过揭示传教士在此阶段的言行，进一步加深对传教士在近代资本主义进行精神征服和文化扩张中所起的作用的认识。

本文载于《厦门博物馆建馆十周年成果文集》，厦门市博物馆编，福建教育出版社，1998年10月。

注释：

① 王立新《美国传教士与晚清中国现代化》，天津人民出版社，1997年。
② The story of the Amoy Mission（1842～1942），New york，1942；P.1。
③《中国丛报》1840年5月，第2页。
④ Vary：Missionaries，Chinese and Diplomats，P.5。
⑤ 卡里·埃尔维斯《中国与十字架》第189页，转引自顾长声《传教士与近代中国》第47页。
⑥ 转引自顾长声《传教士与近代中国》第47页。
⑦⑧ Benson L. Grayson edited：The American Image of China，P.78—83，转引自顾卫民《基督教与近代中国社会》，上海人民出版社，1996年。
⑨ J. W. Foster：American Diplomacy In the Orient，P.73。
⑩ 政协厦门市委员会文史委编著《厦门的租界》，鹭江出版社，1990年，第3页。
⑪〔清〕周凯《厦门志》卷十五。
⑫ Chinese Repository 13：236（May 1844）转引自王立新《美国传教士与晚清中国现代化》第323页。

⑬The Chinese Recorder 1869.7，P.51，转引自顾卫民《基督教与近代中国社会》第 130 页。

⑭⑯⑱㉕㉗Gerald. F. De Jong The Reformed Church in China（1842~1952），by Wm. B. Eerdmans Publishing Co. 1992。

⑮⑰⑳㉑许声炎编《闽南中华基督教简史》第 1 卷。

⑲㉓同书，第 5 卷《归正长老会史略（漳西溪）》。

㉒P. W. RITcher：In and About Amoy. 中国基督教卫理公会出版社，上海，1912 年。

㉔Chinese Repository 13：237（May.1844），转引自王立新《美国传教士与晚清中国现代化》第 324 页。

㉖吴炳耀《百年来的闽南基督教会》，载《厦门文史资料》第 13 辑。

郑成功研究

郑成功强渡鹿耳门登陆台湾的日期新考

民族英雄郑成功于1661年4月21日（明永历十五年三月二十三日）率师从金门料罗湾出发，横渡台湾海峡，强渡天险鹿耳门登陆台湾本岛，与荷兰侵略者进行了9个多月的战斗，终于逼使荷兰侵略者于1662年2月1日（明永历十五年十二月十三日）全部投降，从而收复了被占据38年之久的台湾。

郑成功军队誓师出发，强渡鹿耳门登陆台岛和荷兰侵略者全部投降的三个具体日期在郑成功整个收复台湾的过程中，具有划阶段的意义。学术界对郑军出发东征和荷兰侵略者投降这两个日期的看法比较一致，而对郑军强渡鹿耳门登陆台湾的正确日期有着争论。因为经过中西历的换算结果，中外文献所载的日期有一天的差别：以郑成功的户都事杨英的《先王实录》和阮旻锡的《海上见闻录》为主的中国文献明确记载这一天为明永历十五年四月初一日，据薛仲三、欧阳颐合编的《两千年中西历对照表》换算，阳历应为1661年4月29日。而外国文献如C.E.S所著的《被忽视的福摩萨》、荷兰东印度公司的《巴达维亚城日志》和侵华士兵阿布列特·赫波特的《爪哇、台湾、前印度及锡兰旅行记》等，一致记载这一天为1661年4月30日。这些中外文献的作者基本上是郑成功复台战争的双方亲历者，他们各自的记载应该是可靠的。关于这个问题，海峡两岸的学者30年来不断地进行探索研究，然而可以说至今仍未能得到满意的答案。

比较多的学者认为，1661年4月30日（即农历四月初二日）为郑军强渡鹿耳门登陆台湾的正确日期。台湾学者毛一波认为："荷兰人发觉郑军大队的出现，是在四月初二日的黎明。"[①]可惜未能见到他对此结论的考证。另一位台湾学者张菼也肯定郑军的攻进鹿耳门是在1661年4月30日这一天，他断定《先王实录》所载"午后大艈船齐进鹿耳门"的具体时间，是四月初一日"下午三时"。他的根据是，康熙《台湾县志》和清初黄叔璥的《台海使槎录》，均记载有台湾西南部的潮汐情况："台则初一、十六，潮满己亥而退寅申。"据此来看，是时"正值退潮，不能进口，所以在外海有一段相当长的候潮时间。"[②]第二天（即阴历四月初二日，阳历4月30日），才乘满潮进行强渡。1962年，厦门大学陈国强同样根据台海的潮汐情况,推断鹿耳门的满潮时间在每月初一日和十六日的"己亥",即上午或晚上10时左右。他认为"既然大鲸船是在午后齐进鹿耳门,则那一天应是初二日而不是初一日。"③他进而以《先王实录》关于郑军登陆台湾后若干史实所载的日期,与外国文献有着不一致之处,遂判断它所载郑军登陆台湾的日期,也"应该是个错误",原因是杨英编撰的这部文献,乃系"事后追记,有发生差错的可能"④。

此外,洪少禄曾根据干支推算进行研究,得出1661年4月30日是阴历四月初一日的结论,认为上述中外文献的月期"正相吻合"。⑤其后有人提出异议⑥,指出洪少禄查考的《清朝文献通考》有误,因为他把四月初一日的干支弄错。1973年,台湾学者石万寿试图"用电子计算机的方法来整理史料。用潮汐的原理来证明郑成功的登陆时间",但仍没有得到"具体的成果,或者比较突出的结果"。⑦

事实上,从初二日黎明拂晓到达鹿耳门外沙线到晚上完成登陆,这一整天郑军的军事行动中外文献的记载都是一致的。荷兰学者胡月涵在其《有关台湾历史之荷兰文献的种类、性质及其利用》⑧的著作里,引用了不少新的荷兰档案材料。兹节录几段:

"1661年4月30日,星期六。上午6:30,国姓爷的军队被从热兰遮堡发现。……天空中仍有薄雾升腾,我们忧伤地看到我们的西北面,一大群很意外地拥挤着且数量难以估计的帆船和小船向我们逼近。"

"上午7:00,福摩萨议会。"

"上午10:00,国姓爷的军队到达鹿耳门前,40~50艘在北航道抛锚,另一些全部通过鹿耳门航道进入'内江',并开始在禾寮港登陆军队。"

如果胡月涵所引的荷兰文献无误的话,郑军当天的行动正好和台海那天满潮的时间基本吻合。《先王实录》的"午后大鲸船齐进鹿耳门",应该理解为郑军于午后全部完成了强渡,而大船在满潮的上午10时前后,已陆续先后通过。这样,也就无须有张菼所说的需要"相当长的候潮时间"了。杨英《先王实录》记载三月三十日郑军开驾前的活动颇为详细:

"藩惊乏粮,又恐北风无期,遂于三十晚传令开驾。藩谕曰:'冰坚可渡,天意有在。天意若付我平定台湾,今晚开驾后自然风恬浪静矣。不然,官兵岂堪坐困断岛受饿也?'是晚一更后传令开驾,口风雨少间,然波浪未息,惊险殊甚,殆至三更后,则云收雨散,天气朗,顺风驾驶。"⑨

不必否认它也许是"事后追记",但可以相信开驾后天气和水文情况突然变好,一定是很鼓舞军心的大事,必然给户都事杨英留下深刻的印象,难以想象他会将这个日期记错。第二天,也即四月初一日,整天的军事行动,杨英也记录得相当详细并有条理。其中,杨英还对郑军大鲸船只的顺利通过鹿耳门大发过感慨："先时此港颇浅，大船俱无出入，是日水涨数尺，我舟极大者，亦无口口，亦天意默助也。"⑩当天晚上，"我舟齐到，泊禾寮港"后，遭到赤嵌城夷长猫难实叮的炮击，作为户都事他接受郑成功的命令，"持令箭委同杨戎镇督同援剿后镇张志官兵看守堵御。"⑪第二天，即初二日，又受令"将街中米粟，一尽分发各镇兵粮，计匀足半个月。"继而对初三至初七日逐日的记载亦都有条有理。作为户都事在初一、初二两天中有两次直接接受郑成功的命令，这在他自己编撰的《先王实录》中还属首次。记错日期的可能性似乎不大。

看来以台海潮汐情况为依据，认为郑成功军队强渡鹿耳门登陆台湾的日期不可能是阴历四月初一日的考证，其说服力并不够充分。

自1982年起，关于这个日期之争，海峡两岸学者曾引起重视，分别进行探讨，但迄今为止并没有得出令人满意的答案。

笔者在研读大量相关史料之后认为，有关中外文献所载这个经过统一换算后相差一天的日期问题，如果从郑成功所用的历法与清初使用的《时宪历》进行比较和探讨，是可以解决的。因为中西历对照的材料，关于1661年的中国历法，都是以清顺治十八年辛丑的日历为对照的标准。郑成功所用的历法和清朝政府所用的历法如果本身已有一天之差，问题自然就清楚了。

事实上，脱稿于康熙十年（1670年）的《明季南略》的作者计六奇，已发现明、清双方的历法不但在闰月方面不一致，甚至还有一天之差的问题："是年（即永历二年，戊子年，1648年），明朝闰六月，而清朝则闰四月。明朝闰六月初一甲辰、二十甲寅，而清朝六月初一癸卯、二十癸丑，差一日。"⑫

我们如果认真阅读清、郑双方的文献，并且加以比对，就可以发现它们之间关于某些事件的日期，虽然大部分是相符的，但也有个别事件的日期却是相差一日或若干日的。尽管原因多种，但不能排除清、郑双方各自使用日期不一致的历法，是造成后人换算成西历产生出入的原因。例如：

1. 磁灶之战。《先王实录》记的是发生在永历五年五月二十七日。陈碧笙教授校注说："据《明清史料》，磁灶之战发生于五月二十八月，比本书所载晚一日。"

2. 海澄保卫战《先王实录》说是永历六年壬辰，正月初二日。而据《明清史料》已编第2本中《韩代等为郑成功继陷海澄、平和二邑事残件》记载，则为"初三日"。

3. 攻陷瓜州。"（永历十三年，六月）十六日五鼓造饭，辰时进兵。……是日巳时遂克瓜州。"⑬

"（顺治十六年）海寇大舟宗自浙入犯。六月十七日攻陷瓜州，渐逼江宁。"⑭

类此尚有不少事例，不再赘述。总之，根据对清、郑双方历法和文献的比较，我们有理由相信双方使用不一致的历法是造成各自文献所载日期相差一日的原因。郑成功历史文献所记发生的日期，常比清朝文献早一天。

由此，笔者有理由认为，1661年4月30日这一天，杨英据郑成功历法所记的日期"明永历十五年四月初一日"，作为后人换算公历所根据的清朝历法，这一天极可能恰恰正好是清顺治十八年四月初二日。

本文载于《郑成功研究》，厦门市社会科学联合会编，厦门大学出版社，1994年4月。

注释：

①毛一波《台湾的初次沦陷与郑成功复台》，载《台湾文献》第15卷，第3期。

②张英《郑成功纪事编年·郑荷和约签订日期之考订及郑成功复台之战概述》，载《台湾文献》第18卷，第3期。

③④⑥陈国强《郑成功收复台湾的时间问题》，载《厦门大学学报（社）》1962年第1期。

⑤洪少禄《有关郑成功几个日子的考证》，载《厦门大学学报（社）》1962年第1期。

⑦石万寿《洲仔尾遗址勘考后感》，载《台湾风物》第28卷，第1期。

⑧胡月涵《有关台湾历史之荷兰文献的种类、性质及其利用》，载《台湾风物》第28卷，第1期。

⑨⑩⑪⑬杨英《先王实录》。

⑫计六奇《明季南略》卷十一。

⑭《明清史料》己编第6本第529页《郎廷佐为安插投诚伪官事揭贴》。

试论16、17世纪台湾在远东的地位及郑成功之驱荷复台

16、17世纪,是远东政治、经济发生大变革的时代。

自14世纪末叶以来,中国明朝政府与"倭寇"之间的斗争、朝廷官府厉行"海禁"与沿海人民反"海禁"之间社会矛盾的日趋激化,造成东亚比较突出的动荡局面。1498年,葡萄牙人打开了经好望角到印度洋的航道,也开始了西方资本主义殖民势力在远东水域围绕着商业利益而展开的群雄角逐。明代中期以后,中国东南沿海民间海商逐步转化成为武装海商集团,他们参与了与日本,以及先后到来的葡萄牙、西班牙、英国和荷兰等西方国家海上势力之间历时160多年的大混战,最后以1662年中国武装海商集团的代表性人物——郑成功驱荷复台取得伟大胜利为终结。

郑成功收复台湾,掌握了台湾海峡乃至北抵日本、南到东南亚广阔海洋的制海权,使中华民族的海上影响在当时的远东地区达到了极致。史实表明,台湾是16、17世纪中西方海上势力争夺的焦点,台湾海峡海权之控制与否关系到其在远东大角逐之成败。

一

台湾自古是中国的领土,该岛(含澎湖列岛)位于中国东南部,台湾海峡是日本海与东南亚之间重要的海上咽喉通道。明代之前其战略意义已受重视,元朝在澎湖设立巡检司,但对台湾在航海贸易中的重要作用,直到16世纪大航海时代的到来才逐渐为中国人所认识。台湾岛物产丰富,元代海峡两岸已开始有了民间贸易往来,台湾还是往东洋航路的起点[①],直到清中叶后"台运"兴盛之时,其作为"全闽外藩"、"漳泉门户"[②]的意义仍被视为首位要素。

有明一代,封建统治阶级与民间海商或以后由民间海商转化成的武装海商集团的世界海洋意识存在差别,对台湾在远东地位的认知程度也就大不相同。在16、17世纪西方海上势力伸张到远东攫取海运和海权而引起的大角逐中,明朝政府长期以来执行闭关保守政策,导致了它的无力参与。而中国沿海居民冲破朝廷海禁冒险走向海洋,从海商发展成为海盗商人集团,却因其自身的局

限性，缺乏远谋，不可能利用台湾在远东地位的优势有大作为。

明初，因立国之始秩序未定，沿海不宁，明政府一方面遣将经略海上，大力推行防海政策，严禁沿海人民下海经商，一方面热衷于耗资巨大的"朝贡贸易"。虽然"海禁"时紧时弛，"朝贡贸易"在明中叶以后渐趋衰落，但民间海商已遭受到打击。明政府最不明智的决策即连台、澎的海防战略地位也予以忽视，"（洪武）二十年（1387年）尽徙（澎湖）屿民，废巡司而墟其地"③，将台湾海峡这个日后群雄争夺的海上通道双手拱出。直到明中期以后，倭患日炽，西方殖民势力开始染指中国东南沿海地区，远东海上斗争形势日益复杂，明政府才幡然醒悟。嘉靖四十三年（1564年）始恢复澎湖巡检司机构，派兵驻守。万历以后又进一步认识到澎湖"遥峙海中，为往东西洋、暹罗、吕宋、琉球、日本必经之地"，在此设兵，可"据海洋之要害，断诸夷之往来"。④虽则明后期万历、天启年间"海禁"逐步放宽，并且在澎湖增设游兵（1597年），还曾有过像钦依把总沈有容在澎湖"谕退红毛番"（1604年）和福建巡抚南居益在台湾海峡打败荷兰人（1623年）等爱国业绩，无奈台湾在远东战略与经商贸易中的地位已被日本和西方殖民者所注意，其后荷兰人抢先霸占台湾的西南部。当时明朝统治阶级日趋腐败没落，军纪败坏，澎湖巡检司形同虚设。

明代中期以后，中国沿海的民间海商在与官豪斗争以求生存的过程中，逐步从违禁私贩发展为武装走私乃至海盗商人的亦商亦盗行为。明代中后期，有的海盗商人甚至以台湾为巢穴，勾结日本海盗（真倭）骚扰大陆沿海地区。在明朝政府官兵的围剿下，部分海盗商人集团即遁入台湾、澎湖。明朝的最后100年间，曾经占据台、澎的海盗商人集团有曾一本、林道乾、林凤、袁进、李忠、林辛老、李旦、刘香等，其后的颜思齐、郑芝龙是势力最强、影响最大的典型的"亦商亦盗"的武装海商集团。

这批海盗商人集团在台湾的时间均不长。嘉靖四十五年（1566年）林道乾集团被俞大猷率领的明军击败后，退居台湾，"曾踞（苏澳）数月"⑤，旋"从安平镇二鲲身隙间遁去占城"⑥；万历元年（1573年）和二年（1574年），林凤两次率船队入台，并以台湾的北港、淡水为根据地，⑦但1574年冬即渡海进攻吕宋，在台时间甚短；1619年以前，袁进、李忠等一度到过台湾，为时也不长。16世纪后期这批海盗商人集团由于自身的局限性，缺乏远谋，根本谈不上重视对台湾的经略。

17世纪初，颜思齐、郑芝龙、陈衷纪等组成的海盗商人集团先后在台湾活动。郑芝龙是他们中最具有海洋意识和开拓进取精神的杰出人物，可以说他是历史上重视台湾在远东地位的第一人。在陆续继承、兼并其他武装海商集团的同时，郑芝龙大力鼓励大陆沿海居民移居台湾，"人给银三两，三人领牛一头,用海船载至台湾"⑧,"令其垦辟荒土而收其赋,郑氏以此富强"⑨。郑芝龙为台湾成为商品生产基地打下基础,他还热衷于开展海外贸易,不断扩大经济实力,以图巩固政治资本。一边"截商民船,多得米粟"⑩,一边"常于澎湖外设市"⑪严控台湾海峡,远东的海船"不得郑氏令旗不能往来",每舶"例入三千金",郑芝龙因而"以此居奇成大贾"⑫。当1624年荷兰入侵台湾之后,郑芝龙还曾将其所经营之地"税与红毛为互市之所"⑬。1628年,他接受明朝政府招抚,势力进一步扩大,"独擅通洋巨利",成为"威权振七闽"的显赫人物。然而,根源于当时中国武装海商集团的与生俱有的对王朝政权的依附性,郑芝龙逐步由"商业资本道路趸向封建官僚地主化的方向"⑭,在海商集团利益和个人政治野心的驱动下,1644年明亡之后,郑芝龙的势力转移到海峡西岸,将台湾拱手让与荷兰殖民者。

二

明代中后期,世界经济和国际贸易形势发生了变化,西方国家相继把竞争的中心转移到远东地区。在160多年的竞争角逐过程中,台湾在远东的地位日益凸现出来。史实说明,无论哪一方势力占据了台湾,控制了台湾海峡,就意味着在远东水域获得了主动权。

同处远东的日本与台湾在地理位置上比较接近。16世纪中叶以后,中日之间的"私枭"走私活动日趋频繁,"日本足利氏之末叶,政乱民穷,萨摩、肥前诸国之氓相聚为盗,驾八幡船侵掠中国沿海,深入闽浙,而以台湾为往来之地"⑮,同时还在台湾设有"甲螺",施行管理,⑯并且进一步以台湾为跳板进入菲律宾。1565年"西班牙人抵达马尼拉不久,他们惊讶地发现,吕宋岛的卡加延河(The Cagayan River)河口住有一些日本人"⑰。连横《台湾通史》记载,16世纪末期,"日本征夷大将军丰臣秀吉既伐朝鲜,谋并台湾",1593年遣使原田孙七郎至吕宋,其后派山田长政赴暹罗,都经过台湾,"劝其入贡"。德川家康执政(1600年)后,企图远征台湾并以其为对中国沿海进行转口贸易的据点,先后派遣有马晴信(1609年)和村山秋安(1616年)率船队南下,结果分别遭到台湾人民与明军的抵抗和追剿而无法得逞。⑱

日本人较早构设的"日本—台湾—南洋(菲律宾)"或"日本—台湾—中国"的海上贸易三角航线蓝图未能实现的原因,除了上述实力不足这个因素外,还因为:(1)17世纪远东政治格局发生变化。1624年荷兰人抢先霸占台湾后,随即于第二年7月起对所有贸易货物征课10%的输出税,借以限制中日经商,日本人在台贸易受到严重打击而无法继续在那里插足⑲;(2)西班牙于1565年占领菲律宾,以其为远东贸易基地,后因传教问题与日本发生龃龉(1594年),日西贸易先期已告式微;(3)17世纪初年,中国的武装海商集团已逐渐控制台湾海峡。鉴于在台湾被挤走[20]和无能力染指台湾海峡的制海权等关键原因,日本德川幕府不得不于1638年颁布"锁国令",淡出远东的争逐。

葡萄牙是最早进入远东水域的西方国家。它于1511年占领马来半岛的要冲之地马六甲为基地之后,即将眼光瞄准了对中国的贸易。时当中国沿海"海禁"与"反海禁"的形势紧张,1522年葡萄牙人被逐出广州,便开始在浙江双屿和福建月港干起走私贸易的勾当。后来又转移到广州外海的上川岛和浪白澳。1551年,葡萄牙船队首次驶抵日本九州进行贸易,途经台湾海峡时,看到了台湾,赞美它为美丽之岛,但无视它在远东控扼海上通道的重要地位。1553年,葡萄牙人向中国"借住"了澳门,于是满足于马六甲—澳门—日本这个海上贸易三角航线的实现。

随着西方其他国家进入远东,贸易竞争逐渐激烈,16世纪末至17世纪初,澳门作为商品中心的地位开始趋于衰落,有学者认为是西班牙人、荷兰人的挑战,日葡贸易的受挫等原因使然。[21]实际在上述期间,澳门的贸易很大程度已控制于闽粤两地的中间商手里,尤其是"闽之奸徒聚食于澳,教诱生事者不下二三万人"[22],他们既纵横于台湾海峡,又掌握对日贸易,势必不利于葡萄牙人的生意。且随着形势的发展,台湾在远东通商贸易的地位已优于澳门。因此自1641年马六甲殖民地被荷兰攻占之后,葡萄牙只好步日本后尘,屈踞澳门,而退出在远东的竞争。

西班牙和荷兰先后从另一条航线横渡太平洋来到远东。在宗教狂热和与葡萄牙人争夺海外财富这些动机的驱动下,西班牙人于1520年起到菲律宾,1565年于马尼拉开辟殖民地,同时开启中、西贸易的契机。他们在与旅菲日商的接触中得知"(台湾)岛上的人民经常驾驶小舟,携带小鹿、鹿皮、沙金和精细工艺品运往中国海岸"[23],起了觊觎之心。而且西班牙与丰臣秀吉执政时代的日本一开始交往就发生一系列矛盾,这促成了其攻取台湾以确保在菲律宾安全的阴谋。于是,1598年夏,西班牙人策动了对台湾的第一次武装进犯,然因遇到逆风而无功返回。

1600年,荷兰人沿着西班牙人的航道也来到菲律宾。早在16世纪荷兰就已是欧洲最发达的贸易地区之一,其造船业尤为先进。荷兰人来到远东的当年,便一举在马尼拉港击沉西班牙海船,并打开与日本通商的渠道。1602年3月20日成立联合荷兰东印度公司。第二年该公司就派韦麻郎(Wybrandt van Waerwijck)率舰队到澳门找葡萄牙人叫板,其后转而窥伺澎湖列岛,又被明朝官员沈有容"谕退"。荷兰人一到远东,就扮演"后来者居上"的角色。1608~1619年,荷兰人打垮羽毛未丰的英国人在南洋的势力,取得从马六甲海峡以东至摩鹿加群岛之间广阔海域的控制权,并在印尼巴达维亚(今雅加达)建立城堡,实行殖民统治。旋即依仗其海上势力,在南中国海阻止葡、西船只开往日本,也阻挡中国通商的大船前往菲律宾和南洋其他地方,俨然"海上霸王"。在扩展对中国和日本的经商贸易的问题上,荷兰人最初认定澳门和台湾两地同样重要,只不过1603年进攻澳门失败后,退而第二次占据澎湖,并在1624年"交涉退还澎湖的过程中,无意中换来一个远比澳门更不知好多少倍的另一个据点—台湾"[24]。

荷兰人占据台湾,构成其"东南亚(巴达维亚)—台湾—日本"海上贸易三角航线。台湾不但成为其扼制远东贸易通道的据点,还成为他们取得中国大陆货物,发展与日本、东南亚、波斯等地贸易的转贩地,于兹"海上霸王"如虎添翼。早就企图攻取台湾的西班牙也赶忙于1626年和1628年派遣武装舰队沿台湾东海岸北上,先后占领台湾北部的鸡笼(今基隆)、淡水两地,但1641年又被荷兰武力夺走。自此以后,西班牙的势力只得退缩到菲律宾。

英国虽然在16世纪后期尾随西欧上述一些国家进入远东,"然在初期其资本未丰,始终无法对抗荷兰人之势力,又未能夺取葡、西基地,而只徘徊于东亚海上"[25],但它和西班牙一样对台湾早有野心。1632年就有曾在印度为荷兰人服务的苏格兰人威廉·甘伯尔向英国东印度公司报告说:"如果能与华人建立贸易关系,第二步应觅找一地安顿并建设商馆,其地点应在台湾。"[26]屈于实力,当时英国"遂未得展开中国台湾贸易矣"[27]。

综览16、17世纪远东格局的变化,中、西方海上势力确是围绕台湾和台湾海峡这个焦点展开竞争角逐的。到了17世纪40年代,经过一百多年的厮杀较量,只剩下中方的郑芝龙武装海商集团和西方的荷兰东印度公司殖民者这两大势力在远东海域对峙。

三

1628年郑芝龙接受明朝政府招抚以后,其武装海商集团的声势大振。接连取得"平广盗、征生黎、焚荷兰、收刘香"[28]等胜利,威震闽海。特别是崇祯六年(1633年)在厦门等闽南沿海大败荷兰殖民军的舰队,"为海上数十年奇捷"。继而又在1635年战败并兼并另一伙强大的刘香武装海商集团。郑芝龙基本上控制了台湾海峡。

日本在颁布"锁国令"之后,只准中、荷船只出入长崎港。郑、荷双方为垄断对日贸易,顿成水火。郑芝龙乘葡萄牙对日贸易的衰落,召回在澳门、广州的150名织工赴福建安平加工出口丝织品,直接源源不断地载往长崎进行交易,使荷兰人对日贸易大受冲击。1641~1646年,平均每年驶往长崎的荷兰船只才6~7艘,而中国船只却为荷兰船只的七倍多。[29]荷兰人认定是郑芝龙阻止中国船航渡台湾,搞破坏,扬言"将以俘虏中国船只为报复"。郑芝龙毫不畏惧,声称将凿沉满载石块之帆船以堵塞台湾港口,并且准备以多数之兵员与船只攻击台湾荷兰城寨。㉚设使没有清兵入关这场改朝换代的大变革，按郑、荷双方当时的态势顺利发展下去，驱荷复台大业必然会由郑芝龙来完成。

1644年至1646年是很关键的两年。1644年明王朝灭亡，同年南明弘光朝廷在南京成立，第二年弘光朝廷为清兵所破，南明隆武朝廷又立于福州。热衷于投靠封建政权、强化其豪门势力的郑芝龙在明末崇祯朝因受招抚而尝到甜头，际此更是乘机倾力辅佐了弘光、隆武两个风雨飘摇的小朝廷，借以实现其"事权尽归己，其部将封印者数十人，姻戚尽佩印居大官"㉛的美梦，也形成他称王于东南的事实。郑芝龙武装海商集团拨舟师为弘光朝廷扼守长江南北岸，其后又充当隆武朝廷全闽军事武力的支柱，用兵闽北，甚至还准备出兵浙东、江西，直到1646年清兵入闽，隆武朝廷崩溃。这两年期间，郑芝龙武装海商集团到底投入多少兵力和财力虽然尚无法统计，但可以相信即便不是倾巢覆出，也是投入非常大比重的力量。郑芝龙战略重心的转移，使郑、荷双方在台湾的对峙态势发生变化，荷兰人不但获得喘息的机会，还趁机在台湾扩展，强化其殖民势力。

1644～1646年前后，荷兰殖民者抓紧时间，实行以下措施：

（1）巩固、扩大其在台湾的殖民统治。1641年荷兰人驱走西班牙人后，通过对原住民的"征讨"，逐步将势力扩至台湾北部。其后数年，为其"势力最盛时期，大约有四十五个种族共计二百九十三个台湾的村落，'承认'荷兰人的主权"㉜。

（2）强制性按人口征课人头税、狩猎税、"社饷"，同时招揽大陆沿海劳力入台，通过横征暴敛，掠夺经济资源和商品。有资料表明，荷兰人仅从农业"生产"中获取的财政收入每年都在增长："1646年：122000Florijn；1647年：135049Florijn；1648年：200000Florijn。"㉝

（3）在台湾贸易的利润逐年增加。日本人中村孝志所著《近代台湾史要》（赖永详译）有资料表明：1640年荷兰对台湾贸易获纯利为13000盾，1643年为83000盾，1649年更增加为467500盾，1653年仍有338000盾。㉞

荷兰人强化其在台湾的殖民统治和经济掠夺，客观上为1661年郑成功的驱荷复台增加了负面的影响。

四

出身于典型亦商亦盗的海商世家，生长在中西方海上势力大角逐的时代，郑成功青少年时代所接受的纵横海洋、"通洋裕国"的思想熏陶，相信会比他所受到的孔孟儒学教育还要深刻。1646年冬，清军攻入闽南，郑芝龙降清，其子郑成功激于国难家仇，毅然起师于安平，开始其历时15年之久的抗清大业。早在郑成功受知于南明隆武帝并受赐国姓的时候，他就上疏建议"据险控扼，选将进取，航船合攻，通洋裕国"[35]；起师后他在南澳招兵，仍坚持这个主张，重申"收拾人心，以因其本；大开海道，兴贩各港，以足其饷；选将练兵，号召天下，进取不难"[36]。郑成功起师抗清后，"以商养军""通洋裕国"成为他最重要的策略方针，从未产生丝毫的动摇。

八闽兵溃，郑芝龙降清，郑氏武装海商集团在陆地上吃了亏，但海上实力应该说损失还不至太惨重。郑成功起师之初，"闽海舟……皆郑彩主之"[37]，"海中洋船皆统于彩"[38]，就是说大陆东南沿海武装海商集团的首领换成郑彩。郑彩及其弟郑联是厦门高浦人，也是由航海贸易起家的武装海商集团，郑芝龙跋扈闽海和台湾海峡之时，郑彩兄弟与之"通谱"，服从其领导。从弘光、隆武两朝有关史料分析，高浦二郑的势力略逊"石井郑氏"。此时郑彩接手为武装海商集团的首领，也合情理。郑彩在1646年后据厦门，北到舟山奉鲁王，就是不肯与"石井郑氏"的人物联络。郑成功在鼓浪屿练兵，多亏截留黄太夫人从日本开来停在那里的一艘船为资本。足见郑彩、郑联与郑成功一开始便互不相容。

明朝后期，厦门港已开始取代漳州月港成为闽东南对外航海贸易的口岸。1638年以后日本准许中、荷船只到长崎进行贸易。当时由厦门口岸来往东西洋的航线主要有：（1）对日本（长崎）贸易；（2）对东南亚的巴达维亚（今雅加达）、东京（越南北部）、暹罗（今泰国）、广南（越南中部）、马尼拉、柬埔寨、柔佛、北大年等地的贸易。

因此，不除郑彩、郑联，无以重振郑氏武装海商集团的事业；不夺厦门，无以建立抗清根据地和开展航海贸易的基地。于是，郑成功决定找机会举事，但考虑到"彼船只倍多，部将老练，取之不得，反结为仇"[39]，直到1650年8月，趁郑彩率船队离厦之机，一举诛杀郑联，兼并了郑彩的势力，"海上军皆属焉，可四万余人"[40]。接着，郑芝龙武装海商集团的旧部纷纷来归。郑成功名正言顺地成为郑氏武装海商集团的首领，并且建立了金、厦抗清根据地，更重要的是获得了日后继承和发展其父开创的海外势力所必须具备的航海贸易基地。

1650年至1661年，郑成功一面积极投入抗清斗争，一面在其父"一支强大的舰队"[41]的基础上，进一步发展航海贸易，壮大海上势力，在远东海域与荷兰殖民者抗衡。为此，他采取下列行动：

（1）在民众支持下，抵制清朝统治者实施的海禁政策。清政府为瓦解郑成功的抗清力量，破坏商品流通的渠道以及和民众的联系，于顺治十二年（1655年）首次颁布禁海令，规定除非得到官方的执照，否则商船不得出海。次年又推行了全面的禁海令。结果由于郑成功抗清的活动得到广大人民群众的支持，清政府的海禁政策并没有得逞，群众依旧将"一切应用之物，俱恣行贩卖供送海逆（指郑成功）"㊷，甚至有的地方官员"不尽心职守，明知奸弊，供为不知"㊸。其后海禁虽愈来愈严厉，"但不能绝其窃发赂纵之弊"㊹。最后，清政府企图彻底根绝商品和人民的"通海"，铲除郑氏武装海商集团赖以生存的造船业，更于1661年颁布"迁界令"，把沿海居民迁入距海岸几十公里的内地。然而，此时郑成功已越海东征，取得驱荷复台的伟大胜利了。抵制海禁政策的胜利，在很大程度上维护了郑成功的海上实力。

（2）扩展厦门与日本、东南亚各地这个三角航线的航海贸易，与盘踞台湾的荷兰殖民者争夺市场。台湾作为远东的一个商品转贩地，荷兰人依靠大陆商品进行转手买卖才能获取利润。1650年以后，郑成功扩大其对日本、东南亚的直接航海贸易。从1653年、1655年荷兰人急不可耐的主动请求与清朝进行贸易这个迹象分析，郑成功已控制了对东南大海贸易的主动权。据日本学者岩生成一的调查，1650年到长崎的70艘中国船只中，80％属于郑成功，而且以后几乎年年如此；经营东南亚航线的郑成功海船每年也有16～20艘之多。以当时国际市场最主要的商品之一的中国生丝为例，1650年"自台湾输往日本的白生丝为荷兰所贩运全部数量的13.8％"㊺。由于郑氏海船把生丝直接运往日本，1652年的售价就比前一年"每担下跌100盾"。荷兰人在台湾的商业贸易大受影响。因而荷兰人对郑成功到台湾的商船采取报复手段，严加盘查，甚至到台湾海峡或南中国海截掠郑氏商船。为了狠狠警戒荷兰人，郑成功于1656年6月25日下令断绝与荷兰在远东各港的往来，并对台湾全面封锁。由是"禁绝两年，船只不通，货物涌贵，夷多病疫"㊻。最后，荷兰殖民者不得不向郑成功妥协，于1657年6月派通译何斌来厦门来见郑成功，以荷兰人不敢再妨碍郑氏海船前往暹罗、占卑、彭亨、马六甲及巴林邦等地通商为条件，要求郑成功解除禁令，表示"年愿纳贡，和港通商"，每年还向郑成功"输银五千两，箭杯十万支，硫磺千担"。郑成功答应荷兰人的请求，同时规定以后台湾来闽商船由郑氏指定专人统一收税。

从这场实力的较量中"海上霸王"不得不首次向郑成功屈服妥协这个史实来看，郑成功不仅已控制了中国东南沿海的海权，而且其实力已足够令荷兰殖民者担惊受怕。从1650年至1661年这十余年间，郑成功南征北伐，荷兰人没有或不敢派兵配合清军乘虚对付郑成功，且1650年以后，荷兰人一直"担心中国人会进攻福摩萨"㊼，进一步证实郑成功才是当时的海上大英雄。台湾的收复只是时间问题。

五

17世纪，厦门和台湾，对峙海峡两岸而分别构成对日本、东南亚的两个海上贸易三角航线。由于台湾对大陆商品输入的依赖，荷兰殖民者不得不向以厦门为根据地和航海贸易基地的郑成功做出让步。然而，荷兰人不自甘屈服。它一面向郑成功输诚，又是纳款又送箭坯、硫磺，一面却继续在海上劫掠郑成功的商船。特别是1659年郑成功北伐南京失利之后，荷兰人更是变本加厉，四出掳掠中国商船，残酷迫害巴达维亚和台湾的中国商民，甚至处罚郑成功在台湾的代理人，查封郑氏武装海商集团在台湾的产业，阻止当地人民向郑成功纳税。

对于荷兰殖民者这种出尔反尔的行径，坚持"以商养军""通洋裕国"为本的郑成功势必不会掉以轻心。他坚决要求荷兰殖民者赔偿损失费，还曾于"永历十四年（1660年）十月十九日"以中国沿海诸军统帅国姓的名义给荷兰驻台长官写信，告诉他们关于郑军准备攻台之说"实居心叵测者之造谣生事"，劝告荷兰人不要"误听诸多不实报告，信以为真也"[48]。现在我们已经明白这些都是郑成功麻痹荷兰人的话。但是根据《先王实录》和《海上见闻录》等文献所载，郑成功讨论准备出兵复台的时间乃永历十五年（1661年）正月。郑成功提早写信给荷兰人"辟谣"，并且说这种大事"吾不语人，他人又何从揣测吾之真意？"且不说郑成功是否真的泄露了风声，但至少可以肯定，关于复台计划郑成功是早有成算在胸，并已有准备，所以1661年正月何斌到厦门向他提出驱荷复台的建议，居然不谋而合，郑成功还颇有把握地说："（台湾）城中夷伙不上千人，攻之可唾手得者。"[49]并于短短3个月之后遂出师东征。因此，我们有理由认为，郑成功决定收复台湾，决非因为"清朝欺我孤军势穷"[50]，听从何斌一席话才做出的被动选择。

在郑成功这位海上大英雄眼中，台湾之所以被选择，不仅仅是因为它"离此不远……进则可战而复中原之地，退则可守而无内顾之忧"，更重要的是十多年来他作为武装海商集团的首领深知台湾一地是继续拓展航海贸易，重振海上势力的好地方。他非常同意何斌所说"台湾沃野数千里，实霸王之区"，"且横绝大海，肆通外国，置船兴贩，桅舵、铜铁不忧乏用"[51]。在与诸将讨论时，郑成功不但提到台湾足以"广通外国"，而且每年还有"饷税数十万。造船制器，吾民麟集，所优为者"[52]。郑成功还认定台湾是他父亲创建的"先基"，1660年他在给荷兰人的信中提到，"我父一官当时统治此地，曾予开放、指导，并维持该地与中国（指大陆）之贸易，颇为顺利"[53]，在围攻台湾城派通事李仲入城警告荷兰人时，也说"此地非尔所有，乃前太师练兵之所，今藩主前来，是复其故土"[54]后来复台取得胜利，郑成功在所作《复台》一诗中也有"十年始克复先基"之句，并加注释说台湾原是他父亲郑芝龙"会兵储粮之处"。郑成功念念不忘的"先基"，既指台湾是"中国人之土地"，也指1644年以前郑芝龙经营台湾建设，拓展航海贸易事业和控制台湾海峡的海上实力。郑成功要"复先基"，就必须先"逐荷夷"，把"海上霸王"从远东三角贸易航线上的重要据点台湾根除出去。

1661年4月23日，郑成功率师东征，经过9个月的鏖战，打败了强悍得不可一世的荷兰殖民者，终于收复了台湾。1662年2月1日，荷兰东印度公司驻台长官揆一在投降书上签字，撤出台湾城。在17世纪远东大角逐中，荷兰这个最后一个失败者对台湾表现出太多的留恋，其后他们多次卷土重来，联合清朝军队骚扰台湾海峡，进攻台湾（鸡笼）。直到1668年10月才彻底被驱逐出台湾。

荷兰是17世纪欧洲最强盛的海上王国。自从1662年被郑成功武装海商集团打败以后，便退缩到东南亚的巴达维亚等地经营殖民地，再也没有往日在远东海域兴风作浪的锐气，日本和其它西方海上势力也先后退出"角斗场"。于是，远东海域结束了160多年的大搏斗，其格局重新得到整合，又呈现了"海不扬波"的新局面，直到1840年欧洲新兴的强权国家英国再度前来叩击清朝封建统治下的中国大门。从世界历史的角度探讨16、17世纪台湾及台湾海峡在远东格局大变革中的地位与郑成功驱荷复台对扼杀西方殖民势力的扩张、维护中国海权和远东和平的意义，这些问题均值得深入研究。

本文载于《明史论丛（二）》，王春瑜主编，兰州大学出版社，2003年8月。

注释：
① 汪大渊《岛夷志略》"琉球"条。
② 周凯《厦门志》卷四。
③ 顾祖禹《读史方舆纪要》。
④ 见《明经世文编》卷四百《福建巡抚许孚远疏》。
⑤ 陈淑均《噶玛兰厅志》卷二《海防》。
⑥ 余文仪《续修台湾府志》卷一《建置》。
⑦ 《明史》卷二百二十二《凌云翼传》。
⑧ 黄宗羲《赐姓始末》。据《小腆纪年》等文献记载，为"人给三金一牛"。
⑨ 吴伟业《鹿樵纪闻》。
⑩ 邵廷采《东南纪事》卷十一《郑芝龙》。
⑪ 查继佐《罪惟录·列传》卷三十三《台湾》。
⑫ 林时对《荷牐丛谈》卷四。
⑬ 余文仪《续修台湾府志》卷二十《施琅陈台湾弃留利害疏》。
⑭ 郑广南《中国海盗史》，华中理工大学出版社，1998年第1版。

⑮连横《台湾通史》卷一《开辟记》。

⑯《诸罗县志》之《封域志》。

⑰⑱㉓㉔汤锦台《大航海时代的台湾》，猫头鹰出版社，2001年。

⑲㉞黄福才《台湾商业史》，江西人民出版社，1990年8月第1版。

⑳甘为霖《荷兰人侵占下的台湾》。

㉑张天泽《中葡早期通商史》，中华书局香港分局，1988年第1版。

㉒《明实录类纂·福建台湾卷》第225页，《崇祯长编》卷三十四。

㉕㉗赖永祥《郑英通商关系之检讨》，见《台湾郑成功研究论文选》，福建人民出版社，1982年6月第1版。

㉖William Campbell：Formosa under the Dutch，见《台湾郑成功研究论文选》，福建人民出版社，1982年6月第1版。

㉘㊵郑亦邹《郑成功传》卷上。

㉙聂德宁《明末清初海寇商人》第145页，台湾学林彩色印刷有限公司，2000年。

㉚杨绪贤《郑芝龙与荷兰之关系》，《台湾文献》二十七卷，三期。

㉛郑达：《野史无文》卷十二。

㉜Riess《台湾岛史》第八章，收于《台湾经济史·第三集》。转引自黄福才《台湾商业史》第25页。

㉝村上直次郎译《长崎荷兰商馆日记》，第二辑。转引自黄福才《台湾商业史》第28页。

㉟倪在田《续明纪事本末》卷七《闽海遗兵》。

㊱㊴(50)(51)(54)江日升《台湾外纪》卷二。

㊲张麟白《浮海记》。

㊳温睿临《南疆逸史》卷五十三《郑遵谦传》。

㊶［英］C. R. 博克塞《郑芝龙（尼古拉·一官）兴衰记》。全句为郑芝龙将“一支强大的舰队留给了儿子国姓爷郑成功”。

㊷㊸张伟仁主编《明清档案》，第37册，第21099页。

㊹《明清史料·丁编》，第3册，第284页。

㊺转引自曹永和：《台湾早期历史研究》，第386页。

㊻㊾(52)杨英《先王实录》。

㊼㊽(53)C. E. S.《被忽视的福摩萨》。

南明人物郑彩早年史事考

郑彩是南明史上一位颇出名的人物。但因郑成功建立金、厦基地时，曾发生过杀郑联（郑彩之弟）逐郑彩的事件，并说起因是他们兄弟在厦门"横征暴敛"、系"酒色之徒"①云云（实则为其部将章云飞"恣肆不道"②所累），所以学术界基本上将他置于郑成功的对立面，很少对这个人物进行过研究。实际上和明末东南沿海其他海商一样，在历史发生大变革的关键时期，他们的一生行事都各具有一定的代表性，也甚精彩，很值得逐一进行探讨。本文拟对郑彩的籍贯、生卒时间以及早年若干史事初步做些考证。

一、郑彩的籍贯问题

南明史籍文献中，郑彩与郑芝龙家族的关系往往记得比较混淆。关键是郑彩的籍贯问题长期没有解决。二郑的关系主要有以下几种说法：

（1）族人关系：

《清史列传·郑芝龙传》：顺治四年，"（郑）鸿达据白沙，族人郑彩据厦门，郑联据梧州（按：当作浯州，即金门）。"

《清史稿·郑成功传》："唐王倚（郑）芝龙兄弟拥重兵，芝龙族人（郑）彩亦封伯。筑坛拜彩、鸿逵为将。"

清·邵廷采《东南纪事》："又有永胜伯（郑）彩，彩弟联，郑芝龙支族。"

（2）族叔侄、犹父子关系：

清·温睿临《南疆逸史》："郑彩，芝龙族侄也。"

清·徐鼒《小腆纪年附考》："南都陷，（郑）鸿逵，芝龙弟也，时充总兵官，次芝豹及犹子（郑）彩并为水师副将。"

根据闽南人同姓聚族而居的习俗，郑彩照理也应该与郑芝龙同是泉州府南安县石井乡人。然而又有一些文献，如李聿求的《鲁之春秋》却记载郑彩是同安人（但又说是郑芝龙"从子"），江日升的《台湾外纪》也提到"（郑）彩字羽良（原注：应为长），泉之同安人"。还说"（郑）彩、联与（郑）成功通谱，故称兄"，并无一语涉及二郑有亲族关系。江日升在书中自说其父江美鳌曾是郑彩的旧部,其说自然较可信。依闽俗,在一段较长的时期内,籍贯(原聚族地)不会随迁居而改变。郑彩的籍贯如果是同安区,就不可能同时与籍贯是南安县石井乡的郑芝龙有着族人、族叔侄或犹父子的关系。那么郑彩的籍贯到底是不是现在的同安区?

1993年厦门市郊杏林镇高浦村附近的"明封骠骑将军云台郑公暨夫人王氏墓"出土一方《大参戎郑公墓志铭》。郑彩的籍贯问题终于得到解决。墓志铭全文如下:

大参戎郑公墓志铭

赐进士出身、巡按福建御史、眷生路振辉顿首拜撰。

公讳德,字伯仁。先出自福之长乐人。永乐初,以征调居于浦。郑之姓□为浦之望族,一派居城南,以龙屿先生登进士起家,公之先祖派居城东,其初时生人顾伟倜傥,但浑庞质素,未有文物冠冕之盛。虽然物先小而后大,水必蓄而后泄,故公一派传至六世,遂接踵龙屿先生而生永胜公,与之相比美焉。永胜公以佐弘光君赐是爵,嗣辅监国鲁王,进爵建国公。公是其功弟也,昆玉俱以建国公贵,兄振雄授都阃职,公授参将函。都阃兄与建国兄为王事靡盬,征南讨北,经载弗获抵里,家中簿书、饷税庶务,一以委公,公治繁理剧,井井有条,咸惬建国意,晋接缙绅士大夫和颜怡色。复为人解纷释结,无不人人置之腹中也。

时际丑虏内讧,燐保乘危窥疆。公督守城陴,日夜勤劳,祈神祷雨,虔备恪恭,无不立□,即浦中之走童闺女,莫不口碑颂公之有功有德云。且人情□肉久而忘菜,衣锦惯而憎布,终日享逸,辄厌奔走,而公既荣显烜赫,复自贬损,偕约缩腹,菲躬质素,无改古昔。噫!承樾荫,迓鸿庥,公乎?先世乎?先世职蓄,公职泄,而公之泄又益为蓄。然则公之贵,贵独数世云哉!《诗》曰"民之初生,自土沮漆。"而后长享八百,传世三十,此先小后大之说也。而吾于公亦然。

公娶王氏,生男二,长梦龙、次梦熊。长聘方家,次未聘。生女一,名西官,配周家。生于万历甲寅年十月念八日卯时,卒于永历癸巳年正月初八日卯时,于癸巳年卜葬于陈埭头山,坐亥向巳,以安其魄,此皆建国公命都督兄之克襄是事而报公也。故为之铭,铭曰:蓄而后泄,困而复鸣。积以厚德,浚发厥英。振越鹤浦,淡然约恬,藏之深固,龙章凤苐,必券斯铭。

据铭文所载,墓主郑德,字伯仁,高浦(今厦门市集美区高浦村)人。生于明万历甲寅年(1614年),卒于永历癸巳年(1653年)。南明时期闽浙沿海先受封"永胜伯",继而因"嗣辅监国鲁王,晋爵建国公"者唯郑彩一人。墓主郑德正是这个"建国公"郑彩的"功弟",可见郑彩的籍贯即高浦。明清两代,高浦均属于泉州府同安县十四都安仁里,因此《鲁之春秋》和《台湾外记》说郑彩是"同安人""泉之同安人"与墓志所载相符。近年,笔者又在高浦村读到"道光壬寅年(1842年)季春十四世孙(郑)家潜重修"的《高浦上郑大宗谱图》。该谱图系手抄本。墓志铭所载的"龙屿先生"为"高浦郑氏"的第七世郑陞,附注曰:"郑陞,字公擢,号龙屿。明戊子文魁,万历甲辰(1604年)进士。任南京两淮转运使。"而在其第八世的谱图里,同样也找到了郑彩、郑联的名字(下无简述,据高浦村人世代相传乃畏惧清政府迫害之故)。墓志文物和族谱文献为郑彩的籍贯为同安区高浦村提供了可靠的证据,从而也说明郑彩与南安"石井郑氏"没有任何亲族关系。

郑芝龙父子系福建南安县石井乡人,"石井郑氏"是当地望族。据郑成功之子郑经所撰《郑氏附葬祖父墓志》称:"先世自光州固始县入闽,由莆居漳、居粤之潮,至始祖隐石公乃移居于泉之南安县杨子山下石井乡。"《大参戎郑公墓志铭》则记载"高浦郑氏""先出自福之长乐人,永乐初以征调居于浦"。从谱牒记载看,"石井郑氏"与"高浦郑氏"显系分居两处而世系繁衍各不相同的两支郑氏。

南明时期郑彩与郑芝龙的关系曾经相当密切。郑芝龙是东南沿海赫赫有名的海商,以后又依仗实力成为南明隆武政权的支柱。郑彩也是一个海商。当时郑芝龙控制东南沿海海上贸易,没有"同安侯郑府令牌"不得出海。③郑彩极力与之"通谱",拉关系以壮大自己的势力。这种事例在明末海商中间本是很正常的事。时人不察,信以为真,因此才有史籍文献中关于郑彩与郑芝龙家族关系之种种说法。

台湾学者毛一波先生认为郑彩一族与"石井郑氏"系同一祖宗,他认为"(郑)彩与郑联同为兄弟行,均同安人,其开基祖为隐泉公次子古石公之次子质朴公(原注:隐泉公之父隐石公,为郑氏南安始祖,详见《石井本宗族谱》)"④。我们查考《石井本宗族谱》,并没有读到隐石公(一世)—隐泉公(二世)—古石公(三世)—质朴公(四世)这样的繁衍次序。倒是找到隐泉公以下的四世质朴公系"移居漳南"的开基祖,并且墓葬在"漳州南靖金山水头"的记载。可以说,迁居漳州的石井郑氏四世祖质朴公和郑彩一族毫无关系,因为墓志铭已称高浦郑氏是明永乐间直接从"三山(即今福州)"迁到高浦的。唯《石井本宗族谱序》开头几句便说"我郑自唐光启间"入闽,或于三山、于莆、于漳、于潮,是不一处"。即使"唐光启间",郑氏入闽后就居"不一处",其中也聚居过"三山"(墓志铭所载的长乐也属三山),七百多年以后各分支的后嗣相逢互道本家,或进一步归宗续谱,很难说有什么实质性的意义了。

二、郑彩的生卒时间考

有关郑彩生卒时间问题，学术界向无涉及。何龄修先生在其与人合编的《旅日高僧隐元东土往来书信集》里订郑彩卒于 1659 年，但迄今未见考证。

郑彩生于何年？《大参戎郑公墓志铭》提供了一个重要的线索。该墓志记载高浦郑氏有两个支派，皆"为浦之望族，一派居城南，以龙屿先生登进士起家，公（即郑德）之先祖派居城东……故公一派传至六世，遂接踵龙屿先生而生永胜公（即郑彩）与之相比美焉。"据《同安县志·选举》所载，明代后期高浦中进士者唯有郑陞一人，郑升原名阶陞，万历三十二年（1604 年）进士。《高浦上郑大宗谱图》亦载其第七世为郑陞，并在附注曰："郑陞，字公擢，号龙屿。明戊子文魁，万历甲辰（1604 年）进士。任南京两淮转运使。"明清两代，闽南民间非常注重功名，尤其在此之前高浦尚无人中过进士，"龙屿先生"郑陞之登进士第，当时是十分荣耀的事。"永胜公"郑彩之出生乃在"龙屿先生"成进士显耀乡里之时，不过在时间上有"接踵"的关系。郑彩出生的时间当为第二年，即 1605 年，与"接踵"之义比较相符。

乙未年，即 1655 年郑彩曾写一首七律诗赠东渡日本弘法的隐元和尚⑤题为《乙未端阳小咏一律似隐元老禅师政》诗云：

宦逐行间三十年，请缨弱冠晚仍坚。
因求杖赐聆三昧，乃识津梁参又玄。
水月干戈皆彼岸，风幡罪劫等安禅。
何时贝叶自东渡，好把云笺花雨悬。

以郑彩出生于 1605 年推算，则他在乙未年正好 51 岁，其开始"宦逐行间"必为 21 岁。虽然古人所称的"三十"通常不一定是精切的整数，但一般相差不会很大。郑彩 21 岁左右开始起家干一番事业，是符合情理的。

那么，郑成功之计诛郑联并郑彩而取厦门则在 1650 年。为什么时年 46 岁的郑彩就叹说"吾年老气衰"⑥？我们姑且不说此乃一个孤证。即使郑彩的确这样说过，可能也是其自下台阶的托词，似不足为证。何况明代人的寿命体质本来就无法与当代的人相比。由此可见，郑彩当生于 1605 年。

郑彩卒于何年？顺治七年（1650 年）八月，郑成功诛郑联而取厦门，郑彩不得已"将兵船悉交成功。功见彩诚实，永无猜疑，待之甚厚，卒于厦门"⑦。另一说是郑彩被"郑成功击走之，袭执其妻子。成功祖母责其孙善遇之，得释还。秋，北至武环山，欲争平夷侯地，相攻杀者累日。后阮进助平夷，彩遂败走。……彩漂泊海中无所适，成功以书招之，乃归，死于家云"⑧。无论郑彩是当年即归，还是数年后才被郑成功招回厦门，最后郑彩息影厦门作寓公，并老死厦门，却是不争的事实。因有郑成功祖母黄太夫人的念旧呵护，以及有那些已归顺郑成功的旧部之关系，郑彩在厦门仍然能够"日为家累，……营营子母之计"⑨。此期间有关郑彩的信息甚少，唯知道1653年"功弟"郑德在高浦去世，其丧事"皆建国公（即郑彩）命都督兄之克襄是事而报公"⑩；1655年郑彩还作诗远赠隐元和尚，并为润生诸兄弟的东行日本"一帆护渡"⑪。郑彩会作诗，却不见当年与他有过唱酬的王忠孝、卢若腾诸辈再有诗酒往来。可见他或许已经完全与郑成功阵营无涉，郑成功属下的文士自然很少或不再提及他，因而所留文献极为有限。郑成功同时的张煌言所著《冰槎集》中，还保留有一篇《祭建国公郑羽长文》。张煌言是鲁王旧部，其后与郑成功合作抗清。此人甚念旧情，祭文中有这么几句写道："兄既解兵，余尚誓旅。渺渺参辰，盈盈带水。千里片鸿，经年尺鲤。北顾旌旗，南巡杖履。奏凯相期，加餐足喜。悬拟状貌，东山复起。夫何讣闻，遽骑箕尾。"⑫以此看来，张煌言接到郑彩的讣音，正在"北顾旌旗""奏凯相期"的外地，不在厦门。读张煌言所著的《北征录》以及清初全祖望为他所作的《年谱》和其他有关史料，顺治十二年（1655年）起张煌言相续多次率水师北伐抗清，"至戊戌（1658）年，追随赐姓延平王北伐"⑬，第二年七月始抵达南京观音门。以"奏凯相期"这一句话分析，郑、张联军尚未"奏凯"，即接到郑彩讣音。郑彩当在己亥（1659年）这一年去世。这与何龄修教授在《旅日高僧隐元中土来往书信集》中所定郑彩的卒年是一致的。

康熙二年（1663年）清军攻入厦门，"投诚兵搜掠财物，开掘冢墓，至剖建国公郑彩之棺而残其尸"⑭，"残其尸"而不是毁其骨骸，可见斯时郑彩去世并不太久，定其卒年为1659年较为可靠。

三、郑彩早年事迹考

郑彩出生的高浦，地处九龙江入海口，与月港（今龙海市海澄镇）仅隔一个小海湾。由于其地处要冲，明洪武廿四年（1391年）便建有高浦守御千户所以防倭和执行海禁。明代东南沿海的民间海上贸易在反海禁的斗争中不断得到发展。嘉靖以后"亦商亦盗"形式的民间走私贸易屡禁不绝，以月港为主，包括海沧、高浦等地在内的海湾地区（今厦门湾一部分）恃其地理条件，以景泰年间起便逐步成为闽南民间走私贸易活动的重要渊薮。随着十六世纪初西方势力逐渐东来互市，"海盗商人"们既要对付官军的剿抚，还要与西方殖民势力在远东海域争夺市场，就必须不断扩大规模，增强势力。历史上，活跃在这片海湾地区的先后有邓獠、金子老、李光头、谢和、王清溪、洪迪珍和严山老等"亦商亦盗"的大海商。郑彩出生之前后，时因海禁解除，海上贸易合法了，闽南沿海地区社会经济因此得到发展。从事海商而致富者的社会地位也提高了，特别像郑彩以后又进一步受招抚而获封官晋爵，在高浦已能与进士"龙屿先生"一样光宗耀祖。

在这片富有航海经商传统的热土上,郑彩和郑芝龙一样,也是通过下海通番,投靠大海商,然后发展势力,经过朝廷的招抚,最后走向政治舞台的。然因史料有限,关于郑彩早期的海上经商情况尚知之不多。但是其早期行事肯定与郑芝龙有关系,我们只能从郑芝龙的发迹史当中得到有关郑彩的一些线索。

(1) 郑彩投奔郑芝龙

郑芝龙生于万历二十三年(1595年)[15],要比郑彩年长十岁左右。他早年(16岁)到澳门习商,两年后到日本投奔泉州籍海商李旦,且"以父事之"。李旦死后,郑芝龙因"乾没其货财"[16]而起家。而江日升《台湾外纪》则载,郑芝龙乃因加入海澄籍的颜思齐和杨天生、陈衷纪等人组成的团伙驾着十三艘船的船队在海上从事"亦商亦盗"的活动而崛起。无论是李旦还是颜思齐,郑芝龙依傍大海商而起家,却是不争之实。据《台湾外纪》记载,天启五年(1625年)颜思齐去世,郑芝龙被推为首领,并且在台湾建立据点,不断攻略闽粤沿海各地,声振东南。崇祯元年(1628年)郑芝龙集团接受明朝的招抚。郑芝龙摇身一变,从"海盗商人"从此变成官商,且协同官军先后剿灭李魁奇、刘香等其他"海盗商人",使自己成为在远东海域唯一能与荷兰殖民者抗衡的势力。

郑芝龙在崛起的过程中有过两次结盟。第一次为他在日本"居有年"之后,参加盟誓者有二十九人:颜思齐(字振泉,海澄人)、郑芝龙(原名一官,南安石井人)、杨天生(字人英,晋江人)、陈德(字衷纪,海澄人)、张弘(字子大,惠安人)、洪升(字昊卿,同安籍莆田人)、林福(字振祖,同安人)、李明(字俊臣,南靖人)、陈勋、李英、庄桂、杨经、林翼、黄碧、张辉、王平、黄昭、高贯、余祖、方胜、许妈、黄瑞郎、唐公、张寅、傅春、刘宗赵、郑玉、李德、何锦。[17]该团伙于天启四年(1624年)"六月十五日……以郑一官为尾弟。祷告天地,众拜振泉为盟主"[18]。其中没有郑彩,想必斯时二十岁左右的郑彩尚未来到日本。是年八月颜思齐团伙密谋起事而未果,全部成员逃脱日本的镇压而流亡海上,旋决定占据台湾,准备"安设寮寨,抚恤土番,然后整船出掠"[19]。

天启五年秋九月,颜思齐病逝于台湾。十二月,郑芝龙假借天意让众人举他为首领。过后马上进行"一番整顿",自己"承接统领诸军",[20]任命原先的团伙成员分别为参谋、总监军、佐谋、督造、主饷、监守。同时在台湾重新招兵买马,"另选十八位作先锋"[21],各改名为"芝"字辈,自任为首。此即南明史料所谓的"十八芝"。这是一场重要的变革,郑芝龙借此第二次结盟,重新组建骨干队伍。"十八芝"以郑芝龙"为首,取名芝龙,季弟蟒二为芝虎,四弟为芝豹,从弟莞为芝鹤(后改名为芝莞),族弟香为芝鹏,余者芝燕,芝凤,芝彪，芝麒，芝豸，芝獬，芝鹄，芝熊，芝蛟，芝蟒，芝鸾，芝麟，芝鹗"[22]。据文献统计，成员中至少有五个是石井郑家子弟，其他"芝"也可能都是其亲信后生。关于郑芝龙这次招募队伍，有几条史料值得注意：其一：先是"季弟蟒二（后名芝虎），同其四弟芝豹，从兄（后文为弟）芝莞附搭渔船往寻，是以声势愈大"[23]。于是使郑芝龙团伙拥有的船只"至丙寅（1626 年）而一百二十只，丁卯遂至七百，今并诸种贼之船且千矣"[24]。可见他们从大陆到台湾入伙，必定带有能帮助郑芝龙"声势愈大"的实力；其二：据张遴白的《难游录》载："会习死，芝龙尽以之募壮士，若郑兴、郑明、杨耿、陈晖、郑彩等皆是。"这是一条郑彩投奔郑芝龙重要史证。李习即李旦，是郑芝龙投靠过的大海商。但如果根据《台湾外纪》所记，这位大海商应该是颜思齐。不管如何，郑彩是在这位大海商死后投奔郑芝龙的，由是郑彩投奔郑芝龙的时间可以确定，即 1625 年底左右。江日升说："余先君讳美鳌，生同时，从永胜伯郑彩翊弘光督师江上。继而福州共事，……始末靡不周知，口传耳授，不敢一字影捏。"[25]江父既是郑彩旧部和朋友，江本人据父之传闻所记应似无误；其三：上举郑彩乙未年（1655 年）致隐元和尚的诗有"宦逐行间三十年"之句，可见郑彩自称开始"宦逐"的时间是 1625 年，这正好与郑芝龙组建"十八芝"的时间相吻合。综上可知，郑彩下海经商后，于 1625 年从闽南沿海到台湾投奔郑芝龙。

（2）郑彩在厦门发展势力

郑芝龙在台湾建立基地后，随即开展对荷兰、日本的商务和军事活动，并且发动对闽粤沿海的武装骚扰以对付官军的不断剿抚。崇祯元年（1628 年）郑芝龙率部接受明朝的招抚，初"授游击将军"，[26]郑彩被授何职不详。郑芝龙"寻迁副将，盘踞海滨，上至台、温、吴淞，下迨潮、广，近海州郡皆报水如故"[27]。他从崇祯元年开始，经过八年的时间，协同官军攻灭李魁奇（1629 年）、杨禄（六）杨策（七）（1629 年）、褚彩老（1629 年）、钟斌（1631 年）和刘香（1635 年）等其他"海盗商人"团伙，统一了东南海上，同时还两度奉调到闽粤内地剿灭钟凌秀兄弟和八排瑶民的起义。近人查有关当时档案，发现郑芝龙的有功将士经明吏上报朝廷请功的，计有郑彩、陈鹏、林察、杨耿、陈辉、林习山、林升、陈秀、郭曦等人。[28]郑彩之名在焉，他是郑芝龙麾下将领自无问题。

崇祯十三年八月（1640 年）郑芝龙升任"加福建参将署总兵"，[29]旋晋协守潮漳副总兵官、前军都督府带俸右都督，最后升任总兵官。最近笔者在同安发现一方年款为崇祯庚辰（1640 年）的《司李姜公署同捐俸振饬四事碑记》，[30]发现碑后一行题为"实授游击都指挥佥事、管浯铜游击郑彩"。同一年份，郑彩的官职仅比郑芝龙差一二级。封建社会，接受招安者一般按原本拥有的实力予以授职封官。郑彩之得高官，说明他从投奔郑芝龙以后的十五年间，拥有相当的不断增强的实力。

启祯之际，月港已经逐步衰落，代之而起的是"旁达西洋，商舶四穷"[31]的厦门港。郑芝龙团伙利用其处于明朝官吏和荷兰势力之间的特殊地位，极力发展安平、厦门等地对日本、台湾、澳门以及东南亚各地的海上贸易。郑彩任浯铜游击驻厦门。当时九龙江口"商船出海，向属浯铜（游击）官兵于厦门盘验"[32]。郑彩揽此大权，乘机在厦门经营港口基地从事航海贸易，进一步壮大势力。郑芝龙之弟郑鸿逵在戊寅至己卯间年（1638～1639年），即郑彩驻厦门期间，写诗赠予郑彩郑联两兄弟。[33]其《赠鹭门浯铜游郑羽长》云：

鹭门本是东南咽，保障赖公不闭坚。
巨舰精兵能破阵，烽墩望警自销烟。
太平还取年劳叙，新锡应看宠命宣。
自是君家敦睦旧，汗青共纪世忠篇。

《赠羽长弟云略》云：

羡君能马复能船，临敌冲锋一意先。
忠国孝亲兄及弟，延英爱士日为年。
扶胥不浪威名远，刁斗无声节制宣。
南北如今需勇略，即看铁骑上金鞯。

从诗句内容看，水上有巨舰、有精兵，陆上有烽墩、有铁骑，郑彩兄弟俨然已把厦门建成保障东南的藩镇，郑彩兄弟以后能在南明时期有一番作为，与他们这十多年间在厦门的发展势力分不开。

本文载于《台湾源流》总第 31 期，台湾各姓渊源研究学会编，2005 年。

注释：

[1][6][7][17][18][19][20][21][22][23][25]江日升《台湾外纪》，福建人民出版社。1983 年。
[2]黄宗羲《赐姓始末》和川口长孺《台湾割据志》均有此记载。载台湾银行经济研究室编《台湾文献丛刊》第六十七种。
[3]《兵部残题本》，载《民清史料》，已编上，第五册。
[4]毛一波《南明武臣郑彩的事迹》，载《南明史谈》，台湾出版。
[5]［日］石原道博《郑彩与隐元》，载《台湾风物》十二卷一期。
[8]温睿临《南疆逸史》卷五十三，列传第四十九《武臣·郑彩》。
[9][11]日本黄檗山万福寺藏《旅日高僧隐元东土来往书信集》，中国全国图书馆文献缩微复制中心，1995 年出版。

⑩路振辉《大参戎郑公墓志铭》，何丙仲编纂《厦门碑志汇编》，中国广播电视出版社，2004年。

⑫⑬张煌言《北征录》，载《张苍水集》，上海古籍出版社，1985年。

⑭阮旻锡《海上见闻录（定本）》，福建人民出版社，1982年。

⑮㉘参考张宗洽《郑芝龙早年事迹考辨》，载《细说郑成功》，北京燕山出版社，2002年。

⑯《野史无文》。

㉔董应举《崇相集》第二册《米禁》。

㉖邵廷采《东南纪事》，上海书店出版社，1982年。

㉗道光《厦门志》卷十六《旧事志·纪兵》。

㉙谷应泰《明史纪事本末》卷七十六《郑芝龙受抚》。

㉚何丙仲编纂《厦门碑志汇编》，中国广播电视出版社，2004年。

㉛池显方《大同赋》，载（民国）《同安县志》卷二十五《艺文》。

㉜张燮《东西洋考》之《饷税考·公署》。

㉝郑鸿逵《及春堂诗钞》，中国科学院藏明刊本。

浅论弘光朝之后的郑彩

高浦郑彩起家海上，1625年到台湾投奔郑芝龙武装海商集团以后，逐步成为这个东南大海商集团的骨干成员。崇祯元年（1628年），海商郑芝龙接受明廷招安。有学者认为郑芝龙海商的性质从此发生改变，已经"从商业资本道路趑向封建官僚地主化的方向走"[①]。事实上，以郑芝龙为例，我们即可得知，尽管他已成为命官，但朝廷并没有给他俸禄，"其守城自给饷，不取于官"[②]。特别是清兵南下后政局发生剧变，郑芝龙非但没有拿到银饷，还要出钱出力支撑那些流亡的小朝廷。唐王立，另一个盘踞舟山的海商黄斌卿也要"进千金为助"，才"得附劝进"。[③]事实证明，以郑芝龙为代表的所有海商虽然"趑向封建官僚地主化的方向走"，已经封侯拜将，但都必须自己继续以泛海经商为经济支柱，以商养战，以商求生存，无一幸免。从而可见其本质并没有改变，仍然从属于海商资本。当然，这些海商积极向封建官僚地主靠拢，有其目的。有学者认为其接受招抚，只是出自政治动机，"那就是用武力胁迫明王朝放弃海禁，开放贸易，让他们有生意做"[④]。我们认为，这些"亦盗亦商"的海商接受招安还有一个目的，就是可以名正言顺地剿灭其他海商力量，借以扩充自身的实力，这显然才是根本的动机。郑芝龙之剿灭李魁奇、刘香等其他海商，正是基于此目的。

南明之际，东南沿海的海商为求发展，向官僚地主靠拢已成为一股潮流。他们在打着明王朝旗号的同时，仍以海上经商为存在的基础。几经火并，最后形成郑芝龙为代表的海商势力，其他海商必须持"同安侯郑府令牌"才可以出海往来。[⑤]这种局面甚至延续到郑成功据两岛抗清之前。在海上严峻的商战中，各大小海商之间的摩擦甚至干戈相见自是难免。郑彩与郑芝龙、与鲁王周围文武诸臣以及与郑成功的纠葛，说到底其实是各海商之间围绕利益或者生存的冲突。

一、郑彩与郑芝龙

郑彩被误认为是郑芝龙的族人、族侄和犹子，恰恰反映了郑彩在石井郑氏大海商集团内部的钻营。后来两人同时接受明廷的招抚。弘光立朝期间，郑芝龙之弟郑鸿逵和郑彩被派到南都勤王，郑芝龙则坐镇福建大本营遥控。这段时期郑彩的势力无法与郑芝龙相比，何况他只是郑芝龙大阵营里的一个相对独立的部分，凡事还得听其调拨。清军压境，为保存各自的实力，郑彩和郑鸿逵的军队自然不战而溃。

南明时期江南动荡的政局，加速了海商资本向地主官僚的转化。流亡小朝廷需要的是这些"亦盗亦商"的海商们的支撑，而海商们等待的是封侯赐爵拜将军。一实一虚，其实是一种交易。这种交易的客观后果，是"亦盗亦商"的海商一旦搅入官场，就会促使政局更进一步恶化。郑芝龙与郑鸿逵虽是异母兄弟，但两人起家不同，郑芝龙起家海盗，有案底；而郑鸿逵是科举出身，"中庚辰进士，累官登州副总兵"⑥，在讲究名分出身的封建社会，兄弟两人貌合神离。从戊寅至己卯年间（1638～1639年）郑鸿逵与郑彩、郑联两兄弟互相赠诗的事来看，郑彩与郑鸿逵的关系更为密切。弘光朝立，郑彩与郑鸿逵同到江南勤王。继而南都兵溃，在杭州遇到唐王朱聿键，"二人奇之"⑦。在事先郑芝龙并不知情的情况下，郑彩遂"令副将江美鳌、郑升卫之入关"⑧。郑鸿逵和郑彩这种不大正常的行为，唯一的解释只能是他们两人企图把朱聿键当成政治投机的"奇"货。待到唐王朱聿键到了福建，"芝龙意犹疑，而以鸿逵所迎，勉就约"⑨。郑芝龙当时应该另有考虑，事后才会有"意犹疑"和"芝龙以拥立非本意"⑩之说。郑鸿逵和郑彩打乱了郑芝龙的计划，至少在其心中已经产生龃龉。

但郑芝龙这个政治投机的老手不会轻易打发这送上门的宝贝。表面上他以看在兄弟的面上接纳了唐王朱聿键，调和了矛盾。最终的事实是，郑芝龙利用这个宝贝在隆武朝充分地扮演了"挟天子以令诸侯"的角色。隆武朝伊始，朱聿键照旧开空头支票，此外无计可施。是以郑芝龙以下的成员官瘾都得到满足，郑芝龙从太子太师南安伯升封为平夷侯、平国公；郑鸿逵升封为定清侯、靖房侯；郑芝豹封为澄济伯；郑彩受封为永胜伯；郑芝龙乘机让"郑氏厮养皆蒙泽"。⑪郑芝龙依靠家族的实力，企图大权独揽。于是，黄道周、何楷等文臣渐与郑芝龙发生矛盾，接着是郑芝龙内部又产生明争暗斗的裂痕。郑芝龙以恐怖手段胁迫户部尚书何楷（割其耳朵），同时假意成全黄道周出征赣南而绝其粮饷，让他白白送死。阴谋得逞之时，郑芝龙对郑鸿逵、郑彩的一举一动亦不会等闲视之。郑鸿逵自诩拥戴有功，立朝之初便对隆武帝大提建议，并且抢先举荐自己的儿子肇基让隆武赐姓（事后郑芝龙赶紧让隆武也给儿子郑森赐姓名"成功"），还千方百计讨好隆武帝，"以所掠美人十二献"。⑫郑彩也受到隆武帝的单独召见。⑬郑芝龙内部的斗争至此已经明朗化。对此，郑芝龙立即采用手段，一面在隆武身边安插心腹，隆武元年（1645年）八月初六其弟郑芝豹被提拔为前军都督府左都督没有几天，立即挑选四千精兵组建"锦衣卫禁军"；[14]一面调遣施福、林顺等嫡系将领到闽北镇守三关，派儿子郑成功以招讨大将军的名义巡防各处，实际形成自己的拱卫势力。一时"内外大权尽归芝龙，隆武左右皆其私人"[15]。清军都还没有打到福建，隆武内部已经"当路无谈及兵事，举朝若梦"[16]。接着，在兵、饷、器三事皆缺的形势下，郑芝龙进一步向郑鸿逵、郑彩发难，名正言顺地派遣这两个老搭档再一次出闽征战，以号召四方。郑芝龙玩的还是对付黄道周的老手段。唯利是图，为消灭异己，什么事都做得出来，这充分暴露了明末海商狡诈凶残的本质。

隆武元年（1645年）八月十八日，郑鸿逵为正先锋，出浙东；郑彩为副先锋，出江右。这两支军队"声言万人，实不满千"[17]，而且水师舍水就陆深入山区，已失去优势。隆武帝所能给的仅"部下将官大小共计九十员名"的空劄,[18] 粮饷严重不足。如此出兵焉能不败？果然，第二年正月，郑彩部队就发生官兵、义兵争粮的事件，加上"县官掣肘"，郑彩呼救无门。当月，遂因"失律败师"，被削去世袭,[19] 令戴罪立功。郑鸿逵情况也不妙，同样因缺饷，"久驻关外，未尝展一步。有传北兵至者，鸿逵徒跣疾行三日夜而抵浦城，询及后至者，则兵哗也。事闻，上削其封爵"[20]。是年三月，郑彩进一步被革职，"令平夷侯追缴永胜伯印、征□大将军印、黄钺剑并各敕书"。[21]郑彩只好逃离前线，入海投奔与隆武不相容的监国鲁王朱以海，郑成功奉命"招致郑彩逃兵，毋得令其惊扰地方百姓"[22]。收拾郑鸿逵、郑彩以后不到半年，八月廿三日，清兵才进入仙霞关。郑彩没有与清兵交过锋，却栽在自己人郑芝龙的手里。郑芝龙在大敌面前，所维护的只是一己利益，他很快地投入了清朝的怀抱，隆武帝此时只不过成了一只敝屣。

郑芝龙降清之后，想拉郑彩一起下水，"闻彩护（鲁）王，屡书劝其执王自归。彩不听"[23]。在民族矛盾面前，同是海商，郑彩显得比郑芝龙有气节。

二、 郑彩与鲁王文武诸臣

崇祯十七年（1644年）清军攻陷北京，鲁王朱以海辗转南下，驻浙江台州。弘光朝的南都破，钱肃乐、孙嘉绩、熊汝霖、郑遵谦、陈函辉等旧官绅拥戴鲁王监国，1646年始称鲁王监国元年。当是时，海上各路枭雄也乘机割据。鲁王生性懦弱无能，清军相继攻下宁波、绍兴、金华、义乌等地，他遂随着小朝廷颠簸于台州、海门卫、普陀等沿海之地，留下"海上天子，舟中国公"[24]之笑柄。鲁王监国元年三月，郑彩愤而离开郑芝龙控制下的隆武阵营，率部直接入海投奔鲁王。郑彩的入伙，无疑给这个摇摇欲坠的小朝廷注入了强心剂。郑彩依附鲁王前后不过两年多，所为有二事：（1）投奔鲁王的同年十月，率师入闽据厦门，并攻掠福建沿海部分地区；（2）鲁王监国三年（1648年）溺杀大臣，内部矛盾激化，最后弃鲁王南下。

郑彩投鲁王的半年后，随即挟鲁王南下，先至中左所（厦门），继次长垣。先是，浙之舟山已为闽人黄斌卿所踞。黄斌卿早年雄于资（估计从事过海商），旋以恩例入仕，弘光朝曾与郑鸿逵、郑彩等引兵拱卫江南。隆武朝立，受命屯守舟山。从此，他割据一方，排除异己，甚至拒纳鲁王。舟山乃江浙通洋、战略要地，此前，黄斌卿就向隆武建议"舟山为海外巨镇，番舶往来，饶鱼盐之利，西连越郡，北窥长江，此进取之地也"㉕。郑彩不取舟山而直奔中左所，其目的可能是想重蹈郑芝龙的老路——回老巢实现其"挟天子以令诸侯"的美梦。郑彩占据厦门（同年年底郑成功起师后只能飘游于对岸的鼓浪屿），马上对福建沿海的漳浦、海澄、连江、闽安等地发动攻势。从有关史料我们发现，郑彩军队对这些明末海商出没的地方所采取的进攻，都没有获得攻城略地的战绩，甚至每"见敌骑即走"。㉖从此现象分析，郑彩"醉翁之意在不在酒"，而在于为其通商贸易扫清航道也。

长期以来，郑彩是以九龙江口为基地经营以日本为主要对象的海上贸易。虽然现在尚缺乏弘光至鲁王监国期间有关郑彩经商的具体记载，唯《南疆逸史》等文献曾提到郑芝龙降清后，东南沿海"洋舶"的领导权尽归郑彩。事实亦如此，日人川口长孺的《台湾割据志》就载有其后不久郑彩致日本求援兵器的函件；《海上见闻录》也载他后来被郑成功收并后，尚有海船百余艘；《旅日高僧隐元和尚东土来往书信集》则载其晚年在厦门作寓公兼"营子母计"，还能让"诸法弟"附舟东渡日本。说郑彩是继郑芝龙之后东南沿海势力最强大的海商之一，应为可信。由此可见，在当时形势下，如果失去海商资本作为经济基础，海商连生存都成问题，还遑谈什么进一步官僚地主化，什么抗清。郑彩的南下，说明他清楚这层关系。

郑彩所为的也即最被时人所诟的，是溺杀大学士熊汝霖、义兴侯郑遵谦等同僚的严重事件。由于种种原因，监国鲁王朝一开始就陷入"中外交讧，兵食两急"㉗的困境。鲁王最初的那批拥戴者，几乎全是浙东各地地主官绅的代表。浙东本是明末党争最复杂的地方，国势发生剧变，然而地主官绅内部彼此矛盾的风气却没有改变。监国鲁王朝对外与同是抗清势力的隆武朝相互水火，史称"唐鲁之争"，说到底是闽、浙地方势力为着各自利益的相互抵触。1645年，隆武"遣使颁诏至，欲以江上之师受其约束"，㉘熊汝霖、张国维等大臣顾虑"若一称臣于唐，恐江上诸将皆须听命于闽，则王之号令不行，因议却之"，㉙从而引发矛盾。其后，闽、浙两地的抗清势力基本上各自为战。郑彩是闽人，鲁王周围的浙籍大臣虽嫉恨他，却又不能不依靠他。这些浙籍大臣多数是文官，科举出身，又常以气节自我标榜，自然不会把建国公郑彩这个海商起家的暴发户放在眼里。监国鲁王朝的内部埋伏着闽、浙两派新的危机。

鲁王监国二年（1647年）正月，长期割踞浙东沿海的海上枭雄杨耿、郑联、周鹤芝、周瑞、阮进等先后入卫，投奔鲁王。㉚这批海上势力的入伙使鲁王朝的气势为之一振，也使原来的内部矛盾更加尖锐复杂。这批枭雄中，郑联是郑彩的胞弟，同时起家海上；杨耿系郑芝龙海上旧部；周鹤芝、周瑞兄弟年轻时"落拓游四方，已乃与番舶贾人贸易，侪辈听其指挥。久之，遂劫掠为盗，徒众骁勇，与刘香、郑芝虎齐名"㉛；阮进原系"闽之舵工，尝掠海上"㉜。包括盘踞舟山的黄斌卿在内的这些海上势力几乎清一色是闽籍，而且起家路数如出一辙——都是纵横大海的亦商亦盗式人物。面临这种复杂而严峻的形势，郑彩再一次重演郑芝龙的故技，他一面对文臣们采取敷衍政策，而对这批闽籍的乌合之众又是称兄弟认父子，又是收门生，大施笼络手段，乘机弄权。一时"海上之局，勋卫柄之，更胜迭负。强者当国，互相鱼肉"㉝。在一片混乱之中，郑彩的势力实际已转移到了厦门。鲁王监国三年（1648年）正月，郑彩趁扈鲁王次闽安时，居然找出如义兴侯郑遵谦"强取二舶，资万计"㉞等等借口，亮出海盗惯用的恐怖手段，先后溺毙了大学士熊汝霖和义兴侯郑遵谦，接着又逼使东阁大学士钱肃乐"忧愤而卒"。

郑彩对文臣大开杀戒，却激起闽籍枭雄们的众怒。他们乃至郑彩胞弟郑联"皆恶（郑）彩之专"，然而"（郑）彩益横，不与诸营协力"。㉟监国鲁王朝的局势已不可收拾。郑彩见浙东大势已去，遂"弃（鲁）王南去"，㊱和郑联一起退守厦门。

南明文献对此曾有议论，说"郑彩始与郑遵谦称兄弟，已而杀之；又与周瑞为父子，不久即交恶；周鹤芝亦尝门生于彩，已而交斗；鹤芝与瑞乃兄弟，相嫉如仇"，认为这都是"闽中诸帅之略也"。㊲所谓"闽中诸帅"其实就是福建海商。如果把郑芝龙和郑彩的所作所为做一个比较，不难发现他们都具有唯利是图、狡诈凶残的本色，这正是当时海商们的共性之一。他们的参加抗清，无非是借官僚地主之所需而乘机扩展实力过程中的被动投资而已。当其扩展受到挫折之时，隆武、鲁王等等马上可以弃之如敝屣，抗清云乎哉。

三、郑彩与郑成功

丁亥（1647年）十月，郑彩挟鲁王到厦门。此事应略早于郑成功起师后之"往南澳召募"，否则同年郑成功"有众三百人"也不至于"于厦门之鼓浪屿训练"。㊳郑彩的势力转移到厦门，开始在其老巢重整海上贸易。接着，马上回师从南往北对漳浦、海澄、连江、闽安等一向海商进出之地进行扫荡。1648年，郑彩杀大臣激起众怒以后，索性把势力集中到厦门来。阮旻锡《海上见闻录》记载了当时闽浙海上各"藩镇"的割据情况："监国鲁王别将平彝侯周鹤芝、闽安侯周瑞、定西侯张名振、总兵阮美等守舟山至沙埕；郑彩、郑联守厦门、金门;定国公守安平之白沙,使其将陈豹守南澳;赐姓泊厦门,……使张进守铜山所;太子太师郑香守海澄之石尾。"其他文献所载大同小异,唯《台湾外纪》说"金门乃叔父定国公鸿逵所据,……铜山系朱寿所据",郑成功"徒训练士卒,整饬船只,飘游于鼓浪屿"。

1648年,郑彩的实力确实优于郑成功,至少表现在以下两点:

(一)海上贸易。《南疆逸史》卷五十三载:原先"闽海舟皆出于郑氏门下,自芝龙北去,成功居南,(郑)彩威名遂盛";同书卷二十一也载:郑芝龙降清后,"海中洋舶皆统于郑彩"。从2003年台湾出版的《热兰遮城日志》,我们查到1645~1648年从中国沿海直接来往荷兰人占据的热兰遮城(在今台南)的中国商船的记录,可以看到数量逐年增加的趋势:

由中国沿海(厦门等地)至台湾(热兰遮城)航运数量统计表(1645~1648年)

	由中国沿海至热兰遮城	由热兰遮城至中国沿海
1645年	186艘	181艘
1646年	193艘	134艘
1647年	202艘	109艘
1648年	339艘	311艘

(资料来源:江树声译注《热兰遮城日志》第二、三册,台南市政府印行)

该书第三册的"1648年11月2日至1650年3月10日补充资料"说:"虽然中国大陆的内战还没结束,中国商人从南方的商港漳州、安海、厦门、金门跟福尔摩萨(即台湾)的贸易还相当畅通。"该时期厦门作为海上通商口岸的地位已凸现出来,占"中国沿海"总航运量的一大部分。该书第三册第132页还记录1650年5月10日,因"有一个大官Sablackia,他是中国的厦门省区最高的首长,派一个官阶较低的官员名叫Mausia的,率领一些士兵航来澎湖",而引起荷兰人的紧张,故去信责问Sablackia。同年7月1日,收到Sablackia来信声明,说"他派他们去那里,只是要去向居住澎湖岛上中国人征收年税"。从时间等因素判断,这个大官Sablackia,很可能是郑彩的外国名字。

(二)军事实力。1650年秋,发生了郑成功杀郑联、得厦门的事件。此前,《台湾外纪》对双方力量有过些微记载,郑芝鹏"说(郑)成功取厦门为家,成功曰:'彼船只倍多,部将老练,取之不得,反结为仇。'"郑成功自认力不如人。同书,郑联也觉得自己"兵船粮饷胜彼十倍,(郑成功)安敢正视?"南明遗臣王忠孝曾拜见郑彩,他给郑联去信说:"窃见楼船精治,粮饷饶足,甚有厚望。"㊴即使郑彩后来被逐出厦门,仍有"舟师百余艘"。㊵可见当时郑彩的实力比郑成功强大,不是空言。

郑成功的实力确实比郑彩弱小,但策略和士气却要比郑彩高明和强盛。郑成功策略的高人一筹,体现在:(1)遥奉永历;(2)确定"通洋裕国"方针。1647年,当郑成功尚"泊鼓浪屿"时,"闻永历即位粤西,遥奉年号,称'招讨大将军罪臣'"。㊶他和他的后嗣始终奉此年号不变。同样起家于海商,代表着海商集团的利益,郑成功需要标示正统以服众,从而扩大海商资本;也需要官阶爵位以荣宗耀祖。因此,他起师之后,马上将遥远的永历小朝廷的年号奉为正朔,却没有考虑近邻粤东隆武之弟所立的绍武小朝廷,更没有把身边现成的监国鲁王奉为至尊。拥戴一个宗室,必然还要设置一个朝廷。隆武朝、监国鲁王朝文武大臣的互相扯皮以至乱了大局的教训,聪颖过人的郑成功不会不引以为戒。他需要的一切照旧可以从没有负面作用的永历帝那里得到。郑成功早些时候曾向隆武帝提出"通洋裕国"的主张,起师后更成为其不变的策略。郑成功发展海上贸易,目的十分明确,即为"养兵"和"裕国",说得更具体即为其抗清乃至以后的复台大业提供经济基础,而不仅仅是为着海商集团或个人自身的利益。这就是郑成功被后世推崇为"海上大英雄"或民族英雄的原因所在。相反地,郑彩自隆武朝被倾轧出来后,接着在监国鲁王朝也落下十分不妙的结局,最后只能缩守厦门。郑彩斯时,不再奉宗室求官觅爵,亦没有抗清的鸿猷,只是拥兵自重,一心逐海上之利。

最初在实力未丰的情况下,郑成功只能采取和"友邦"合作的策略。于是,1647年,"四月,成功复合郑彩、杨耿等众入海澄、破九都、攻漳平、龙岩等县"㊷;八月,"会定国公进攻泉州,列营桃花山,……军声大振";㊸1648年闰三月,攻同安;同年,亲率军队到高州籴米;1649年,发舟南下征战云霄、诏安,转战潮州、揭阳一带。郑成功的积极进取,加上甘辉、洪旭等人才的归附,其势力(包括海上贸易)大为增强。闽南诸藩镇中,叔父郑鸿逵一向器重郑成功,"及成功起兵,乃与之共事。然军事皆决于成功,鸿逵受成而已"。㊹郑彩私下亦称赞郑成功"细观调兵,甚有经济"。㊺

郑成功之发展海上贸易,除了承继其父原先的商品流通网络和市场,最急需的就是对港口的占有和对海洋的控制。郑彩与郑成功之间的"决斗"已不可避免——"不夺厦门,郑成功得不到港口;不杀郑联除郑彩,郑成功不可能成为东南沿海海商的头领"。㊻"夺取厦门"成为1650年郑成功阵营的头等大事。诸文献所载献策者各有不同,一说郑芝鹏,一说施琅等人,此皆无关宏旨。事实上最关键的机会是郑彩阵营的严重缺粮。1647年郑彩方到厦门,南明遗臣王忠孝"抱疴过访",看到郑彩"虚怀汪度,招纳豪俊",即称赞他"殆卓绝一时,有意兴复者也",但也似乎也看出一些问题,故在致定远侯郑联的信中说:

"今做事所难者,饷耳。饷不足,必取之民,而委任希得其人,奉行未免过当。事之不集,端由于此。"[47]郑彩存在缺粮问题,再加上戊子(1648年)"岁大饥,斗米千钱",[48]所以:(1)郑彩不得不放任部曲"横征暴敛",尤其是"营将章云飞扰民尤甚",[49]因此引起厦门人民的民愤;(2)郑彩明知郑成功"饥虎不可为邻",[50]且大有觊觎之意,然而此时还不得不"提师远出"。在周边无战事的情况下,郑彩必定是为解决粮饷这个燃眉之急而外出;(3)郑成功利用郑彩的困境,"用施琅之计,以米千石"[51]为诱饵,与留守的郑联套近乎而率兵摸上厦门,然后"袭取之"。1650年中秋节(《台湾外纪》载为中秋"次早"后的某夜戌刻,《海上见闻录》记作中秋"后月余",且具体过程也不尽相同),郑成功也采用前辈海商惯用的手段,刺杀郑联,夺得了厦门。郑彩当时尚有"舟师百余艘",无奈失去停泊的港口,最后只好让郑成功收编。

郑成功取得厦门(金门为郑鸿逵所踞,1651年在清兵袭厦时放走敌将,失感于郑成功。后"见成功举动威严,执法无私,亦将船只悉付之"[52]。从郑氏部属王忠孝、卢若腾等的诗文可以推测,郑成功之得金门约在1651~1652年间),因拥有厦门这个重要的通洋口岸,在对手被解决之后,更得到郑芝龙旧部的来归而继承了父业,成为东南沿海海商的首领,从而逐步恢复"石井郑氏"在远东海域的势力。自获得金厦之后,郑成功积极在闽南征粮,开府设官,真正实践其"通洋裕国"的主张,甚至为反清复明、收复台湾的大业不惜耗费家财。1650年以后,郑成功的所作所为,已不是我们通常所说的明末海商所能望其项背的。将此期间的郑成功继续纳入明末海商的范畴,或说他还代表着海商的利益,是否合适?值得继续探讨。郑彩才是比较有代表性的福建海商,他步郑芝龙的后尘,在明末政局的板荡中,先是向封建地主官僚投机靠拢,到最后自己单干,都是围绕海商一己的利益。这就是郑成功和郑彩在本质上的区别。

郑彩是明末月港海商的最后延续。在海商走向团伙化之际,他适时地加入郑芝龙的大海商集团,从中壮大自己的力量,并且也追随郑芝龙向地主官僚投机靠拢。当风雨飘摇的南明政权自身难保,还需要海商做其支柱的时候,进一步向其投机靠拢实际上已经弊大于利。在与其他海商的倾轧中,郑彩抛弃了隆武和监国鲁王,企图拥兵自重。但由于江浙商品基地遭受战乱摧残,新兴的满洲王朝入闽后采取禁海的政策,加上海上优势被郑成功所取代,种种主客观元素的交织,使得郑彩这位明末代表性海商最后只能以息影海岛告终。

本文载于《海峡两岸台湾史学术研讨会论文集》,厦门大学台湾研究中心台湾研究院编,2004年8月。

注释：

① 郑广南《中国海盗史》，华东理工大学出版社，1998年。
② 邹漪《明季遗闻》卷四《福建两广》。
③㉕㉚㉝㉟㊲ 李聿求《鲁之春秋》，浙江古籍出版社，1984年。
④ 陈碧笙《明代末期海上资本与郑芝龙》、《郑成功历史研究》。
⑤ 《兵部残题本》，载《明清史料》己编上，第五册。
⑥⑮㉓㉔㉛㉜㉞㊱ 温睿临《南疆逸史》卷五十三《武臣·郑彩》。
⑦⑧⑨㉘ 徐鼒《小腆纪年附考》。
⑩ 郑亦邹《郑成功传》，台湾银行经济研究室编《台湾文献丛刊》第六十七种。
⑪⑫⑯ 川口长孺《台湾割据志》，台湾银行经济研究室编《台湾文献丛刊》第六十七种。
⑬⑭⑱ 《思文大纪》卷二，载《虎口余生记》，上海书店出版社，1982年。
⑰ 黄宗羲《郑成功传》，台湾银行经济研究室编《台湾文献丛刊》第六十七种。
⑲ 《思文大纪》卷四，载《虎口余生记》，上海书店出版社，1982年。
⑳ 黄宗羲《赐姓始末》，台湾银行经济研究室编《台湾文献丛刊》第六十七种。
㉑㉒ 《思文大纪》卷五，载《虎口余生记》，上海书店出版社，1982年。
㉖㊳㊵㊶㊸㊹ 阮旻锡《海上见闻录（定本）》，福建人民出版社，1982年。
㉗ 王忠孝《与王志道书》，载《王忠孝公集》，江苏古籍出版社，2000年。
㉙ 全祖望《明故兵部尚书兼东阁大学士赠太保吏部尚书谥忠介钱公神道第二碑铭》，《鲒埼亭文集选注》，齐鲁书社，1982年。
㊴㊷ 王忠孝《与定远侯书》，载《王忠孝公集》，江苏古籍出版社，2000年。
㊷㊺㊿51 52 江日升《台湾外纪》，福建人民出版社，1983年。
㊹ 温睿临《南疆逸史》卷五十《杂传·郑鸿逵》。
㊻ 何丙仲《试论16～17世纪台湾在远东的地位及郑成功之收复台湾》，王春瑜主编《明史论丛（二）》，兰州大学出版社，2003年。

郑成功部属阮旻锡与《夕阳寮诗稿》

阮旻锡是民族英雄郑成功储贤馆的成员，又是闽南文化史上造诣颇高的史学家和诗人。其晚年编纂的《海上见闻录定本》，至今仍是研究郑成功的重要编年史。清乾隆二十五年（1760年）沈德潜编选《国朝诗别裁集》，收录闽籍诗人的作品不多，惟阮旻锡有三首诗入选，并得到沈氏佳评。然而，有关阮旻锡的生平，由于存世史料不多而且零散，后人所知不详。

清乾隆《同安县志》卷二十三和道光《厦门志》卷十三各有内容文字大致相同的阮旻锡传略。后者传曰：

  阮文（旻）锡，字畴生。父伯宗，字一峰，世袭千户裔，寓居海上。幼孤，泛海求赢余以养母。母殁，躬负土石，与父合葬鹭门。生平寡言笑，绝交游，取与不苟。一裘三十年，一履五年，终身不衣帛。值峡江曾樱之丧，倾囊助之。闯贼陷京师，文（旻）锡方弱冠，慨然谢举子业。师事曾樱，传性理学，患难与共。又得友曹石仓之友杨能元、池直夫，闻其绪论。讲习风雅，旁及道藏、释典、诸子百家、兵法战阵、医卜方技之书，无不淹贯。出览名山大川，北抵京华，托处十数载。后乃逃于释氏，名超全，以教授生徒自给。实郑所南、谢皋羽之流。著有《夕阳寮诗集》、《诗论》、《诗韵》行世。林佶谓其诗冲微澹远，一以正始为宗。年八十余，卒。

清同治、光绪年间陈棨仁、龚显曾编《温陵诗纪》，选录阮旻锡各体诗四十首，前置简传云：

  旻锡字畴生，同安人，明诸生。甲申后绝意进取，出览名山大川，渡大江、抵燕蓟，托处京华十余载。其往来唱和多一时名人。后逃于释氏，在武夷号"超全"，在同安又号"轮山"，盖郑所南、谢皋羽之流亚云。有《涉江诗钞》、《击筑集》、《啸草》、《轮山诗稿》、《夕阳寮诗稿》。

有关方志、诗文选录中所载阮旻锡传记都比较简略，且对阮氏曾受聘入储贤馆、追随郑成功抗清之事都讳莫如深，有意规避。即便阮旻锡本人于康熙丙戌（1706 年）所作的《海上见闻录定本》序言，也将自己参与郑氏抗清活动一笔带过，甚为隐晦，只说"余家海上，少年游侠，亦常身践戎马之场，中年浮沉里闬，……迨海山破后，弃家行遯，奔走四方，留滞燕云二十余载"。究其原因，应与清初严厉的文字狱有关系。

目前，阮旻锡存世的著作除了《海上见闻录定本》外，已难觅读。根据方志所载的大同小异的传略和有关诗文选集所收录的零散作品，未能对阮旻锡这位郑成功部属的生平历史有一个比较全面和深入的了解。

前年春，笔者偶然获读一部私人珍藏的阮旻锡诗集——《夕阳寮诗稿》。经初步查询，海峡两岸几个大图书馆皆未入藏，历年来也未见学术界同仁引用过该书为资料。这部诗稿共十二卷，分订为三册，现第一册（卷一、卷二）已佚。这部诗稿系清初木刻本。半叶 10 行，行 19 字。左右双边，黑口，双鱼尾。每卷卷前都有"同安阮旻锡畴生著，温陵丁炜澹汝阅"两行。卷三（七言古诗）47 首；卷四（七言古诗）32 首；卷五（五言律诗）82 首；卷六（五言律诗）71 首；卷七（七言律诗）70 首；卷八（七言律诗）58 首；卷九（七言律诗）43 首；卷十（五言排句 3 首、七言排句 1 首）4 首；卷十一（五言绝句）43 首；卷十二（七言绝句）67 首。共存各体诗 517 首，是阮旻锡自康熙二年（1663 年）到康熙癸酉年（1693 年）三十余年间所写纪事感怀、咏物抒情的诗作合集，其中不少内容涉及作者个人家世、朋辈交往以及寓京生活和出家为僧后在武昌、金陵各地云游的情况，是研究阮旻锡中、晚年的思想和活动等方面颇有价值的新史料。

本文根据《夕阳寮诗稿》（下称"诗稿"）的有关内容，对阮旻锡的生平作一个初步的探讨。

一、阮旻锡的生年及其家庭

（一）生年。

张宗洽先生曾根据阮旻锡的《海上见闻录定本》序里的年款"岁丙戌六月朔日，八十叟轮山梦庵书"这一唯一的线索，考证出康熙丙戌年（1706 年）阮氏 80 岁，则其生年为 1627 年，即明天启七年丁卯。

"诗稿"有多处史料可资补证，如卷三《四十歌》前有短序云："丙午冬，余客都门，年已四十，时已称老。"康熙丙午年（1666 年）阮旻锡自称四十岁。又"诗稿"卷九《（丙寅）人日》诗有句云："晴明难得逢人日，衰老其如属兔年。"诗后自注"予生丁卯岁。"由此，阮旻锡的生年可以确定为 1627 年。乾隆《同安县志》所载"闯贼陷京，文（旻）锡方弱冠"之说也属有据。因古人一般指男子"二十曰弱冠"（《礼记·曲礼上》），有时也指十八岁。李自成农民起义军之攻陷北京为 1644 年，时阮旻锡适为十八岁。

（二）先世与双亲。

方志载阮旻锡"父伯宗，字一峰，世袭千户裔，夙居海上"，则阮旻锡也算是世袭千户的后代。"诗稿"卷十有一首《旅怀一百韵》，其中自叙其家世甚详，诗中有句云"派承昭毅裔，居傍里仁坻"，其后自注："予祖居金陵，洪武年间以军功袭百户，移屯中左所。"明洪武二十七年（1394年）厦门岛上建置中左守御千户所。阮旻锡的祖籍在南京，据其自述在厦门建城后不久，其祖先在外地因功被袭封为百户，才"移屯中左所"。查《厦门志》知明代在中左所任"百户"而姓阮者共有三人，阮旻锡入厦先祖可能即成化年间任百户的阮升。

阮父虽是两百多年前正六品"百户"的后裔，但功名或职务均不显，且早去世。《海上见闻录定本》记载，永历五年（1651年）二月清军张学圣部攻破厦门，当月二十六日阮旻锡"入城寻母"，可想而知阮父此前已不在人世，阮母时居中左所城中。据《国朝诗别裁集》所录阮旻锡《还家》诗："白鹤先人冢，金鸡舅氏村"，可知阮母是厦门岛内金鸡亭村人氏。清康熙二年（1663年）十一月，清军勾结荷兰残部攻陷厦、金两岛，郑经退守铜山，两岛"遗民尚数十万，多遭兵刃"，"旧将、残兵、官员、绅士无船可泛海者，或投诚，或逃遁，流离失所"。阮旻锡当时属于举家逃遁的郑氏官员，卷十《旅怀一百韵》有诗句写道："三更闻画角，廿口走天涯。……携筇呼老父，荷担挈娇儿。"诗后附注说"癸卯（1663年）秋，予渡江寓文圃山中孚村。明年春，移居清溪（今安溪）坂头"。继而又迁居长乐，1666年只身辗转入都。1663年秋至1666年入都前，阮母是仍居中左所城内或随阮氏兄弟一起逃遁，今尚不能肯定，但从《旅怀一百韵》说他乱离之际，"两弟同流寓，全家免别离"这句诗分析，后者可能性较大。

阮旻锡入都后，不时在诗中表达对母亲的思念。诸如卷三《读陈伯熊母氏秦孺人家传题赠》一诗中感叹道："嗟予有母难终养，感君母没情不忘。南望梨关六千里，暮雨啼鸦空断肠。"卷七《五日寄朱冠侯》写道："五日空传续命缕，十年都在母何乡。"戊申（1668年），"是岁，二弟业自长乐携家归，住同安夕阳山下"（卷七《戊申除夕》附注）。迨至12年后，"庚申（1680年）返自京师，葬二亲于（夕阳）山麓"（卷九《夕阳寮诗》序）。无论阮母是随阮业由长乐再迁同安夕阳山下，还是仍寓中左所城内，她逝世时阮旻锡远在北京，不可能亲侍左右，唯"葬二亲"时才有机会"躬负土石"。

（三）少年时代。

阮旻锡出身于"百户"后裔的家庭，从"诗稿"的有关内容来看，其家境普通，虽不富裕，但也并无方志所说的阮氏"幼孤，泛海求赢余以养母"那么艰辛。阮旻锡的少年时代，厦门港已开始成为海上贸易的口岸。明天启年间

（1621～1627年）厦门人池直夫在其《大同赋》中曾赞美过"旁达西洋，商舶四穷"的厦门港。阮旻锡在他的《旅怀一百韵》中也写道："伊予生长日，值世盛平时。边海波涛息，中原珠玉驰。"并且在诗中回忆起自己在厦门渡过的少年时代，说是"少年惭颖慧，僻性爱游嬉。督责烦亲友，提携赖父师。粗能通鲁论，颇会诵毛诗。"年纪稍长，还懂得"旧史闲中驳，残经解后疑。穷冬常矻矻，继晷复孜孜。"因此经常"正言遵董、贾，雄辩鄙秦、仪"，课余还"稍习雕虫巧，争夸刻纸奇"。看来阮旻锡少年时代聪明贪玩，喜欢文史和诗歌，渐渐地在亲友和父亲、老师的帮助下，掌握学习方法，初露锋芒，"徒矜脱颖锥"。

"诗稿"中还有一些他回忆少年时代读书生活的诗句，如卷七《夜坐读书，以油代蜡，偶成二律》写道："忆昔西庵幼读书，夜烧落叶扫阶除。目中空有数行下，腹底曾无一字余。"卷二《读书吟》写他"却恨少年徒暴弃，束置高阁埋埃尘"等等，说明阮旻锡少年时代在读书，并未如方志所说的参与航海经商以赡养母亲。

（四）同胞兄弟。

从"诗稿"中可知阮旻锡同胞兄弟三人，他居长，二弟名业，三弟名焕。阮氏全家流寓到长乐后，1666年阮旻锡入都，卷七《戊申（1668年）除夕》一诗的附注说："是岁，二弟业自长乐携家还，住同安夕阳山下，而三弟焕移住衢州常山县。"这首诗有诗句写道："无家且住夕阳宅，有弟空锄衢上田。"可见1668年后，阮旻锡兄弟始分居三地，两个弟弟均务农为业。其二弟阮业去世，阮旻锡出家后在武昌、金陵一带云游时作《哭二弟业》诗一首（卷六），非常动情地回忆弟弟"辛苦勤家日"的往事，并且牵挂二弟死后其家中"弱女墓田守，寡妻门户持"的贫困生活。1683年阮旻锡在北京削发为僧后若干年，还和三弟在武昌有一次见面。卷六有《三弟焕寻予鄂渚仍有粤西之游先遣舍侄俨还闽》之诗题，不知阮焕从衢州经武昌要到粤西做什么，虽然阮旻锡的诗句说"频分鸿雁影，只为稻粱谋"，但行踪似有点诡秘。

（五）家室。

阮旻锡的结婚时间和外家情况"诗稿"中未录，料想阮妻不会出身于名门富室。从上述《旅怀一百韵》所描述阮旻锡逃遁时儿子尚幼，"荷担挈娇儿"，甲辰（1664年）秋在长乐时有"健妇理晨炊"等诗句推测，阮妻可能随全家逃遁，阮旻锡入京后又随二弟一家由长乐迁同安夕阳山下居住。阮旻锡寓京时期"忆内"之类的诗除了卷六《惆怅诗和韵八首》中有一首外，即便像"东归何事苦不早，梦见妻孥亦怀惭"（卷三《丙辰（1676年）元夜用高青丘韵》）这样的诗句也很少见。不过，从《惆怅诗和韵八首》中的那首诗来看，阮旻锡离闽以后，妻室并不在身边。他时常称赞她前世一定是梁鸿的妻子孟光（字德曜），诗云：

  惆怅妻孥旧守贫，百年粗粝共沾唇。梁鸿德曜疑前世，陶令痴儿恐后身。

  不是天涯甘放弃，何当海内尚风尘。五湖未遂携家去，空向深山羡逸民。

当庚申（1680年）阮旻锡再次返闽时，所见的是"痴儿各长成，有弟亦同住。病妻久卧床，淹淹迫岁暮"（《国朝诗别裁集》），家境一片凄凉。阮旻锡寓京活动二十余年，阮妻株守家园，殊为难得。

二、阮旻锡与郑成功

据乾隆《同安县志》所载："闯贼陷京师，（阮）旻锡方弱冠，慨然谢举子业。"则1644年18岁的诸生阮旻锡已无意争取功名了。1646年，郑成功于安平起师抗清，奉母居住在中左所城内的阮旻锡于此前后的活动因史料不载，尚不清楚。

阮旻锡在其《海上见闻录定本》有一条记载："己丑，永历三年（1649年），……有诏使至，以为恢复在即，诏各勋镇考试诸生赴广省进场。赐姓遂考送生员叶后诏、洪初辟等十余人，同黄志高赍本赴行在。舟至潮阳，遭风飘坏，馀人不得达，独黄志高至粤。"阮旻锡没有将自己的姓名写入这批"考送生员"之列，但他确实首次得到郑成功的推荐，参加了这场因故未遂的考试，因为1655年郑成功改中左所为思明州，设六官，并"设储贤馆，以前试诸生洪初辟、杨经、阮旻锡、陈昌言、陈鹏翼、杨芳、叶儒羽、吕鼎、陈继明、林复明及荐举薛联桂、邓愈等充之"（《海上见闻录定本》）。阮旻锡于此自称"前试诸生"，可以为证。

从1649年作为"考送生员"至1655年农历二月受郑成功之聘入储贤馆的六年间，阮旻锡似是在厦门岛内读书学习，并无参加郑成功的抗清斗争。传记说他"师事曾樱，传性理学，患难与共"应该即在此期间，然而事实却与之不太一致。曾樱，字仲含，江西峡江人，明万历四十四年（1616年）进士。《明史·曾樱传》说他于崇祯元年（1628年）以右参政分守漳州，旋又分守兴、泉二郡。《泉州府志·林孕昌传》记曾樱任兴泉道时，曾于崇祯甲戌至丙子年（1634～1636年）和黄道周、黄景昉等人在一峰书院等处讲学。斯时阮旻锡年方8～10岁，不可能到泉州忝列门墙。据《先王实录》所载，曾樱于1650年十月随鲁王朱以海到厦门依郑成功，但第二年二月（或作三月）即因清军攻陷厦门而自缢而死。曾樱在厦不足半年，阮旻锡慕名前去问学，自称"公之门人"，很有可能，说他在短短的半年间就能"传性理学"，而且"患难与共"，未免言过其实。何况阮旻锡在《海上见闻录定本》自述得知曾樱自缢的消息后，只是转告僧文台和"公之门人陈泰"而已，实际上并没帮上忙。值得注意的是，1666年阮旻锡入都后与郑泰之子郑缵祖（远公）和孙郑念实等降清后在京的郑门子弟交情甚笃，恐与他曾接近过曾樱有一定关系，据《南疆逸史》卷十七记载，曾樱与郑泰为儿女亲家，郑泰长子郑缵绪即其女婿。

阮旻锡在郑成功储贤馆的事迹从未见诸史料记载，倒是与之同在储贤馆的薛联桂、邓愈、洪初辟、叶儒羽等人都先后被郑成功委以思明州知州、承宣司或监纪等官职。从其《海上见闻录定本》的自序中提到当时"思欲随事抄录，以备遗忘，而因循多故，未遑执笔"这几句话分析，他确曾在郑成功身边，有"随事抄录"的机会，但却"因循多故"，没能动笔。究竟阮氏所说的"多故"是什么？我们终于在"诗稿"中找到初步答案。

卷三有一首题为《大风行》的七言古诗，首次透露了阮旻锡在郑成功属下鲜为人知的经历，诗中写道："忆昔壮年泛巨洋，轻舟一叶波中委。天边黑点小于拳，霎忽弥空狂飚至。叠浪排山百怪号，飘入鬼国等儿戏。天如覆釜客如鱼，到今时犹骇梦寐。"原来阮旻锡壮年时在郑成功麾下从事的是泛洋航海的活动，出没风涛，到过"鬼国"（外国），所以才能写出如此真实动人的诗歌。相同的内容，也见诸那首《旅怀一百韵》，诗中提到"言从军旅后，暂与简编辞。……泛泛波间楫，悠悠岸上旗。壮猷终莫展，弩刀亦奚为？"说的是自从投军入伍后，他便暂时不能继续读书学习。这也是他为什么"未遑执笔"的原因。他非但有关郑氏的活动未能"随事抄录"，连少年时代起就喜欢作诗的习惯也克制下来。所以当时被称作"诗坛健者"的张苍水、王忠孝和卢若腾等岛上遗老的诗集中，未见他们与阮旻锡有酬酢赠答的诗文。从"诗稿"可知阮氏后来在北方遗民诗坛中相当活跃，而在郑成功储贤馆期间却如此寂然，这并非他真的如传记所说的"寡言笑，绝交游"，显然是与他的时常漂洋外有关。

《旅怀一百韵》是阮旻锡入都前的自传体诗作。其中回忆他在郑成功储贤馆的活动，除了泛海生涯外，还有一段颇值得注意的内容，诗句写道：

济世虽无术，谋生幸有资。闲园重草创，陋室盖茅茨。
翠幌因风卷，衡门带雨欹。藤萝悬峭壁，杞菊间疏篱。
曲折芙蓉径，周遭荇菜池。柳桥斜系艇，花坞密张帏。
引睡书连屋，消愁酒满卮。西郊招逸客，北里聚歌姬。
狼藉醒还醉，喧呼巷及逵。缠头分次第，赋手定妍媸。
不觉韶光转，难将乐事延。

从诗中我们可以知道，本来家境一般的阮旻锡忽然改变了经济状况，居然有钱在"荇菜池"（厦门市区有"薤菜河"地名）辟造闲园，种花莳柳，读书休闲，甚至西郊结伴、北里召妓。这就给郑成功据金、厦两岛抗清的历史增添了很不协调的新内容。尽管郑氏海商集团的另一巨头郑鸿逵也曾于永历五年

（1651年）在金门建造"华觉"别业，"广构亭沼，艺植花木"以"笙歌自娱"，但事例极为个别。阮氏诗中所写的应是事实，这就值得深入探讨了。

虽然阮旻锡追随郑成功的具体行动现在我们知之有限，但他对保存郑氏三代37年"古来史册所未有之事"，让郑成功父子抗清复台以及开发台湾的"故实了然在目，不至久后湮灭"的深厚感情却都蕴藏在《海上见闻录定本》的字里行间。在江山易代的社会环境下，私自为胜朝编史者必须有足够的冒险精神，从而体现了阮旻锡对郑成功的无限崇敬。

三、阮旻锡在北京

郑成功驱荷复台之后，于1662年6月病逝。接着，郑氏政权内部遂因嗣位问题发生矛盾。第二年十一月，金、厦两岛陷清，阮旻锡没有归降，而是举家内迁，先是逃到厦门对岸的文圃山下中孚村住了几个月，"明年春，移寓清溪坂头"，《旅怀一百韵》还记述他在清溪（安溪）以教书维持生计的困顿生活："囊涩频防盗，年荒数苦饥。舌耕微自给，肺渴久难支。"在此期间，阮旻锡创作了《孤儿行》、《义狗行》、《达官妾》等诗作揭发清军入闽的血腥暴行。《捕鱼郎》等诗篇还控诉了清政府推行禁海、迁界政策给闽海人民带来的苦难，颇有史料价值。

据《旅怀一百韵》附注所载，"甲辰（1664年）秋，予同黄讷园客长乐。九月，舍弟辈自清溪携眷同住"。由此可知，从1664年秋到1666年阮旻锡只身入都之前的两年间，阮氏全家旅居当时的长乐县，阮旻锡是从长乐直接启程赴京的。

作为郑成功储贤馆的官员，在两岛被清、荷合兵攻破，"众心离散、镇营多叛"的形势下，阮旻锡没有易帜归清，足见其抗清立场之坚定。在逃遁三年之后，阮旻锡突然抛别家庭只身入都，这个行动实在令人费解。

（一）都门生活。《厦门志·艺文略》辑有阮旻锡《〈击筑集〉自序》，称"阮子自丙午（1666年）入都"，"诗稿"卷三的《四十歌》自序也说"丙午冬，余客都门"。阮氏入都时间可确切无疑。据其所著《海上见闻录定本》所载，这个时间是施琅和"其它降将"入京后的第二年，可见阮旻锡之入都，与之甚有关系，特别是"降将"中的郑泰子侄。他入都以后，除两度返闽外，都生活在都门，直到丙寅年（1686年）左右才离开，"诗稿"卷六的《戊辰（1688年）除夕》有诗句曰"楚水过除夕，蹉跎已二年"，可以推算1686年的除夕过后阮氏离京居武昌，并开始诗游四方。由此可知他在都门生活前后有21年，与他在《海上见闻录定本》序所说的"留滞燕云二十余载"在时间上大致相符，方志传略所云"十余载"，不确。

从"诗稿"有关作品的内容分析，阮旻锡在京乃过着遗民的生活，自己也以遗民自许，有诗曰"但将孝友答君亲，生号遗民死亦足"（卷四《鹭门王氏五世同居诗》）。其经济状况不好，有时甚至贫病交加。因为阮氏没有降清，不属于清廷安插的人物，他本人也无意仕进或依傍权门，所以似乎没有稳定职业，而是"未变姓名为市卒，暂同樵爨混佣人"（卷七《秋兴》），加上"头戴南冠失故吾"（卷九《惆怅诗和韵八首》），精神相当郁闷。有一段时期可能在降清后奉召入京的郑泰子侄家中教授生徒，郑家子弟郑肯公亡故，阮旻锡有诗哀悼，称"从我旧门生"（卷六《哭郑肯公》）。另有一学生郑哲文，阮氏在诗中说"十年作客在君家，……可怜问字失侯芭"（卷九十二《哭郑哲文》），可见阮氏在郑家舌耕时间颇长。

阮旻锡入京初期寄寓东郊，与郑泰侄儿郑哲远为邻，然则所居"荒村那见破茅屋"（卷四《白翎雀》）。丙辰（1676年）又迁居西郊，有诗写道："忆昨侨居城西鄙，接邻数武通僧庵。其中荒园多古木，千章桧柏杂樱楠。"（卷三《丙辰元夜用高青丘韵》）两处居所都很荒僻。生活拮据，据阮氏自己说是"搜箧曾无赵一钱"（卷七《戊申除夕》），所以"终岁未尝踏城市"（卷四《江梅篇》）。阮氏对北京冬天的风寒尤无法适应，时常生病，有诗写道"腐儒坚卧螺户闭，天阴青枫痛右臂，……支颐据坐愁呻吟，蚁斗绳床那得睡"，结果"瘦骨如柴带叶栯，关元水竭阴火炽"（卷三《大风行》）。每逢冬天，"夜床腰膝顽如铁"（卷三《甲辰正月连日大雪和杜少陵前苦寒行二首》），身体几乎冻僵，每生一场病，"病起腰围减带宽"（卷七《病起和林孝穆闷诗》）。

阮旻锡抛别家庭，只身入都饱受二十余载如此潦倒困顿的生活，为什么"自是乡园归未得，十年京邑恨栖迟"（卷七《秋兴》）？其做遗民以外的真实动机，的确值得继续探讨。

（二）广泛交游。康熙初年与阮旻锡同在北京的闽南人有两大类，一类是李光地、富鸿基、陈迁鹤等由科举入仕的大小京官，1667年春奉召为内大臣的施琅亦属此类；另一类是海上投诚的郑成功后裔和部分旧部，他们往往有爵位无实权，在京当寓公。从"诗稿"总体看来，阮旻锡与前一类（除施琅外）没有交往或交情不深，而与郑氏旧部郑泰、郑鸣骏的后人郑哲远、郑哲弢、郑哲象、郑念实等相交最笃，常有诗作互相赠答。

据《郑成功族谱三种·石井本宗族谱》载，郑哲远是郑泰之兄郑阶的儿子，名"缵祖，字哲远，号远公，南邑廪生，以归诚题授参政道。"郑哲弢即郑鸣骏之子、郑缵成（信公）之兄太学生郑缵光。郑念实乃郑泰的长孙郑修典，"袭慕恩伯兼管正白旗，晋光禄大夫"。阮旻锡与郑泰后裔的交谊，极可能和（1）郑泰的儿女亲家曾樱有关，因阮氏自称是其门人；（2）郑泰本人有关，因为郑泰当年是郑成功的户官，掌管洋船贸易和财政管理。阮氏自述曾出没风涛，来往鬼国，当是郑泰的部属。郑泰之弟郑鸣骏，子郑缵绪于康熙二年

(1663年）率部降清，受封遵义侯、慕恩伯，1667年受召入京。郑家这批寓公在京生活也不宽裕，阮氏在诗作中屡屡透露他们"朝回何事典春衣""黄金散尽家四壁"等等窘境。阮旻锡经常与他们雅集或结伴游山玩水，每有诗作。

阮旻锡并非方志传略所谓的"寡言笑，绝交游"的人物，从"诗稿"中我们获知在北京先后与他诗酒唱酬，且非泛泛之交的文朋诗侣有林穆之、沙定峰、王弘导、王虹友、毛亦史、郁东堂、赵织生、胡载眉和邵升吉等数十人，还有大为上人、苍林和尚等十数位方外文字之交。这批人大半是具有反满情绪又不得不屈作大清顺民的文化人，后人所编的《明遗民诗》收录他们中大部分人的作品。阮氏经常和他们"狂歌燕市上，慷慨话交真"（卷五《同林穆之赵积生赵松一王弘导王宪尹胡载眉邵升吉王虹友顾商枚胡延一集车静渊宅分韵》）。

在这批遗民诗人的互相影响下，阮旻锡寓京期间创作了大量直抒胸臆、甚至带有抵触情绪的诗篇，是为这部"诗稿"最有价值的内容，当然也可能是它成为"孤本"的原因。阮旻锡通过诗作表达对郑成功抗清往事的缅怀和对当时台海形势的关注，如"东望海天残照远，凭栏一啸悟浮生"（卷八《历山》），"海山望断无归处，哭向春林听杜鹃"（卷七《惆怅诗和韵八首》）等等皆是，甚至抚摩砚台也"耳边但听波涛响"（卷四《蕉叶白端砚戏呈黄德臣方伯》），为郑氏后人题画，也忘不了叮嘱"栖枝荫叶自团圆，莫问旧巢在何许"（卷三《题郑念实木笔鸣鸠图》），甚至连寻常的遣兴，都联想到"愿为海上双飞燕，犹得栖君玳瑁梁"（卷八《无题五首》）。这些诗句字里行间都洋溢着他对郑成功的深厚感情。他还常以南宋著名遗民谢皋羽自况，以谢氏《西台恸哭记》为典，在诗篇中表现其不与清政权合作的民族气节，诸如"往事西台余痛哭，凄断龙归东海曲，波沉鳌背流仙山，仙家鸡犬落人间"（卷四《送曾幼昭南归》），他自比"不随仙去"的淮南王旧鸡犬，"仙山"、"仙家"很明显指的是在台的郑氏政权，"东海彷徨忆鲁连，西台痛哭追皋羽"（卷四《鹭门王氏五世同堂诗》）更露骨地向往"不帝秦"的鲁仲连。有时阮氏还以古代侠客荆轲自励，每有触绪，辄有"霜风吹动易水清，渐离击筑歌荆卿"（卷三《同纪伯紫沙定峰饮黄天涛寓斋客有吹韭叶为百鸟声者感赋》）、"一歌壮士愁，寒风易水冷飕飕"（卷三《抑戒堂席上听薛李二生歌邂园先生绝句长歌侑之》）这样的诗句，即使后来出家后，还写诗兴叹"莫道荆卿疏剑术，由来一死几人难"（卷八《山庵秋梵八首》）。在清初众多的遗民诗中，象阮旻锡有着这么丰富的抗清斗争经历，和对民族英雄郑成功有如此感情的人的作品并不多见。

此外，从"诗稿"中我们还发现阮旻锡和一些行迹诡异的人物有过交往。如卷七《夏日书怀和韵》有"杜陵客久行囊涩，辽海人来坐榻穿"之句，这位把座榻坐穿的辽海人是谁？卷三还有一首《保明寺谒东来女大师》，诗曰：

> 巨鳌乍钓龙伯国，仙山一夜流西极。
> 山中玉女坠清波，东望海门归不得。
> 金容大士施弘慈，愿力能将苦海离。
> 杨枝一滴扫烦热，裙钗自是天人师。
> 禅宫夜梵声如雨，旧事关心在何许？
> 鼎湖龙去海天遥，鸿都道士谁传语？
> 吁嗟东海小波臣，却从世外礼高真。
> 莫问蓬莱水清浅，曾见人间几劫尘。

这位既是"天人师"又是"高真"的东来女大师是否为"鼎湖龙去"以后从海天那边来"传语"的人物？我们从阮旻锡有意无意中透露出来的"繁华倏忽流光逝，事世销磨石溜穿"（卷七《夏日书怀和韵》）等等类似的诗句，怀疑阮氏入都似非仅为充当遗民而已。值得注意的是康熙十二年（1673年），据《东华录》卷十二记载，是年十二月"奸民杨起隆诈称朱三太子广德元年，纠党谋叛……约于京师内外放火举事，潜聚鼓楼西街降将周全斌家"，后因周全斌之子周公直自首，叛乱遭到镇压。阮旻锡与周全斌同为闽南人，又曾同为郑成功旧部，时同在北京。根据阮氏的思想情绪，理应参与这场叛乱才合情理，但奇怪的是他却与之毫无瓜葛。在目前史料尚不充分的情况下，阮旻锡寓京21年的目的只能俟以后的研究。

（三）两度回闽。方志传略均称阮旻锡丙午（1666年）入都后，后逃于释氏，晚年才回厦门。其实不然，21年间阮氏至少有两次回闽，"诗稿"中有部分作品或序、注均可为据。

阮旻锡第一次回闽在康熙丁未1667年，即入都后的第二年。这次回闽，阮氏在《击筑集自序》有清楚的交代："丁未则自燕而返闽。""诗稿"中没有丁未年款而有翌年戊申年款的诗作，（1）"戊申，舍弟辈移居邑东夕阳山下。山有夕阳寺，唐宣宗为沙弥时游息处也"。（卷九《夕阳寮诗》前序），（2）"戊申秋，予将北上，同二乡僧至洪塘附舟，舟主人乃建宁乡贡士陈学夔先生也。日暮，先生至，见予短袴腰刀，以为卒伍，殊不之顾"。（卷七《戊申中秋舟泊洪塘同陈贡士学夔拈韵》）。如果把戊申年的这两条史料综合起来分析，不难发现阮旻锡此行是为着把家眷由长乐迁回厦门夕阳山（在今杏林区东孚镇）下，1667年返闽，1668年中秋动身回京。回京后有诗写道："儿耕妻织完吾事，归去谁言活计疏"（卷七《得家书》），进一步说明安顿家眷是阮氏这次返闽的目的。

阮旻锡第二次返闽在康熙庚申1680年。"诗稿"卷九的《夕阳寮诗》前序说"庚申返自京师，葬二亲于夕阳山麓"。行前，内大臣、同为闽南人的施琅写诗为他饯别，阮氏报以《庚申春南归施琢公将军有诗饯别奉答》（卷八），可见阮旻锡在北京与施琅过从实不一般。不知何因，阮氏此行迟至同年闰八月才走到虔州（今赣州），卷八有《庚申闰八予同郑哲象到虔州与翁伯芳同寓大悲阁留连匝月时哲象欲返都门伯芳有山右之行予将夕阳山舍雨夜凄然因题八句》。这次回闽，阮旻锡还特地回到历经"丧乱"、阔别"一纪年"（从1668年离闽算起正好12年）的厦门。时经过康熙十三年（1674年）开始的"三藩之乱"，郑经引兵至闽，闽南沿海战乱频仍，至1680年春三月始平息，"世藩回至东宁"。阮旻锡在其《鹭屿》五律四首（《温陵诗纪》。"诗稿"只辑其中两首，且有改动）中，记述厦门故乡于他"相看如隔世，恍惚记生前"，"巷陌新丰似，河山故国稀"，"生还犹过客，老至已无家"，他惋叹自己"已作群巢燕，应难傍主飞"，还到海边远眺，"极目烟波外，难寻海上槎"。这些充满感伤的诗句，也表达了他对郑成功的一往情深。

（四）遁迹空门。阮旻锡入都17年后的1683年秋，其人生道路又一次发生了重要的转折——突然由遗民阮旻锡变成了僧人释超全。康熙三年，他既不渡台也没有降清，而是间关逃遁，最后定居在北京当遗民，这个行动本身已令人费解，在异乡当遗民17年后再进一步削发为僧，其思想行为的变化更是使人匪夷所思。据《厦门志》记载，与阮氏同时追随郑成功在金、厦两岛抗清的明朝遗臣或文士如姚翼明、谢元汴、林英、涂仲吉、纪保国、刘子夔和陆昆亨等人，或于明亡后为僧，或于郑成功东渡复台之后入山当和尚，像阮旻锡这样自1663年郑氏势力撤出大陆之后便开始当遗民，辗转20年后才决定出家，其事例可谓特殊。到底是什么原因促使他走这条道路？"诗稿"卷九有其出家后所写的《山庵秋梵八首》，约略可见其心路历程。

这组律诗前有小序：

> 癸亥九月廿有七日，予依古槐和尚剃发于燕山太子峪之观音庵。山中早晚各有课诵，初入僧寮，槐未闲也。穷秋多感，习气难除，触绪成吟，聊当清梵云尔。

从而可知阮旻出家的时间和披剃的地点。这里的"癸亥"即康熙二十二年（1683年）。这一年，在北京当遗民的阮旻锡长期所关注的闽海发生了一场历史性的大事件：奉清廷之命"专征"台湾的施琅于是年六月十四日发兵东山，二十二日在澎湖与郑军展开激战，大败郑部水师主力，八月十三日施琅率师入台，郑成功之孙郑克塽不得不归降，台湾从此回归大清版图。九月初一日，"侍卫驰驿入奏"，阮氏获悉这个消息应在九月上旬，当月月底即决然出家为僧。

阮旻锡这组律诗写于其"初入僧寮"后不久，实际上是他选择遁入空门之内因的真实流露。在"清秋南国动波澜，永夜西风落叶残"这样凄凉的情景下，阮氏难以忘怀的是对"钓鳌人去蓬山杳，买骏台荒易水寒"、"千古英雄遗事业,等闲大海著微沤"的感伤,诗中的"钓鳌人"、"千古英雄"在他的心目中当然非郑成功莫属,可见郑成功开创的抗清大业正是阮氏长期的精神支柱。而今,这个支柱不复存在,"水中盐味看难别,镜里空花画不成"、"哭庙有人怜蜀主,杀身无客愧田横"等诗句则反映了阮旻锡对郑氏政权的惋惜之情和忠诚之心。阮氏还在诗中透露出他入都近20年过着"四海难容真面目,百年空感旧衣冠"、"漫笑藏身依藕孔,可怜缩项入槎头"的生活,为的是实现"莫道荆卿疏剑术,由来一死几人难"的抱负。虽然阮氏在京是否接受郑氏政权的特殊使命,还有待研究落实,但从上述诗句反映的情况以及他出家的具体行动,至少证实此前他在京师可能并非一般的遗民。阮旻锡的出家,也可以认为是其对满清政权保持不合作的消极行为,"西山只尺薇堪采,且尽浮生一梦中","披却袈裟尘事少,聊从壁观觅心安"等诗句,宣示了他的这种态度。

在施琅复台前夕,阮旻锡就写过《秋兴》律诗四首(卷七),其一曰:"近传消息总难真,魂断南天起战尘。名士风流挥白羽,苍生日夕苦红巾。仲连不肯东西帝,阮籍终非魏晋人。收得阴符无用处,一竿沧海且垂纶。"诗中透露了他对清郑台海局势的关注,和他这位自称"收得阴符"者对郑氏政权前景不容乐观的心情。尽管阮氏寓京时期多有方外之交,但和他的其他诗篇一样,这首诗所反映的只是"沧海垂纶"一类的儒家隐遁理想,而尚未涉及削发入空门的念头。显然,长期以来成为阮旻锡精神依托的郑氏政权的最后彻底失败,是促使他人生观产生骤变的原因。

四、 诗游四方

1683年阮旻锡出家为僧,时年57岁,法号超全,晚年回厦门后编纂《海上见闻录定本》时已80岁。此20多年间阮旻锡的行迹并非方志文献所载"逃于释氏"、"晚归旧里"那么简单。虽然据阮旻锡为"诗稿"所作后跋而知其付梓于康熙癸酉(1693年)孟夏,所收作品的时间下限亦截止至这个时间之前,但从"诗稿"中小部分系有干支纪年可据或其内容可以明显判断写作时间的诗作来看,1683年至1693年阮氏所作的各体诗歌约占"诗稿"总数的十分之一,并且可以发现其行迹除了出家后一度继续羁留在京师外,康熙丁卯(1687年)已开始离京云游四方,曾在武昌、金陵长住一段时间,其间还漫游过山东济南、安徽凤阳、亳州、颍上和江南镇江、无锡等地诸名胜,最后定居金陵,直到"诗稿"出版。漫游期间,阮旻锡这位诗僧与擅长写诗的丁炜、傅介如等闽籍官宦往来相当密切,与江南的一些遗民诗人也有交往,宛然成了奔走于达官和名士之间的诗僧。

(一)康熙癸亥(1683)至癸酉(1693年)间阮旻锡的行迹。据"诗稿"中有关诗作逐年整理如下:

癸亥（1683）。北京。九月二十七日在燕山太子峪观音庵为僧。诗作有：《山庵秋梵八首》（卷九）、《癸亥除夕和丁韬汝二首》（卷九）、《送香女入道》（卷九）等。《送香女入道》诗云："凄风苦雨冷衾裯，共命同林不到头。乍晚钗钿诸漏尽，一持瓶钵万缘休。迦音唤醒鸳鸯梦，贝叶翻残苔菌秋。从此身依安养国，他生那得别离愁。"阮旻锡寓京时妻室在故乡，此香女与之什么关系？不得而知。

甲子（1684年）。北京。于慈隆戒坛受具足戒。诗作有：《甲子元旦用旧韵》（卷九）、《（甲子）人日》（卷九）、《（甲子）元夜》（卷九）、《明因寺唐贯休罗汉画轴歌》（卷四。前序略云："甲子蒲月，予入寺瞻礼，作歌纪之"）、《丁雁水观察入都有诗见赠次韵奉答二首》（卷九）、《从宝华唯一和尚于慈隆戒坛完具有作》（卷九）等。

乙丑（1685年）。北京。诗作有《己（乙）丑除夜》等。

丙寅（1686年）。北京、济南、武昌。诗作有《丙寅元旦》（卷九）、《（丙寅）人日》（卷九）、《（丙寅）元夕》（卷九）、《留别黄俞邰史馆》（卷四。诗句云："暮春振锡出清都，一舸遥将泛五湖。"可见阮氏出京时系暮春）等。

丁卯（1687年）。武昌。诗作有：《李时行以公车入都因得读其〈雪爪居全集〉时予将南游荷承别章次韵奉答》（卷九）、《赠泰山石堂和尚》（卷五）、《历山》（卷九）、《趵突泉次赵松雪韵》（卷九）、《黄鹤楼》（卷九）。诗句云："只尺汉阳烟树接，梅花玉笛共参差"。可见阮氏及是年五月到武昌。

戊辰（1688年）。武昌。"诗稿"后跋云："岁戊辰十月雁水丁先生重至鄂，余以涉江前后稿就正"。诗作有：《戊辰除夕》（卷六，诗句云："楚水过除夕，蹉跎已二年"。从而考证阮氏乃丁卯至鄂）、《秋月》（卷六，注云："戊辰秋客武昌作"）。

己巳（1689年）。武昌，金陵。诗作有：《己巳元日》（卷六），（诗句云："垂老无家客，凄凉汉水湄。"乃知己巳春阮氏仍居武昌）、《夕阳寮诗》（卷九），（前序略云："……戊辰，访廉使丁雁水于武昌，遭叛兵之难，廉使以他累调姚安守，临行留草堂资。明年（即己巳）予至金陵，买屋城南青溪之上，都阃参军傅介如为予修葺。"）、《金陵怀古二首》（卷九），（诗有"风吹芦荻作秋声"句，乃知阮氏金陵怀古时在秋天）、《登清凉山绝顶次李素园少参韵》（卷九）、《鸡鸣寺》（卷九）等。

庚午（1690年）。金陵。诗作待考。

辛未（1691年）。金陵，武关，安陆，武昌。因《白雪亭和韵六首》（卷九）前序略云"辛未秋，予出武关，过安陆"，诗作有：《信州一杯亭》、《接岩》、《黄鹤楼》、《铁佛寺》、《黄龙寺感怀呈廉使丁雁水四首》、《张夏钟留寓武昌过访赋赠》等（以上俱卷九），以及《寄怀郑荆璞少府兼以为寿》（有"乱后亲朋散,身羁楚水东"句)、《寄食》(俱卷四)等。

壬申(1692年)。金陵。因《白雪亭和韵二首》前序略云"辛未秋……,明年(即壬申)予将归白下",乃知壬申阮氏归金陵。诗作有:《重返金陵闻丁雁水已复廉使将自滇还吴便道入京因次杜少陵将赴成都草堂途中有作先寄严郑公韵五首》(卷九)、《五月望日泛舟秦淮夜观灯船同黄去非丁献汝作》(卷九)等。

癸酉(1693年)。金陵。孟夏为《夕阳寮诗稿》作后跋。诗作有:《癸酉人日同蒋波澄集素园抑戒堂得晴字》(卷六)、《江梅篇》(卷四),(前序略云:"癸酉二月初旬同傅介如参阃来游")、《咏垂丝海棠次东坡定惠院海棠韵》(卷四)、《送春词》(卷四)等。

(二)由遗民变成诗僧。阮旻锡出家以后,人生观发生了截然不同的变化。我们已经知道,康熙二年(1663年)以后,阮旻锡辗转由厦门逃遁到对岸夕阳山下的中孚村,继而避居青溪(安溪)、长乐。康熙五年(1666年)继续北上入都,在北京居住了二十多年。这二十余年正是阮氏由中年到晚年思想感情进一步趋于成熟、丰富的人生阶段,种种经历和内心世界在《夕阳寮诗稿》中大都有所反映。他在京师期间,抛别家庭,生活困顿,精神面貌未免郁闷、惆怅。然而由于台湾郑氏政权尚在,闽海战事依旧频仍,况且阮旻锡对郑成功和郑氏政权的感情始终无法忘怀,其对追随郑成功抗清往事的回忆和对闽海局势的关心自然时不时闪烁在"诗稿"的字里行间。阮氏还在诗作中流露出对战国时期"不帝秦"的鲁仲连、宋代遗民谢皋羽,甚至燕太子丹和侠客荆轲等人物的仰慕,虽然目前尚未找到阮氏寓京期间有否反清具体行动,但其不与清政权合作的遗民心态却是表现得相当充分,他本人也声称自己是遗民。

1683年康熙平定台湾之后,阮旻锡最后的精神寄托彻底受到摧毁,正如他在诗中所哀叹的"镜里空花画不成"那样,绝望和悲愤促使他于接到郑氏政权垮台消息的当月,毅然选择遁入空门的道路。出家为僧之后乃至1687年开始离京出游四方的十余年间,他在诗作中所表现的思想和处世态度与出家前已显然两样。主要体现在:(1)了断世情。阮旻锡在出家后的诗作中,不再对明朝和明郑政权产生留恋的心情,自然也不再以鲁仲连、谢皋羽自况,可见阮氏已自觉地摒弃遗民身份,宛然已成为诗僧。一朝为僧,他在诗作中也不再或极少表现对亲眷的思念之情。他自己在《夕阳寮诗》前序也说过"癸亥,予在燕山依古槐老人剃发,从此故乡亦不复思返矣"。(2)消极人生如梦。阮旻锡出家后不但取别号为"梦庵",连其所作的数十首诗作中几乎每首都离不了"梦"字。阮氏内心精神寄托既不复存在,经过这场"大彻大悟"之后走向虚无的境界,是很自然的。"余生拟向闲中老,往事都从梦里参"(卷七《宿万石岩》)、"半生火宅车中客,一枕黄粱梦里人"(卷七《邯郸道上》)、"乡山回首真成梦,闲却沧浪旧钓船"(卷九《夕阳寮诗》)、"一场春梦醒来时，人生行乐苦不早"(卷五《送春词》)、"梦醒三更雨，香消一炷烟"(卷六《寓黄龙寺雨夜有怀次丁雁水廉使韵十首》)、"孤枕不成梦，五更无限心"(卷六《秋蛩》)、"频惊山客梦，催落海门潮"(卷六《秋钟》)、"倚枕难成梦，挑灯易损花"(卷六《舟泊铅山河口感旧》)等等带"梦"的诗句，都是这位诗僧晚年无可奈何的叹息。

(3) 放浪形骸。阮旻锡出家后，大概郑泰子侄之寓京者不是亡故(如郑缵成(信公)、郑哲象、郑哲文等)，就是南归(如郑哲毁等)，其在京挚友郑缵祖(哲远)也"以事落职居闲，殚心著述"(乾隆《泉州府志》)，阮旻锡说他斯时"立锥无地却悟禅"(卷九，《(丙寅)元夕》)。"立锥无地"也许是他出京去游的原因之一，但其出家后思想由痛苦转向虚无，更进而追求解脱可能才是他不愿苦守京城、了此残生的原因。他曾自我暴露说，其出家和云游四方乃因"自是无才甘弃世，非关有累学逃禅"(卷九《夕阳寮诗》)。基于其"逃禅"的理念，阮氏不可能成为恪守戒律的高僧，而只能做一位"习气难除，触绪成吟"的诗僧。在湘楚、江南云游时，阮氏交结官宦，多有送迎酬酢之作，到处登临怀古，皆留有诗篇，然而这些作品的思想境界大多已大不如前。他甚至还曾经"笔墨时留歌妓院，袈裟偶上酒家船"(卷九《(丙寅)送黄定可少府回杭署》)。诸如此类意境不高或者放浪形骸的作品，表现了诗僧阮旻锡晚年消沉的心态。

(三) 诗友丁炜。阮旻锡未出家前，所交游者大半是遗民诗人，其中的沙定峰、杜苍略、董苍水、纪紫伯、王宪尹、王弘导、王秋水、毛亦史、侯大年还是著名人物。其出家后云游荆楚、金陵一带时，往来的却以达官贵人为多，和他有诗歌唱酬者有丁雁水观察、傅介如参军、陈鹤屏中翰、郑荆璞少府、徐子星方伯、罗容庵大尹、李素园少参、施世纶知府等大小官员，而像云间徐鼱庵等诗乃在少数。对云游四海的诗僧而言，这些能诗善文的官员必然在经济上予阮氏以帮助，如丁雁水在武昌时"以他累调姚安守，临行留草堂资"(卷九《夕阳寮诗》)、都阃参军傅介如为他修葺金陵城南青溪之上的房屋等等，在"诗稿"中都能读到。从"诗稿"的后跋我们还知道，阮氏的这部三十年间所创作的诗篇还是丁雁水带病审阅并为之付刻。丁雁水和阮旻锡的交谊不同一般。

关于丁雁水，《清史稿》、《福建通志》、《泉州府志》皆有传略。丁炜，字澹汝，号雁水，晋江人，诸生。工诗，有吏才。顺治十二年(1655年)，因清定远大将军济度的识拔，授漳平教谕，继而担任献县知县、户部主事、赣南分巡道、湖北按察使等职。"寻坐事谪官，居武昌"，旋有武昌夏包子之乱(即阮氏所谓"叛兵之难")，丁雁水降补云南姚安知府，不久后又复按察使职，赴京道中得目疾，寓金陵就医，寻卒。丁雁水颇有诗名，"与同时'海内十子'齐名"。阮旻锡出家前在北京就和他有交往。写过《喜雪和丁雁水枢部用欧阳公聚星堂韵》(卷三)、《送林穆之往丁雁水枢部通惠河署兼订盘山之游》(卷五)等诗。丁、阮的结交当在康熙年间丁氏任户部主事（枢部）期间。丁炜在武昌任职并曾居住一段时间，其后迁居金陵。从阮旻锡云游期间与之酬赠的近十首诗来看，阮氏是将其两人之间比喻成杜甫与严武的关系。阮旻锡旅居武昌和金陵看得出是与丁炜有关。丁炜在当时诗名享海内，受知于王阮亭、朱彝尊等诗坛名宿，所著《问山诗集》中多有赠答阮氏的诗作。其《赠阮畴生》作于阮氏寓京时，诗云："蹈海称高士，游燕独后时。千山双蜡屐，万里一毛锥。箧隐骊珠贵，台空骏骨悲。咏怀兼览古，十载鬓成丝。"可谓是阮旻锡的知己。

（四）夕阳寮。阮旻锡的居处，自榜为夕阳寮，诗集也冠以此名。故老相传夕阳寮在今厦门鹭江道晨光路一侧，所以有地名"寮仔后"，因而定"寮仔后"巨石附近为厦门市文物保护单位——阮旻锡夕阳寮隐居处遗址。实际上此说并不可靠。

"诗稿"卷九《夕阳寮诗》的前序有阮旻锡关于夕阳寮之自述："明年（指己巳，1689年）予至金陵，买屋城南清溪之上，都阃参军傅介如为予修葺。于时寒雨初晴，夕阳在树，咏郑所南'天下皆秋雨，山中自夕阳'之句，凄然有旧山之感。栖霞楚山公为予扁曰'夕阳寮'。"如此看来，"夕阳寮"之名至少有三个含义：（1）阮旻锡漂泊半生，时年63岁，确有夕阳迟暮之感；（2）修屋既竣，"寒雨初晴，夕阳在树"，由平生所仰慕的郑所南诗句触景而成，寓对往贤追慕之情；（3）怀念故乡夕阳山。癸卯（1663年）阮旻锡率全家逃遁，即"渡江寓文圃山中孚村"，夕阳山是厦门名胜，在文圃山北边相距不过十里，阮氏必定是相当熟悉。所以"戊申（1668年）舍弟辈移居邑东夕阳山下"，阮氏在此辄能如数家珍地说："山有夕阳寺（现称真寂寺），唐宣宗为沙弥时游息处也"。庚申（1680年）阮旻锡再次返闽，"葬二亲于（夕阳）山麓，念欲归隐此山，守先人丘垅，有怀未遂。"阮旻锡的家眷安置在此，先人坟茔也营葬在此，夕阳山必然是阮氏长期在外魂牵梦绕的地方，何况夕阳山山清水秀，又是他曾经打算结庐归隐之处，栖霞楚公为他取名"夕阳寮"，正好暗合他对故乡的思念之情。想必阮旻锡暮年回厦门，又将楚公题写的匾额携归，仍称夕阳寮。

《夕阳寮诗稿》结集付梓于康熙癸酉（1693年）孟夏，此后作者的行迹莫考。阮旻锡何时由金陵返厦门？作者在《海上见闻录定本》序中提到他于"庚戌（1670年）春，老归旧里"，张宗洽先生认为与诸文献传略所说的"阮子自丙午（1666年）入都"、"留滞燕云二十余载"等语相矛盾，当是庚午（1690年）或甲戌（1694年）之误。今据"诗稿"内容考证，庚午阮子尚在武昌云游，自非其归里时间。又据《海上见闻录定本》序所载作者自称"老归旧里，意当时同事诸君必有所记录，……搜求数载，乃得先藩户官都事杨英所记《海上实录》二本，"又参考其他旧本，附以新闻，乃重订了定本。阮旻锡定本完成时所作自序时在康熙丙戌（1706年），此前"搜求数载"，所以其"老归旧里"的时间以"庚辰"（1700年）为宜（即庚辰误为庚戌），否则如张宗洽先生所推测的"甲戌"（1694年），距为定本写序之时已经12年，就不止"搜求数载"了。如果说阮旻锡确实于康熙庚辰（1700年）74岁时才"老归旧里"，那么，他在金陵或其他地方旅居的时间前后就有12年。阮氏在此期间的作品及其活动，尚有待今后的发现与探讨。

《夕阳寮诗稿》是明末清初厦门籍诗人、史学家阮旻锡平生二十多部著作〔（民国）《同安县志·艺文略》所举〕中最具代表性的诗集。阮氏的著作绝大多数已经遗失，近人所编《温陵诗纪》所辑阮氏作品基本上选录自这部诗集。它反映康熙二年（1663年）至三十二年（1693年）首尾31年间郑成功部属阮旻锡逃遁闽南、"留滞燕云"、云游江汉及旅居金陵，由遗民变成诗僧的复杂的心路历程与人生况味。由于作者活动范围较广，浪迹异乡时间长，交游的对象也多，所以其内容对清代早期的社会状况和文学活动的了解甚有裨益。当然，也是研究后期明郑政权历史和闽南文化不可多得的宝贵资料。本文谨根据《夕阳寮诗稿》的有关内容，对作者阮旻锡的部分生平进行初步的探讨。

本文载于《第九届明史国际学术讨论会暨傅衣凌教授诞辰九十周年纪念论文集》，陈支平主编，厦门大学出版社，2003年9月。

从《靖海纪略》解读郑芝龙

郑芝龙接受明朝政府的招抚，学术界历来对他这段历史评价不高，比较集中的看法是他出身海盗，名声欠佳，虽已富甲一方，但还得以功名利禄来洗前羞，所以归顺大明；有的学者结合郑芝龙后来又投降清朝，把两事合起来说，说得比较委婉，说他是推进海商经济向地主经济过渡，"为海商资本的利益服务"①；又说他的归降无乃"求抚——得官——消灭异己"②。说到底郑芝龙是一个气量狭窄的政治投机家，其一生最后以悲剧落幕。

近读明代曹履泰所著的《靖海纪略》一书，发现郑芝龙接受明朝政府招抚的问题，另有其原因。曹履泰天启五年（1625年）任同安知县，崇祯三年（1630年）九月晋京"入觐行"③，次年正式离任。崇祯元年（1628年）郑芝龙接受招抚发生于其在同安知县任内。他在此期间所著的《靖海纪略》由102封公牍、书信和18篇告示、公文组成，内容多与郑芝龙有关。因此它是研究郑芝龙比较可靠的史料之一。

崇祯元年，闽台海域最大的海商团伙首领郑芝龙接受明政府的招抚，时值曹履泰治同期间。郑芝龙生于万历二十三年（1595年）④，十六岁时到澳门习商，两年后到日本投奔海商李旦，李旦死后，郑芝龙因"乾没其货财"而起家。另一说是郑芝龙乃因加入颜思齐和杨天生、陈衷纪等人组成的团伙在海上从事"亦商亦盗"的活动而崛起。天启五年颜思齐去世，郑芝龙被推为首领，并且在台湾建立据点，召集人马和船只，发展势力。继而占据铜山（今东山岛），天启六年（1626年）三月始，不断攻略闽粤沿海各地。《靖海纪略》所记的郑芝龙即从此时始。

曹履泰接手同安知县首先遇到的是"原系郑芝龙伙党"的杨禄、杨策接受明朝官军的招抚。他发现"今芝龙之为贼，又与禄异。假仁、假义，所到地方，但令报水，而未尝杀人。有彻贫者，且以钱米与之。其行事更为可虑耳"⑤。接下来的"丁卯（1627年）四月，郑寇（按指郑芝龙）蹯入，烽火三月，中左片地，竟为虎狼盘踞之场。七月寇入粤中。九月间，俞将又勾红夷击之。夷败而逃，郑寇乘胜长驱。十二月间入中左，官兵船器，俱化为乌有，全闽为之震动"⑥。可见郑芝龙才是明官军最强硬、而且与众不同的对手。

一般说来，一股势力归顺于另一股势力，大多数情况下，是由于双方力量发生绝对悬殊的变化，所采取的无可奈何的选择。在《靖海纪略》这部书上，郑芝龙海上集团的势力如何呢？是否到了不归顺无以生存的处境？读《靖海纪略》之后所得出来的结论显然与常规相悖。

当时郑芝龙海商团伙的势力到底有多大？《靖海纪略》关于人数方面有以下零星记载：如天启六年的《安中左示》即称"闻此数万豺狼，亦素知本县治行，颇切归向"⑦；己巳（1629 年）之春的《上司李吴磊斋》也说"戊辰年（1628 年）郑寇与李寇同抚，聚众三万余人"⑧，可见郑芝龙最初由台湾带到闽南沿海的兵力，包括合伙的李魁奇之众都算进去，大约有三万人。

郑芝龙接受招抚之时，即遭到两次挫折：（1）内部分裂，李魁奇等团伙"叛出"；（2）受到明朝政府的收编、"解散"，因此势力受到严重削弱。李魁奇团伙较有影响的"叛出"前后有两次，第一次是曹氏在《上赵按台》中所记载"抚寇自春徂夏，叛服无常，……其众尚以四五千计"⑨，其后又一次"夺驾大小船百只，住泊中左外校场，招聚贼伙三千余人"⑩。两次大约共"叛出"近万人。另外当还有数千人控制在陈衷纪等其他团伙手里。后来郑芝龙接受整编时，曹履泰在《上朱抚台》中报告说"郑寇解散，终不可问，目下约有万人未散"⑪。从这些人数进行统计，可见曹履泰的估计还是有根据的。

郑芝龙团伙的船只数量如何呢？据曹履泰的《上熊抚台》公牍说："叛贼李魁奇与各贼虽曰合伙，泊船尚自分艅。有三百五十余只大船，（大船）内不过五十人，小船止有六七人。"⑫按此计算，小船不计，单大船上的人数就约有一万七八千之众，其他人众所乘坐的小船就有上千艘。对照当时人董应举所说的"（郑芝龙拥有的船只）丁卯遂至七百，今并诸种贼之船且千矣"⑬，初步可以断定郑芝龙团伙拥有三万人，大小上千只船（其中被李魁奇等"叛出"的大船三百五十多只）。崇祯三年兵部尚书梁廷栋等给皇帝的上奏也证实"闽寇之起也……至芝龙，则所资者皆夷舰，所用者皆夷炮，连艎至数千百艘"⑭。

曹履泰的其他记载也涉及船数，如李魁奇多次从郑芝龙手下拉走船只。郑芝龙受抚之时，曹履泰报告说其团伙"有陈衷纪、李魁奇各怀异心，船只叛出者三之一"⑮，其中大船三百五十多只。在另一封公牍又说戊辰（1628 年）九月李魁奇"叛出"，再一次"夺驾大小船百只"⑯。加上其他团伙拥有的船只，郑芝龙原来的船只数量和曹履泰的估算相差无几。

可以说，郑芝龙海上集团拥有三万人众，大小上千艘船只，其势力不但要比官军总兵俞咨皋要强得多，连海上其他大团伙陈衷纪、李魁奇、钟斌等辈，甚至被称作"红夷"的荷兰人也不是他的对手。据有如此强大实力的郑芝龙有必要主动投诚吗？据另一部重要文献《台湾外纪》记载，郑芝龙恰恰是巡抚熊文灿预知郑芝龙有降意,才派人去说降的,熊巡抚事先也发愁:"欲加大职,难以题请;欲与之职小,他未必如意。"后来只好含含糊糊交代派去的人"酌量而行"。似此看来,郑芝龙归顺明朝还是主动的,但至于归顺的代价却是不确定的。根据明朝制度,总兵一职得由朝廷选派,外官不能自作主张。郑芝龙不会不清楚。

《靖海纪略》正好为此补充不少证据。曹履泰很早就发现郑芝龙行事与其他"海贼"不一样,"其力盛,其志骄,其谋诡秘,而不可方物也"[17],又发觉郑芝龙有笼络人心,巴结权贵等的行为。他认为"今芝龙之为贼,又与(杨)禄异。假仁、假义,所到地方,但令报水,而未尝杀人。有彻贫者,且以钱米与之。其行事更为可虑耳"[18],又说郑芝龙"好与豪门贵客,酬酢往来,沾沾自以为荣。已大费铁炭"[19],言外之意即已觉察到郑芝龙为捞取"朝廷命官"的种种积极准备。曹履泰在《谕郑芝龙》那封信中意思表达更加明显:"屡阅来揭,尔为俞总兵所激,本县亦已详悉。尔果实心效用,芟除夷寇,地方享一日之安,岂不甚愿。但事有可为、有不可为者。如尔所称水操游击,此朝廷选授之官,非抚按所得而主也。……今尔求之不得,辄思自泉(州)而兴(化)、而福(州),一路骚动。何所不为?然有害于无辜之百姓,无益于一己之功名。且愈决裂,事愈不可收拾。益非所以自为地矣。为尔之计,只宜解散,立功将来,前程自不可量。正不必一蹴而求显荣也。"[20]

从这封信不难看出,此前郑芝龙曾与曹履泰通信。上一封信主要内容当是:(1)探听官方的许诺(授水操游击一职)是否可靠;(2)向官方施加压力,并通过曹氏向政府提出要挟,威胁说如满足不了要求他将在从泉州到福州的沿海地区制造骚乱。曹履泰明确告诉他水操游击一职必须经过朝廷选授,轻举妄动无益于自己的"功名"、"显荣",还劝诫郑芝龙"只宜解散,立功将来,前程自不可量"。事实证明,一直到崇祯五年四月,郑芝龙才获得皇帝批准为实授游击将军。[21]归顺的五年时间,郑芝龙一直为明朝政府"以贼攻贼"[22]的策略所左右,而且也知道明朝地方官员并没有权力对他封官许愿,说他为求官而降的理由,似乎比较缺乏说服力。那么,郑芝龙主要目的不是为求官,为何要归顺呢?

从一些史料上我们发现,明崇祯年间福建连年旱灾。黄宗羲的《赐姓始末》说过,熊文灿抚闽时,"值大旱,民饥,上下无策",才会让郑芝龙打着"三金一牛"的旗号到台湾垦荒渡难关。曹履泰的书也多处写到旱情和饥民的情况,如他"看得同安县,僻处海滨,山多田少,素艰粒食。兼之两年荒旱频仍,一望焦土,民困极矣。……加之今冬不雨,二麦未种,百姓益惶惶无措。……遍海皆贼,民无片帆可以往来,商贩生理断绝"[23]。在致福建巡抚朱一冯的信上也说:"两年之内,惟去春仅有半收。夏秋亢旱,一望皆赤。至今年三月间才雨,乡村草根树皮食尽,而揭竿为盗者,十室而五,不胜诘也。"[24]因旱灾而缺乏粮食,对远离陆地的从事海上活动的人来说,更是雪上加霜。何况郑芝龙还必须负责三万人张口就要的口粮(这三万人一天要消耗多少粮食?)因此,在崇祯初年那个大饥荒的年代,摆在郑芝龙面前的,只有一条路:解决肚皮问题。这才是他保存实力最根本的当务之急,徒具虚名的官位意味着什么?我想,郑芝龙比我们更清楚。

事实是不是这样呢?在看起来郑芝龙是在和明朝官员为官职问题讨价还价的时候,其实他已经利用接受政府招抚的机会,名正言顺地到广东运粮购米了。《靖海纪略》于郑芝龙受抚后,不时有关于粮米的记载,如"芝龙呶呶请饷",到潮州籴谷,"近有谷商三十余船,与贼船后先同行,并无扰害"[25],而其他"小贼以空腹未肯就抚"[26],希望能够等同郑芝龙的待遇为受抚条件[27],郑芝龙还把米谷出售,曹履泰却认为他"护送谷船,专以救我同民,……殊非商民两利之意矣"[28]。郑芝龙为解决"兵食"、保存实力,而采取"归顺"的手段与明朝官员虚与委蛇,事实不是很清楚了吗?

读罢曹履泰的《靖海纪略》,我们发现郑芝龙利用接受明朝政府招抚的机会,解决兵食的大问题,保护自己的海上实力,这才是郑芝龙政治手腕高迈群伦之处。由于他明智地通过接受招抚,保全郑氏集团的势力,为其后郑成功的召集旧部起师抗清奠定了基础。因此,郑芝龙的归顺明朝政府,解决兵食、保存实力,才是关键问题。

本文载于《闽南》,2010年第6期,泉州学研究所、《闽南》编辑部主编。

注释:

① 陈碧笙《郑成功历史研究》,九州出版社,2000年8月。
② 顾诚《南明史》,中国青年出版社,1997年第1版。
③ 见《靖海纪略》第61页《上熊抚台(职五年)》,台湾文献丛刊,第三十三种。
④ 郑芝龙的出生年月,除了《台湾外纪》记载为万历三十二年外,其他史籍均无载。今依台湾学者汤锦台在《开启台湾第一人郑芝龙》第39~40页的考证。该书系台湾果实出版社,2002年版。
⑤⑱㉔见《靖海纪略》第3页《答朱明景抚台》,台湾文献丛刊,第三十三种。
⑥ 见《靖海纪略》第22页《与李任明》,台湾文献丛刊,第三十三种。
⑦ 见《靖海纪略》第12页《安中左示》,台湾文献丛刊,第三十三种。

⑧见《靖海纪略》第53页《上司李吴磊斋》,台湾文献丛刊,第三十三种。

⑨⑰见《靖海纪略》第29页《上赵按台》,台湾文献丛刊,第三十三种。

⑩⑯见《靖海纪略》第28页《上熊抚台(李魁奇夺驾)》,台湾文献丛刊,第三十三种。

⑪⑮见《靖海纪略》第17页《上朱抚台(职生不逢辰)》,台湾文献丛刊,第三十三种。

⑫见《靖海纪略》第34页《上熊抚台(叛贼李魁奇与各贼)》,台湾文献丛刊,第三十三种。

⑬董应举《崇相集》第二册《米禁》。

⑭《崇祯长编》卷四十一《〈明实录〉类纂》之《福建台湾卷》,武汉出版社,1993年10月。

⑲见《靖海纪略》第32页《上熊抚台(近探得)》,台湾文献丛刊,第三十三种。

⑳见《靖海纪略》第14页《谕郑芝龙》,台湾文献丛刊,第三十三种。

㉑《崇祯长编》卷五十八"崇祯五年四月辛未"条,《〈明实录〉类纂》之《福建台湾卷》武汉出版社,1993年10月。

㉒见《靖海纪略》第45页《上熊抚台(李贼之叛抚)》,台湾文献丛刊,第三十三种。

㉓见《靖海纪略》第12页《通详宽限蠲免稿》,台湾文献丛刊,第三十三种。

㉕见《靖海纪略》第41页《答熊抚台(芝龙呶呶)》,台湾文献丛刊,第三十三种。

㉖见《靖海纪略》第51页《上蔡道尊》,台湾文献丛刊,第三十三种。

㉗见《靖海纪略》第50页《上熊抚台(职每擒)》,台湾文献丛刊,第三十三种。

㉘见《靖海纪略》第22页《定商人谷价告示》,台湾文献丛刊,第三十三种。

"顺治被炮毙于厦门"之我见

前数年，有地方史专家根据民间传说和某新发现的手抄本所记载的一条史料，便断言"顺治皇帝被炮毙于厦门筼筜港"。顺治——爱新觉罗·福临是清朝入关后的第一位皇帝，这个重要的"历史事件"经过媒体的推波助澜，一时引起了海内学术同仁的高度重视。经过反复论证，最后一致证实历史上绝无此事。

比较中肯的意见，是历史学家何龄修先生的《关于顺治被炮毙于厦门说及相关问题答中央电视台张晓敏问》[①]。何先生认为"拖延二百余年才成新闻"的"这样一件大事"，不但于史无证，连《先王实录》等当事人留下的史料中也没有留下点滴记载，这种说法本身就值得怀疑。他根据《清世祖实录》等可靠史料指出，顺治十七年（1660年）五月（即所谓顺治被炮毙的时间）以后，顺治还有许多活动，比如：顺治十七年六月初九日壬辰，他决定亲自祈雨，两次颁谕；十三日丙申，亲率诸王、文武群臣素服步行至南郊斋宿；十五日戊戌，又在圜丘祀天。[②]顺治十七年八月十九日壬寅，董鄂妃死，顺治追封她为皇后，谥号十二字，并蓝笔批本至当年年底。[③]这种公开活动的记录，是无法凭空捏造的。此外，何先生还认为，如果"炮毙"之说属实，从顺治十七年五月到康熙登基，期间有七个多月的权力真空，在"国不可一日无君"的封建制度下，这根本是不可能的事。

其后，笔者在美国学者邓恩（George H. Dunne）所著的《从利玛窦到汤若望——晚明的耶稣会传教士》[④]一书中也查到，顺治皇帝在1660年7月28日还"捎了个便条给汤若望"。"当皇帝奄奄一息的时候，汤若望去看望他，并作最后的努力，希望能争取他转变信仰"。但皇帝表示，"在自己痊愈之前不想进一步讨论这个题目"。结果，"在1661年2月1日，也就是在董鄂妃死后四个半月，他感染上了天花，三天后就死了"。该书所引用的资料基本上出自耶稣会的档案，虽然我们尚未读到原档，但类似著作也可以作为顺治皇帝的确驾崩于北京的佐证。

然而，"顺治被炮毙于厦门"之说虽属无稽之谈，而厦门民间却有此传说。

老一辈厦门人据祖上相传,说当年顺治皇帝御驾亲征郑成功,驻跸于筼筜港对岸的"牛家村"(按:闽南话"牛屁股"的谐音),郑军的"大号将军"一炮打过去,居然把皇帝打得粉身碎骨。筼筜港的小鱼因为吃到了皇帝的肉,都不长鳔,因而有"筼筜港的江鱼仔'畅'得没鳔"这句口头禅,流传至今。

既然此事属于子虚乌有,为什么厦门民间却有这个传说呢?何龄修先生以及其他同仁于此并没有说法。顺治十七年五月郑成功在厦门击败清军的围剿,关系到翌年他的复台大业。因此,笔者认为有必要就此再做些浅探。

清军准备围攻厦门的信息,是郑成功的部属礼都事蔡政从北京带回来的。永历十三年(1659年)七八月间郑成功兵败南京城下,九月撤归厦门。据杨英《先王实录》载,当年十二月,"蔡政自京回。京报:和议不成,逮系马进宝入京。伪朝委满酋长达素带满汉万余骑,前来剿海,另吊浙、直、广东数省水师合剿。"阮旻锡《海上见闻录定本》的顺治十六年(1659年)十二月条也载"(清朝)遣满洲将军达素带披甲万余前来剿海,并令三省水师合剿"。可见,郑成功最初仅知道清朝派遣"酋长"达素率领陆路"满汉万余骑",海路"浙、直、广东数省水师",要到厦门来合剿,至于清军的具体军事部署,甚至从何处集结、出师等军情,都不甚清楚。直到激战之前二日,即顺治十七年五月初八日,才知道舟山南下的清水师被拦堵后,进入厦门湾的清军只不过有"漳州港内先遣大船一百号,配满兵,部院李率泰、海澄公黄梧督之,出海澄港、同安港,收拾小船;将军达素同同安总镇施琅以小船配满兵,横渡高崎"(《海上见闻录定本》)。结果,初十日,郑军把一向缺乏海上作战经验的满洲人打得落花流水,取得大捷。

关于这次清郑厦门之战,清朝正史没有记载。但我们还是可以从《清史稿》的"列传"中,找到不少有关这次战役清朝一方的零星史料,重新来了解郑成功至为关键的这一战。譬如,达素的兵马从何处出师,受命征剿郑成功的将领到底是不是仅仅达素一人,等等。

首先,达素的兵马并不是从外省,更不是从北京集结、出发的。

《清史稿·列传二十九·达素》记载:

  达素,章佳氏,满洲镶黄旗人。先世居费雅朗阿。天聪五年(1631年),以巴牙喇壮达从伐明。……(顺治)二年(1645年)从肃亲王豪格讨张献忠。……十一年擢巴牙喇纛章京。十三年擢内大臣。十六年,郑成功内犯江宁,授达素安南将军,同固山额真索浑、巴牙喇纛章京赖塔等率师赴援。至则成功已败走。移师赴福建。

《清史稿·列传四十一·赉塔》则记载:

  赉塔,那穆都鲁氏,满洲正白旗人,康古里第四子,年十四授三等侍卫。……进三等阿思哈尼番,擢巴牙喇纛章京。(顺治)十六年,郑成功窥江宁，从安南将军达素讨之。比至，成功已败遁。遂引兵下福建。十七年战厦门，师失利，坐免官、夺世职。

据此可知，达素是一员东征西伐的宿将。郑成功攻打南京之役，达素受封安南将军带兵增援，但"至则成功已败走"，其后"移师赴福建"。传略所记的赉塔是达素的重要部属，当然也随之"引兵下福建"。因此，达素的兵马无须从外省调遣入闽。据《先王实录》记载，永历十三年（1659年）十二月郑成功刚接到情报，翌年的正月清军就已经到达福州。这说明达素率领的清军离福州并不太远。

其次，受命带兵出征的除达素以外，还有在舟山集结水师准备南下合剿的明安达礼和陆路的安南将军觉罗·洛托。明安达礼和洛托这两名伙同达素围攻厦门的清将，之前皆为郑氏史料所忽略。

第一个人物是明安达礼。《清史稿·列传十五·明安达礼》记载：

明安达礼，西鲁特氏，蒙古正白旗人。……（顺治）十三年，授理藩院尚书。十五年，命为安南将军，帅师驻防荆州。十六年，郑成功入攻江宁，明安达礼帅师赴援，成功将杨文英等以舟千余泊三山峡，明安达礼击之，斩副将一，获其舟及诸攻具。成功引入海。上命明安达礼移师舟山。十七年，召还，授兵部尚书。

《清史稿·列传四十一·席卜臣》记载：

席卜臣，那穆都鲁氏，满洲正白旗人，费英东弟郎格之孙也。……（顺治）十六年，与安南将军明安达礼援江宁，败郑成功将杨文英等。

这个明安达礼看来是郑成功的老对手。《先王实录》永历十四年（1660年）四月初九日条载："据探报称：顺治伪旨，令明房统水陆马兵，会合吴淞宁绍温台战船五百余号，直抵思明合师。……明房初十在武林带披挂二千余，杭省满汉俱吊到舟山取齐。"据陈碧笙先生考证，此"明房"即明安达礼，一作明安达理。《海上见闻录定本》载："（四月）二十六日，泉州清船二百余号驾到祥芝澳，……进至围头。"幸亏郑成功早已做好战略部署，派林察、萧拱辰等领水师"泊刘五店，遏止围头清船"。如果让明安达礼率领的浙江水师进入厦门港合剿，郑军能否取胜就很难说了。

第二个人物是洛托。《清史稿·列传二·诸王一》的《庄亲王舒尔哈齐传》中有其附传，其传略载：

洛托，寨桑武子。寨桑武，舒尔哈齐第五子，追封贝勒，谥'和惠'。洛托，天聪八年（1634年）从太宗（按：即皇太极）伐明。……（顺治）十六年师还，叙功加授拖沙喇哈番，一等镇国将军。十七年命为安南将军，征郑成功，大破之。十一月，还。

《清史稿·列传二十五·车克》载：

车克，瓜尔佳氏，满洲镶白旗人。……（顺治）十三年，复进少傅兼太子太傅，领户部尚书。十四年考满，加太子少师兼太子太师。十六年，命赴江南督造战舰。十七年，命与安南将军宗室罗托（按：即洛托）率师驻福建，防郑成功。

这些记载都肯定洛托受封为安南将军，受命到福建"征郑成功"，时间是顺治十七年。从顺治十六年九月郑军自南京败归厦门，到十八年三月郑成功的率师复台，在这短短的一年半期间，清朝集中兵力进攻郑军的战役只发生过一次，即顺治十七年五月的清郑厦门之战。那么，这一次厦门之战清军的最高指挥官就不会仅仅是达素一个人。《清史稿·列传十一·郑成功》也清清楚楚地记载洛托于顺治十七年南征厦门一事，"十七年，命靖南王耿继茂镇福建，又以罗托（按：即洛托）为安南将军，讨成功。"但不知出自何故，却把"上遣将军达素、闽浙总督李率泰分兵出漳州、同安，规取厦门"一事载入顺治十六年。《清史稿》的记载可能有误。

据传略所载，洛托不但是一员宿将，同时又是一位地道的皇亲国戚，其祖父舒尔哈齐是清太祖努尔哈赤的同母弟，他本人与顺治皇帝爱新觉罗·福临为平辈，属于同曾祖父的堂兄弟。由于战功卓越，洛托还曾是皇太极身边的重臣之一。因而随他和达素而来的，还有不少满洲八旗的公子王孙。诸如：

觉罗拜山之子莫洛浑。

觉罗拜山，景祖（按：即努尔哈赤的祖父觉昌安）弟包朗阿曾孙也。……（战死后）赠三等副将，子顾纳岱袭。……进攻南昌，中炮没于阵，赠一等精奇尼哈番，以其子莫洛浑袭。莫洛浑，授参领。顺治十七年从安南将军达素徇福建讨郑成功，攻厦门，死之。圣祖以拜山、顾纳岱、莫洛浑三世死王事，赠莫洛浑三等伯，谥'刚勇'。（《清史稿·列传十三·觉罗拜山》）

赫特赫（按：其父额尔塔喇，满洲镶白旗人，积战功，卒进三等阿思哈尼哈番，谥"忠壮"），（顺治）十六年（按：应为十七年）以甲喇额真从讨郑成功，攻厦门，战死。（《清史稿·列传二十九·达素》）

哈尔弼（按：清太宗十六大臣萨璧翰之孙），授一等护卫，从击郑成功，战厦门，殁于阵。（《清史稿·列传十七·萨璧翰》）

阿哈丹（按：其父满达尔汉，满洲正黄旗人，二等甲喇章京，卒谥"敬敏"），……恩诏进一等阿达哈哈番，兼拖沙喇哈番。从征福建，击郑成功厦门，战死。（《清史稿·列传十五·满达尔汉》）

讷青（按：其父爱松古，满洲镶白旗人），以三等侍卫从讨郑成功，至厦门，死于军。（《清史稿·列传二十九·噶达浑》）

额赫玛瑚（按：其父珠满，满洲镶白旗人），任侍卫，攻郑成功厦门，阵没。(《清史稿·列传四十五·珠满》)

玛拉（按：大将康喀勒从兄之子，满洲镶红旗人），……顺治十二年以三等侍卫署甲喇额真，从固山额真伊勒德攻舟山，从摆牙喇纛章京穆成额破郑成功兵于泉州，十六年（按：应为十七年）从安南将军达素击成功厦门，皆有功。(《清史稿·列传十七·康喀勒》)

杰都（按：大将杰殷之弟，满洲镶红旗人），……顺治十六年（按：应为十七年）以巴牙喇甲喇章京从将军达素徇厦门，破郑成功舟师。(《清史稿·列传四十五·杰殷》)

洛托这位天潢贵胄既在军中，麾下又有这么一群战功显赫的八旗将领，其旌幡旗号、车马服饰等必然讲究皇室子弟的排场。类似这样阵容，郑军在永历九年五月至十年五月（1655～1656年）间，与世子济度的围剿闽南、"会攻思明"之战中，应该领教过。济度是努尔哈赤侄儿郑亲王济尔哈朗之子，顺治八年封简郡王，寻封世子。(《清史稿·列传二·诸王》)济度与洛托都是努尔哈赤的直系后裔，属于同辈。不过，"伪世子"济度的情况郑成功一开始就了如指掌，而安南将军洛托的到厦门协同作战，郑军则不甚了解，以至于其大名在《先王实录》等当事人的记录中竟然阙如。包括上述这些在厦门阵亡、《清史稿》有传的满洲将领，在《先王实录》等文献中均不知其谁何，只留下"虏先锋昂拜章眼红"、"真满哈喇土心"、"呢马勒土心"、"侍卫一二等虾"、"梅勒耿胜"、"哈喇士星"等让后人看不懂的名字。足见郑成功当时对满洲八旗军队的了解毕竟有限。看到有皇室排场的阵容，误以为是顺治皇帝御驾亲征，这是很自然的。

唯一记载顺治皇帝可能被击毙于厦门的是近年发现的《延平王起义实录》（手抄本）。它记述（永历）十五年（1661年）厦门保卫战胜利之后，郑成功正准备出师东征复台的前夕，"有人密启藩主，以'高崎之战，伪虏顺治实在思明港被炮击，没。达素秘而不敢宣。及京中查无下落，召达素回京。达虏惧罪自杀。至是，太子即位，言顺治于正月崩。伪虏之伎俩也'。藩曰：'余亦计及之，但当时恍惚，未敢信耳！'"可见，顺治皇帝可能被炮毙于厦门的消息，当时郑军部曲确有风闻，但从行文来看，郑成功并未加肯定，只是说"余亦计及之"而已。事后，有关郑氏的史料也再无提起这件大事，说明这只是一时的谣传。然而，由于清初满汉之间的民族矛盾，这道谣传还是不胫而走，从此变成厦门民间美丽的传说。

同样属于谣传的还有达素吃了败仗，畏罪在福州自杀的消息。关于这条消息，当时郑军内部应该至少有两种看法，譬如杨英在《先王实录》是这样记载的：（永历）十四年五月，"达素只率陆师回福省，会议再犯"；（五月）"二十五日，报：达素回省，传令各船并舵梢暂发回，候七月有令再吊"；"六月初□日，……藩发谕与达素并伪院李率太约其合兵再战，仍遣以巾帼，不敢再战，则受之。着礼武镇犯罪中军吴亮并罪犯俞承二人，俱持巾帼并谕赴达素等二处。达素、率太答书，俱受巾帼，厚待差员而回"；"十月，……报：达素回京，各水师尽吊，俱阁在岸边。"足见杨英持有不同看法。而阮旻锡却相信这个谣传。于是在《海上见闻录定本》写道："（顺治十七年）十月，清吊达素回京问罪，达素在省吞金而死"。后人不察，往往以讹传讹。事实证明，杨英所载是正确的。《清史稿·列传二十九·达素》载：达素在厦门被郑成功打败后确实没有畏罪自杀，回京后他照常供职，直到康熙八年（1669 年）鳌拜败，才受到牵连而罢官。

作为民间传说，达素的影响哪能和顺治相比，所以尽管皇帝没有被炮毙于厦门，当地民间却把这件事说得天花乱坠。

本文载于《闽台文化交流》，2012 年第 1 期，漳州师范学院闽台文化研究所编。

注释：
① 何龄修先生的文章，载于《史苑》第 10 期，2005 年 6 月。
② 《清世祖实录》卷一百三十六，卷一百三十七。
③ 参见孟森《清世祖董鄂妃生死特殊典礼（附商鸿逵赘言）》，载《明清史论著集刊续编》，中华书局，1986 年。
④ ［美］邓恩著，余三乐、石蓉译《从利玛窦到汤若望——晚明的耶稣会传教士》，上海古籍出版社，2003 年。

读《清史稿》札记
——说与郑成功有关的清朝官员

研究明郑历史,当时或稍后留下来的地方文献(如《八闽文献丛刊》所列的《先王实录》、《海上见闻录》等)自然是第一手资料,但因当时人对入关后不久的清朝政权的了解有限,所记载的往往相对简略,或者不够客观全面。近代明清史料的整理问世,使我们有机会对常用的那些地方文献进行梳理、鉴别。《清史稿》也是研究郑成功重要的官方文献,与郑成功有关的人物大多数在该书都有传略。他们的家世背景,他们与郑成功之间的种种关系,正好可以补充、订正明郑地方文献的不足或存疑之处。当然,《清史稿》站在清朝政权的立场,也有不少故意掩饰史实之处,地方文献也可以起到修补的作用。基于此,在阅读《清史稿》的同时,笔者结合《先王实录》、《海上见闻录》等明郑地方文献所出现的人物,做一些肤浅的比较。

一、贝勒博洛

第一个与郑芝龙、郑成功有关的清军将领是贝勒博洛。他是清太祖努尔哈赤的嫡孙,五个兄弟都是骁将。清军入关后,博洛乃配合豫亲王多铎进攻江南的将帅之一。顺治三年(1646年)博洛率兵攻入福建,消灭了隆武政权。同年,诱降郑芝龙。对于明郑一方最大的对手,南明史料如《思文大纪》、《东南纪事》、黄宗羲《郑成功传》、《闽海纪要》和《海上见闻录》等,基本上皆记为"贝勒"、"贝勒王",未著姓名。间或有记载,然多以汉语音译,与正史不同,如《台湾外纪》译记为"挂征南大将军印贝勒罗托"或"世子贝勒罗托"、"贝世子"。《小腆纪年附考》亦都称之为"贝勒"、"贝勒王",该书唯顺治二年六月"我大清兵至杭州"条,出现过一次称"我贝勒博洛",但在顺治三年八月"贝勒至延平"条后,又记"我大清贝勒勒克德浑诛马士英、阮大铖、方逢年、方国安于延平市"。勒克德浑是努尔哈赤的曾孙,传略附于《清史稿·列传三·礼烈亲王代善传》之后。他这一年"正月,师次武昌",《小腆纪年附考》所记显然有误。实际上,南征闽浙的清军主帅为贝勒博洛。《清史稿·世祖纪》明确记载:"丙午,命贝勒博洛为征南大将军,同图赖率师征福建、浙江。"诸文献所出现的顺治初年带兵攻略闽浙的"贝勒"、"贝勒王"即博洛。《清史稿·列传四·饶余敏郡王阿巴泰传》附有博洛的传略。顺治元年（1644年）清军攻入山海关后，博洛因功晋封贝勒，复配合多铎征河南，破李自成于潼关。多铎南征南京，"分师之半授博洛"，清军在江南制造的"嘉定三屠"、"扬州十日"等屠城事件，博洛及其部下当是罪魁祸首。顺治三年，博洛"率师驻杭州。……师入绍兴，进克金华，击杀明蜀王盛浓等，再进克衢州，平浙江。明唐王朱聿键据福建。博洛率师破仙霞关，克浦城、建宁、延平，聿键走汀州。遣阿济格、尼堪、努山等率师从之，克汀州，擒聿键及曲阳王盛渡等。……又破敌分水关，克崇安。梅勒额真卓布泰等克福州，斩所置巡抚杨廷清等，降其将郑芝龙等二百九十余人，马步兵十一万有奇。师复进，下兴化、漳州、泉州诸府"。

《台湾外纪》顺治初年的记述将博洛误为罗托。博洛和罗托（《清史稿》作"洛托"）是两个不同的人物。《清史稿·列传二·庄亲王舒尔哈齐传》附有洛托的传，他是庄亲王舒尔哈齐的孙子，"顺治二年，与议政。四年，从英亲王济尔哈朗攻塔山，克之。五年，从睿亲王多尔衮屯田"。十七年（1660年）始为安南将军，征郑成功。顺治二至五年，罗托（洛托）还在"与议政"、"攻塔山"和"屯田"。可见《台湾外纪》所记也不准确。

贝勒博洛率师攻入福建后，一路烧杀，激起了人民的反抗。如果把顺治五年（1648年）五月发生在厦门的"同安血流沟"屠城惨案，和"嘉定三屠"、"扬州十日"联系起来，对郑成功坚持抗清的民族气节就会有更深刻的理解。

二、"三大人"

"三大人"，即顺治五年戊子八月，率兵血洗同安的清将陈锦、佟国器（《台湾外纪》作"佟鼐"）、李率泰。他们是郑成功起师后，所遇到的第一拨对手。"三大人"都是汉人，早在关外投靠了满人。陈锦和李率泰在《清史稿》皆有传。《清史稿·列传二十七·陈锦传》载"陈锦，字天章，汉军正蓝旗人。初籍锦州，仕明，官大凌河都司。崇德间来降，予世职牛录章京加半个前程。"继而在山东、江南等地进攻明军，擢任登莱巡抚、操江总督。（顺治四年）"迁浙江福建总督"。《清史稿·列传六十·李率泰传》载"李率泰，字寿畴，汉军正蓝旗人。永芳子，初名延龄。年十二，入侍太祖，赐今名。年十六，以宗室女妻之。弱冠从太宗征"，因功，擢梅勒额真，顺治元年移师南征，"江阴典史阎应元拒守，督兵攻破之"。顺治三年从博洛平浙、闽，"（顺治）十三年，加太子太保，调闽浙总督。"以当时的官职而论，"三大人"中当以陈锦为首。陈锦与郑成功为敌，一直到顺治九年（1652年），兵败被刺杀为止，首尾共5年，而李率泰则从此开始至康熙五年（1666年）去世，与郑成功纠缠了18年。

顺治五年的同安屠城事件，明郑文献皆有记载，其中《海上见闻录》所载甚详，但说"屠其城，杀五万余人"，《台湾外纪》所记时间较准确，时为"八月十六日"，这与现存的碑记文物所载的时间相合。但是作为屠城的刽子手，《清史稿》在他们的传记中，却都只字不敢提，《陈锦传》仅提到："（顺治）五年，成功将郑彩以舟师入据长乐、连江诸县。锦与靖南将军陈泰等分兵收复。师进，次兴化，斩成功将顾世臣等十一人。"想必是当时的修史者意识到同安屠城影响恶劣，故意淡化。

顺治九年三月，陈锦再此"督马步数万来援"，结果在江东桥被郑成功打得落花流水。《先王实录》载："伪陈锦败兵失将，不敢进入同安，扎营城外。"黄宗羲《赐姓始末》载，同年七月七日，"陈锦为其内竖（家丁）李进忠等五人所刺，以其首来降"，而《清史稿》却说是"贼夜入其帐，刺中要害，遂卒"。

李率泰于顺治十三年至康熙五年（1656～1666年）任闽浙总督。顺治十三年当年，李率泰就"差人来说退兵，以就抚局"①。继而，几乎每年都对郑成功发动战事，顺治十三年，还伙同清将达素进剿郑成功。李率泰知道自己不是郑成功的对手，遂收买厨子向郑成功投毒。"时有总督旗牌张应熊密领泰孔雀胆一枚往厦门，与其小功弟张德，因德在成功处为厨子，谋欲乘其会诸将议事要用点心时，一起毒死（后未得逞）"②。六月，清兵败归，郑成功故意羞辱他和达素，"遗以巾帼，不敢再战则受之"，结果，"达素、率泰答书，俱受巾帼"③。郑成功率师复台后，李率泰对留守金厦的郑军采取剿抚并举的策略，还暗中施以"反间之计"④。康熙三年，他第一个跳出来"上疏议取台湾"⑤。因此，《清史稿》称其"有方略，善用兵"。

佟国器这位大人《清史稿》倒是没有传略。清初随太祖平天下而入传的佟氏家族有佟养真（后改名养正）、从弟佟养性、佟养真之子佟图赖，佟养性之侄佟国瑶，佟图赖之子佟国纲等。以上诸佟彼时皆与福建无涉。此外，还有一个"世居佟佳"的汉军正蓝旗人佟岱；虽无传略而名列"疆臣年表"的还有一位佟养甲。《清史稿·列传十八·佟养性传》称其为"辽东人，先世本满洲，居佟佳，以地为氏。……归太祖，太祖妻以宗女，弱冠从太宗征"。佟国器很可能是其子侄辈。"三大人"血洗同安之后，《先王实录》的永历八年（1654年）八月条所载，"初六日，佟国器驰书（郑成功）"，以及永历九年正月，郑成功"令南安县周琼持书与军门佟国器"，责问清朝"以诈术相欺"。因而可知，清郑议和之际，佟国器乃在闽南担任"军门（提督）"，积极参与对郑成功招抚的事。郑成功在复信中义正辞严地告诉对方："能与我战，则可速来决一雌雄，不能与我战，则宜早从吾言！"

三、 刘清泰

《清史稿》"列传二十七"有汉军正红旗人刘清泰的传略。刘清泰初籍辽阳,原名朝卿,以诸生投奔清太宗皇太极,颇受重用。顺治九年(1652年)至十一年(是年七月因病免离任),擢任浙闽总督。

清初,福建的总督时冠以"浙闽",其变化可查《清史稿·疆臣年表》:顺治二年十一月设立时称"浙闽总督",先后有张存仁、陈锦、刘清泰、屯泰、李率泰担任此职。顺治十五年七月,分为浙江总督和福建总督,李率泰为福建总督。康熙二十六年(1687年)三月两者又合并,始称"闽浙总督"。当年的地方文献,甚至《清史稿》本身对此并不十分严格,多以"闽浙总督"称之。

刘清泰任浙闽总督期间,正值清郑双方处于和议时期。刘清泰忠实执行清廷剿抚并举的策略,多次写信劝降郑成功,同时不断向清廷建议必须对郑成功采取谨慎和遏制的手段,他是顺治九年至十一年间,郑成功最重要的一个对手。

清朝负责谈判的是永历八年(1654年)八、九月由京来闽的叶成格、阿山。《先王实录》有是年刘清泰与郑成功等人的来往信函。其后议和不成。值得注意的是,永历九年这一年,同书有郑成功与佟国器、韩尚亮、申伟抱等清朝官员的通信,而未见与刘清泰有书信往来。很可能是刘清泰的伎俩已被识破,郑成功认为没有再谈的必要。《台湾外纪》记刘清泰任内的所作所为是,顺治九年(1652年)"九月,固山金砺奉命入闽,会新任总督刘清泰统满汉官兵驰救漳围"。顺治十年"四月,金砺奉部文取海澄,刘清泰调水师出福、兴二港合攻"。顺治十一年"二月,芝龙复遣李德同郑、贾二使赉'海澄公'印敕来闽招抚。总督刘清泰亦致成功"。《海上见闻录》于永历六年(1652年)至永历十年(1656年)间,对固山金砺、金衢马(马进宝)、王邦俊、世子王等兵戎相见多有着墨,而对清郑谈判的关键人物刘清泰却只字未提。

《清史稿·刘清泰传》所载的史料可作为诸文献的补充。先是,"上命其父芝龙作书敕清泰谕降",其次,弹劾巡抚张学圣等人"前此侦成功赴粤,潜袭厦门,攫其家资,致成功修怨,连陷城邑",再次,是顺治十年三月,"清泰疏上闻,并论成功语浮夸,议抚当详慎"。十一年,又上奏说"成功虽降,不薙发,其党逞掠如故,降无实意,宜发禁旅赴福建,驻要地,资策应"。同年,顺治帝在"另敕刘清泰"的谕示中,指示他对"海寇郑某"必须采取剿抚并举的策略[⑥]。显然,顺治帝不但"嘉其远虑",而且采纳他的建议。清郑和谈的最后破裂,刘清泰的影响或不能低估。

四、杨名高

杨名高,《先王实录》作杨名皋。《清史稿·列传三十·杨名高传》载:"杨名高,汉军镶黄旗人。初籍辽东。太宗时,率其族百余人来归,授牛录额真兼任兵部理事官。……顺治元年授世职牛录章京。二年迁甲喇额真。三年擢都察院参政。六年授福建漳州提督。"《海上见闻录》等文献所称的"提督",原来是漳州提督⑦。顺治八年(1651年)他在小盈岭与郑军交锋,被郑成功打得落花流水。

小盈岭一战,《台湾外纪》略谓顺治八年(1651年)辛卯十一月,"提督杨名高接王邦俊'海逆猖獗'报,统兴、泉各镇营进剿。……时冬十一月,天气严寒,名高谓诸将曰:'海贼赤脚,可乘今日冻栗击之。'遂进,遇于岭下,两相交锋,……高队大乱,死者甚多。名高退回泉州"。《海上见闻录》记为"赐姓迎之于小盈岭,大破之,追至马厝巷,名高仅以身免"。

《清史稿·杨名高传》记杨名高任"漳州提督"后,是顺治七年才开始到大田、永安、延平(今南平)一带进剿王由模的反清势力,"寻又率师徇邵武"。关于小盈岭之战,却说成"(顺治)九年,郑成功自厦门陷永(原书作'长'字)春、漳浦、海澄、南靖诸县,以二十余万人寇漳州,屯凤窠山。名高督兵击破之,成功退屯海澄,所陷诸县皆复。寻复出,陷漳州及所属诸县"。显然以"寻复出,陷漳州及所属诸县"来粉饰清军在小盈岭的败绩。不过,此事过后,"给事中魏裔介劾名高怠玩,下总督佟岱按治,坐夺官,寻卒"。像杨名高如此庸将,《清史稿》居然有传。

五、固山金砺

金砺,《海上见闻录》等作固山金砺,《先王实录》等有时又称金固山砺、金固山。《清史稿·列传十八·金玉和传》所附的"金砺传"载"金砺,辽东人,明武进士,为镇武堡都司。初降,授甲喇额真,予世职三等副将",历任梅勒章京、隶镶红旗甲喇额真。顺治元年入关,攻略山西、湖南等地,擢固山额真、进世职一等阿达哈哈番。顺治二年"六月,授平南将军,镇浙江。遇恩诏,加拖沙喇哈番。明鲁王以海及其臣阮进、张名振屯舟山,砺与梅勒章京吴汝玠等率兵自宁波出定海,会总督破获进于横洋,遂克舟山,名振拥以海出走"。满族语固山即"旗",额真即"主"之意。《清史稿》载,金砺入闽时为"固山额真","进世职一等阿达哈哈番",而《海上见闻录》称"统兵"。据《清史稿·职官志》:"顺治四年,阿达哈哈番一等称外卫指挥副使,再一拖沙喇哈番,称外卫指挥使,正三品。"因此,金砺的官职相当于总兵。

顺治九年(1652年)金砺率兵入闽后,锐不可当。故郑成功的保卫海澄一战,是起师以来最惨烈的一次战役,金砺率领直、浙马步数万,兵力之多之强,亦前所未有。明郑文献关于顺治九年、十年这两年清郑之间的战事,皆有实录。如《海上见闻录》载,永历六年(1652年)"九月,清统兵固山金砺领浙直八旗满兵及汉军共万余骑入闽来援,至泉州驻扎养马。二十六日,赐姓解围,退扎古县,据险以待。固山由长泰入漳。十月初三日,固山率满骑冲营。是早,西北风盛发,火箭火炮皆被风打回,对面昏黑,满兵乘烟冲突,诸营溃散"。永历七年条载:"四月,金固山吊集水陆官兵船只欲攻海澄。……二十八日,金固山扎营祖山头。……初四日,金固山率马步数万扎营天妃宫前,安大小铳炮数百号,日夜连击不停,木栅崩坏,官兵多被击死。……初六日黄昏,满兵大放炮铳,连夜不绝。……(郑军)甘辉截击之,擒斩无遗。金固山精锐尽丧,连夜逃回。"分明是金砺大败而归,而《清史稿·金砺传》却颠倒黑白,说成是"(顺治)九年,郑成功攻漳州,命砺率师赴援。至泉州,成功退屯江东桥,砺自长泰进屯漳州城北,分兵万松关为犄角。七战皆胜,漳州围解,海澄、南靖、漳浦诸县悉定",《清史稿》所言,可全信乎?

六、 世子王济度

济度是顺治十一、十二年(1654~1655年)受命率师由京入闽,对郑成功实施剿抚并举策略的清军统帅,也是郑成功起师后所遇级别最高的对手。《先王实录》称之为"伪世子"、"乌金世子",《海上见闻录》称之为"世子王",《台湾外纪》称之为"贝勒世子罗托"、"贝勒",《闽海纪要》称之为"定远大将军庶子王"、"贝子王",黄宗羲《郑成功传》称之为"定远大将军庶子王"、"庶子王"等,这些都是明郑一方对济度一人的种种称呼。

《清史稿·列传二·庄亲王舒尔哈齐传》附有《济度传》,载:"简纯亲王济度,济尔哈朗(按:清太祖努尔哈赤之侄)第二子。初封简郡王。富尔敦卒,封世子。十一年十一月,命为定远大将军,率师讨郑成功。十二年九月次福州,久之,进次泉州。十三年六月,成功将黄梧、苏明、郑纯自海澄来降,移军次漳州。俄,成功犯福州,遣梅勒额真阿克善等赴援,击败之,斩二百余级。复击,斩其将林祖兰等,夺其舟十有四。又分兵攻惠安、闽安、漳浦,获舟数百,斩二千余级。十四年三月,师还,上遣大臣迎劳芦沟桥,始闻郑献亲王之丧,令人就丧次。上临其第慰谕之。五月,袭爵,改号简亲王。"

济度与顺治皇帝为堂兄弟辈,曾受封世子。所称的"庶子王"、"贝子王"等皆非。《先王实录》对济度在闽南的行事,有简洁明了的记述:永历九年(1655年)五月,"报:清朝增兵入闽(按:原书作'关'字),欲与伪世子会攻思明。藩令各饷官并各统镇官兵回扎漳州"。十月,世子王致信郑成功,愿为力保,劝其议和。得到郑成功的婉拒。同年九月,"省报:乌金世子统率新到满汉三万到省，扎扰民居养马，并吊本省兵马，一齐窥犯思明州。……虏世子至泉州，又发札谕，直书藩名来，藩不答；复令郑学士到白沙见定国公而回"。同年十月，"……思明并空，伪世子颇知之"。永历十年四月，"虏世子吊各澳船只，令韩尚亮统领水师船只，欲犯思明，自统陆师屯扎石井，寇攻白沙城。藩又令兵民家眷搬移过海，调遣水陆官兵，碁布待敌。虏水师分作三宗来犯，……十六日，虏师齐出泉港来犯，……（清军败绩，郑成功）将降虏割其耳鼻，放回见虏世子，谕令毋得轻为动兵。世子亦叹服渡海之难，收军回泉"。永历十年，"八月，藩驾北征。我师既入省界，虏世子尽吊赴省"。同月"二十六日，虏水师大小五百余船进犯舟山。……（郑军）大败虏船。虏随退回，我师全胜，回舟山。二十七日，虏又令舟师来犯，（郑军没能取胜）"。同年十月"初六日，伪世子发兵将袭攻铜山，由诏安大铲渡载过江，被……击杀无遗"。同年十二月，"藩监师进取罗源、宁德等邑，……虏探知赴援，遣梅勒章京阿格商、巴都、柯如良等带真满马步数千，尾后牵制"，同月二十九日，在护国岭被郑军杀败。

济度的招抚诱降被郑成功识破为"诈力"，没有得逞；水陆战场也以失败告终，只好于顺治十四年（1657年）三月退兵。顺治皇帝还派遣大臣到芦沟桥迎接、慰劳，可见清廷对济度这次入闽的重视，非比寻常。

七、阿克善

阿格商，《清史稿》作觉罗阿克善，《清世祖实录》作阿克善，《小腆纪年》作阿克襄，郑氏诸文献多作阿格商。

《清史稿·列传二十九·觉罗果科传》附有阿格商的传略，载"觉罗阿克善，满洲正黄旗人，景祖兄索长阿三世孙。事太宗，授甲喇额真"，又载其于"（顺治）十三年，从郑亲王世子济度讨郑成功。师次乌龙江，水险不可渡，乃间道趋福州，分兵令牛录额真褚库先驱，击成功，署巴牙喇纛章京伊色克图击成功舟师，遂至福州。谍言成功舟三百泊乌龙江，阿克善等水陆合击，逐敌至三江口，斩其将林祖兰等，俘获其众。十四年，成功兵侵罗源，阿克善督兵赴援，力战死之"。

关于郑军在护国岭打败清军、击毙清将阿克商的时间，《先王实录》等明郑文献皆记为永历十年，也即顺治十三年（1656年）的十二月下旬。《海上见闻录》甚至认为"是役也，阿格商最骁勇，而巴都、柯如良等皆善战，及战没，满兵为之夺气。于是抚事不成"。唯独《清史稿》和黄宗羲《郑成功传》作顺治十四年，未知孰是。

八、达素

清将达素于顺治十七年（1660年）率兵围剿据守在金、厦两岛的郑军，可谓是郑成功复台前事关生死存亡的一次决战。

有关明郑的几部文献都有这样的记载，是年正月二十一日，"虏酋达素头站兵马至福省"⑧。同年"三月，将军达素到泉州，会总督李率泰、提督马得功、海澄公黄梧，就泉、漳各港之石码、海澄造鸟船、熕船，捣剿两岛。又知会两广总督李栖凤、碣石总兵苏利、南洋总兵许龙、饶平总兵吴六奇。又调宁波、温、台各港船齐下"⑨。五月，"初十早辰时，漳港房船大小四百余号，乘潮直犯圭屿。……（清郑海上激战，清军大败）达素只率陆师回福州，会议再犯"⑩。这一仗以清军惨败告终。然而，《清史稿·列传二十九·达素传》对此只字不提。该传略说："达素，章佳氏，满洲镶黄旗人，先世居费雅朗阿。……顺治元年，从入关。"又说："（顺治）十六年，郑成功内犯江宁，授达素安南将军，同固山额真索巴浑、巴牙喇纛章京赖塔等率师赴援。至则成功已败走，移师赴福建。十八年，召还。"好像根本就没有奉命围攻郑成功而被打败的事。

事实上，《清史稿》为顺治十七年有功或战死在厦门的八旗将领所立的传，已经暴露了这段抹杀不了的史实。如《列传十三·觉罗拜山传》说，拜山于"顺治十七年从安南将军达素徇福建讨郑成功，攻厦门，死之"；《列传十五·满达尔传》附载的"阿哈丹，……从征福建，击郑成功厦门，战死"；《列传十七·康喀勒传》附载的"和托，……顺治十二年以三等侍卫署甲喇额真，从征舟山，破郑成功兵于泉州。顺治十六年（按：应为十七年）从达素进攻厦门，皆有功"；《列传十七·萨弼翰传》附载的"哈尔弼，……从击郑成功，战厦门，没于阵"；《列传二十九·达素传》附载的"赫特赫，……（顺治）十六年（按：应为十七年），以甲喇额真从讨郑成功，攻厦门，战死"；《列传四十五·杰殷传》附载的"杰都，……顺治十六年（按：应为十七年）以巴牙喇甲喇章京从将军达素徇厦门，破郑成功舟师"。此外，还有《列传二十九·噶达浑传》附载的讷青，《列传四十五·珠满传》附载的额赫玛瑚等等，都是顺治十七年跟随达素进攻厦门的八旗麾下。

如果再阅读下去，还可以在《清史稿·列传二·庄亲王舒尔哈齐传》所附的《洛托传》中发现："洛托，……（顺治）十七年命为安南将军，征郑成功，大破之。"《列传二十五·车克传》也发现，"车克，……（顺治）十六年，命赴江南督造战舰。十七年，命与安南将军宗室罗托（按：即洛托）率师驻福建，防郑成功"。可见，指挥进剿郑成功的在陆路方面不止达素一人，还有同为安南将军的宗室洛托。除此之外，我们还在《清史稿》读到在舟山集结水师、准备南下合剿的还有另外一个安南将军明安达礼。《列传十五·明安达礼传》载:"明安达礼,……(顺治)十五年命为安南将军,帅师驻防荆州。十六年,……(郑)成功引入海。上命明安达礼移师舟山。十七年,召还。"这说明顺治十六、十七年,明安达礼率水师驻防在舟山。正好《先王实录》永历十四年(1660年)四月初九日有这样一条记载:"据探报称,顺治伪旨:令明房统水陆马兵,会合吴淞宁绍温台战船五百余号,直抵思明合师。……明房初十在武林带披挂二千余,杭省满汉俱到舟山取齐。"据陈碧笙先生考证,这个"明房"即明安达礼,一作明安达理。幸亏郑成功及早做好战略部署,派林察、萧拱辰等领水师"泊刘五店,遏止围头清船"。如果让明安达礼率领的舟山水师进入厦门港合剿,郑军能否取胜就很难说了。

明安达礼和洛托虽然被明郑文献所忽略,但宗室洛托在厦门还是演绎了一个"顺治被炮毙于赟笃港"的传说。另一个传说是"达素战败回福州吞金自尽",它还被记录到《海上见闻录》、《闽海纪要》和黄宗羲《郑成功传》等研究郑成功的重要文献里。事实是顺治十八年达素回到北京,"康熙八年(1669年),鳌拜败,达素为所引,用坐罢官。寻复世职,卒"。《清史稿》的记载当为可靠。

本文载于《郑成功研究》,2015年第9期,泉州郑成功研究会编。

注释:
①⑤《海上见闻录》。
②④⑨《台湾外纪》。
③⑥⑩《先生实录》。
⑦陈碧笙先生《先王实录》则注为"福建陆路提督"。
⑧《先王实录》、《海上见闻录》。

鼓浪屿历史文化研究

鼓浪屿建筑风貌的发展过程

鼓浪屿的风光绮丽、明媚，气候宜人。1.78平方公里的岛上山丘高低起伏，与奇峰突兀的日光岩顾盼成趣。花树掩映之中，各式各样的建筑物错落有致，百态千姿。这里有典型欧美风格的楼房堂馆，有融合中西式样又带有东南亚情调的别墅第宅，也有闽南传统格调的大厝群落。即使寻常的民居楼屋，也多少显现出欧美和东南亚建筑艺术菁华。自然景观与人文景观在这里交相辉映，引人入胜。因而，鼓浪屿历来有"万国建筑博览会"之美誉。

社会历史的发展必然在与人类生存、生活关系最为密切的建筑身上留下既丰富又深刻的文化痕迹。多年来，鼓浪屿从封建的清政府统治下的一个岛屿、一个保，逐步沦为帝国主义列强国家鲸吞蚕食的半殖民地，再而陷入十几个列强国家共同统治的殖民地深渊。外国侵略者涌入鼓浪屿占地建造领事馆、教堂和海关、洋行的公馆。20世纪二三十年代，许多东南亚的华侨、侨眷和当地富商也纷纷在岛上建房置宅。鸦片战争以前遍布岛上的闽南传统民居日渐倾圮，最后所剩无几。百年沧桑弹指一挥间，一部中国的近代历史仿佛就浓缩、凝固在鼓浪屿的建筑风貌之中。根据近代厦门的历史发展脉络，今日鼓浪屿建筑的由来基本上可以划分成三个不同的阶段。

一、鸦片战争以前的鼓浪屿建筑

唐代厦门开发之初，有陈氏先民于建中二年（781年）举家300余口迁居岛上，"始登岸，宫室未建，托足茅舍"[①]。可见当年厦门的开拓者初上岛时，住的就是后代闽南人常称的那种"草寮"。宋、元时期闽南社会经济有了长足的发展，南宋时嘉禾屿（厦门岛）已住有居民千家。[②]九龙江口的嵩屿、海沧以及就近沿海地区已陆续有人渡海到鼓浪屿过着半渔半耕的生活。近年来，考古人员在同安、海沧和东孚一带普查，发现许多宋代窑址，证实宋代厦门周边地区烧陶制瓷业颇为发达。可以说，在建筑方面，砖、瓦的使用已相当普遍。1990年鼓浪屿首次出土大批宋代窖藏古钱，现场同时发现有许多碎块红砖、筒瓦。烧制石灰的牡蛎壳和花岗岩以及木材，厦、鼓一带亦都具备，可以相信宋、元时期这里的民居大部分是用砖石和木材建造的瓦房。

厦门博物馆陈列一件宋代青瓷骨骸罐，系厦门岛上出土文物。其上刻画着一座庑殿顶建筑物的正立面图，其鸱尾装饰富有典型唐五代的特征，屋角起翘，两根大柱上有双叠斗拱，仿佛现存唐代山西五台山南禅寺的式样。它说明宋代厦门建筑的式样和风格已接受中原各地的影响。元代天历二年（1329年），李正子叙厦门五通孙氏族谱《柳塘记》时说，宋初建隆年间（960～963年），孙氏在五通已建有迎董楼、四友轩、洗心亭，并广植桃李在方塘周围。南宋理学家朱熹也提到厦门岛上的"桃李薛公园"，从而可知宋元时期条件好的厦门人家居已开始园林化。目前，厦、鼓两岛已找不到宋元时期的建筑遗迹。

明代，特别是清代的民居在闽南地区尚有保存，它们基本上是瓦木结构的庭院式平房。这两个朝代民居的质地、格式和平面布局无大差异。地基多用块石或碎杂石砌成，墙体从地面至窗台部分多用条石或块石叠砌，窗棂和窗框用琢平的石条装榫而成，墙体上多数用"土角"（土坯）叠砌或三合土夯筑，清代也有砖甓叠砌再抹以灰泥。平屋的屋顶多数采用坡形双倒水斜面，屋脊两端伸突"龙凤须"，以显示大厝的壮姿。平面布局有单庭院的一厅两房或一厅四房，称为"一落"；也有二合庭院、三合庭院、四合庭院甚至七合庭院等复合整体，俗称二落大厝、三落大厝、四落大厝和七落大厝。多数厅前两侧都连建有两"伸脚"（或称东西厢），平屋主体的左、右两侧再建两列分别朝向平屋的平房，俗称护厝。它与平屋主体之间隔有天井，有回廊相通。落与落之间的庭院或天井（俗称浸井）与护厝的天井均为砖、石铺地。天井内通常有一口井，稍植花木或叠造假山、池榭等园艺。

明代中、后期倭患弭平，海禁开放，厦门的海上贸易渐次繁荣。万历五年（1577年）有西班牙人到过厦门，后来在 *Mondoza* 一书记述他看到厦门"全部房屋的地基以白灰和石块填实，墙壁用白灰、土和砖筑成。住屋里面十分精致，有个大天井"③。到了天启年间（1621～1627年），厦门已是"朱提成岳，珍巧如嵩。醽醁如淮，肴品若崧。俳优传奇，青楼侑觞"④，一派辐辏奢靡的港口景象。许多人在从事海商贸易时获得利益，便相继在中左所城周围至鹭江道滨海港口一带建造私宅，一时"民居稠密"⑤。当时的文人池直夫在《玉狮斋记》里自称自己的家居虽然僻小，但有三个以丈计的厅，两个天井，四个房间八面窗。看来是相当不错的"三落大厝"。

鼓浪屿至今未发现明代民居建筑。明成化十二年（1476年）曾有"鼓浪屿人黄荡"考取贡士。明代贡生"县学间岁一人"，非常荣耀，很可能也会有和天启举人池直夫一样的家居。明末天启年间鼓浪屿曾兴起建设的高潮，老百姓拼命在山上滥采石头，池直夫有诗反映其事，说是"一日凿一卷，十日成一窟。造砌及修碑，尽在此中伐"⑥。他自己也在日光岩麓筑造了一处名为"晃园"的园林住宅，过着隐居的生活。

明代天启年间的《黄振山墓志》记载当时鼓浪屿内厝澳有"种德宫"。现在该遗址尚保留一小部分石构件，计有花岗岩圆柱，长 265 厘米，直径 35 厘米；花岗岩方柱，长 190 厘米，边长各 30 厘米；此外还有每边长达 76 厘米的六棱柱形的大柱础，可以推测当年的庙宇已有相当规模，建筑技术也颇有特色。

现今保存较为完好的清代"大厝"，当为鼓浪屿中华路 23 号、25 号，及其后面的海坛路 33 号、35 号的"四落大厝"。其外围有粉墙，正门建有木结构亭式门斗。墙内砖铺的天井植有花木。墙基条石均以精雕细刻的花草图案装饰，屋内屏风多由镂空木雕组成，想见当日的富丽堂皇。因依坡而筑，前后部分隔以 1 米左右的石砌层台。其右侧海坛路 58 号，旧称"大夫第"，现存二落大厝和两排"护厝"，从周围"伸脚"、门墙和庭院的废墟来看，当年园林式建筑占地面积相当大，其后半部"竹林精舍"已被改作他用。"大夫第"内天井的铺地砖有波涛纹的浅浮雕，既美观又有防滑的功能。这组民居的前面隔着一条道路就是市场路 66 号的二落大厝，旧称"黄氏小宗"。据调查，上述民居均属黄氏祖业。黄氏先人勗斋公嘉庆年间因航运贸易起家致富，生有七个儿子聚居繁衍于此。按照现存房屋和废址进行分析，黄氏望族的居住范围和规模堪称当时岛上之冠。"大夫第"前庭尚存一方乾隆五十年（1785 年）黄姓族人倡修石桥的残碑，足见其历史之久远。散见于鼓浪屿岛上这种富有闽南特色的民居大厝并不很多，保存完整的更属少见。

现存清代民居大厝的建筑式样比较单一，形体和结构亦无明显差别，所不同的只是庭院组合——"落"的多少。每座民居都有各自的朝向，即使相邻者也稍有偏差，不尽相同，反映了清代以农业经济为主的鼓浪屿居民根据地形地貌择居的苦心经营，也体现了人们渴望通过"阳居坐向"的选择为自己迎祥纳吉的心理状态。在这四面临海的小岛上，"参差树影迷云壑，错落人家傍水程"。清人的诗句有助于我们对当年鼓浪屿民居风貌的理解。

二、 1843～1902 年西方建筑的涌现

1842 年，美国归正教会医生甘明（W. N. Cumming）寄寓在先他一步到鼓浪屿的传教士大卫·雅裨理家中。雅裨理借居在一座大厝里。鸦片战争之后，来到鼓浪屿的西方传教士没有马上建造住房（武装占领鼓浪屿的英军直到 1845 年才撤离）。1843 年英国首任驻厦领事就因没有住房，和侵占鼓浪屿的英军一起混在兵营里。1844 年，英国第二任驻厦领事才在鼓浪屿首次建造领事公馆。现该公馆已荡然无存，但它的确是外国人正式在鼓浪屿建造的建筑物。第二次鸦片战争之后，由于厦门港海关、港务等主权的逐步丧失，外国列强的

势力如潮水般地侵入厦门,在鼓浪屿占地建房,设立领事馆、海关税务司公馆、教堂、教会学校和医院,甚至做起地皮生意。半殖民地半封建社会的鼓浪屿成为外国侵略者为所欲为、横行霸道的地方。

现将尚存较有代表性的外国人所建的楼房堂馆,按其建造时间的顺序统计如下:

1. 英国领事馆。先租用民房,后迁建于厦门。20世纪60年代在鼓浪屿建馆,即现鹿礁路16号。

2. 英商和记洋行货栈。1845年建,现三明路1号,

3. 西班牙领事馆。1850年前后建,现鹿礁路36号。原建筑已重建,现为爱华旅社。

4. 法国领事馆。1860年建,原为观海园14号楼。

5. 厦门海关税务司公馆,又称呲吐庐(Beach House)。1860年英国人建,1865年归厦门海关。

6. 协和礼拜堂(Union Church)。1863年建,1911年翻修,现在厦门第二医院内。

7. 厦门海关副税务司公馆,又称Hillside House或Hillcrest。1865年12月购置,1923～1924年改建,现漳州路9号,观海园4号楼。

8. 美国领事馆。1865年建,1930年重建。现为三明路26号华风山庄。

9. 厦门海关升旗站。1868年建,1923年改建。现在升旗山上。现存旗杆据说乃从1876年沉没于青屿海域的外国轮船上移置。

10. 大北电报局。1869年丹麦人创建,其办公楼现为田尾路17号。

11. 英国领事公馆。1870年建,现漳州路5号。

12. 厦门海关"大帮办楼",又称Hillview。1870年购置,1923～1924年改建,现漳州路11号,观海园5号楼。

13. 日本领事馆。1875年建,1896年重建,现鹿礁路26号,厦门大学教工宿舍。

14. 毓德女学堂。1880年前后美国归正教会创办,现在观海园内。

15. 厦门海关理船厅公所,又称Sunta Elisabeth。1883年建,1914年重建,现鼓新路60号,交通部上海航道局厦门航标区办公楼。

16. 厦门海关巡灯司公馆,又称Wirrianda。1888年购置,现漳州

路 17 号。

17. 救世医院（Hope and Wilhelrnina Hospital）。原创办于福建平和县，1898 年移至鼓浪屿，现为厦门市第二医院肺科病房。

18. 怀仁女学。1900 年英国长老公会创办，现在鼓浪屿人民小学内。

19. 鼓浪屿工部局（Municipal Council of Gulangsu）。1903 年建，现改建为鼓浪屿区政府办公大楼。⑦

此外，还有一大批属于各种教会和洋行、海关等外国机构的建筑物，几乎分散在鼓浪屿所有居住环境条件最为优越的地方。

鸦片战争之前，鼓浪屿的田园宅地多为私人产业。黄姓分为紫云、锦宅等派系，在岛上"祖业"最多，民间历来有"黄山洪海"的说法。鸦片战争爆发后，腐朽的清政府软弱无能，屈服于列强的武力之下，焉能采取措施保护人民？只能睁一眼闭一眼地任凭外国侵略者直接对中国人民敲骨吸髓。外国"文明人"占据鼓浪屿的土地，其手段几近巧取豪夺。1855 年 9 月，美国归正教会传道士借口兴建教堂，勾结不务正业的黄狮、黄猪等不肖之徒，强占日光岩麓黄家的厝地。1896 年，日本驻厦领事提出要在厦门设立"专管租界"，未曾得到清政府地方当局的答应，就先以两千元白银的低价，边哄边逼地占有"五个牌"浪荡山一大片的山坡。其他如唆使不法歹徒伪造地契，引诱地方小吏为虎作伥等等手段，屡见不鲜。几十年间，鼓浪屿竟被吞噬得百孔千疮，大片土地就这样落入外国列强的口中。

外国人占地不仅仅为了建造楼房，还根据他们的生活习惯辟地大造园林和草地。因而每个名目的机构，都要占很大面积的地皮。例如：

厦门海关税务司公馆，占地 22.305 亩；
厦门海关验货员住宅及海关俱乐部，占地 16.502 亩；
厦门海关理船厅公所，占地 6.127 亩；
灯塔管理员宿舍，占地 5.257 亩；
巡灯司公馆，占地 3.425 亩；
大帮办楼，占地 12.475 亩；
海关升旗站，占地 0.293 亩。

在鼓浪屿的各国驻厦领事馆也都建置有花园，占地面积也相当大。其中：
英国领事馆，占地 3.695 亩（建筑面积 2377 平方米）；
美国领事馆，占地 9.523 亩（建筑面积 1173 平方米）；
法国领事馆，占地 7.366 亩（建筑面积 2050 平方米）；
日本领事馆，占地 5.198 亩（建筑面积 3753 平方米）；

荷兰领事馆，占地 2.658 亩（建筑面积 441 平方米）。⑧

外国列强势力还在鼓浪屿有限的土地上炒起房地产。1901 年，英华书院以 15000 银元的高价向英商德记洋行购买"荔支宅"（今鼓新路杨家园附近）的旧洋房做校舍。1907 年台商林鹤寿亦以重金向英商和记洋行购地建造八卦楼。甚至 20 世纪 30 年代黄奕住建私宅时，也是向德记洋行买地。

此外，外国列强势力还根据自己的需要，在鼓浪屿拆房划地，修筑道路。厦门市博物馆陈列一幅 1868 年的鼓浪屿照片，可以看到当时岛上只有些简陋的乡村土路。后来有一个在鼓浪屿布道的教士约翰·麦高恩（John Macgowan）居然埋怨"过去十年（指 1882～1891 年）里……中国人不以筑路为业，结果是尽可能多地把这一职业留给自然"⑨。实际上在 1878 年，侵入鼓浪屿的列强势力已经勾结起来，擅自组织一个"鼓浪屿道路墓地基金委员会"，断断续续修筑了各主要外国机构、公馆之间以及通往渡口码头的道路。到了 1901 年，岛上交通道路已基本畅通。当时的海关税务司习辛盛（C. L. Simpson）说："外国人的住宅遍布岛上。外国人需要良好的道路。这里平展的道路已经修成……沿着路边栽种树木。"⑩

19 世纪下半叶，随着帝国主义列强对华侵略的日益加剧，中国的社会经济日趋萧条，民生凋敝。鼓浪屿也不例外。由于外国列强势力肆无忌惮地掠地、建房、筑路，岛上老百姓的民居毁多建少。原来错落在鼓浪屿的闽南传统民居逐步被拆除破坏，已无往昔的景象。加上这段时期，厦、鼓一带还受到几次强台风的袭击，瓦木结构的古老民居不堪摧残，真是"屋漏偏逢连夜雨"。

1843～1902 年的 60 年间，体现中国特色的闽南民居大厝在鼓浪屿继续保留，但由于上述原因，数量正逐渐减少。外国列强势力和少数中国人建造的比较纯粹西洋建筑风格的楼房堂馆大量涌现，颇有后来居上之势。这两种代表不同文化、形体和结构以及色彩和装饰也截然不同的建筑群体同时混杂在鼓浪屿这小小的岛屿上，形成很不协调的建筑风貌。但这正是近代中国半殖民地半封建社会的一个写照。

三、20 世纪二三十年代鼓浪屿的建设高潮

明清之际，由于泛洋通商的兴盛，闽南人的足迹逐步遍及东洋西洋，厦门也由此渐渐成为我国东南沿海的一个通洋口岸和华侨出入的门户。清初政局相对稳定，社会经济繁荣，"厦门准内地之船往南洋贸易，其地如噶喇吧、三宝垄、实力、马辰、咮仔、暹罗、柔佛、六坤、宋居朥、丁家卢、宿雾、苏禄、东埔、安南、吕宋诸国"⑪。不少人趁经商之便就在当地居留，繁衍生息。清代中期以后，封建政治日益腐败，危机四伏。鸦片战争之后，清政府接连割地赔款，从而加重了人民的负担，加速农村经济走向破产。闽南沿海的人民出洋

寻找生路自然更成风气。

19世纪下半叶，帝国主义国家对东南亚诸国的殖民瓜分形成高潮。如菲律宾最初是西班牙后来是美国的殖民地，印度尼西亚长期以来是荷兰的殖民地，新加坡和缅甸为英国的殖民地，越南为法国的殖民地等等。中国移民初到那里多半从事农业垦殖和手工业生产，经过长期的艰苦创业，终于扎下根来。到了19世纪末期，少数靠勤俭起家、事业有成的华侨衣锦还乡。1891年海关税务司许妥玛说："成千上万贫困阶层的人移民国外，他们中有一定比例的人又回来。……在本口岸（指厦门）的邻近地区，到处可以见到一些成功者的华丽住宅。"不过他又认为这些"携带致富财产回来的移民比例极小，远远不能给厦门邻近地区的面貌和特色带来明显的变化。"[12]

如上所述，近代以来鼓浪屿建筑风貌出现中西文化不和谐的共存格局，西式洋房渐趋发展之势。19世纪末到20世纪初年，那些华侨成功者的"华丽住宅""比例极小"，年代已久，目前尚无法确认它们是何种建筑式样。在初步调查的过程中，我们却发现这一时期一批内渡大陆定居的台湾爱国人士的故居旧宅基本上是西洋建筑。台湾著名的林本源家族最有代表性。1895年清政府被迫根据《马关条约》割让台湾。是年，林本源家族的林维源、林尔嘉父子举家迁居厦门，最初在那里买大厝居住，不久便迁到鼓浪屿，向外国人购买"巨大花园洋房"[13]，即今鹿礁路113号的林家公馆。家族成员林鹤寿亦在鼓浪屿购置一所洋房（今中华路1号）。同一时期的台湾诗人林鹤年（氅云）亦在林家公馆毗邻建造"怡园"别墅（今福建路24号）。从这些旧居的现状看，当年都是相当漂亮的欧式楼房。当时寓居在鼓浪屿的台湾人士还有林朝栋、施士洁、许南英等。晋江诗人陈棨仁乐以和这些文化人为邻，还向外国人租房子住。有诗写道："峭楼直上接清虚，旧是欧西沽客居。"[14]

这一时期，鼓浪屿的西式洋房绝大部分是外国人建造的，但也有小部分是中国人的产业。可能许妥玛说的"华丽住宅"即在其中。不仅台湾诗人林鹤年"内渡筑园"[15]，一些洋行的华人买办也在岛上营造住宅或租用洋房。岛上既有建于光绪丁酉年（1897年）的"雷厝"（今中华路97号）那样的闽南民居大厝，也有"泰利船头行"公馆（今鼓新路40号）那样带有花园的欧式洋房。该洋房因1903年曾经作为鼓浪屿工部局的临时办公地点，可以确定它至迟建成于1902年。这些都说明西洋建筑的优点正在开始被住惯传统民居大厝的人们所接受。

20世纪二三十年代，厦门市政建设出现史无前例的高潮。1843年厦门被迫开放为通商口岸以后，航运业和对外贸易迅速发展。然而厦门岛地狭人稠，民居拥挤，街巷窄小，河池塘沼遍布市区。1920年的统计材料表明，当时市区面积 5180 亩，合 354 万平方米，河、池便占有 52 万平方米。[16]居住环境和交通条件显然已妨碍港口城市的发展。民国九年（1920 年）春，厦门地方人士林尔嘉、黄奕住、洪晓春等人倡议开山填海、填池造地，改造旧城面貌，同时发动海外各埠华侨和本地殷商巨贾投资建设。政府当局成立"厦门市政局"，负责规划设计和施工。一时广大华侨和当地富商都纷纷踊跃购地建房。1929~1932 年的五年间，厦门市区新辟十数条正规道路，新建民房 5349 座。基本上完成了现在厦门旧城区的格局。许多华侨和富商同时也将鼓浪屿这个风景优美、空气清新又无车马喧闹的小岛视为最理想的生活居住区，因而在厦门市政建设的同时，鼓浪屿也形成建设的热潮。

1903 年，帝国主义列强国家设立了工部局，使鼓浪屿沦为他们共同统治的殖民地。凡在"公共租界"内需要建造或修缮房屋者，一律要向工部局申请、缴税。据工部局的年度报告书统计，二三十年代 10 余年间，仅华侨、侨眷就已投资建造了 1014 幢楼房。[17]此外，鼓浪屿也进行填海填河工程，以拓展土地兴建房屋。今龙头路主黄家渡一带原是海湾，1924 年填海造地后新建了 130 多座楼房，大部分用作商业店铺。[18]1926 年再次填海扩地，越南华侨黄仲训遂在那里筑造黄家渡码头，1928 年竣工。

经过 20 世纪二三十年代的大规模房屋建设，鼓浪屿大体上形成了"万国建筑博览会"的风貌。据《厦门市房地产志》记载，这段时期厦门、鼓浪屿的房屋建筑，资金的 75% 属于华侨和侨眷。按照华侨的数量，鼓浪屿的资金比例应该会更高一些。以目前鼓浪屿房屋的数量分析，当时华侨、侨眷所建造的别墅住宅约占六七成之多。20 世纪初之前的那种中西风格不协调的建筑景观，至此被折中中西建筑艺术、形体式样各异的东南亚风格的建筑群体所包容。一方面是，除了若干庙宇和小部分祖业大厝外，在这场大规模的建设高潮中闽南特色的建筑几乎所剩无几，而且从此再无人新建这种民居大厝了。另一方面是，这个时期建造的西洋风格的建筑和东南亚风格的建筑互相影响，形成颇具特色的鼓浪屿建筑和谐的新风貌。

这里对这个时期所建造的一部分代表性建筑物，进行分析研究。

一、东南亚风格的建筑物

20 世纪二三十年代鼓浪屿的华侨中，来自菲律宾（吕宋）的最多，其次为缅甸和印尼。他们建造别墅私宅的用地大多是购拆旧大厝（包括空地），或向外国房地产商购地。不少建筑物直接采用业主从各自侨居国带回来的图纸，甚至连主要建筑材料也从侨居国运来。于是，融合英、美、法、荷和西班牙等西方国家的建筑特色并吸收某些殖民地国家原有的建筑特点，形成了具有东南亚风格的洋房建筑。这些建筑大量地涌现在鼓浪屿岛上，并成为其建筑风貌的基调。现在保存比较完好的有李清泉别墅（1926 年建，旗山路 7 号）、黄荣远堂（1920年建，福建路32号）、西林别墅（1925年建，永春路73号）、许汉私宅（另称"知足山庄"，建于1930年，笔山路9号）、许经权私宅（另称"番婆楼"，安海路36号）、美园别墅（建于1925年，鹿礁路7号）、黄赐敏别墅（另称"金瓜楼"，建于1925年，泉州路99号）、陈文良私宅（1918年建，晃岩路38号）、宜园别墅（又称"时钟楼"，建于1930年，安海路55号）、杨忠权别墅（另称"杨家园"，建于20世纪30年代，鼓新路31、32号，安海路4号）、李家庄私宅（建于1930年，漳州路38号、42号）、郭春秧私宅（建于1910年，晃岩路72号）、伍乔年私宅（建于20世纪20年代，港后路18号）、汝南别墅（1935年建，鼓新路18号）等等。其他私宅、别墅比比皆是，不胜枚举。

值得注意的是个别华侨所建的房屋相当注意突出中华民族特色。印尼华侨黄念一的"海天堂构"（福建路40号）内由五幢东南亚风格的大洋楼组合而成。其门楼的重檐屋顶、斗拱、门柱和柱础等均仿自我国古代宫殿式样，钢筋混凝土结构配以西式大铁门，其前原置有一对大石狮。该楼院正中的主体楼房，据说原来为黄氏宗祠。它的建筑形体、门窗廊道具有典型的东南亚风格，但其屋顶却采用中国古代重檐歇山顶的形式，四角起翘，体现着炫耀性但又不失庄重，显得非常和谐。类似风格的建筑物还有内厝澳的"吴氏宗祠"等处。有学者认为，这正是海外华侨的爱国感情在建筑方面的具体体现。

20世纪二三十年代华侨、侨眷在鼓浪屿所建造的这一大批建筑物，据初步综合分析和比较，具有以下几个特点：

1. 大部分为二三层的砖混建筑，外墙采用清水砖砌成，无地下室。而在此之前鼓浪屿的西洋建筑多数为一二层砖木建筑，外墙广泛采用砖砌、外抹灰泥，有地下室。

2. 建筑物正立面或两侧多数有宽敞的走廊，正面走廊中间有较大的半圆状突出部分。因为东南亚诸国地处热带，这样的建筑形式有遮阳、隔热和避雨的功能。而从前的西洋建筑虽然正立面有的有走廊，但是基本上没有突出部分。

3. 建筑物周围园地较小，有围墙，绝大部分别墅和私宅都建造有高大而富丽的门楼。这数百幢造型各异的门楼景观又是鼓浪屿建筑的另一特色。在这之前的西洋建筑虽然园林草地较大，但无门楼，门口差不多都分立一对矩形的花岗岩方柱。

4. 地板多铺设花纹瓷砖，在此之前以木板为主。

5. 出现若干对建筑形状、结构一致的"兄弟楼"、"姐妹楼"。非但往日没有过，即在其他地方也很稀罕。

二、西洋或仿西洋风格的建筑物

外国列强的国家机构或私人20世纪上半叶在工部局羽翼下,加紧建房筑宅。现在保存比较完好的西洋风格的建筑物大半建造于这个时期。其中有代表性的建筑物有天主教堂(1916年西班牙人设计,鹿礁路34号)、汇丰银行厦门分行经理公馆(20世纪20年代英国人设计,漳州路20号)、海关验货员住宅楼(俗称"五桷仔",1923年英国人设计,中华路2号)、汇丰银行厦门分行办公楼兼金库(20世纪初英国人设计,鼓新路57号)、万国俱乐部(又称乐群楼,外籍工程师设计,观海园26号楼)、安达银行(曾为荷兰领事馆,20世纪30年代荷兰人设计,中华路5号)、美国领事馆(1930年美国人设计翻建,三明路26号)、西班牙人住宅(原电灯公司营业处,20世纪20年代西班牙人设计,福建路46号)、毓德女中(原厦门市外国语学校,1934年美国人设计,漳州路34号)、百友楼(现厦门第二中学图书馆,1936年英国人设计)等等。田尾、港仔后等处这种各国情调、风格的建筑物尚有不少。

此外,中国人仿西洋风格营造的别墅住宅数量也很多。从19世纪下半叶西洋风格的建筑出现在鼓浪屿岛上以后,其美观适用的特点逐渐被中国人所认识并接受。同时,有一批本地的工匠在从事西洋建筑的过程中,也逐步掌握其建筑工艺。20世纪初,某些工匠甚至已经能够独立设计和施工。因为建筑营造业的行情看好,一些中国人遂到国外学习这门技术。美国"万国建筑函授学校"也来华招录学生。因此,20世纪二三十年代,既可聘请到外国和本地人到外国学成归来的建筑师,也可以聘请到本地的土工程师。他们仿自西洋建筑的作品往往掺和了个人的爱好和生活习惯,大胆地折中处理;有些建筑物采用西方建筑的外观,然而布局结构却是闽南传统民居的"四房一厅";有些建筑物的窗饰则采用中西兼有的花饰,比东南亚风格的房屋还繁杂富丽。除了富有的中国人建造的别墅住宅外,本地房地产建筑商和部分中产阶层营造的楼房数量较多,但是它们多数从实用价值出发,合古今中外一炉而铸之。从建筑物质量和艺术风格而言,这些也许可以算是鼓浪屿建筑的特色。中国人仿造的西洋建筑,主要有观海别墅(20世纪20年代建,田尾路17号)、黄家花园(20世纪30年代初建,现鼓浪屿宾馆)、安献堂(1934年中国工匠设计建造,原为美华中学,现为厦门市音乐学校)、观彩楼(20世纪30年代初荷兰人设计,笔山路6号)、黄祯德私宅(约1930年美国人设计,鼓新路48号)、林尔嘉公馆(20世纪20年代法国人设计,鹿礁路113号)、殷雪圃私宅(20世纪30年代留德建筑师设计,鸡山路16号)、林屋别墅(20世纪30年代留美建筑师设计,泉州路82号)等。

这一时期,在鼓浪屿建造的西洋和仿西洋风格的建筑形体不一、风格各异。但总体看来,已糅合了东南亚建筑的某些优点。无论从外观或内部结构来看,19世纪后半叶鼓浪屿岛上比较纯粹西洋风格的建筑特点渐不明显。唯独这种西洋或仿西洋风格的建筑物仍没有建造门楼，但楼舍旁边多建有收储雨水的有盖水池。

在近代，随着厦门港口城市的形成与发展，鼓浪屿的居民增多，商贩业逐渐繁荣。20 世纪二三十年代兴起建筑房屋高潮的同时，鼓浪屿的商业街道也应运而生，商住两用建筑物沿街而起。印尼华侨黄奕住独辟日兴街商业街，街道两边的建筑物都建有"骑楼"，龙头街最为繁华，"福恒发"酒楼、中南银行、洞天旅社等建筑各具特色。1932 年，比较规范的菜市场也建成使用。只是商业区域范围小，经营的项目以日用小商品、杂货和服务行业为主。因此，店面开间一般较小，楼下开店楼上或阁楼住人。这些富有近代东南亚风格的商业建筑群点缀在带有异国情调的建筑风貌之间，倒也十分适宜。

在 1937 年抗日战争的前夕，鼓浪屿建筑的风貌已基本定型。1938 年 5 月 10 日，日军侵占厦门，日寇飞机的轰炸使岛上一部分建筑物遭受破坏，内厝澳一带有些华侨的住宅楼房被夷为平地。1941 年 12 月 8 日，鼓浪屿沦陷，在日本侵略者残酷的统治下，人民生命难保，建造安能安身之处？嗣后，整个解放战争期间，鼓浪屿的建筑业几乎处于停顿状态。美国人夏礼文在升旗山建造住宅（1947 年建，现厦门气象台招待所）是极个别的现象。

党的十一届三中全会以后，鼓浪屿建筑进入了新的振兴时期。1984 年，党中央决定厦门经济特区范围扩大到包括鼓浪屿在内的厦门全岛。地方政府从客观实际出发，制定了以发展旅游业为龙头的一系列有效规定和措施。园林、建筑景观和所有旅游环境的建设和保护日益受到高度重视。十多年来，岛上新建了皓月园、琴园等一大批具有时代风貌的园林。差不多所有的中、小学校舍改建一新，危房和旧房的翻建工程正在开始；新的居民住宅大楼接二连三地完工投入使用；旅游环境中的绿化、卫生和交通等工程也都取得令人瞩目的成效。相信不用多久，鼓浪屿就会有一幅更美的建筑景观画卷呈现在我们面前！

本文载于《鼓浪屿建筑艺术》，天津大学出版社，1997 年。

注释：

① 《颍川陈氏族谱·南陈实录》。
② 王象之《舆地纪胜》。
③⑯⑰⑱ 转引自《厦门房地产志》，厦门大学出版社，1988 年。
④ （民国）《同安县志》卷二十五《艺文》之池直夫《大同赋》。
⑤ 《厦门志》卷二《街市》。
⑥ 《厦门志》卷九《艺文》之池直夫《鼓浪屿》。
⑦ 参阅《厦门的租界》、《厦门海关志》、《近代厦门社会经济概况》等书。

⑧参阅《厦门房地产志》、《厦门海关志》等书。
⑨《近代厦门社会经济概况》,第316页。鹭江出版社,1990年。
⑩《近代厦门社会经济概况》,第317页。
⑪《厦门志》卷五《船政》。
⑫《近代厦门社会经济概况》,第270页。鹭江出版社,1990年。
⑬陈三井,许雪姬《林衡道先生访问记录》,第6页。
⑭何丙仲注释《鼓浪屿诗词选》之陈棨仁《怡园杂咏》。鹭江出版社,1994年。
⑮林鹤年"怡园"故居(鼓浪屿鹿礁路24号)题刻碑记。

鼓浪屿音乐文化发展概述

鼓浪屿素有"音乐之岛"的美誉，其由来，乃近代西洋音乐在这个岛上与中国传统音乐交流、发展，并形成独具特色的音乐文化的过程。新中国成立以后，在党和人民政府的领导、支持下，鼓浪屿的音乐文化日益健康发展，"音乐之岛"更加引人瞩目。

一

鼓浪屿是一个充满天籁之声的小岛。其上有日光岩等六七座奇兀而俊美的岩峰和岗峦，花树掩映，周围环拥着沙滩和大海，远近与厦门岛、龙溪、海澄和大担岛等地隔海相对，天风经年吹拂鸣响，海涛日夜往复吟唱。从宋元时期至近代鸦片战争爆发这数百年间，居住在鼓浪屿岛上的人民主要以渔、农为生，过着"日出而作，日入而息"的生活，基本上处于封建的自然经济状态。平静的生活环境使古代鼓浪屿的先民得以留神海浪冲击岸礁时发出的鸣鼓之声，并以"鼓浪"为地名。在宋、元、明时期"南戏"盛行的闽南地区，鼓浪屿之得名，可谓切中这部"天籁之声"的特点。宋代，从内陆山区来到"海滨邹鲁"的理学大师朱熹，将其感受概括为"天风海涛"四个字。此后，"天风海涛"成为鼓浪屿最有号召力的广告词，一直沿用到今天。天风、海涛以及"鼓浪"，都是天籁。鼓浪屿先民生活在风景如此优美、又时刻浸淫着大自然音乐的氛围中。古人想象中的神仙生活往往有音乐之声伴随，是谓"仙乐风飘处处闻"，所以明代后期有人称赞鼓浪屿是神仙世界，题以"鼓浪洞天"。可见鼓浪屿自古以来便具备滋生音乐文化的天然条件。目前因史料记载所限，我们尚不知道明代之前，《荔镜传》是否在此"作场"，岛上先民们闲暇时如何清唱"南管"或其他地方歌谣。但是可以肯定，生活在鼓浪屿的先民对音乐的感受能力是得天独厚的。

清初，由于台湾底定、版图统一，厦门的社会经济得到恢复和发展，加上解除"海禁"、设立海关，厦门对台为主的航运贸易事业日渐繁荣。作为厦门之"辅车"和"犄角"的鼓浪屿，其社会经济状况也随之水涨船高。清乾隆年间（18世纪），当地诗人笔下的鼓浪屿已有"千家鸡犬"、"万井烟"的规模，虽然岛上基本上还是丘垅纵横的田园风光，但已出现"错落人家傍水程"的布局和风貌，而且"风樯绕岸"，湾澳一片帆樯。当时的厦门诗人薛起凤在诗中提到日光岩曾作戏场，演出戏剧，诗人倪邦良还填词赞美岛上"风清夜，仙宫月满，歌吹遍雕栏"，可见当时鼓浪屿人的音乐文化的内容相当丰富，后人无从知道当年鼓浪屿人"歌吹"的都是何种乐曲，但根据南曲在闽南地区盛行的历史分析，我们有理由推测当年遍及鼓浪屿雕栏的"歌吹"，除了南曲之外，别无其他。须知18世纪初，正当西方的巴赫将十二平均律付诸钢琴艺术的创作实践之时，大清康熙五十二年（1713年），安溪籍的大学士李光地召集的南曲高手正组团晋京演奏，被皇帝褒奖为"御前清音"，成为闽南传统音乐——南曲最为辉煌的时期。

从零星的文献史料得知，清代的厦门、鼓浪屿，民间大众喜爱南曲、锦歌等，小部分文人雅士则以品赏古琴古筝为高雅。这两种音乐活动概属于自娱自乐的形式。具有社会娱乐功能的，除佛教音乐的梵呗之声外，还有戏剧音乐。清代，宗祠庙宇常是戏剧演出的场所，观众移情于剧情的变化，也陶醉在后台音乐和演员唱腔的旋律之中。从广义上说，戏剧演出在当时的条件下就是民间组织的音乐会。乾隆年间"日光岩演剧"，当是有文字记载的鼓浪屿音乐会最早的滥觞。

关于清代厦门、鼓浪屿音乐文化活动，从当时流行的乐器也可得知端倪。清道光十九年（1839年）《厦门志·关赋略》载有当年从厦门港进出口商品的"关税科则"，其"乐器"一项列有琵琶、三弦、月琴、胡琴、扬琴、笙、大小鼓、大小木鱼、七弦琴、竹笛等。当时厦门没有乐器作坊，上述乐器显系从外地进口到厦鼓或闽南地区使用的商品。这些乐器大部分适用于南曲、锦歌等闽南地方音乐、戏曲的演奏。

二

当鼓浪屿人，或者说闽南人正沉醉于闭目坐唱南曲《孤栖闷》、流连于王昭君千古琵琶的幽怨之时，19世纪中叶，隔着重洋的欧美大陆正风靡着浪漫主义音乐，涌现出舒伯特、门德尔松、肖邦、李斯特和勃拉姆斯等大师。他们和稍早的那批被称作古典主义音乐大师的亨德尔、海顿、莫扎特、贝多芬等人的作品，几乎构成了西洋音乐空前绝后的精华。不可思议的是热衷于西洋音乐的欧美"文明"人，就在此时，却扮演着强盗的角色，明火执仗地越洋而来，用鸦片和大炮敲开清政府统治下中国的大门。1841年8月26日，厦门、鼓浪屿在这场鸦片战争中被英军攻陷。从这一天开始，鼓浪屿还被英军以武力占据，首尾长达5年之久。翌年2月24日，美国传教士第一个赶到鼓浪屿传播基督福音。1843年11月1日，厦门被迫开埠，成为通商口岸。于是，大批的领事、奸商、传教士接踵而来，纷纷涌入鼓浪屿，建起洋行、领事馆和公馆住宅。传教士更是把鼓浪屿视作传教的据点，抓紧机会向闽南一带扩展势力。鼓浪屿一步步沦为半殖民地半封建社会。

历史上，闽南沿海地区的人民很早就保持与海外的联系和交往，对待外来文化并不陌生。在西方列强强行上门，国人睁眼看到世界后不久，鼓浪屿人林鍼就漂洋过海，于1847年"受外国花旗聘，方耕海外"，在美国工作一年多。林鍼在美期间，接触到许多从未见到的西洋新鲜事物，其中便有风琴。他在所著《西海纪游草》中写道："番女虽工诸艺，予独取其风琴，手弹足按，音韵铿锵，神致飘然。"林鍼所记虽略为简单，却要比1866年张德彝在上海才看到的"洋女拨弄洋琴，琴大如箱"，要早了近20年。此前，张氏是被学术界称作是第一个看到风琴的近代中国人。可惜林鍼偏爱"神镜"（银版照相机），倒没有携带风琴回鼓浪屿之念头。

鸦片战争爆发后的40年间，西洋音乐文化如何登陆鼓浪屿，中外文献的有关史料甚少。只能根据部分零星记载进行分析。

（1）1878年英人翟理斯（H. A. Giles）所写《鼓浪屿简史》说，当地有一座专供外国人祈祷的礼拜堂，司库边阿兰（H. A. Bain）兼任管风琴的弹奏者。该书的"俱乐部"和"娱乐"两章，详尽地介绍鼓浪屿所有为洋人提供的图书馆、各类球场和文体活动设施，除了"一座小剧院，冬季演出许多精采的表演"还跟音乐有少许关系外，无一句话涉及西洋音乐。

（2）据《中国近代史资料丛刊·鸦片战争》一书所载，"通商口岸"开埠后期舶来货品潮涌而来，洋货中不仅有吃西餐的刀叉餐具，也有笨重的洋琴，结果这两项货物因无人问津而大折其本。厦门口岸很可能亦有此现象。

因而可知，西洋音乐刚进入鼓浪屿，因为中西文化背景的差异，只能局限于教堂或小剧院等外国人的生活圈里面。中西音乐文化处于对峙的态势。不过，可以相信这种对峙的局面相当短暂，因为随着基督教的传播发展，西方的宗教音乐也逐渐在厦鼓的民间产生影响。在鼓浪屿，基督教是西洋音乐客观上的传播者，音乐曾经是外国势力向中国人灌输基督教文化的有效工具。

西方传教士来华之前已断言，医疗和教育是传教之两翼，尤其是后者更具有长远的战略意义。就厦门、鼓浪屿而言，1870年起外国教会就开始创办女学，很快地便有许多形形色色的识字班、女学堂相继出现。鼓浪屿是英、美教会在闽南传教的中心，教会学校更为密集。吟唱圣诗是这些教会学校的必修课程之一。外国传教士为使基督教进一步在社会扩展，还发明一种厦门话的罗马字拼音方案，鼓浪屿人称为"白话字"，不识字的人通过极短时间的学习，都能用方言诵读圣经，也能根据简谱用方言吟唱圣诗。19世纪50年代，鼓浪屿人就依靠一本只有10首"白话字"的圣诗，接受西洋音乐最初的启蒙。

三

鼓浪屿的历史，是中国近代史的缩影。

国门一经被打开，西方资本主义的不断入侵，一方面给中国带来了割地赔款、丧权辱国，一步步走向黑暗深渊的厄运；另一方面又使中国社会产生激化，缓慢而艰难地走向近代化。对外的救亡图存与对内的社会变革交织在一起。中国的仁人志士终于摸索出从"师夷长技以制夷"到洋务运动乃至以后的改良变法和辛亥革命建立资产阶级共和政体等力图振兴中华的方略。

鸦片战争之后约40年间，西方列强势力加紧对华侵略的步伐，鼓浪屿是典型的重灾区。这个弹丸小岛上遍布的各国领事馆、洋行和教会，竟成为出名的贩卖华工、走私鸦片毒品的罪恶据点和洋人耀武扬威的地方。马士所著的《中华帝国对外关系史》统计在厦（大部分居住在鼓浪屿）洋人人数为1850年29人，1855年34人；《鼓浪屿简史》载，1878年则猛增至200多人。而该年度岛上的人口不足4000人。从现存19世纪有关鼓浪屿建筑风貌的老照片上，也能看到西式建筑成片成簇、盛气凌人地把闽南传统风格的"大厝"挤到一边，两者极不协调地并存在一起。这足以说明当时洋人在鼓浪屿的势力。然而，几千年深厚的传统文化积淀，绝不是西方文化数十年时间便能冲垮的。中西文化在鼓浪屿也同样经历着冲撞和融合的过程。从一开始就有鼓浪屿人走向世界的个例来看，两种文化的融合和交流也许是近代鼓浪屿的特色。

由于基督教客观上曾经使鼓浪屿人得到西洋音乐最初的启蒙，加上近代基督教的传播势力不断扩展，可以说，基督教对西洋音乐文化在鼓浪屿的兴盛，起了推波助澜的作用，但不可过高评价。我们认为：（1）19世纪后期，尽管外国列强加剧对鼓浪屿的侵略，基督教会竭尽全力传教，事实上鼓浪屿最终没有成为单一基督教的地方，反而是自始至终多元宗教并存的局面从未改变过；（2）基督教音乐仅是西洋音乐中有限的一部分，它绝对替代不了西洋音乐的全部。正如亨德尔创作了《弥赛亚》，但教堂常演唱的《哈利路亚》只是亨德尔这部作品的一部分的道理一样。基于上述这两个理由，尽管19世纪末西洋音乐中的宗教音乐已在鼓浪屿的教堂或教会学校吟唱，但只是在特定的范围里活动，并非在社会普及，有明显的局限性。

西洋音乐在鼓浪屿的勃兴，其最主要的原因应该归功于19、20世纪之交"新学"教育的创办。我们知道近代以来，我国经历过"师夷制夷"、"西学东渐"引进西方科技成果的"洋务运动"和进行制度改革等几个阶段，兴办"新学"这个大势所趋的举措迟至19世纪末期才形成全国性的热潮。音乐教育是"新学"的课程之一。清光绪二十八年（1902年）上海务本女塾设有"唱歌"

这个课程，其宗旨乃"在使谙习歌谱，以养温和之德性、高洁之情操"。可见"新学"的音乐课程才是西洋音乐的普及教育，才是它以后在鼓浪屿兴盛的社会基础。其意义已非教会的"培养唱诗班人才"所能望其项背了。

在鼓浪屿，1898年创办的英华书院即设有音乐课。1906年创办的厦门女子师范学校，俗称"上女学"，乃中国人奉当时教育部之命而办的国内首批女子师范学校之一，其课程也有"音乐"一门。当时岛上有条件上学的女孩子都慕名入学。该校培养了林巧稚、黄萱、黄墨谷等优秀的女学者，也造就了周淑安如此杰出的音乐英才。周淑安（1894~1974年）于1911年毕业于鼓浪屿厦门女子师范学校；1914年起赴美攻读音乐艺术；1921年回国后致力于西洋音乐在我国的发展，被誉为中国现代音乐的先驱者。厦门女子师范学校一直开办到1935年，20多年来像周淑安一样喜爱西洋音乐的学生，自然不在少数。类似的"新学"在厦门、鼓浪屿还有一批，虽然规模有大有小，办学时间有长有短，但事实可以肯定，至迟在20世纪初年，西洋音乐终于被鼓浪屿人所理解和接受。

四

国外宗教史方面的学者往往有意识地突出基督教对中国近代文化教育的作用。1992年，美国学者杰拉德·F.德庸（Jerald F. De Jong）在其所著的《美国归正教在中国：1842－1951》一书的第三章"教育的发展（1900~1937）"中，记述20世纪初西洋音乐在鼓浪屿的发展经过时写道："音乐也成为一项受人喜欢的课外活动，它经常以绝妙的节目来传播福音。"作者说的是设在田尾的毓德女学，此处的音乐仅是西方宗教音乐。教会迫不及待地让音乐向社会渗透，最大规模的是该书所说的"1916年，一部由33名学生和一支小小的管弦乐队伴奏演出的名为《明亮的星》的大合唱，对（鼓浪屿）华人社会乃是一场全新的尝试。演出在其中一座教堂进行，过道、窗户和入口处挤满了人。从学校弦乐队之备受欢迎而得到启发，寻源书院那位1923~1926年来华做事的教员乔治·库特牧师（George Kot）遂于1925年组织了一支有20人的小乐队，这支乐队很快就被许多教会的庆典和城市公园的音乐会所青睐。为华人特别献演的是1921年圣诞音乐会上，由毓德女学20名少女和寻源书院50名青年人演唱的男女声合唱曲。"

杰拉德·F.德庸引用的材料乃当年教会的档案。他在书中不得不深深地感慨："即使5年前（1911年）我们已做过尝试，但群众的感情仍大大不能接受。"殊不知鼓浪屿少女据说在1908年的一次外事活动中已能演唱美国国歌，并受到对方称赞，而且1911年还有周淑安之赴美学音乐。可见鼓浪屿群众"不能接受"的不是西洋音乐本身，而是唱诗班充满"福音"教诲的那部分宗教圣乐。20世纪初，鼓浪屿人对西洋音乐的接受，已开始由被动变成主动。这个事实外国学者却避而不谈。

五

西洋音乐在鼓浪屿最为盛行的时代是在20世纪的二三十年代。

我们知道，1902年鼓浪屿沦为外国列强势力共同统治的"万国租界"，翌年设立了"工部局"，标志着鼓浪屿成了殖民地。辛亥革命以后，接连而来的是军阀混战，时局不靖的社会状况，闽南地区更是兵匪肆虐，生灵涂炭。相比较之下，鼓浪屿的特殊环境，对广大闽南籍的华侨、侨眷和富商都别具一种吸引力。明清以来，闽南沿海之民有出洋（主要是东南亚一带）谋生之风，近代此风愈盛。旅居异域的闽南人经过长期的艰苦创业，已经扎下根来并接受当地的文化影响。当时东南亚文化又被称作殖民地文化，实际上是间接的西洋文化。第一次世界大战结束后，世界经济得到复苏和发展，富有爱国爱乡传统的华侨陆续回国投资创业。在其促动和支持下，厦门城市的近代化建设出现了高潮。1910～1930年间，厦门被建成为东南亚闻名的港口城市。鼓浪屿的近代建筑风貌在此期间也得以定局，华侨、侨眷和富商所建造的具有南洋风格的各种建筑物约占全岛建筑总量的70%。鼓浪屿成为华侨、侨眷建宅定居的好地方，国内外各行业的优秀人才也常来落脚。因此，各种各样的外来文化汇聚在一起，形成鼓浪屿多元融合的文化特色，也为西洋音乐在那里的盛行提供了有利条件。

1920年以后，鼓浪屿西洋音乐的逐渐盛行，还因为：

（1）音乐教育的进一步普及和提高。随着时间的推移，社会的进步，音乐作为艺术其社会功能日益受到鼓浪屿人民的重视。中、小学乃至幼稚园都设立音乐（或称"唱歌"、"唱游"）课，课外还有歌咏队活动。受欧美校园的影响，鼓浪屿各学校都有固定的校歌，各个年段或者班级，都有师生编词或作曲的"社歌"。教会学校在让音乐服务于宗教的同时，也开始采取顺应形势的举措，如上述杰拉德·F.德庸的著作所提到"20年代中期，（鼓浪屿）毓德女学校的课程相当注意小学音乐教员和教会唱诗班指导"。

（2）中西音乐文化开始产生交流，相得益彰。在国外攻读西洋音乐的先驱人物周淑安，回国后不但积极从事西洋音乐的推广工作，还注意从本土文化吸取营养，创作一批中国人所喜爱的西洋歌曲。例如她根据厦门、鼓浪屿特有的佛教吟诵式音乐，以西洋音乐的形式创作了一部《佛曲》，在民间甚为流行。外国音乐家也开始领略到中国乐器的奇妙，努力探索中西音乐的交流合作。杰拉德·F.德庸的《美国归正教在中国：1842－1951》一书特别提到一位美国女钢琴家闵加勒夫人，其名字为Stella Veenschoten，她从1917年来到鼓浪屿后，除抗战那几年外，一直在当地指导音乐活动，或为演唱伴奏，或组织合唱团不时演出，还"开始帮助毓德女学校的乐队使用中国乐器。"著名的钢琴教育家李嘉禄即是她的学生之一。

（3）音乐家庭的形成。20世纪二三十年代，西洋音乐已逐渐从教堂、学校进入鼓浪屿的家庭。这是家庭成员接受良好的音乐教育的必然结果。尤其是彼时许多人留洋后返回鼓浪屿居住，将音乐视为高雅的休闲娱乐的良好风气引进岛内，如留英的厦门大学校长林文庆，留美的工程师林全成和留英并在法国、瑞士学艺术的林克恭等，他们的音乐造诣都具有相当高的水平。这一大批业余音乐高手之间的切磋交流，以及家庭成员不时地遣兴和鸣，无形中使西洋音乐通过"家庭音乐会"这种形式对社会文化产生"润物细无声"的影响。

当然，在西洋音乐逐日兴盛的同时，原来流行于鼓浪屿民间的闽南传统音乐照旧经久不衰。据厦门文化耆宿李禧的《紫燕金鱼室笔记》所载，20世纪初厦鼓两岸民间常自发举办南音会唱，有一位80岁的老船工"生毛胜"因"吹箫彻夜，声调宛转"而技压群芳。此外，鼓浪屿黄家渡的何氏宗祠"仙公宫"，海坛路的"颍川陈氏自治会"等都以长年有南曲的演唱演奏而遐迩出名。即便丧事的出殡仪式，也都分别有中西乐器的演奏，贝多芬的《悲怆奏鸣曲》和闽南本土的《施将军得胜乐》往往交响齐鸣，成为近现代鼓浪屿的一道中西合璧的风景线。

西洋音乐兴盛时期，鼓浪屿音乐人才济济。著名的有音乐教育家周淑安、指挥家蔡继琨、钢琴教育家李嘉禄和王政声、医生兼声乐家林俊卿等等；还有许多业余从事音乐的名家，如林全成（钢琴）、洪永明（钢琴）、朱思明（钢琴）、廖永廉（大提琴）、林克恭（小提琴）、龚鼎铭（中提琴、指挥家）、方连生（小号）、陈纯华（声乐、钢琴）、颜宝玲（声乐）等。是时岛上琴声阵阵，歌声悠扬，钢琴密度为全国之冠，音乐人才辈出，的确是名副其实的音乐之岛。

西方人原来梦想用音乐把鼓浪屿人带进上帝的天国，而鼓浪屿人最后却通过音乐找到艺术的殿堂。

六

在抗日战争民族危亡之际，音乐在鼓浪屿不再是花前月下的抒情，而是激发爱国热情和抗日救亡的精神武器。

1931年"九一八"事变，日寇侵略中国的炮声惊醒了鼓浪屿人"世外桃源""音乐之岛"的梦。他们纷纷起来，和全国人民一起，投入声势浩大的抗日救亡运动。在中共地下党组织的宣传教育下，鼓浪屿人民联合成立了"反日会""鼓浪屿抗日救国会"；青年学生还组织了"抗日宣传队"，走向街头，用激愤的歌声宣扬抗日爱国之情。1936年底,厦门中山公园举行了有一千多人参加的民众抗日救亡歌咏大会,鼓浪屿几所中、小学的学生是这次歌咏大会最活跃的力量。厦门沦陷前夕,在中共地下党组织领导下,以鼓浪屿英华中学、毓德女中、慈勤女中等中小学师生为主的爱国青年组成"鼓浪屿青年抗敌服务团",组织学生剧团、学生歌咏队公演,并到黄家渡码头工人俱乐部和龙头海员俱乐部向工人群众教唱抗日歌曲,宣传抗日救亡道理。学生歌咏队不但在岛内开展活动。还经常渡海到厦门,在街头演出《放下你的鞭子》《浯江的洪流》等话剧,还带领市民群众歌唱《松花江上》、《义勇军进行曲》、《大刀进行曲》、《团结就是力量》和《枪口对外齐步向前》等抗战歌曲,甚至深入前线阵地或农村,用方言演唱自己谱写的《厦门,你是我老母》、《滚!滚!滚!中国打日本》等歌曲。音乐,成为鼓浪屿人反法西斯斗争的"炸弹"和"旗帜"。现今一些当年参加过厦门、鼓浪屿抗日救亡运动的老一辈人士,还能根据回忆唱出当年的这些抗战歌曲。我们不应该忘记音乐在抗战时所发挥的积极作用。

抗战胜利以后,由于当时的社会历史环境,西洋音乐在鼓浪屿的发展出现比较停滞的状态。1945~1949年期间,值得一提的是在鼓浪屿成立的厦门艺术协会。该会于1948年由林克恭发起组织,参加者有张圣才、洪永明、龚鼎铭、朱思明、颜宝玲、林桥、郑约惠等。他们绝大多数是鼓浪屿的音乐界人士。成立那天,在鼓浪屿连续举办两场音乐会,节目有洪永明、林桥的钢琴独奏,林克恭、陈泽汉的小提琴独奏,外籍歌唱家勿拉索夫人和颜宝玲、郑美丽等的女高音独唱,丘继川的男高音独唱,陈平汉等的重唱。此外,原先的教会学校毓德女中也举办过若干次音乐会,演出内容已完全不是宗教音乐,如刘梦汉的钢琴独奏音乐会,所弹奏的均是贝多芬、肖邦、李斯特的名曲。然而因内战方殷,国民党政权极端腐败,民不聊生,这些高雅的音乐演出自是闻者寥寥,已无往日的风光。

七

新中国成立后,在党和人民政府的关心支持下,鼓浪屿的音乐文化传统得到更好的发扬。在音乐人才的培养、音乐文化的普及提高和音乐活动场所的建设等方面,都取得前所未有的成绩。

(1) 新中国成立后到"文革"前的数十年期间,中、小学的音乐课程普遍得到重视,音乐课不单是教学生唱歌,还指导学生了解乐器、乐理和中西音乐文化。鼓浪屿区几所中小学校课外还组织合唱队、夏令营音乐活动等以启发学生对音乐的兴趣,学生课余从师习艺之风犹存,结果不断有有音乐天赋的中小学生脱颖而出,得到机会被选送或考取音乐院校深造,终于成才。殷承宗,就是新中国成立后第一位从鼓浪屿走向世界的著名钢琴演奏家。他于1941年出生于鼓浪屿一个充满西洋音乐氛围的家庭,家庭成员和亲友大多都擅长音乐,他耳濡目染于此,7岁开始学弹钢琴,9岁就能登台独奏并举行音乐会。1954年考取上海音乐学院附中,以后相继在中央音乐学院、列宁格勒音乐学院毕业,先后在维也纳第七届世界青年联欢节和柴可夫斯基国际钢琴比赛获奖,半个世纪活跃在国内外乐坛上,成为遐迩闻名的钢琴家。许斐平、许斐星和陈佐煌等音乐名家所走过的道路和殷承宗大同小异,他们均出生于鼓浪屿的音乐家庭、少年时代即表现出不凡的音乐天赋,其后到高等音乐院校深造,加上自身的努力,终于成为中外闻名的音乐明星。

(2) 群众性的音乐活动得到健康发展。20世纪五六十年代,活跃在音乐界的鼓浪屿人,有周淑安(沈阳)、林俊卿(上海)、褚耀武(北京)、杜守达、李若梨、吴天球(北京)、廖永廉、龚鼎铭、阮鸣凤等人。1958年,鼓浪屿的音乐人士组织起来,成立鼓浪屿合唱团,使音乐这一文化艺术在社会主义建设时期焕发出新的青春。该合唱团龚鼎铭发起,参加者有颜宝玲、彭永叔、张佩琪、温绍杰、翁文良、朱鸿模、黄祯德、郑辉升等50多人,另由叶秀懿组织了一支少年合唱队。鼓浪屿合唱团利用业余时间排练,并和少儿合唱队联合演出,主要歌曲有《红军根据地大合唱》(金帆词,瞿希贤曲)等,取得很好的社会反响。该合唱团经常为厦门市广播电台录音播出或现场直播音乐节目,成为厦门市最受欢迎的一支业余文艺队伍。此外,不仅鼓浪屿各中、小学校有合唱队、小乐队,甚至在岛上的其他企事业单位也多数成立有音乐队伍,如玻璃厂、造船厂也各有职工组成的合唱队。国庆节、"五一"劳动节等节日,群众性的音乐活动大大地丰富了鼓浪屿的文化生活。鼓浪屿区文化部门还曾组织"鼓岛之夏"音乐会,除了为本地音乐人才提供展示才华的机会,还邀请外地音乐家或在高等音乐院校学习的鼓浪屿籍的学生参加演出,取得相当好的社会影响。

改革开放以来,人民群众对文化艺术的需求日益迫切。为了适应形势的要求,鼓浪屿在培养音乐人才,增建音乐活动场所等方面加紧步伐,取得丰硕的成果。

20世纪80年代初期,先是在鼓浪屿人民小学和厦门二中先后创办音乐试验班,选择具备培养前途的幼苗从小集中起来进行专业训练。1987年,在市有关部门的支持下,利用试验班的基础创办了厦门音乐学校,这是一所特色鲜明的音乐课与文化课并重的全日制学校。其课程中,音乐专业设置有钢琴、小提琴、大提琴、合唱、合奏和齐奏等,还有视唱练习、民歌、乐理等基础课。著名音乐教育家、小提琴演奏家郑石生教授任校长。该校自创办以来,学生先后数十次在全国、省、市所举办的多项音乐比赛中获奖,每年为省内及上海、北京的高一级音乐院校输送了大批人才。

鼓浪屿音乐厅的建成，是"音乐之岛"锦上添花的重大举措。该音乐厅于1984年破土动工，1987年竣工。其主体建筑造型别具一格，环境优美，场内建声结构由专家设计，采用全自然音响效果，达到国内第一流的水平。同时还置有德国"史坦威"和意大利"裴芝欧尼"等世界著名的名牌钢琴多架，可供高水平的音乐演出。自开办以来，鼓浪屿音乐厅先后接待过菲律宾女钢琴家卡明达·雷格拉，挪威钢琴家拜克伦，美国钢琴教育家、塞考尔音乐学院院长乔治·帕帕斯塔夫，美国钢琴家费里杰·甘贝尔、迈克·庞提，牙买加女钢琴家格雷斯·鲍泰利以及我国著名钢琴家孔祥东、殷承宗、台湾女钢琴家陈淑贞等中外著名演奏家举办的独奏音乐会，日本、美国、罗马尼亚、克罗地亚等国际知名的艺术团体，还有上海交响乐团、长影乐团、中国青少年交响乐团、香港的圣乐团、草田合唱团等国内有影响的乐团以及知名艺术家陈燮阳、石叔诚、温可铮、赵晓生、俞丽拿、施鸿鄂、吴雁泽、郑石生等都先后在该音乐厅演出。1993年以来，鼓浪屿音乐厅还多次被指定为全国性音乐邀请赛的举办场所。

1998年，中国著名的第一位女指挥家郑小瑛教授在鼓浪屿组建"爱乐乐团"，邀聘国内的音乐高手组成正规的交响乐团，由郑教授亲身指挥并临场解说，定期演奏19世纪古典、浪漫主义音乐大师的系列作品，精心安排音乐季

鼓浪屿钢琴普查结果

为准确地统计鼓浪屿区钢琴数量，区文化局、民政局联合进行一次普查，现将结果公布如下：（截止2001年12月20日）

（一）居民拥有数：333台

旗山居委会　94台
龙头居委会　27台
延平居委会　63台
鸡山居委会　50台
福祥居委会　63台
内厝居委会　36台

（二）单位拥有数：202台

合计：535台

鼓浪屿区文化局
鼓浪屿区民政局
二〇〇一年十二月二十日

的演出。爱乐乐团精湛的艺术水平和辛勤的劳动，极大地丰富了厦门、鼓浪屿人民的文化生活，提高了其音乐文化的素质，为鼓浪屿的音乐注入新的生机与活力。

20世纪80年代以来，鼓浪屿区政府也在配合旅游事业的发展的同时，大力发掘当地音乐文化的资源，每年都组织一至二次旅游文化艺术节，以表现"音乐之岛"的风采。区政府有关部门还向全国范围内征集关于表现"鼓浪屿"的歌曲作品，一首《鼓浪屿之波》唱遍祖国大江南北，人们通过这首歌曲，认识鼓浪屿，喜欢鼓浪屿！此外，鼓浪屿的一大文化特色——"家庭音乐会"并没有因为岛上居民居住环境的改变而受到影响，新的音乐家庭层出不穷。

新中国成立以后，特别是改革开放的二十多年来，鼓浪屿的音乐之花灿烂盛开，音乐人才辈出，音乐教育的普及和水准的大幅度提高，音乐活动内容的丰富多彩以及音乐演出场所、教育设施的不断改善，都达到一定高度和水平。鼓浪屿，确实成为名副其实的"音乐之岛"。

本文载于《鼓浪屿文史资料》第七辑，2001年。

鸦片战争期间鼓浪屿若干史实的考证

2008年11月,鼓浪屿开始了申报世界文化遗产的工作。从那个时候开始,学术界对该岛的历史文化进行了梳理。然而,由于近代以来中外相关文献资料的不足,加上之前的搜集整理工作大多停留在文史资料的层面上,缺乏认真研究,以至于影响了对鼓浪屿历史的正确论述,某些史实不但语焉不详,甚至以讹传讹。因此,笔者认为有必要利用中外文资料,对一些比较重要的史和事,重新做一些考证。

一、英军占领、撤出鼓浪屿的具体时间

鼓浪屿和舟山,是近代鸦片战争期间大清帝国被英军武力占据的两个岛屿。根据《南京条约》的条文规定:当清政府开放五口,"唯有定海县之舟山海岛、厦门厅之鼓浪屿小岛,仍归英兵暂为驻守;迨及所议洋银全数交清,而前议各海口已开辟,俾英人通商后,即将驻守二处军士退出,不复占据"。

鸦片战争厦门之役一开始,清军就已在"(鼓浪屿)岛上有数座坚强的炮台,一共架着七十六门大炮"①。英军则认定鼓浪屿"是厦门的锁匙","占领鼓浪屿,厦门本身或者更恰当地说它的城市与市郊就都在我们完全控制之下"。②1841年8月26日下午1时,英军"先对鼓浪屿炮台,后对厦门长列炮台进攻"。③在猛烈的炮火攻击下,守军不支,"某游击守鼓浪屿先逃"④,英军登陆并占领了该岛。下午"5时前,厦门整个的外围防御工事已被我们(按:指英军)占领","鼓浪屿自被占领以来,一直保留在我们手里"⑤。因此可以确定,英军占领鼓浪屿的时间是1841年8月26日。

英军的总体侵略部署,重心并不在厦门,加上全权大臣璞鼎查(Henry Pottinger)认为,"鼓浪屿可以完全控制厦门港与进出厦门的通路,占领它将有许多好处,因此保留厦门便没有必要了"。因而,同年"9月5日,舰队起锚,驶向舟山,留下……三只运输船和500名士兵守卫,完全控制厦门的鼓浪屿"⑥。

英军何时撤离鼓浪屿?外文资料一般都笼统记载为1845年,个别的则记

为 1845 年 3 月⑦。中方资料此前阙如。今查中国第一历史档案馆所藏道光二十五年闽浙总督刘韵珂等的《敬陈历次筹办福州厦门两处夷人住处情形及鼓浪屿夷兵业已全数撤退缘由折》（按：下简称《缘由折》），其上有明确记载："鼓浪屿夷兵上年十二月间已撤去一队。……至本年二月十五日，夷兵皆全行撤退。"道光二十五年二月十五日，即公历 1845 年 3 月 22 日。当时英军分两批撤军，这是其最后全部撤离鼓浪屿的准确日期。

从 1841 年 8 月 26 日到 1845 年 3 月 22 日，鼓浪屿被英军武力占据总共 3 年又 7 个月。和舟山相比，时间略少。舟山陷入英军手中共两次，第一次为 1840 年 7 月至第二年 2 月，英军在舟山设立巡理所，进行收税、殖民统治。第二次在 1841 年 10 月，其后由于英国政府外交政策做了调整，香港取代了舟山的地位，根据《英军退还舟山条约》（又称《虎门寨特约》），英军于 1846 年 7 月撤出舟山。

鼓浪屿虽然被英军占领时间没舟山长，但英占时期，发生在厦门、鼓浪屿的一些事件，在近代史上要比舟山有影响。如 1842 年 2 月 24 日，基督教美国归正教会传教士大卫·雅裨理（David Abeel）、美国圣公会传教士文惠廉（W. J. Boone）夫妇一起来到鼓浪屿，在英军庇护下进行传教活动，开启了基督教新教在闽南活动的先声，影响至今。又如 1843 年 11 月 2 日，根据不平等的中英《南京条约》，厦门为"五口通商"的口岸之一正式开埠，厦门始作为中国东南沿海的港口，名扬到现在。此外，还包括不法洋商乘机利用开埠伊始，来厦门进行贩卖华工苦力，走私鸦片等罪恶行为。值得注意的是，据当时人所见，"时鼓浪屿夷目，招工匠，增造小船，为驶窥内河计"⑧。这就是说，当时盘踞在鼓浪屿的英军，还有进一步以该岛为据点，扩大向闽南侵略的企图。

二、英国人最早在鼓浪屿租民房作领事馆

英军占据鼓浪屿期间，1843 年 11 月至 1845 年 3 月，英国政府派遣纪里布（Henry Gribble）和阿礼国（Rutherford Alcock）先后来厦门担任领事。据《厦门的租界》一书所载，"1844 年 11 月 7 日，阿礼国继任后，即着手在鼓浪屿修建第一座领事楼房"。以至于以后不少介绍鼓浪屿的出版物或宣传品，都依此为根据。

因这段时期，鼓浪屿驻着英军，英国新任领事在陌生的地方，出自安全和其他原因和本国人住在一起，是合乎情理的。然而，当时的鼓浪屿是否适合建造领事馆舍呢？诸多的文献和文物表明，清代乃至鸦片战争之前，鼓浪屿仍是一个以农业为主，以近海渔业为辅的小岛屿，与人烟相对密集并且具备口岸条件的厦门岛一水之隔。首次登上鼓浪屿的英军发现该岛"地多岩石，起伏不

平"，大部分是不毛之地，但也有不干净的稻田穿插其间，使此地环境极不卫生"⑨。加上岛上所驻英军不是永久驻扎的，根据《南京条约》第七条规定，清政府的赔款分四个年度还清。最后一次付款为"乙巳年"（即1845年），这笔"赔款"付清后，英军就必须撤出鼓浪屿。基于环境不佳和英国驻军的暂时性，我们对英国首任领事一来就建领事馆的说法，不敢苟同。

后来，我们在英国人所著的《巴夏礼在中国》⑩这部书中，终于找到蛛丝马迹。哈利·巴夏礼（Harry Parkes）当时是英国驻厦领事纪里布的翻译官。该书写道："（1845年3月份）英国的卫戍部队撤离了鼓浪屿。……领事馆必须在部队的保护之下，所以部队的移动必然造成领事馆的移动。"其后，清政府答应英人在厦门建领事馆，该书又引用一封书信档案，写道："我们收到了道台的信，信中披露了刘韵珂和耆英往来信函中关于放弃鼓浪屿的部分内容，前者建议我们在新的住所（即领事馆）建好之前先自己租房子。"⑪闽浙总督的《缘由折》对这个问题说得更清楚，该奏章云："至厦门该夷住处，……鼓浪屿缴还后，原在该屿居住之夷官人等，仍须在屿内租屋栖止，俟新屋造成，再行迁出。"奏章后段还说，"夷兵皆全行撤退。惟夷官夷商五人……仍住屿内，所占民房仅止数座"。

根据这些史料，我们可以断定，最早来厦门的英国领事，为得到英军的保护，在鼓浪屿租住民居充当领事馆。美国归正教会传教士也不例外，雅裨理租住的房子的旧照片，现今讲鼓浪屿历史的出版物还经常引用。因为是租住在民居里，所以《巴夏礼在中国》的作者参考这位翻译官的日记，还说"后来的几个月里，他出售了很多猪以及家禽"⑫。可惜我们现在无法辨认出鼓浪屿哪一幢旧民居，是最早的英国领事馆。

三、厦门本岛最初的英国领事馆

1845年3月22日，英军全部撤出鼓浪屿。⑬

据上文所引的《缘由折》载："自前岁领事记里布（按：即纪里布）前来开市之后，即经兴泉永道恒昌等饬令选择。该领事欲仍在鼓浪屿居住，多方推托。臣等以鼓浪屿乃应行缴纳之地，不能任其久占，叠饬该道等反复开导，……记里布始于上年（按：即1844年）七月间在厦门择得官荒二处为建造夷馆之所，并以房屋营造需时，鼓浪屿缴还后，原在该屿居住之夷官人等，仍须在屿内租屋栖止，俟新屋造成，再行迁出。"这就是说，英国领事一到厦门，清政府地方当局就令其在厦门岛上择地建领事馆。但英国领事推三托四，死要住在鼓浪屿。到了英军撤出之前的1844年，清政府地方官员同意英国领事在鼓浪屿继续租房，还主动为他们看好地，甚至为他们选好房子，提前为其迁到厦门办公做了准备。但英国领事对为其选择的房子"任意挑剔,虽有整齐洁净之房,悉皆为湫隘,不肯向租。其意欲内地民人在厦代建夷馆,给令赁住,以省工本而获新居"。为此,英国领事和厦门地方官员讨价还价。时任翻译官的巴夏礼在1844年11月6日的日记,记述了英国领事阿礼国和清朝官员会谈的情况,其中写道:"阿礼国先生提出的一个重要要求是,他们(按:指中国官员)立刻为我们建造像样的住宅,然后我们可以以租赁的方式租用它们。……他们为何不能立即为我们盖一幢房子作为领事馆呢?"⑭

最后,清政府厦门官员不得不让步,同意由厦门当局按照外国图纸建造领事馆,租给英国领事办公。《缘由折》记载:"亚利国(按:即阿礼国)欲华民代建夷馆,伊止出钱租住,其情虽属贪狡,但民间建筑室庐租给他人居住,事所常有,不妨仿照办理,庶在彼可省建屋之赀,在民可收租房之利,于事颇为两便。且鼓浪屿境土俱可按籍收回,不留一夷在内,于疆事更有裨益。"所以,闽浙总督当即派员至厦,与道台等"访求代建夷馆之人"。结果"本年(按:即1845年)正月间,即据该道等招得该处诚实匠头,情愿集资代造"。

接下来就是选地的问题。据《缘由折》所载,阿礼国又提出,"记里布前择官荒各处,地势空阔,恐遭窃劫,恳为另择妥便之区"。于是,道台不得不又"带同亚利国勘有兴泉永道旧署余地一段,自兵燹之后,废为瓦砾之场,可以建屋。当据亚利国绘具屋图,交匠头照图营建。核计工料等项共需番银九千圆,亚利国愿每年出租银九百圆,并愿先付两年租银,以助缮造。议俟新屋造成,该领事即率同该国官商迁入居住"。

中山公园西邻的原厦门市图书馆所在地,即兴泉永道的道署衙门遗址。该地点现存一方清同治三年(1864年)的《重建兴泉永道署碑记》,其所载内容与刘韵珂等在《缘由折》所说的基本一致。该《碑记》记载:"同治二年夏四月,英人归我兴泉永道署。……逮道光二十五年(1845年),总督刘韵珂、恒昌贳于英,改洋楼,阅今始重建。"⑮当时刘韵珂向皇帝谎报,说该道署有"余地一段,自兵燹之后,废为瓦砾之场",实则是英军占据了整座衙门,害得道台搬到"户部小衙门行辕治事",其条件之糟,可见《碑记》之记述。英军建夷馆时,甚至把整座道署衙门拆毁。所谓的"夷馆"、"洋楼",就是英国领事馆。

1845年至1863年4月,英国人拆毁兴泉永道道署衙门,让中国人建筑馆舍,租给他们当领事馆,租金每年番银九百圆。

近代的外文资料也都有关于英国领事馆即原来的道台衙门的记载。1896年《中国丛报》第二十二卷第3号在介绍厦门景观的文章中,还指出一处荷兰人的遗迹就"坐落在从前英国领事馆(原注:现在的道台衙门)不远处"⑯。1908年包罗所写的《厦门》,也说"从前英国领事馆(原注:现在的道台衙门）不远处有雕刻着荷兰人形象浮雕的凯旋门"⑰。

现存在鼓浪屿的原英国驻厦门领事馆办公楼，乃"同治二年（1863年）夏四月，英人归我兴泉永道署"之后才建造的。具体建筑年月不详。

关于领事建馆的补充史料

另外关于建造领事馆的过程，领事阿礼国还有如下记载："我们被要求在港口的另一边建领事馆，因为根据条约，我们将撤出鼓浪屿岛。这里曾经驻扎着我们的军队和领事馆，而现在我们无法获得一个办公的地点，只能一步步自己建造。要做到这一点，就必须和中国的建筑商沟通，可是他们没有人会说英语。虽然他们在广东和澳门已经住了比较长的一段时间，学习和了解了不少欧洲人的建筑特色、惯例，但是那样的风格在那个时候是尚未获得认可的。

赫茨莱特是领事的助理，他对建筑的细节知之甚多，在他和另一个十分聪慧的印度工程师的共同帮助下，我成功地制定了一个计划。这不仅仅是一个计划，也是一个领事馆的模型。我将它上交到了香港总督处，等待他的批示。这只是一个开始，后面我们还将面对巨大的困难。我们需要和专业的建筑工人建立联系，和他们沟通需要将所有极其烦琐、拗口的术语从英文译成中文。这些困难总算被克服了，建造领事馆的工程开始按部就班，在后来的好几年里，翻译官的主要工作变成了专门的建筑翻译。其实我搞不清楚翻译的工作在多大程度上发挥了作用，而中国人又领会了多少内容。我想巴夏礼自己可能都不清楚他的每一步产生了多大的效果。"⑱

四、英军撤出鼓浪屿前后的岛上原住民

中英鸦片战争厦门之战，尽管以清军战败，厦门沦陷告终，但中国军民反抗外来侵略的爱国精神，仍旧是厦门地方史上光荣的一页。英军登陆厦门、鼓浪屿后的烧杀抢掠，有关鸦片战争的史料零星有所提及，然而都失之简略。而外文资料对其所作所为，也尽掩饰之能事，乃至将那些敢于起来反抗的厦门人民污蔑为"恶棍"、"暴民"。但在外国人的笔下，依然会透露出一些信息。如英国人柏纳德的《"复仇神"号轮舰航行作战记》，就提到厦门的"虎兵"。书中说："在厦门，所谓'虎兵'第一次出现了。那就是身上穿着黄布衣服的人，衣服上面有黑斑点或条纹，头上包着头帕，形似虎头，使人看起来显得很凶猛可怕，胆战心惊。"因为文物、文献的缺失，我们至今无法了解到"虎兵"到底是怎么回事。

鼓浪屿也一样，对这个鸦片战争中被占领3年又7个月的岛屿，岛上居民在此之前之后的状况，也因中外文献的不足而知之不多。倒是闽浙总督刘韵珂等的《缘由折》，记载了一些我们素未所知的历史事实。如（1）英军撤出时，

要求地方当局派兵保护。《缘由折》写道："（英国人）所占民房仅止数座，余屋尽皆空出。经兴泉永道委员前往查点，交给地保看守，并因该夷恳求拨兵防保，移经水师提督臣窦振彪派委守备一员，带兵六十名，赴屿驻守。"（2）英军占据鼓浪屿，使岛上人民流离失所。刘韵珂等汇报说："所有该处居民流离已久，本可即令复回故土，但人数较多，其中强弱不一，自二十一年（按：即1841年）被兵后，该民人等失业数年。"（3）清政府地方当局担心积怨已久的鼓浪屿人乘返乡之机采取报复行动，建议分批返回。刘韵珂等向皇上请示说："今于该领事等未迁以前，即令全数搬回，设有不逞之人挟嫌寻衅，妄图报复，难保不另起事端，自应详查妥办，以昭慎重。臣等复饬该道等察看民情，如果并无怀仇图报之心，自可即令归业。否则将距各夷住处较远之民人先行遣回，其余仍令暂缓，以期始终绥靖。"连一个人口不足三千人的小岛屿⑲，其百姓要返回家乡的事也要向皇帝请示，可见不能以小事视之。道光皇帝在这件奏折后加以朱批："只可以如此办理，另有旨片随密寄发回。"

道光皇帝的"密片"内容已不可得知，但这件《缘由折》揭示了鸦片战争中，鼓浪屿的一段史事，至少反映了英国侵略者的行径已激起鼓浪屿人民的极大不满。其后，一位外国人在他的著作中写道："英军撤走以后，他们占用的这些房子就被拆掉，他们修的路也被破坏掉，英军留下的每一个痕迹都尽中国人之所能地给予销毁。"⑳

这段时间，有关鼓浪屿人民的爱国行动，颇值得今后继续深入研究。

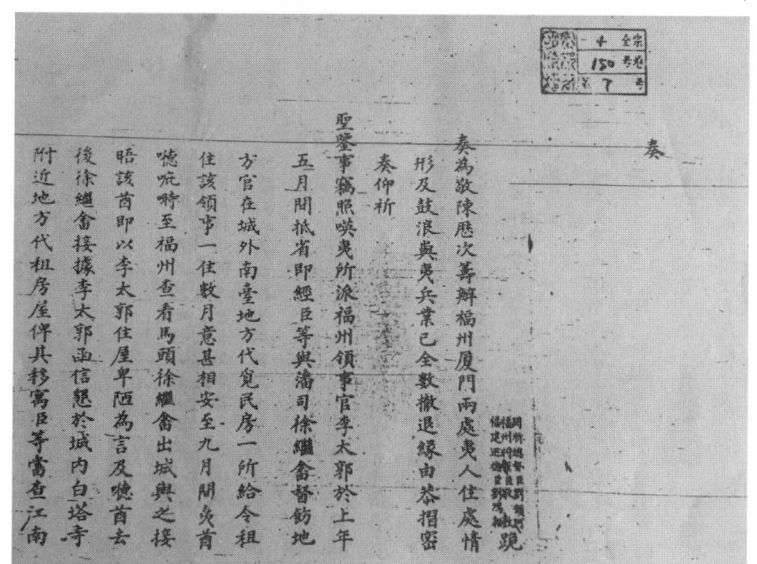

本文载于《鼓浪屿研究》第一辑，周旻主编，厦门大学出版社，2015年4月。

钦差大臣两广督臣耆英谕令总督转向李太郭阻止者英於未接臣等移咨之先已在粤接有总首总称李太郭住宅卑湿该大良咨令臣等代为另觅节经臣等伤令地方官悉心代觉得宽大民房数处引令李太郭前往相度该领事总称不合其意旋又以城内乌石山积翠寺事总称不合其意旋又以城内乌石山积翠寺地势偏僻与白塔寺不同该寺现有空房数间轩敞高爽欲图租赁居住向藩司股股顾求臣等与潘司再三固拒而李太郭以城外恐有火盗贼之虞坚求入城词意激切时总首俱以伊不便谕令李太郭住於卑宅等词复经总首转行营委谕令李太郭遂偕夷官一人於上年十二月间向总早寺僧人租房数间移入居住复备情文向总督署李寺僧该总大臣来咨令臣等察有情形自行寄辨臣等伏查福州海口紧备

原议和约虽载有嘆吗咽领事官住在广州福州等五处城邑专理商贾事宜之语惟亦未指明城内且白塔寺地居省会中民居稠密一旦该领事移入居住典情是否相安自应加体察再行酌辨未便遽准其时绅民许有年等亦已开知其事即联名赴藩司衙门呈请谕阻当经该司将民情不顺缘由向李太郭晓谕伤令地方官在南台为之另觅房屋一面详经臣等移请

南台此时嘆夷如在此口开市则共听深之领事自应令在南台楼止庶可弹压夷报经理通商该自上年五月李太郭到後时已九月有余并未通市该国货船来者极少即偶来一二只亦因民间无人与之贸易旋即他住该领事亦无应在城外查办之事亦无应须令弹压之住之庶亦无须另行酌辨当将准分将参通无己前月抄李太郭经总首调赴厦门而将去人共住城内与住城外俱属同一开居本无二致臣等当该领事初请移入城内之时因共所指之白塔寺地方为居民辜聚之区诚恐華夷错杂未克相安是以未能先准并咨请耆英行令总首谕阻其意雍從酮该领事含愿请之区另请租住积翠寺共也城市中身赴山林寺屋建於高阜山下呲连嘘居民垣相隔既并无華夷错杂之嫌而臣等转酌总首谕阻照商又以未便向谕致复臣等细察该夷性最固执此时驱逐之势必徒费唇舌且原议之内约令臣等若必令在城外居住史难保该夷不以臣等违约反唇相稽彼时愈觉难典群论中国现在之所以格外恳和约之条向其裁制之者必须坚守方可永誓信而期他日别有要求反得援引原律又查夷人条约之章别有要求反得援引原约拼有令先明该夷他日别有要求反得援引原约口於大局所间殊非浅辞之领事自移寓之

後棠经两月情极别接未常经伯茅入民间见其如此亦无须忌臣等细加筹画应即准其智在积翠寺租住以符原约两顾夷情俟将参通商之时祭有情形另行酌辨当将准分将参通居之时祭有情形另行酌辨当将准分将参通住之庶现前月抄李太郭经总首调赴厦门而将去之夷官一名及其妻夷妇二口在积翠寺居住之来之夷官一名均在积翠寺居住亚与李太郭全无已前月抄李太郭经总首调赴厦门门该夷官自前葳领事记里布将来开市之严派至厦门之领事亚利国改赴福州积翠寺後即经总首总持官亚利国改赴福州寺令藩司俊向抚首亚利国亦复感谢与常来仍在鼓浪屿根托臣等款總殷嗣现令在城居应行缴纳之地不能住此积翠寺因总首有復开导并咨经者英向总首總缴嗣因总首有甲辰年银款交清先将鼓浪屿与缴還之说记里布始於上年七月间在厦门择得官荒二处为建造夷馆与泉永道恒昌等总选营起夷官人等仍须在與内还後原在该典居住之夷官人等仍须在與内住至厦门查看焉头所並以房屋营造寡时鼓浪屿租屋暫止俟新屋造成再迁出十月间总首

钦差商酌当经臣等附片具奏一面移咨耆英酌核粤後與

辦理並飭與泉永道等俟令記里布在選定妥所建蓋房屋記里布旋即回粵亞利國以充領事復又托故遲延時若英在粵亦與總百再三辯論計勒令在廈代建房該首以必須廈門有合宜屋宇可移居而有英移經臣等撤飭該道等速為選擇詎亞利國任意挑剔情因思鼓浪嶼之繳還必須廈門建有夷館廈門之夷館一日不定則繳還鼓浪嶼之事亦一日不了縱使夷兵撤退而夷官等仍留與內雖有整齊潔淨之房總皆目為狀礙不肯向租其意欲內地人在廈代建夷館給令賃住以省工本而擇新居以致另所刁難臣等察出夷夷之策查亞利國欲華民代建夷館伊止出錢租住其情雖屬貪狡但民間建築室廬租給他人居住事所常有不妨仿照辦理庶在彼可省建屋之費在民可按籍收回不留一夷在內且鼓浪嶼境土俱可特隆記里布前靖在該嶼於蓋市史有稗益當即邀麥幹馳往廈門與該道等訪永代建夷館之人一面向亞利國諭資告知諭以如果有人出而承造者不致虧累該領事深為感悅願出重租至本年正月間即據該道等招得

該處誠實匠頭願集資代造並據亞利國以記里布前擇官荒各處空閒悉遵囑勘為另擇安便之區復經該道等帶同亞利國有些泉永道貨者餘地一段自兵移經臣寧並庀園官督建核計工料等項共需番銀九千圓亞利國願每年出租銀九百圓並願先於一年租銀以助繕造議候新屋造成該領事即年同該匠官商遵入居住將鼓浪嶼與全境交還中國不敢再行逗遛該道等恐其復有反覆令亞利國將所議各情備文照會俾有證據亞利國經文書該道等將查辦緣由錄其亞利國原文彙送臣等查核所稟辦理極為周妥其亞利國願文內語意亦皆堅確似不致再有更變臣等即飭該道等辦飭匠頭趕緊興工約計兩三月間即可竣事前月亞利國來省由李太郭聲權厦復經瀋司向該一二夷三面要約李太郭聲聯照亞利國原議辦理不敢復有異議察其措詞亦屬切實無他慮此又臣等感次籌辦廈門海口咳夷住處之情由也至鼓浪嶼夷兵處上年十二月間先已撤去一隊彼時亞利國已請料變臣等即飭該道等辦飭匠頭趕緊興工約計空出民房交還臣等以其零星繳納與原約不付且其時度廈門夷館未定誠恐該夷另有詭謀未便准行當飭興泉永道諭令各民人暫緩復

業以免他辭至本年二月十五日夷兵繕全行撤退惟夷官與商五人因廈門夷館甫經興工建造仍與內所占民房屋偕止數座餘屋畫皆空出經興泉永道委員前往查熙交給地保有守並開該夷懇求撥兵防護移經水師提臣實振彪派委守備一員帶兵六十名赴嶼駐守惟可即令復回故土但人數較多其中強弱不一自二十一日被兵後該民人等失業數年令於該領事等未違以前即令全數搬回設有不送之人挾嫌尋釁妄圖報復難保不另起事端自查該與夷兵既已全退夷官等亦不過在彼住不久即當遷出所有該處居民流離已久本民情如果並無懷仇愛之心自可即令歸業否則將距各夷住處較遠之民人先行遣回其餘仍令暫緩以期始終綏靖此又鼓浪嶼與夷先後撤退夷官貪婪查辨情形也伏查噢夷情既之謀熟察事機示變通以馴其桀騖之氣庶足詭詐性復貪習控取積未合宜無論或抗或皐民情折服惟有恪遵原約本誠信以杜其鬼城免枝節而靖邊隅現在福州廈門兩口該夷均有住戶福州並未通市鼓浪嶼與夷兵已退日

宸懷此後臣等惟有設法籠絡加意撫循俾諸夷悅即當牧復可以上慰

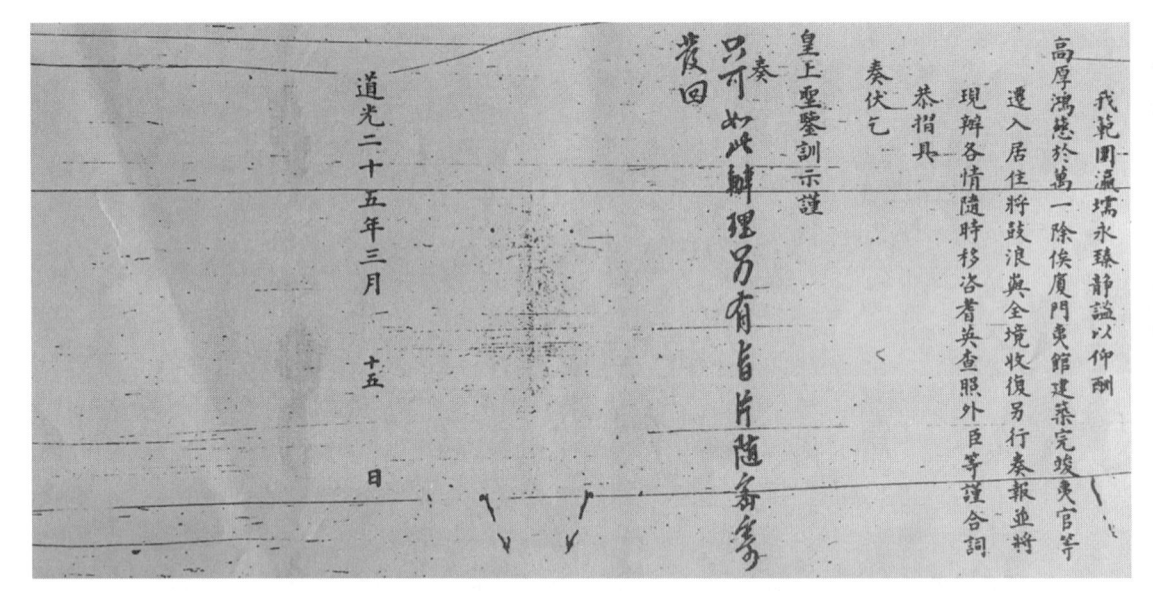

中国第一历史档案馆藏《敬陈历次筹办福州厦门两处夷人住处情形及鼓浪屿夷兵业已全数撤退缘由折》

注释：

①⑥［英］宾汉《英军在华作战记》。

②③⑤⑨［英］柏纳德《"复仇神"号轮船航行作战记》。

④ 林树梅《啸云诗文钞·从军纪略》。

⑦［美］毕腓力，何丙仲编译《厦门史事纵横》，厦门大学出版社，2009年。

⑧不著撰人《夷艘入寇记》（下），见《鸦片战争资料》（六）。

⑩［英］斯坦利·莱思—普尔、弗雷德里克·维克多·狄更斯《巴夏礼在中国》，广西师范大学出版社，2008年。

⑪⑬《巴夏礼在中国》，第71页。

⑫《巴夏礼在中国》，第54页。

⑭《巴夏礼在中国》，第68页。

⑮何丙仲编纂《厦门碑志汇编》，中国广播电视出版社，2004年，第189页。

⑯［英］朱利恩·休斯·爱德华《厦门地理通述》，辑入何丙仲编译《近代西人眼中的厦门》，厦门大学出版社，2009年。

⑰⑳［英］包罗《厦门》，辑入何丙仲编译《近代西人眼中的厦门》，厦门大学出版社，2009年。

⑱《巴夏礼在中国》，第72页。

⑲〔美〕翟理斯《鼓浪屿简史》，辑入何丙仲编译《近代西人眼中的厦门》，厦门大学出版社，2009年。据该书统计，截至1878年，鼓浪屿有华人629户，居民2835人。

有关合记与和记洋行的考证

德记洋行公馆,在今鼓浪屿升旗山下大德记海边。(已废)

英商和记洋行(已废)

  1843年11月2日,厦门正式开埠。开埠之后,英国商人率先在厦门开设德记和以后一直被称作和记等洋行。这两家洋行早期由于从事鸦片的走私和贩运苦力劳工出国,声名狼藉,其名称经常出现在当时相关的中外文献,或历来的研究文章里。1845年设立的德记洋行其后虽经若干次改组,但华文名称一直没变。据黄光域《外国在华工商企业辞典》的词条载:"德记洋行,Tait & Co. Tait & Co. Ltd. 1845年后任西班牙、法国、葡萄牙及荷兰驻厦门领事德滴(James Tait)个人开办,是最早从事苦力出口的商行之一。嗣与'和记'、'水陆'、'协隆'、'旗昌'诸洋行集资创办大船坞。1872年前德滴去世,由原职员华质美(J. C. Wardlaw)及巴地臣(John Paterson)等合伙接办,华洋行名依旧,淡水、打狗及横滨、神户先后设分号或代理行。……20世纪40年代末尚见于记载。"而所谓"和记"就不一样。因为闽南话的"和"和"合"意思相同,发音相近。1963年第2期《南洋问题资料译丛》的译者就在译者注说:"该公司中文名称按厦门音应为'和记'(Hoky),而非如某些中文书刊所讹称之'合记'。"吴凤斌教授于1988年出版的《契约华工史》认同这种说法,他在书中的注解里说:"和记洋行的原文为Syme Muir & Co.,过去译名不一,姚贤镐《中国近代对外贸易史资料》一书,第432页译为合记,第467页却译为和记。陈翰笙主编《华工出国史料汇编》,序言第6页,第四辑第249页译为合记;而在第四辑第344、350页又译和记。可见合记即和记。"

黄光域于1995年出版的《外国在华工商企业辞典》则将"合记"、"和记"合并在一起写入词条:"和记洋行,Syme, Muir & Co., Syme & Co. F. D., Boyd & Co., Boyd & Co. Ltd. 厦门英商贸易行。1846年新梅(F. D. Syme,按:今译作塞姆)等发起开办,西名初作'Syme, Muir & Co.'嗣改'Syme & Co. F. D.'。经营茶、丝及苦力贸易,兼营保险代理业务。1867年前由伙东博伊德(T. D. Boyd)承顶接办,更西名为'Boyd & Co',打狗(按:即今高雄)、台湾府及淡水先后设分号。嗣虽数易伙东,华洋行名依旧。1930年改组为有限责任公司,遂更西名为'Boyd & Co. Ltd.'。按香港公司注册章程注册,核定资本墨洋100万元收足。"今年来,有关和记洋行的翻译或常识,就依此为据。

"合记"即"和记"的说法,一直影响到现在。有地方学者在其所著的文章中,仍然认为1845~1852年期间从事贩卖华工的主要有德记和和记洋行,而且这两家洋行都设在鼓浪屿。①

厦门地方史上是否曾经有过合记洋行?它与和记洋行什么关系?这个问题至今尚未有答案。关于这个问题,20世纪60年代后厦门地

和记洋行伙东博伊德

方史界在讨论近代最早的"五行"时，已有过争论。结论是："所谓'五行'，由于设立的时间先后不同，历时久远，虽广泛调查，但言人人殊，莫衷一是，有的说是德记、和记、宝记、合记、协隆，有的说是德记、和记、宝记、瑞记、协隆。"②和记、合记同时出自一家的说法，至少可以说明在某一些老厦门人的记忆中，它们曾经是两家不同的洋行。

宝记洋行公馆，在今鼓浪屿三和路海边（已废）

2013年9月，因应邀参加台湾台南市举办的"两岸洋行论坛暨台厦洋行研讨会"。在准备论文的时候，台湾学人张明山为我提供一份英文的和记洋行简史的网络资料，题为《和记［Ho-kee］Boyd & Co.（1862—1934）》。这篇资料明确表示，和记洋行创始于1862年，洋名为Boyd & Co.。1862年至1934年都称作和记洋行。1862年之前呢？这篇简介说：1845年，一个名叫朗西斯·达比·塞姆（Francis Darby Syme）的英国商人在厦门设立合记洋行（F. D. Syme & Co.）。塞姆从事苦力劳工的买卖，把订立契约的福建劳工用船载到外国殖民地和国家去做工。1845年至1852年间，塞姆已从厦门运载数千名苦力到澳洲、波旁（留尼旺岛）、英属圭亚那、加利福尼亚、哈瓦那、夏威夷、毛里求斯以及秘鲁。1859年，苏格兰人托马斯·迪斯·博伊德（Thomas Deas Boyd）进入合记洋行工作。1862年3月，塞姆把他的洋行卖给自己的伙东博伊德，同年，博伊德和另一个从前的伙东在厦门成立了和记洋行（Boyd & Co.）。

因而可知，鸦片战争之后，厦门曾经有过一家英文名为Syme & Co. 的洋行，其华文名字为合记。我们还可以从一些比较重要的论著中，得以证实。如1961年丁名楠等著《帝国主义侵华史》第一卷："身兼西班牙、葡萄牙、荷兰三国驻厦门领事的英国人德滴（J. Tait）就是当地最大的德记（Tait & Co.）

卖人行的老板。1852年美国驻厦门的代理领事，同时又是当地另一家合记（Syme Muir & Co.）卖人行的股东。"又如，陈翰笙主编《华工出国史料汇编》全书的《序言》："19世纪40年代，英国投机商德滴首先在厦门开设德记洋行（Messrs Tait & Co.），亦称大德记卖人行，同另一家英商合记洋行（Messrs Syme Muir & Co.）共同包揽厦门及附近地方的苦力买卖。"

这些足以说明，1845年起在厦门同时设立并从事贩卖华工的是德记与合记洋行。1862年合记洋行改换伙东，进行了改组，洋行名称才改为和记。合记与和记是两家互相承接而不同的洋行。据简介所载，合记洋行在厦门的经营头尾不过18年，而接下去的和记洋行却有70余年的经营史，而且越往后越耳熟能详，以至于这两家洋行的华文名称会产生混乱，这是很正常的。

合记洋行经营的时间虽然不长，却在厦门地方的近代史上留下很不光彩的一笔。众所周知，德记、合记这两家洋行的老板都是十分恶劣的人口贩子。德记洋行的德滴兼任多个国家的驻厦门领事，仗着治外法权，为所欲为。合记洋行的塞姆则心狠手辣，奸诈横暴。他们手下雇用有数百名拐匪和歹徒，用付给人头钱的办法收买苦力，囚禁在巴拉坑（Baracoon，即收容苦力的牢房），用酷刑强迫他们承认自愿出洋做工，签订契约后即押送上船，运载到世界各地高价出售。厦门人称巴拉坑为"卖人间"，据1852年塞姆交出合记洋行"卖人间"的图纸来看，"整个建筑物只有两个能容苦力出入的门户"，"只消用两个人把门便可不让苦力出来"。塞姆说他没有限制苦力的自由，可是在调查时有人指出，"如果真是这样，那么苦力不从大门，而由从馆内粪坑挖向墙外泥沟的缺口跑出来的事就非常难于理解了"③。这方面的外文资料甚多，如1852年赫姆斯号船长的信中写道："那些苦力都被关在像奴隶屯集所一样的木棚里。"④《英国蓝皮书》收录1852年包令致英国外交大臣马姆兹伯利的信中也提到："我曾经在厦门见到装运苦力出洋的办法。几百个苦力聚集在巴拉坑里，个个剥光衣服，胸前各自按照准备把他们送去的地方，分别打上C(Cuba，古巴)，P(Peru，秘鲁)，S(Sandwich，夏威夷)等印记。给他们少许预支金钱以取得填充饥肠的食物，一套遮蔽裸体的衣服，一两枚银圆留给他们的家属，便可得到无数的人应招出洋。"⑤

德记、合记洋行的惨无人道的行径，激起厦门人民的反抗。1957年中国学者田汝康结合中西文献，对厦门这起民间自发的反抗斗争做了详细的介绍。⑥而合记"卖人间"及其老板塞姆的暴行，就是激发这场斗争的导火线。兹将原文的有关部分摘录如下：

"1852年11月21日，厦门人民捕获了一个为英商合记洋行进行拐骗的拐子手，把他送交参将衙门处理，但当天该公司经理英国人桑穆（按：即塞姆）竟领书记柯纳尔（按：即科纳比（W. A. Cornabe））径往参将衙门强令释放该拐子手。……参将衙门竟将该拐子手释放并由桑穆包庇躲藏在自己家中。……但桑穆却并不以此为满足。该日傍晚当他听到参将衙门还拘押有他所雇用的其他拐子手时，竟又在酗酒之后带领书记柯纳尔第二次到参将衙门大吵大闹。衙门中的一般士兵忍无可忍，因而和桑穆冲突起来。在冲突当中，适有英国商船澳洲号船员弗勒赛及乘客弗素从此路过，两个人也加入为桑穆帮凶。最后这些家伙……在暮色茫茫中仓皇逃遁，而弗勒赛则在冲突中受伤。

自从第一次冲突后，桑穆向参将衙门强加压力，释放拐子手的消息不久便到处传遍，厦门人民极端愤怒，遂相约于次日（22日）全体罢市，同时一方面由全体士绅出名到处张贴告白，促醒一般劳动人民提高警惕，不要再坠入这般人贩子的骗局中去。另一方面并由厦门所属十八区全体人民的名义，提出警告和抗议，促令进行这种罪行的合记洋行和德记洋行迅速交出所包庇的拐子手，否则厦门人民当与两行断绝一切商业上的关系。

……但这两个人贩公司对于厦门人民的抗议完全置若罔闻，因此，24日遂有1500多人在这两个公司所在地集队示威，要他们迅速交出所包庇的拐子手。而英国军舰萨拉门托派来保护这两个洋行的水兵，竟向赤手空拳的群众开枪，当场惨杀了8人，重伤16人。"

清政府地方官吏屈于外国势力的淫威，以将合记洋行所包庇的拐子手"护送"移交巡检司衙门看管，敷衍了事。至于被害者，就让其亲属直接向英国驻香港的中国商务监督"请求赔偿"。结果，商务总督对桑穆和他的书记柯纳尔分别处以二百元和二百二十元的罚款，草草了事。自此，人民只好以自己的行动来对付这种暴行，据这篇文章说：此后厦门每天都发生制裁民族败类的事情。以至于这年11月，有两艘西班牙船和两艘英国船（英琴南号和埃兰那兰开斯特号）从厦门放空船离港而去。⑦1853年2月23日，停在厦门拟往秘鲁的尼泊尔号船，也由于船上水手拒绝装载苦力而不能出口。⑧"1853年初几个月内任何国家的侵略者均无法在厦门拐运到一个华工"。由于厦门人民的反抗，其后有一段时期，拐运华工的中心逐渐转移到广东的汕头和南澳岛一带。

这起由合记洋行的暴行而激起的人民自发的反帝斗争，已载入厦门的史册。《厦门市志·大事记》"咸丰二年（1852年）十月十三日"的词条，即记录有这个事件。

1855年，厦门掳掠猪仔出洋的活动又开始活跃起来，其原因一则厦门小刀会起义遭到失败，人民的反帝反封建斗争受到挫折；一则是在潮汕难于招到足够的苦力劳工，所以又回到"厦门重开苦力贸易"。不过这回是选择在厦门港外的浯屿进行。合记洋行的塞姆在这年1月租赁齐特兰号英国船停泊在那里装运苦力，德记洋行在金门诱招到400名苦力。同年的2、3月，分别有190

名苦力和240名苦力从浯屿送往汕头出洋。⑨

　　研究成果表明，1845年到1874年是苦力贸易极为猖狂的三十年。⑩虽然19世纪60年代根据不平等条约，所谓劳工出洋成为合法化，厦门仍旧是契约华工出口的重要口岸。而1862年，塞姆却把洋行转手卖给博伊德。所能解释的除了因为塞姆的名声太臭，加上厦门市民的抵制，合记洋行肯定"风光不再"之外，博伊德的实力已经开始脱颖而出可能也是一个原因。1858年，厦门几家洋行共同投资开办了大船坞，1859年2月12日在上海的《字林报》刊登广告，署名的就是该船坞公司的董事长博伊德。⑪

　　博伊德创办和记洋行以后的数十年间，无论是掳掠诱骗，还是契约招工，贩卖劳工苦力出口总是一件暴利的买卖，和记洋行于此肯定不会自甘落后。在鼓浪屿，至今依然保留着一些与德记、和记有关的地名，因此几乎所有的涉及贩运苦力猪仔的论著和相关文章，都会记载这两家洋行均于1845年设立于鼓浪屿。

　　关于这个问题，外国文献所载则存在分歧。美国学者马士的《中华帝国对外关系史》这部著作的说法，情况似非如此。该书的第一卷第十三章"条约口岸"有这样一段话说："（厦门）这个口岸在1844年6月因英国领事的到达而开放。……领事的住宅设在鼓浪屿；……而办公的地方就设在城外的商业区。这里也有商人的写字间，但是他们大部分人也都住在鼓浪屿，于是没有经过特许，鼓浪屿就变成了外国人的住宅区"。这就是说，这两家洋行的"写字间"可能设在厦门，人住在鼓浪屿。另一位美国学者费正清则认为"这些卖人行把收买和囚禁苦力的牢房和牢船明目张胆地设在厦门鼓浪屿海关附近"⑫。他的意见是设在鼓浪屿，但当时海关是在厦门，并非在鼓浪屿。

　　今据美国康奈尔大学所提供的1880年代德记、和记两家洋行的老板住宅，确实是在鼓浪屿，而绘制于光绪十一年（1885年）的《厦门海后滩全图》，德记、和记两家洋行的办公地点很明显就在厦门鹭江道一带。看来，鼓浪屿那些与德记、和记相关的

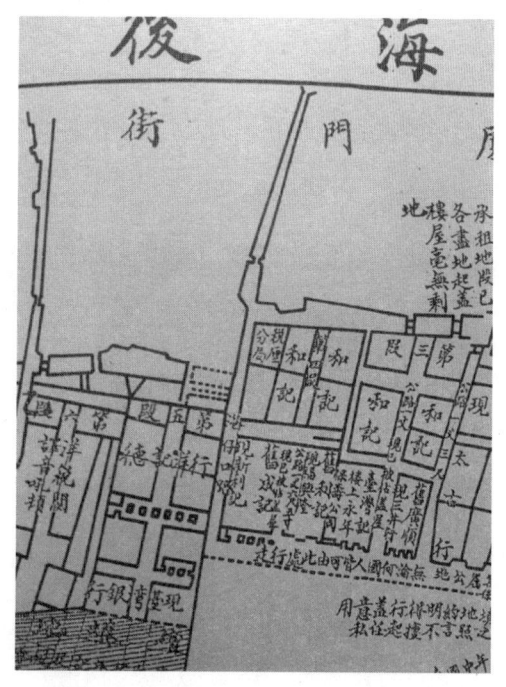

1885年厦门海后滩全图中，和记，德记洋行厦门办公的地点

地名，乃得之于这两家洋行老板的住宅，这种说法比较合理。

德记、和记这两家以贩卖华工出口而臭名昭著的洋行及其"巴拉坑"的具体地点，仍有待于今后认真考证。

本文载于《鼓浪屿研究》第二辑，周旻主编，厦门大学出版社，2015年9月。

注释：

① 《厦门政协》2014年第3、4期。
② 厦门市政协文史资料研究委员会编《厦门的租界》，鹭江出版社，1990年。
③ 坎贝尔《中国的苦力移民》第三章。
④ 转引自姚贤镐《中国近代对外贸易史资料》。
⑤ 《英国蓝皮书》，cd 268，1852—1853年，第5号文件。转引自吴凤斌《契约华工史》。
⑥ 田汝康《1852年厦门人民对英国侵略者掠卖华工罪行的反抗运动》，原载《光明日报·史学》1957年7月4日双周刊第111期。
⑦ 1852年11月20日代理英国驻厦门领事柏克豪斯致包令的信件，转引自姚贤镐《中国近代对外贸易史资料》第一册。
⑧ 坎贝尔《中国的苦力移民》第三章。
⑨ 陈翰笙主编《华工出国史料汇编》第二辑，第103、106、132页，所引《英国蓝皮书》的记载。
⑩ 陈翰笙主编《华工出国史料汇编》第一辑《序言》。
⑪ 何丙仲《近代西人眼中的鼓浪屿》，第164页。
⑫ [美] 费正清：Trade and Diplomacy on the China Coast（《中国沿海贸易和外交》），转引自陈翰笙主编《华工出国史料汇编》第四辑，第182页。

纪里布与厦门开埠

一、纪里布来厦的日期

亨利·纪里布（Henry Gribble），又作记里布，是鸦片战争后，英国首任驻厦门的领事。外文资料表明，纪里布原先是英国东印度公司的职员，曾在澳门经商。然而，作为他在厦门时的翻译官，16岁的哈里·史密斯·巴夏礼在日记中则称他为"上尉"。这可能是因为纪里布更早时候当兵服役过。纪里布和他的继任者阿礼国（Rutherford Alcock）都是军人出身，阿礼国曾经是一名军医，"在西班牙战争中服役。他胸部被刺伤，从此留下光荣的印记"①。

关于纪里布到任的时间，根据《厦门的租界》一书所载："英国侵略军占领厦门期间，1843年11月2日，即派舰长纪里布担任英国驻厦首任领事。"迄今为止相关的文章基本上就以此为根据。众所皆知，这个日期是厦门开埠的日子。如果按照这种说法，纪里布似乎是同一天才赶来的。其实不然，根据道光朝《筹办夷务始末》福州将军保昌的一篇奏章所载，纪里布是道光二十三年（1843年）九月初四日（按：即10月26日）已到达厦门，并"择于九月十一日（按：即11月2日）开市"②。这就是说，纪里布比开埠的日期早一个星期到任。

英国驻厦第二任领事阿礼国

二、 鸦片战争之前厦门早已开埠

实际上,早在鸦片战争之前厦门已经开埠。16世纪前期的正德、嘉靖年间,葡萄牙、西班牙的商船就来到包括浯屿、厦门和月港在内的大厦门湾(外国文献则称为"漳州河口")进行贸易。这个时期,大厦门湾与菲律宾之间已形成"一个稳定的帆船贸易"③局面。出口的商品除一部分在菲律宾销售外,大部分通过菲律宾转运至墨西哥。此外,大厦门湾与日本的货运航线也不断发展,16世纪,逐渐开辟了台湾海峡和琉球群岛往日本的航线,继而又发展为厦门至长崎的直达航线。明代中后期起,大厦门湾又逐渐成为华侨出洋的门户之一。明末,郑成功海商集团更是以厦门、金门两岛为基地,大力开展东西洋的海上贸易,其贸易对象主要是东南亚各国和日本,从而奠定了厦门作为海外贸易港口的基础。郑成功之子郑经克绍箕裘,又先后与荷兰、英国等商人发生贸易联系。1670年(康熙九年)6月23日,英国东印度公司的"万坦·宾克"号商船首航厦门,并在那里设立商馆。大量的史实足以说明,16世纪以后,厦门早已是对外开放的重要口岸。

清初,台海平定。康熙十九年(1680年)四月,工部侍郎金世鉴奏请"闽省照山东等处见行之例,听百姓海上捕鱼、贸易、经商,议政大臣议准,俱令一体出洋"。清政府原来拟在江苏云台山、浙江宁波、福建漳州、广东黄埔设立江、浙、闽、粤4个海关,而具体实施时,江海关改设上海,闽海关则分为福州南台和厦门两地。康熙二十四年(1685年)五月,闽海关厦门口的衙署成立。④1685年7月29日,英国东印度公司的华商号(China Merchant)货船驶进厦门港,船上的商务员发现公司原先的商馆已变成清朝海关衙门,一切贸易均在被称作户部(The Hoppo)的海关官员的控制之下,所有船只在准许贸易之前都被迫停靠在那里。海关官员通知商务员:所有到达厦门的船只都必须缴付全部进口货物的关税,不管是运来销售或是返运时再载回的,而所有购买的货物均须缴纳出口税。⑤据英国、日本的相关史料表明,至少在1730年之前,英国东印度公司与厦门之间的贸易,并无间断。⑥

清代以粤海关为主的四大海关,自对外正式开关以后一直到鸦片战争期间,已经形成了一系列基本适合国情的行政管理制度,其中有:(1)关税征收制度:根据船只大小、长宽及载重量和东西洋不等进行的定额征税,称船钞、船税,和对进出口货物征收的正税、货税。(2)间接控制外贸和外交的行商制度:凡外船抵港必须到政府指定的行商代为办理欲销购的货物、应缴关税、中外交涉和逗留港内住行等事宜。这种半官半商性质的垄断机构,实际上是中外贸易双方的代理商。此外还有进出口船舶的监管制度和限制、防范外商的各类章程。闽海关厦门正口行政管理制度大体与之相同。

不过，清代海关制度也存在弊政，其中以户部对各关实行的定额税制——包税制为最。包税制的实行虽然保证了政府的财政收入，但也造成了海关官员为完成定额和满足私欲而横征暴敛。其次是额外赠收"规礼"，即在正税之外另外加征各种杂费，其实是海关关吏公开向中外商民敲诈钱财。在粤海关，来华洋商将"规礼"和行商制度视为"两大灾难"。

三、纪里布在厦门

早在纪里布动身到厦门之前，英国政府已经为五个通商口岸的开埠问题，预先做好了准备。《南京条约》的第十条载明："英国商民居住通商之广州等五处，应纳进口、出口货税、饷费，均宜秉公议定则例，由部颁发晓示，以便英商按例交纳。"关键就在于"秉公议定"这四个字，条款的英文为"A fair and regular Tariff of Export and Import Customs and other Dues"译成中文文本，并没有本着公平的原则经商议而制定的意思。但昏庸的清朝大吏却把每个主权国家都拥有的关税自主权，轻易地拱手相送。《南京条约》签订后，英国代表璞鼎查就催着赶快"议定"五个通商口岸的税则和税率。经过几番商讨，1843年7月22日，《1843年税则》作为《南京条约》的补充在香港公布，10月8日，在虎门正式签字生效。这个新税则所订的税率仅为"值百抽十"、"值百抽五"两个税级；原船钞改为吨税，按核定的吨位征税；废除所有附加规礼税费。五个通商口岸的税率成了当时世界上最低的关税税率之一。纪里布还没到任，厦门港口的门户实际上已被拱开了。

1843年10月26日，纪里布带着《南京条约》和《1843年税则》来到厦门落实开埠的事宜。首先，他在厦门找到一处办公的地方。福州将军保昌的奏章写道："记里布到厦之后，协同查看各处，惟海关（按：地址在今思明区江夏堂）近有关闭之空房一所，与海关紧相毗连，便于稽查。记里布甚为合意，随出钱赁住，以作马头。"⑦

据外文史料记载，纪里布一到厦门就遭遇到语言障碍的麻烦。刚好当时英国外交部外语人才奇缺，没给他配备翻译，他只好从广州带了两名通事到厦门。这两位通事仅能用广东英文连比带划和他交流。来到厦门，他们既听不懂厦门方言，对官场上使用的北京官话也听得一头雾水。有一位美国传教士（按：可能是美国归正教会的雅裨理牧师）想来帮忙，但他只会讲点厦门话，不会说北京官话。最后，纪里布只得又雇用了两个厦门本地人，一个曾经在新加坡生活过，懂得一点英语却不会讲北京官话，一个懂北京官话但不会说英文。每逢需要交流，都要通过好几道翻译，纪里布和厦门官府的人很难顺畅地打交道。⑧

关于领事的职责，《南京条约》第二条规定："大英国君主派设领事、管事等官住该五处城邑，专理商贾事宜，与各该地方官公文往来，令英人按照下条开叙之列，清楚交纳货税、钞饷等费。"在中文的公函上，其正式结衔为"大英钦命驻劄厦门办理本国通商事务领事官"。因此，首任领事纪里布来厦门的主要的任务之一就是"专理商贾事宜"。

纪里布来厦之际，被外商视作"灾难"之一的行商制度，在厦门已近式微。据《厦门志·船政略》的记载，雍正年间厦门已"设立洋行经理"。"至嘉庆元年（1796年），尚有洋行八家，大小商行三十余家，洋船商船千余号"，后因管理混乱，"至嘉庆十八年仅存和合成洋行一家"，"迨至道光十二三年（1832年、1833年），厦门商行仅存五六家"，每年只有"洋驳一二号贩夷。……关课日绌，而商行之承办者不支矣"。看来，废除行商制度的事用不着纪里布多操心了。从资料看，开埠后，进港的外国商船开始增多。据1843年来厦门兼办通商事务的福建布政使徐继畬说："此时厦门，则夷目、夷商与华人杂处，港内夷船每日不下十余只。"⑨领馆人员看起来善于忙中取静。1844年8月，鼓浪屿出现疫情，"领事经常去厦门附近的岛屿避难"，而翻译官巴夏礼除上班外，还能在鼓浪屿饲养牲畜，"后来的几个月里，他出售了很多猪以及家禽"⑩。

1844年7月3日和同年10月24日，清政府分别与美国、法国签订了《望厦条约》和《黄埔条约》。这是两个比中英《南京条约》规定更完备，危害更严重的不平等条约。英国在片面的最惠国待遇"利益均沾"的原则下，也得到"一视同仁"的特权。这些不平等条约，赋予驻在通商口岸的领事更多的权力。这些领事不但为外国商船作担保，还发挥报关的作用。《旧约章》第一册有一段记述其工作程序的话说：英国商船进港后，即将船牌、舱口单、报单等件送交领事，领事根据这些证件，把船只大小、装运货物种类和数量等项通知海关。等到船只卸货、装货之时，再由领事通知海关"公同查验"。英国商船交纳船钞、税银之后，海关发给完税红单，商人即凭此红单向领事领回船牌等件，然后出口。鸦片战争之后，各通商口岸严重的商品漏税走私活动，特别是猖狂地走私鸦片，贩卖华工苦力出口，都源于此。

不过，这些都是纪里布离任以后的事。第二任领事阿礼国于1844年的11月2日到达厦门。

纪里布在厦门无意中却促成了一件近代史上极有意义的事。鸦片战争期间第一个到厦门布道的美国归正教会传道士雅裨理，在其《中国日记》（原件藏于美国新泽西州的 New Brunswick Theological Seminary）中记载，1844年1月27日，福建布政使徐继畬（书中作"钦命专员"）来到厦门，处理开埠通商事宜。纪里布请雅裨理帮忙做翻译。雅裨理在日记中写道："在交换一两份文件，并通过亲自或由人代理的多次访问之后，他（指徐继畬）逐渐离开了此前已经展开的话题。……询问了我们许多关于地理和各国情形的问题。"徐继畬在雅裨理等人的配合下，终于写出中国近代第一部关于世界地理的著作——《瀛环志略》。

四、纪里布的无理要求

纪里布在厦门任领事首尾正好为期一年。开埠伊始，纪里布向清政府地方当局的交涉主要有两件，一为要求在鼓浪屿建造领事馆；一为要求让进入厦门的英国商船按在当地所销售的货物纳税，剩下的可以转至其他口岸处理。

纪里布提出第一条的理由是："厦门居民稠密，时有火患，其空隙之处复多坟冢。该夷租屋建房均有未便，请即在鼓浪屿居住。"⑪纪里布一到厦门，就在闽海关厦门口的衙署旁边，租赁了一所空房作"马头"办事。当时因为英军还武装占据在鼓浪屿，所以纪里布和领馆人员都在小岛上居住。根据不平等的《南京条约》，到1845年清政府赔款分期缴交完毕，英军必须撤出该岛。对此，纪里布当然心里清楚，这就很难说他所提出的这个要求，背后有没有埋伏别的阴谋。当兴泉永道恒昌转达纪里布这项无端的要求时，闽浙总督刘韵珂给予断然拒绝，他认为："鼓浪屿现虽暂准该夷栖止，但乙巳年（按：1845年）银款交清之后，仍应缴还中国。此时若准该夷在彼居住，恐将来被其占据，即使如约归还，亦恐有名无实，所请断难准行。"⑫他一面向皇帝启奏，一面通过负责外交事务的耆英通知英国全权代表璞鼎查，给予制止。

纪里布这项要求最后没有得逞。清政府地方当局允许他在厦门岛内选地建领事馆。"记里布在厦门官地内，择定二处，为建盖夷馆之所。经该道等勘明所择之地，一系官荒，一系水操台废址，堪以给该夷建屋。当与记里布面议，每地见方一丈，令该夷年纳租价银一两，俟其房屋造成，丈量地基若干，照数积算，业据记里布面为应允"⑬。大概建领事馆的事只进行到这一步，纪里布就离任打道回府了。继任的阿礼国后来推翻原来的方案，选定在兴泉永道衙署（按：今厦门市少年儿童图书馆）建造领事馆。

纪里布提出第二条的理由是："因厦门地势僻远，非商贾聚集之区，夷商贩来货物，不能按船全销，请照销数输税，余货贩至他口分销。"⑭这一明目张胆的进一步侵犯我国主权，而且牵涉到所有通商口岸的无理索求，连列强国家在签订不平等条约时，都不敢提出来，居然出自纪里布之口。据笔者推测，其幕后推手就是英国政府。据《巴夏礼在中国》一书所载，"1843年建立的5个领事馆在香港总督和商业总督的办公处都有办公中心"。可见，这些领事随时在执行香港总督和商业总督的指令。

经过闽浙总督刘韵珂会同前福州将军保昌、福建巡抚刘鸿翱等官员讨论后，认为"记里布所称厦门销货不旺之处，委系实在情形，唯按销货输税，为原议条款所未载，事关数省大局，自应筹议尽善，划一办理，未便先由闽省创议更改，致涉纷歧"⑮，也给予委婉拒绝。当然，事关重大，闽浙总督向皇上启奏的同时，也"移咨耆英等筹商"。

纪里布在厦门任内提出来的两项无理要求，不但都没有得逞，据说还为此事被"撤令回粤"。

本文载于《鼓浪屿研究》第三辑，周旻主编，厦门大学出版社，2015年12月。

注释：

①⑩［英］斯坦利·莱恩-普尔、弗雷德里克·维克多·狄更斯著《巴夏礼在中国》，广西师范大学出版社，2008年，第54、64页。

②⑦道光朝《筹办夷务始末》卷七十《保昌等奏厦门英官记里布已到定于九月十一日开市折》，中华书局，1964年，第2783、2784页。

③［英］包罗《厦门》，辑入何丙仲编译《近代西人眼中的厦门》，厦门大学出版社，2009年，第131页。

④《厦门港史》，人民交通出版社，1993年，第40页。

⑤［英］马士《东印度公司对华贸易编年史》第一卷，中山大学出版社，1991年，第57、58页。

⑥姚贤镐《中国近代对外贸易史资料》，中华书局，1962年，第583页。

⑧转引自季压西、陈伟民《来华外国人与近代不平等条约》，学苑出版社，2007年，第394页。

⑨《松龛先生全集·奏疏》卷下。

⑪⑫⑭⑮见道光朝《筹办夷务始末》卷七十一《刘韵珂奏厦门英领事请按销货输税并请在鼓浪屿居住折》，中华书局，1964年，第2803、2804页。

⑬见道光朝《筹办夷务始末》卷七十三《刘韵珂奏记里布在厦门官地择定二处建盖洋馆片》，中华书局，1964年，第2907、2908页。

鼓浪屿华侨史略

一、以海为田　迹遍瀛涯

鼓浪屿在厦门岛之西南，隔海相望，早在清代之前，它乃隶属于泉州府的同安县二十一都嘉禾里的一个保。不过，因为它地处漳州的九龙江入海口，在经济和文化方面与漳州的联系反而相对更加密切。因此，厦门和鼓浪屿自然就成了漳、泉两地的交汇点，老鼓浪屿人俗称泉州为"五县"，漳州为"七县"。鼓浪屿的原住民原先基本上都是来自于"五县"或"七县"，也即当下通称的闽南人。

闽南人自古"以海为田"，其漂洋过海、移居海外的历史可以追溯到唐五代。后来经过宋元时期泉州刺桐港和明末漳州月港海上交通的先后兴起，许多闽南人已经梯航到南洋、东洋等地经商贸易，其中有不少人就定居在那里，成了海外移民。明初随郑和下西洋的马欢曾看到许多定居在三佛齐（今印度尼西亚巨港）和爪哇的闽南人的生活状况，把它写进《瀛涯胜览》这本书里。明代末年，李旦、颜思齐和郑芝龙等著名的海商就曾从以厦门湾为中心的闽南沿海出发，纵横远东海域。其后的郑成功在抗清复台的同时，出于"通洋裕国"的需要，奠定了厦门作为其海外贸易口岸的基础。这个时期，随着海路的畅通，北至日本的长崎、平户，南至巴达维亚、吕宋等地，都遍布闽南人的足迹。明朝灭亡后，清政府在全国设置四大海关管理对外贸易的口岸，厦门为闽海关正口，成为"通九泽之番邦"的通商口岸，同时也是闽南籍华侨出洋或回国的主要门户。于是，厦门就与华侨结下了不解之缘。

鼓浪屿华侨的历史同样也是源远流长。鸦片战争期间，一个登上鼓浪屿的英国人意外发现，厦门、鼓浪屿的人"对欧洲人的风俗习惯比广州商人更加熟悉。他们能够列举东印度群岛的物产和讲述许多地方的政府，如数家珍。新加坡的名字对所有的人都很熟悉"[①]。1843年厦门开埠，英国首任驻厦领事纪里布出发时没有配备翻译，到任后只好在当地找到一位曾经在新加坡生活过的人充当译员。② 这些点滴的外文资料，从侧面反映厦、鼓的原住民中不乏曾经下过南洋的"海归客"。

二、开埠以后 侨乡形成

我们所说的鼓浪屿华侨，指的是曾经居住在岛上的海外归侨及其眷属，或者是由鼓浪屿出发到海外定居发展，并对厦门鼓浪屿产生过影响的海外华侨。

厦门在开埠后有近20年的时间，成为洋商勾结英、美领事走私鸦片和掠卖"猪仔"出洋的重灾区，鼓浪屿更成了一个窝点。那些流落厦门的闽南破产农民多数被贩运到拉丁美洲、南北美洲和澳洲等海外殖民地出卖劳力，而到南洋各地者相对不多。大部分出洋的"猪仔"最后只能饮恨异乡，当然，能生存下来的，"多数日后返回中国，其中确有一些留在异邦，并且像商人一样，本身也成为侨居者"③。但我们通过实地调查和阅读史料发现，近代以来那些事业有成之后从海外回归鼓浪屿的华侨，基本上都是本身或先辈先前以亲属（族人或亲戚）移民的模式，主动过番出洋，在蛮烟瘴雨的异国打工务农、经商创业，经过艰苦奋斗而成功的闽南人。可以说，鼓浪屿的华侨与"猪仔"没有多大关系。

19世纪60年代以后，根据不平等条约，洋商、领事和传教士乘机蜂拥而入，进一步在厦门设洋行，划租界，倾销洋货，继而又到鼓浪屿"永租"私地，建造公馆、领事馆、俱乐部和教堂，在岛上居住，正如外文资料所说，"多数外国人每天从他们在鼓浪屿的家渡海到厦门办公"④。客观来说，厦门港的真正起步，是在19世纪60年代以后。

西方列强势力的侵入，同时也激起近代中国改良主义思潮和民族工商业的兴起。洋务运动就是这个时期的产物。19世纪60年代以来，由于厦门港口的逐渐发展，客运较之前方便，商机也较之前有所增多，加上中日甲午战争前后，清朝政府还颁布了一些鼓励投资的政策，并且指令各省官吏招揽南洋富商回国投资兴办工矿企业，这进一步激发了海外华侨回国创业的热忱。于是，就厦门港而言，19世纪70年代以后，回国华侨的人数开始逐年增多。《厦门华侨志》有1875年至1898年这24年间，往返于厦门与海峡殖民地、西贡、马尼拉、爪哇、苏门答腊等口岸的客运人数的统计数据：前往者总共为916189人次，返回者为1299165人次，⑤回国者明显多于出洋者。清朝末年，列强势力对华侵略加剧，封建统治下的闽南地区农村经济已到崩溃边缘，民不聊生，加上宗族械斗时有发生，农村人口流入城市，在民国初年厦门的现代化城市建设尚未启动之际，闽南籍华侨回到厦门，大部分人自然会选择在鼓浪屿居住。

历史上鼓浪屿从未有过人口统计。近代第一个准确的人口数据见于英国人翟理斯1878年出版的《鼓浪屿简史》。据该书所载，至1878年岛上共有中国人 2835 人（其中男 1588 人，女 1247 人），各国洋人 252 人。⑥ 从 1878 年起，至鼓浪屿公共地界成立的 1902 年，中外双方的资料均无人口方面的记录。不过，通过一些不完整的资料，还是能够看得出鼓浪屿的人口和社会状况的微妙变化。厦门海关历年年度的报告书表明，1880 年厦门城市与郊区约有 88000 人，而外国居民为 285 人（1879 年为 292 人），1881 年为 275 人。⑦ 1911 年鼓浪屿的人口增加到"估计大约为 12000 人，外国居民则大约 300 人"⑧。这说明从 1878 年至 1911 年，鼓浪屿的中国人人数至少已增加了 3 倍多，而居住在岛上的外国人一直保持在两三百人左右，变化不大。逐年增加的这些中国人都是些什么阶层的人呢？厦门海关的洋人似乎对此不感兴趣，他们注意的是在鼓浪屿岛上，与之争天下的逐年增加的华人住宅，然后悻悻地告诉我们那多是从海外归来的华侨。1882~1891 年的《海关十年报告》写道，"年复一年，成千上万贫困阶层的人移居海外，他们中有一定比例的人又回来。许多人带回了足够的资产，从而使自己和家庭的生活比离家出国前更舒适"。在鼓浪屿，"到处可以见到一些成功者的华丽住宅，这些人或凭借不正常的好运气，或凭借杰出的才智，设法在爪哇或海峡殖民地积累大笔财产，然后安全地把它们带回自己的家乡。……许多回来的移民，尤其是少数成功者，有着较丰富的经验，较广阔和较开明的视野"⑨。不但如此，华侨还把子女带回鼓浪屿接受教育。1892~1901 年的《海关十年报告书》就写道，"生活在马尼拉、海峡殖民地的中国商人们回到本地，充分注意到他们的子女所受到的外国教育的优越性"，于是"进步和欧洲文明正慢慢地和悄悄地在本地区（指鼓浪屿）取得进展"。⑩ 这里所谓的"进步和欧洲文明"，实际上是鼓浪屿华侨身上所体现的那种多元文化的特质。从人口比例和素质方面来看，从 19 世纪 60 年代至 20 世纪初，接受过西方文明影响并具有相当经济能力的华侨已成为鼓浪屿的主要居民，他们和外国来厦的外交、商务和传教等人员共同生活在岛上。在公共地界设立之前，鼓浪屿实际上已成为一个以华侨为主的华洋共处的生活区。

1902 年，鼓浪屿被辟为公共地界。此时正值中日甲午战争之后，外国列强加紧瓜分中国，清朝封建统治政权已经风雨飘摇。在海外华侨的支持和参与下，国内民主革命运动风起云涌。与此同时，在"实业救国"这个时代精神的鼓舞下，华侨回国投资创业的力度进一步增强。辛亥革命之后，政府颁布了《华商兴办实业条例》等一系列护侨和鼓励回国投资工业的政策，福建省还率先于 1912 年 10 月成立"福建暨南局"，颁布中国历史上第一部地方性侨务法规——《福建暨南局章程》，这些举措激起了海外华侨回国兴办实业以报效祖国的热潮，加上 20 世纪 20 年代，厦门开始着手规划和实施厦门港口城市的现代化建设，为华侨在房地产业和工商业等方面提供了良好的发展机会，所以这个时期，闽南华侨回国的人数比以前增多。虽然此时欧洲战争爆发，商业疲软,但据 1912～1921 年度的《海关十年报告》所载,"在厦门和海峡殖民地之间,有 50829 人返回。这是多年来的最高纪录"⑪。1902～1911 年度的《海关十年报告》中写道:"许多移民取得成功,带着他们积蓄的钱财返回故里。这些幸运儿盖起了新式的、条件改善了的楼房。在鼓浪屿,最好的大厦是属于那些有幸在西贡、海峡殖民地、马尼拉和台湾等地发迹的商人后裔所有。"⑫统计到抗战期间鼓浪屿沦陷的 1941 年,该岛的人口已由 1911 年的"大约为 12000 人",增加到"大约 43000 人。不包括为数甚少的欧洲和美洲居民"⑬。不到三十年的时间,鼓浪屿的人口又增加了将近 3 倍,史料和实地调查的结果表明,所增加的大多数是归国华侨,以及跟随他们从闽南各地来此共同生活或务工的人。目前保存下来的 1000 余幢近现代建筑,大部分是 20 世纪公共地界设立以后陆续所建。其中近年来所认定的 391 栋历史风貌建筑,至少有 80% 以上是华侨和侨眷的业产。迨至 20 世纪 30 年代,鼓浪屿华侨、侨眷的人口比例之高,以及东南亚著名侨商聚居人数之多,一时堪称福建全省之最。所以 1921 年 8 月,中国第一个官方管理华侨事务的机关——福建暨南局就设在厦门的寮仔后,居住在鼓浪屿的印尼归侨林辂存担任首任总理。1923 年该局迁至鼓浪屿的鹿耳礁,岛上的侨眷龚显灿、施乾两度担任正副局长。⑭因此,在所有人心目中,鼓浪屿侨乡的地位实际上已经形成。

这些定居或不定期居住在鼓浪屿的华侨,虽然在岛上建起上千幢各式各样的新式楼房,但并非把它视为来此休闲养老的地方。许多华侨、侨眷先后以鼓浪屿为联络海内外侨心的桥头堡,在岛上为民主革命和振兴民族工商业,乃至厦门鼓浪屿经济社会的发展贡献力量,从而实现他们报效祖国的理想。就因为鼓浪屿华侨留下那么多的爱国爱乡事迹,所以侨乡文化是鼓浪屿文化最重要的组成部分。

经过抗日战争和其后一系列的社会变革,直到现在鼓浪屿依然保留着侨乡的特色。虽然随着社会的发展,岛上的居民不断迁出,但据 2004 年的统计材料所载,人口 20172 人的小小岛屿,还拥有归侨、侨眷 10520 人。⑮2010 年出版的《中国侨乡侨情调查》一书,鼓浪屿照旧名列国内 15 个典型的侨乡之中⑯。目前作为申请世界文化遗产要素的洋楼别墅,大多数都是华侨、侨眷的产业。鼓浪屿侨联在新的历史时期还在发挥它的积极作用。所以说,至今为止鼓浪屿仍是一个名副其实的侨乡。

三、 民主革命　屹立潮头

"身在海外,心系祖国",是广大华侨的共同特点,闽南籍华侨也不例外。由于闽南文化与中原传统文化的关系源远流长,因而闽南华侨热爱家国的情结更加浓厚。在封建专制的统治时期,多数的华侨是因为生活所迫才不得不背井离乡、远渡重洋。早在大航海时代，就有从事海上贸易的闽南人遭受明朝海禁政策的迫害，远走东南亚谋生而变成华侨。明清之际郑成功抗清斗争失败后，还有一些沿海贫民"奔走于吕宋外夷"，甚至成批外迁[17]。遗存在马来西亚的厦门曾厝垵港口社《光裕堂李氏族谱》记载，当时李姓族人走避南洋，直到三十多年后，依旧坚持沿用明郑的永历年号。这说明民族矛盾等等政治因素已介入海外华侨的生活之中。这些移居海外的闽南人在异国饱受种种艰难，特别是大航海时代之后，东南亚国家相继沦为殖民地，他们还要遭受到西方殖民国家的欺负。现实生活的这些遭遇，在他们的心灵深处自觉地烙上了反帝反封建的潜在意识。他们在侨居地组织秘密会党。1853年的闽南小刀会起义，就是在新加坡华侨会党的策划下爆发的。起义失败后，不少会众由厦门撤往南洋群岛。这些人的后代，为日后的民主革命埋下了星星火种。当清朝末年孙中山先生提出"驱除鞑虏，恢复中华"的革命纲领时，立刻得到广大华侨的拥护和支持。孙中山先生所领导的反帝反封建的资产阶级民主革命就是从海外华侨中发起的。原籍鼓浪屿周边的厦门、海沧等地旅居东南亚的杨衢云、陈楚楠等许多华侨都积极参与革命运动，为之倾资出力，甚至贡献出自己的生命。因此，孙中山先生称赞"华侨是革命之母"。

1905年中国同盟会成立后，东南亚各埠相继成立分会。林文庆、庄希泉、陈金方、丘明昶、王雨亭、陈允洛、李硕果等鼓浪屿华侨先后在新加坡、缅甸、菲律宾、马来亚、印度尼西亚和越南等地加入同盟会，李清泉则在菲律宾组织"旅菲华侨自治急进会"，支持革命活动。他们或创办报刊、阅书报社宣传民主革命，或捐献巨款支援国内武装起义，并且纷纷回国，利用鼓浪屿当时被划为公共地界的客观有利条件，为推翻清朝统治酝酿力量。早年归侨许卓然和丘廑兢以及当地名人许春草等一批人都是在这个时候加入了同盟会。1911年11月14日厦门光复，许卓然和丘廑兢等56位归侨都参与了光复之役。

辛亥革命之后，袁世凯窃国称帝，福建和全国各地一样陷入军阀混战的局面，闽南社会经济受到严重破坏。孙中山先生领导下的反袁"二次革命"、"护国运动"以及反对"二十一条"等一系列爱国运动，也都得到鼓浪屿华侨、侨眷的大力支持和积极参与。"二次革命"失败后，孙中山先生于1915年成立中华革命党，第二年1月中华革命党福建支部在鼓浪屿召开军事会议，由侨眷叶青眼主持，决定发动武装反袁起义，许卓然被任命为福建护国军统筹部部长。在继而的护法运动中，孙中山先生还任命许卓然为靖国军第四路司令，与闽南各地有华侨、侨眷参与的革命党人一起，共同反对军阀的统治。整个民主革命运动的进程，都有鼓浪屿华侨、侨眷的积极参与。

四、同仇敌忾　抗日救亡

1931年后，日本帝国主义连续发动侵略中国的战争，大敌当前，广大海外华侨更是义无反顾地投身于抗日救亡运动。九一八事变发生的当月，新加坡就召开华侨大会，呼吁国民政府坚持抗日，菲律宾也成立了以鼓浪屿华侨桂华山等人为领导骨干的华侨救国联合会，致电南京国民政府消除成见，一致对外，同时宣传救国运动，捐款支援东北抗日义勇军抗日。第二年2月，菲律宾华侨成立国难后援会，鼓浪屿华侨李清泉担任主席，带头捐献战斗机一架。在他们的推动下，东南亚各地的侨社纷纷成立了抗日救亡组织。七七事变后，日本帝国主义开始全面的侵华战争。消息传到东南亚，侨胞们与国内同胞一样义愤填膺，同仇敌忾。他们冲破当地政府的种种限制，组成各种抗日团体，一方面宣传抗日救亡，一方面慷慨解囊，捐款献物支援祖国抗日。在新加坡，有陈嘉庚先生领导的"新加坡华侨筹赈祖国伤兵难民大会委员会"。在菲律宾，有鼓浪屿华侨李清泉、杨启泰、桂华山和王雨亭等组织的"菲律宾华侨援助抗战委员会"，陈彩美等组织的"抵制日货总会"等367个抗日团体。菲律宾华侨子弟在李清泉领导下，还组织救国义勇队，准备共赴国难。翌年，东南亚各抗日团体集会新加坡，联合成立"南洋华侨筹赈祖国难民总会"（简称"南侨总会"），它是海外华侨史上第一个抗日救国的统一组织，李清泉担任该会的副会长。

与此同时，鼓浪屿侨界也成立"华侨抗日救国会"，发动鼓浪屿的归侨、侨眷开展抗日救亡运动。张圣才、王双游和王明爱等鼓浪屿华侨、侨眷则在菲律宾侨界的协助下，建立抗日情报小组，为国际反法西斯战争做出重要的贡献。桂汉民、何启人等家在鼓浪屿的华侨、侨眷则北上加入空军战斗行列，直接和日寇鏖战长空，保卫中华民族的尊严。曾获得英国爱丁堡大学医学博士的鼓浪屿华侨林可胜于卢沟桥事变后，即从新加坡回国，在火线上领导红十字总会从事救助伤病员的工作。而鼓浪屿侨眷郭志雄、许祖义则在家乡福建的崇山峻岭中与日寇浴血奋战，保家卫国、郭志雄甚至英勇捐躯。

1938年5月13日厦门沦陷，乡亲们四处逃难。时任菲律宾中华商会会长的李清泉立即派遣鼓浪屿华侨桂华山赴香港接济厦门难民，同时筹款向泰国、越南采买大米，通过香港分批运至鼓浪屿接济难民。太平洋战争爆发后，吴伯谦、陈定、陈景隆和洪如丝等旅菲的鼓浪屿华侨及其子弟组成"菲律宾华侨抗日游击支队"（简称"华支"），配合侨居地人民，战斗在丛林中，直到抗战胜利。华侨林谋盛原在鼓浪屿英华中学读书，抗战期间在新加坡积极参加"南侨总会"领导下的抗日斗争，继而在东南亚盟军总部从事敌后情报工作，不幸壮烈牺牲。为了抗击日本法西斯强盗，黄登保、马寒冰和王唯真等鼓浪屿华侨热血青年投奔延安,走向抗日战场。华侨和祖国人民心连心,经过八年的浴血战斗,终于打败了日本侵略者,取得抗日战争的伟大胜利。

这场关系到中华民族生死存亡的反法西斯战争,自始至终凝聚着包括鼓浪屿华侨、侨眷在内所有炎黄子孙对祖国的碧血丹心。

五、港口发展 与有功焉

鸦片战争后,厦门开埠。厦门港的发展,是和包括鼓浪屿在内的闽南华侨所发挥的作用分不开的。通常都认为,厦门港的发展是在19世纪60年代以后,由于根据不平等条约,厦门设立了海关税务司等机构,洋商、领事和传教士才开始乘机蜂拥而入,在厦门设洋行,划租界,倾销外国商品,继而又到鼓浪屿"永租"私地,建造公馆、领事馆、俱乐部和教堂等等,使厦门港口的社会状况发生了变化。

我们知道,航运业和商贸企业的发展是港口兴旺的主要标志。在航运业方面,鸦片战争前中国与南洋、东洋进行航运贸易的主要交通工具是木帆船,海外华侨也同样拥有和经营这种远洋航运的船舶[18],并且是他们经营的主要行业之一。19世纪60年代以后,欧洲的新式轮船开始逐渐取代了帆船(在此之前,来华的外国人主要也是乘坐西洋帆船和少量的蒸汽帆船),远洋的航运业几乎全都控制在外国人手里。西方势力的得寸进尺,刺激了华侨在远洋航运业的发展。1854年,新加坡薛氏兄弟合资创办锦兴船务行,开辟新加坡与厦门间的航线,并在厦门设锦兴分行。[19] 1875年,新加坡华侨邱忠坡(Kuo Tiong Poh,或译成郭顺保)公司的轮船就悬挂着英国国旗,来往于中国与东南亚的航线上,与外国轮船公司进行角逐。邱忠坡是厦门海沧新垵村人,早年出洋,1875年在厦门创办万兴轮船公司,其后还参与太古洋行的投资,兼营进出口贸易。当时闽粤移民半数是搭乘该公司的轮船从厦门前往新加坡、曼谷和西贡。[20] 根据中国航海史的研究成果所载,鸦片战争过后不久,海外华人的船只必须悬挂殖民国家的国旗。因而,开往厦门的锦兴船务行和万兴轮船公司等华侨所拥有的轮船都悬挂着英国国旗。因为挂着外国国旗,当时英国人把持的厦门海关税务司就把华侨的船只统统归入外国公司处理,并记录在年度报告里面。在与外国航运垄断的竞争中,华侨及华商兴办的远洋航业不断在夹缝求生中艰难发展。继万兴公司之后,其中悬挂外国国旗川走于厦门与香港、东南亚等地的还有仰光华侨林振宗(厦门灌口人)等开设的宗记公司,新加坡华侨林秉祥(龙海人)的和济公司(又名和丰公司)。1910~1920年间,寓居鼓浪屿的爪哇华侨黄仲涵等设立的建源号,拥有二三千吨级的轮船6艘,载重量1万多吨,为所有华侨船行的翘楚。[21] 由此可见,当年停泊在厦门港的轮船,不全都是外国人的船只,其中也有悬挂外国旗而属于闽南华侨的帆船或轮船。

商贸和企业方面也一样。据1870年的海关年度报告的统计，这一年厦门共有英国、德国和印度等国人开设的洋行14家，其中便有一家新加坡华人办的洋行在经营对外贸易业务。㉒华人创办的"洋行"发展很快。至1880年，全厦门共有此类商行48家，其中42家从事与中国北方口岸间的贸易，6家从事与福州间的贸易。㉓这些华人的商行必然有不少是华侨创办的，例如1867年就有华侨和地方士绅合办的厦门机器厂，1881年有新加坡华人在鼓浪屿开设了一家生产铁锅的工厂——裕丰洋行。㉔同样的道理，我们也不能一见到"洋行"二字，就笼统视为外国人的产业。

上述那几位原籍厦门或周边地区的海外华侨，除了已知黄仲涵是鼓浪屿华侨外，其他人是否曾经住进鼓浪屿，这还有待于研究。此外，鸦片战争之后，海外华侨在厦门创办航运业和商贸企业的历史，也需要今后继续探讨。不过，闽南华侨对近代厦门港的发展做出了重要贡献，却是不争的事实。

六、 近代社区　华侨为主

城市的发展，生活社区的形成，房地产的开发是非常重要的环节。鸦片战争时期登上鼓浪屿的英国兵看到这里"地多岩石，起伏不平，大部分是不毛之地，但也有不干净的稻田穿插其间"，除此之外，还有"几座整洁的甚至是雅致的郊区别墅"㉕。19世纪60年代，西方人根据不平等条约，纷纷涌进鼓浪屿，利用"民租"的手段抢先占据近海而风景优美的地段，大肆建造带花园的邸宅。从康奈尔大学所藏的那批19世纪80年代鼓浪屿旧照片上，我们可以看到，外国人进住鼓浪屿，并没有经过统一的规划，而是根据地形地貌随心所欲建造的，也缺乏真正意义的街道或马路，多数带花园的洋房外面都建有围墙，占地面积相当大。据所见资料反映，厦门海关税务司公馆占地就达22.305亩，英国领事馆占地也有3.695亩，㉖气势张扬的西洋建筑和局促零散的闽南传统民居共存在鼓浪屿岛上，两者显得很不协调。这种状况正是清末中国的一个缩影。岛上除了一座供外国人使用的俱乐部，再有就是教堂和墓地，没有成片的民居和商店，1878年该岛只能"生产各种各样的冰和汽水，还有一家向居民供应'纯净不掺水的牛奶'的公司"㉗。当年的鼓浪屿只能算是一个华洋杂处的地方，根本不成为生活社区。

鼓浪屿之成为一个生活社区，是从19世纪80年代华侨为主的中国人开始进住该岛后才形成的。他们的进住，势必带来房地产的开发。从海关1892~1901的年度报告书可以得知，这十年间，"富有的中国人从马尼拉和台湾返回，随之（在鼓浪屿）建起了许多外国风格的楼房以作他们的住宅"，连观念保守的现任道台都"开始表现出对外国建筑和外国生活方式的欣赏，……去年

(1900年），他在鼓浪屿中心区弄到一幢欧洲式楼房"。㉘可见，归国华侨在鼓浪屿的房地产开发，至迟19世纪90年代已经开始。随着海外华侨的大量回归，加上1902年成立的公共租界取消了原有的保甲制，以及华洋杂处的背景等因素，20世纪以后，华侨在参与近代厦门城市建设的同时，自然会把家宅安置在鼓浪屿，并开始对该岛的房地产进行开发。现在保留下来的大量各种风格的南洋建筑，以及长短不一、错落有致的街巷，大多数是鼓浪屿设立了公共地界的期间，由叶崇禄、郭春秧、黄仲涵、黄奕住、黄仲训、黄念亿、李清泉、黄超龙、杨忠权、苏谷南和王紫如、王其华兄弟等东南亚华侨先后建造的。据工部局年度报告书记载，仅20世纪20至30年代的十余年时间里，华侨富绅在岛上就建造了1014栋楼房，由华侨、侨眷投资建筑的别墅，占鼓浪屿居住建筑总量的75%之多。㉙其中，印尼华侨黄奕住在鼓浪屿开发房地产的规模最大。他于1919年携巨资回国后，即开始在鼓浪屿建造住宅，在经营金融、实业等的同时，还投资开发房地产业，创建了日兴街和两侧的民房。从1918年至1935年的十几年间，仅黄奕住一个人就在鼓浪屿兴建了160座现代式样的房屋，其投入的资金和建造的房屋，其金额和数量岛内无人可比。㉚与此同时，印尼富侨郭春秧也建造了商住两用的锦祥街，菲律宾华侨苏谷南等开发了福州路商住街区等等。现在鼓浪屿的建筑总体格局，就基本定型在这个时候。房地产的成功开发，必然导致人口的增长，同时也带来各行各业的繁荣。教会学校和中国人创办的教育机构、医院以及各种各样的商店也都开设在鼓浪屿上。

　　黄奕住、黄仲训等华侨在鼓浪屿开发房地产业，有以下几个特点。第一，他们多数是向外国人购买地皮和房屋重新开发。如黄奕住三和路的花园私宅原是一个法国医生的产业，其黄家花园别墅是拆掉原英商德记洋行的房子后扩建的，观海别墅则是向挪威人和法国领事馆购买或置换旧房重建的。黄念亿"海天堂构"的所在地，原是1876年外国人所建的俱乐部。有学者认为黄奕住等鼓浪屿华侨在该岛房地产开发中的这种做法，"有渐进地收回主权，挤走外国人在华经济势力的意义"㉛。第二，在开发房地产业的同时，致力公用设施建设，完善社区功能。当年鼓浪屿的与生活社区配套的公用设施，基本上是岛上的华侨、侨眷完成的。举其大端者如黄奕住创办的鼓浪屿中华电气股份有限公司（俗称电灯公司，1928年创办）和厦门自来水公司（1932年对鼓浪屿居民供水），以及他独资兴办的厦门电话股份公司等。其他关系到民生方面的主要有缅甸华侨王紫如、王其华开发的鼓浪屿市场和电影院，印尼华侨黄超龙兄弟与缅甸华侨曾上苑合办的民产公司，使岛民的粪便处理问题得以初步解决，环境得到改善。此外，鼓浪屿的医院和学校也多数得到华侨的捐款资助。第三，鼓浪屿华侨所建造的房屋糅合中西建筑的艺术，式样新颖，用料讲究。尤为可贵的是所建楼房均与地形地貌相和谐，层高都能自觉控制在三层以下。至今这些建筑物仍然别具特色，其中大多数已被公布为国家级文物保护单位或申遗的要素。

鼓浪屿的生活社区和住房建设如果没有华侨的开发建设，很难说能有今天这种规模、布局和风貌特色。

七、发奋图强　振兴实业

近现代以来，鼓浪屿华侨、侨眷为振兴民族工商业做出许多贡献，其中在国内影响较大的有1921年黄奕住在上海创办的中南银行。他在创立会上的演说中说："我侨商眷怀祖国，报恩联袂来归，举办实业。待实业之举办，必恃资金为转输，而转输之枢纽，要以银行为首务。"㉜其终极目的非常明确——报效祖国，振兴实业。其次，是1935年黄奕住、李清泉等华侨出资续办漳厦铁路。漳厦铁路筹办于1905年，当时还在海外的黄奕住已投资并成为大股东。这条铁路虽然终因国内政局多变和抗战在即等原因而受挫，但黄奕住、李清泉这些鼓浪屿华侨热心祖国和家乡建设的精神，得到了后代的赞扬。

1920年厦门成立了市政会，开启了近现代化城市的规划和建设，给海外华侨带来了大量的商机。20世纪初，随着鼓浪屿生活社区的逐步形成，原来称得上是一个消费性质的地方，也因为华侨、侨眷开办企业而开始发生变化。1908年，菲律宾归侨杨格非和黄廷元、陈天恩等10人收购设在鼓浪屿的英资慈化酱油厂，成立近代厦门第一家华侨投资的企业——鼓浪屿淘化罐头食品厂（简称淘化公司），生产酱菜、酱油和水果罐头行销东南亚各国。㉝1928年，该厂合并为"淘化大同股份有限公司"，生产移至厦门本岛。淘化公司是华侨把股份制、争创品牌意识和及时使用新设备新技术等全新的经营理念引进厦门民族企业的一个成功事例，因而其以"AMOY"为商标的产品畅销南洋各地，还在国际博览会上得奖。鼓浪屿公共地界时期，岛上还有兆和罐头食品有限公司、福建硝皮厂、南州花砖厂和东方江东冰水种植实业股份有限公司等，这些工厂和公司规模都不大，但都是华侨、侨眷投资创办的。20世纪以来侨办的这些企业，招集了一批产业工人，从而丰富了鼓浪屿的社会结构，从某种意义来说，也增强了该岛社会生活的活力。

八、为国育才　捐资助学

近现代鼓浪屿的社会以其多元文化的格局为学术界所重视。这种独特的文化现象的形成和发展，与华侨有着至关密切的关系。

早在鸦片战争前，厦门、鼓浪屿的居民已有下南洋的经历，因而"对欧洲人的风俗习惯"和东南亚各地的社会风情并不陌生。所以，当鸦片战争之后西方文化滚滚而来之际，厦、鼓人民在心理上相对会比较从容。本文上面所举的那位为英国首任领事充当临时翻译的人,就是新加坡归侨。1850年协助美国传教士打马字(John Van Nest Talmage)和罗啻(Elihu Doty)编撰"闽南白话字"字典的本地人杨乔年[34],很可能就是归侨或侨眷。

早期出洋的闽南人多数是不识或略识"之无"的城乡劳动人民,在异国他乡的奋斗生存,使他们逐渐感到读书识字的重要性,因此他们会从唐山招来一些读书人,在侨居地办起私塾或义学来帮其断文识字。如1691年印尼的巴城就有了私塾式的义学,到1900年全印尼已发展到有439所私塾和义学。[35]1849年新加坡也创办第一所义学——崇文阁。[36]但这些私塾和义学差不多都是用闽南方言讲授,教材又以《三字经》、《千字文》、《孝经》和信札作文等为主,教学效果不理想,很难跟得上社会发展的需要。随着19世纪80年代华侨开始回国到鼓浪屿居住,他们自然把子弟接受华文教育的期望托付于岛上的教育机构。这个时期,西方基督教为了传教需要,已经在初期识字班的基础上先后在鼓浪屿办起教会学校。这些教会中小学校是:福音小学(1844年后创办,1909年与民立小学合并为福民小学)、毓德女子学校(1870年,初名田尾女学堂、花旗女学)、怀仁女学(1877年,初名乌埭女学)、澄碧中学(1881年)、明道女学、寻源书院(1881年,后为寻源中学)、养元小学(1889年)、怀德幼稚师范学校和幼稚园(1898年),继而又有英华书院(1898年,后为英华中学)、教孺园、育粹小学(1905年,后改为美华学校)和维正小学(1912年)等,此外还有观澜、回澜两所"圣道学校"。早期的教会学校的办学目的在于"引导儿童、青年明道信主",绝不是单纯为了要提高中国人的文化素质。不过,由于清朝末年国内改良主义思潮和洋务运动的兴起,从19世纪七八十年代以后,教会学校不得不增加"地理头绪"、"天文地理略解"之类的西方科普课程,寻源书院等个别学校也适当添加了一些自然科学的课程和国学读物。

鼓浪屿的教会学校都得到了素有热心教育传统的爱国华侨的捐款赞助。寻源书院是"本市最早一所得到菲律宾华侨输款资助的侨助学校"[37],福民小学也得到华侨杨忠懿、叶清池等的捐助。毓德、英华这些教会名校的维持和发展,也离不开华侨、侨眷的助力。1898年,厦门同文书院的创办和办学,也同样得到鼓浪屿华侨叶清池和李清泉、黄奕住、黄秀烺等人的经费支持。

从20世纪开始,鼓浪屿的教育状况发生了变化。当外国人还在沾沾自喜于华侨已"充分注意到他们的子女所受到的外国教育的优越性"的时候,中国人的自办学校已经开始起步。清朝末年推行"新政",废除科举、创办新式学堂。1906年4月,厦门女子师范学校在黄奕住、黄廷元等华侨的资助下,在鼓浪屿开办,同年官办中学堂也在厦门设立。据海关年度报告记载,从1907年至1911年,整个厦门新开设了8所小学堂,1所商业学堂,"所讲授的科目包括历史、地理、伦理、哲学、中国经典、体育、唱歌、绘画、汉语、算术、英语和音乐"[38]。20世纪的前三十多年,鼓浪屿先后有南安公会归侨集资创办鼓浪屿武荣中学,以及华侨捐助的公立普育小学、新华中学、中山中学、民生职业中学、思明女学校和思明、光华、三民和平民等几个中、小学校。这批学校办学的时间或长或短,但多数都得到过华侨、侨眷资金上的支持。[39]此外,1935年黄奕住等华侨、侨眷还集资创办了鼓浪屿中山图书馆。华侨、侨眷捐资助办的这些学校,使鼓浪屿的近现代教育逐步形成了多元化的格局。

据资料统计,至1911年小岛鼓浪屿的人口才有12000人左右,1941年太平洋战争前也才有43000人,[40]却拥有十余所教会学校,无论从人口还是占地面积来看,其教育机构的密度已超过饱和程度。鼓浪屿华侨、侨眷为什么还要那么热衷于倾资办学?唯一的解释是:中国人自办学校的课程,正好满足了他们让后代接受祖国传统文化教育的需求。否则,他们何苦越过重洋把子女送回唐山读书?1926年,由于国民政府颁布了收回教育权、整顿中小学校规程的政策,自此"教会学校的控制权正逐渐转入中国人手中"[41],教学上的"中国化"也逐步增强了。这种变化更加符合鼓浪屿华侨的愿望,因而他们踊跃让子女回来求学,也乐意为教育事业解囊输将,所以20世纪10～30年代,鼓浪屿教育事业才呈现出一种多元共进、中西兼容的发展趋势。

近现代鼓浪屿的教育发展过程,不能过分夸大教会学校的作用。鼓浪屿华侨、侨眷才是促进当地教育事业发展的真正动力。

九、结 语

千百年来,闽南人沿着海上丝绸之路活跃在东南亚乃至世界各地。无论是在异国他乡落地生根,或者经历过椰风蕉雨最后息影桑梓,他们经过了海洋文化的洗礼,不但开阔了视野,原先蕴聚在血液中那种闽南文化的家国情怀,更得到了进一步的升华。当鸦片战争厦门开埠之后,厦门,尤其是鼓浪屿逐渐成为闽南华侨聚居和报效祖国的地方。他们在参与促进近代厦门港发展的同时,也把鼓浪屿当作参加以孙中山先生为领导的资产阶级民主革命运动的大本营。特别是20世纪以后,厦门开始了现代港口城市的规划建设,更是吸引了大量的华侨回国大展宏猷,鼓浪屿因而成了著名的侨乡。在鼓浪屿沦为公共地界期间,作为岛上居民的主要组成部分,许多华侨精英人物怀着"收回主权,挤走外国人在华经济势力"的爱国热情,积极在当地开发房地产,致力于公用设施建设和推动华人教育事业的发展。是鼓浪屿华侨,在那个特定的历史时期,在这个小小的岛屿上,主动去吸收包括西方文化在内的各种文化,如东南亚以及日本等国家、地区的异国风情,以及我国沿海几个开埠城市和厦门周边地区的区域文化,才逐渐形成近现代鼓浪屿那种多元的文化特色。

先辈们在鼓浪屿留下的所有历史文化遗产需要我们去精心保护。我们不仅仅要保护好岛上所有历史风貌建筑——大多数属于华侨、侨眷的产业，更应该以闽南侨乡为切入点，透过这些具备可视性的建筑物和建筑群体、道路街巷，深入探究鼓浪屿华侨的历史与特质，因为它不但是近现代该岛人文方面的核心精神，也是闽南文化研究最有现实意义的一个领域。从广义上来说，它也是一项重要的文化遗产，尽管无形。

本文载于《鼓浪屿研究》第四辑，周旻主编，厦门大学出版社，2016年7月。

注释：

①麦克法森《在华二年记》。见福建师范大学历史系、福建地方史研究室《鸦片战争在闽台史料选编》，福建人民出版社，1982年，第198页。

②季压西、陈伟民《来华外国人与近代不平等条约》，学苑出版社，2007年，第394页。

③王赓武《东南亚华人与中国发展》。见林孝胜《东南亚华人与中国经济与社会》，新加坡亚洲研究学会、南洋大学毕业生协会、新加坡宗亲会馆联合总会联合出版，1994年，第17页。

④［英］包罗《厦门》。见何丙仲辑译《近代西人眼中的鼓浪屿》，厦门大学出版社，2009年，第126页。

⑤厦门华侨志编委会《厦门华侨志》，鹭江出版社，1991年，第25页。

⑥［英］翟理斯《鼓浪屿简史》。见何丙仲辑译《近代西人眼中的鼓浪屿》，厦门大学出版社，2009年，第175页。

⑦厦门市志编纂委员会、厦门海关志编委会《近代厦门社会经济概况》，鹭江出版社，1990年，第255页。

⑧厦门市志编纂委员会、厦门海关志编委会《近代厦门社会经济概况》，鹭江出版社，1990年，第356页。

⑨厦门市志编纂委员会、厦门海关志编委会《近代厦门社会经济概况》，鹭江出版社，1990年，第270页。

⑩厦门市志编纂委员会、厦门海关志编委会《近代厦门社会经济概况》，鹭江出版社，1990年，第334、335页。

⑪厦门市志编纂委员会、厦门海关志编委会《近代厦门社会经济概况》，鹭江出版社，1990年，第380页。

⑫厦门市志编纂委员会、厦门海关志编委会《近代厦门社会经济概况》，鹭江出版社，1990年，第358、359页。

⑬厦门市志编纂委员会、厦门海关志编委会《近代厦门社会经济概况》，

鹭江出版社，1990年，第427页。

⑭李莉《中国第一个官方侨务机关——福建暨南局》，载《炎黄纵横》，2003年第3期。

⑮厦门市地方志编纂委员会《厦门市志》，方志出版社，2004年，第一册第773页，第五册第3404页。

⑯乔卫、包涛《中国侨乡侨情调查》，中国国际广播出版社，2010年，第112~127页。

⑰朱国宏《中国的海外移民》，复旦大学出版社，1994年，第109页。

⑱中国航海学会《中国航海史·近代航海史》，人民交通出版社，1989年，第9页。

⑲厦门华侨志编委会《厦门华侨志》，鹭江出版社，1991年，第55页。

⑳中国航海学会《中国航海史·近代航海史》，人民交通出版社，1989年，第105、106页。

㉑中国航海学会《中国航海史·近代航海史》，人民交通出版社，1989年，第270、271页。

㉒厦门市志编纂委员会、厦门海关志编委会《近代厦门社会经济概况》，鹭江出版社，1990年，第73页。

㉓厦门市志编纂委员会、厦门海关志编委会《近代厦门社会经济概况》，鹭江出版社，1990年，第221页。

㉔厦门市志编纂委员会、厦门海关志编委会《近代厦门社会经济概况》，鹭江出版社，1990年，第254页。

㉕柏拉德《"复仇神"号轮船航海作战记》。见福建师范大学历史系、福建地方史研究室《鸦片战争在闽台史料选编》，福建人民出版社，1982年，182页。

㉖《厦门市房地产志》，厦门大学出版社，1988年11月，第40页。

㉗翟理斯《鼓浪屿简史》。见何丙仲《近代西人眼中的鼓浪屿》，厦门大学出版社，2010年，第189页。

㉘厦门市志编纂委员会、厦门海关志编委会《近代厦门社会经济概况》，鹭江出版社，1990年，第336页。

㉙林振福《城镇型风景区的社区发展策略研究：以鼓浪屿为例》，载于《城市规划》，2010年第10期。

㉚赵德馨《黄奕住传》，湖南人民出版社，1998年，第196页。

㉛赵德馨《黄奕住传》，湖南人民出版社，1998年，第204页。

㉜赵德馨《黄奕住传》，湖南人民出版社，1998年，第122页。

㉝林金枝、庄为玑《近代华侨投资国内企业史资料选辑》（福建卷），福建

人民出版社，1985年，第95～99页。

㉞周振鹤《余事若觉》，中华书局，2012年，第118～119页。

㉟李学民、黄昆章《印尼华侨史》，广东高等教育出版社，2005年，第363页。

㊱庄国土等《东南亚的福建人》，厦门大学出版社，2006年，第49页。

㊲厦门华侨志编委会《厦门华侨志》，鹭江出版社，1991年，第219页。

㊳厦门市志编纂委员会、厦门海关志编委会《近代厦门社会经济概况》，鹭江出版社，1990年，第353页。

㊴中国人民政治协商会议厦门市委员会文史资料研究委员会《厦门的租界》，鹭江出版社，1990年，第58～62页。

㊵厦门市志编纂委员会、厦门海关志编委会《近代厦门社会经济概况》，鹭江出版社，1990年，第427页。

㊶厦门市志编纂委员会、厦门海关志编委会《近代厦门社会经济概况》，鹭江出版社，1990年，第399页。

人物、文物与文献研究

陈化成大事年表

清乾隆四十一年丙申（1776年），一岁
  陈化成，字业章，号莲峰。世居福建同安县丙州乡。乾隆四十一年三月十二日未时出生。祖父名光佐，父名鸣皋，俱为同安县庠生。

乾隆四十三年戊戌（1778年），三岁
  十月二十三日卯时，夫人吴爱（惠裕）生。

清乾隆五十一年丙午（1786年），十一岁
  十一月，台湾林爽文起事，攻占彰化。清廷派兵攻剿。

乾隆五十三年戊申（1788年），十三岁
  正月，林爽文兵败被俘。

清嘉庆二年丁巳（1797年），二十二岁
  是年加入清军水师，先补额外外委。后因功升为外委。

嘉庆五年庚申（1800年），二十五岁
  先是蔡牵在福建沿海起事，拥船数百艘，是年进袭台南，旋退去。

嘉庆六年辛酉（1801年），二十六岁
  水师将领李长庚在闽、浙海面追剿蔡牵。陈化成得李长庚赏识，誉为"名将才"。在海战中前额受刀伤。

嘉庆七年壬戌（1802年），二十七岁
  是年被提拔为把总。五月，蔡牵攻入大担门。继而在温州海面大败清水师。春，英国兵船来泊广州海面，六月始离去。

嘉庆八年癸亥（1803年），二十八岁
  十二月二十八日巳时，大人曾甘（惠端）生。

嘉庆十年乙丑（1805年），三十岁
  随福建水师提督李长庚在闽、浙海上征战。六月，提升为千总。冬，蔡牵攻入台湾凤山。
  是年，英国兵船随商船来华做试探性侵略活动。美国始由土耳其运鸦片到中国。

嘉庆十一年丙寅（1806年），三十一岁
　　三月，蔡牵在台湾遭清军围攻失败，突围到闽、浙海面继续活动。
嘉庆十二年丁卯（1807年），三十二岁
　　二月，在广东海面截击蔡牵余部，双足被火斗烫伤。十二月，升为铜山守备。同月，李长庚在黑水洋战死。
　　清廷严禁私行销贩鸦片烟。
嘉庆十四年己巳（1809年），三十四岁
　　九月，蔡牵战死。叙功无陈化成，但他恬然置之。
嘉庆十五年庚午（1810年），三十五岁
　　十一月，因功升任海坛镇右营游击。
嘉庆十六年辛未（1811年），三十六岁
　　四月，林则徐、周凯同榜成进士。
　　清朝官员通告外商，详述鸦片之害，要求其本国政府"严禁贩此毒货"。
嘉庆十七年壬申（1812年），三十七岁
　　护前营游击，奉旨以参将记名候升。
嘉庆十八年癸酉（1813年），三十八岁
　　五月，署铜山营参将。十月，署水师提标中军参将。
　　六月，清廷议定吸食和贩卖鸦片罪名，并令沿海各关查禁。
嘉庆十九年甲戌（1814年），三十九岁
　　春，在闽南沿海捕盗有功，补烽火门参将。
　　八、九月间，英国兵船违反规定闯入虎门，经交涉始离去。
嘉庆二十二年丁丑（1817年），四十二岁
　　五月，一艘美国船非法运载鸦片在广东海面兜售，当地渔民、船户自发起来打死美国烟贩5人。
嘉庆二十三年戊寅（1818年），四十三岁
　　闽浙总督董效增和福建水师提督王得禄交荐陈化成"晓畅水师"、"结实可靠"，宜任澎湖水师副将。但格于不得本省籍当官之例未获批准。
嘉庆二十四年己卯（1819年），四十四岁
　　升任浙江瑞安协副将。旋因丁忧，仍回烽火门参将任。
　　元月二十四日，夫人吴爱卒。同年附葬于同安前埔乡坑下埔祖妣卢太夫人墓。
清道光元年辛巳（1821年），四十六岁
　　署闽浙总督颜检再荐陈化成"才具练达"、"实为勇往"，越例提升为澎湖水师副将。
　　是年，清廷重申禁止鸦片之令。走私运入中国的鸦片有5959箱。

道光三年癸未（1823年），四十八岁

二月，调台湾水师副将。八月，升任广东碣石镇总兵。十二月，调金门镇总兵。

清廷查禁海口洋船夹带鸦片。

道光六年丙戌（1826年），五十一岁

五月，台湾嘉义、彰化民众发生械斗，率部到台湾平定之。旋调台湾镇总兵。九月，署福建水师提督。

道光八年戊子（1828年），五十三岁

闽浙总督孙尔准疏劾疏懒之水师员弁，陈化成因有功得免议处。十月，再署福建水师提督。

外国船只装载鸦片闯入厦门。

道光十年庚寅（1830年），五十五岁

正月。升任福建水师提督。冬，周凯任福建兴泉永海防兵备道。俱驻厦门。

清廷制定严禁种卖鸦片的章程。

道光十一年辛卯（1831年），五十六岁

某月，离福建水师提督任。九月，回任。道光皇帝召见4次，有"身经百战，勇敌万人，宜膺重任"的奖语，并特许其"毋庸回避（在原籍为官）"。

是年。走私运入中国的鸦片有16000余箱。全国吸食鸦片已成风气。甚至宫中太监也吸食、贩运鸦片。

道光十一年壬辰（1832年），五十七岁

七月，英国兵船闯入闽、浙、江苏和山东海面进行试探性侦察。清廷命陈化成认真巡逻，防止其北上骚扰。十月，率部到台湾平定张丙起事。

周凯主编《厦门志》成。

是年，走私运入中国的鸦片增到21000余箱。

道光十三年癸巳（1833年），五十八岁

五月，金门、厦门沿海有莠民勾结贩运"违禁货物"（即鸦片），陈化成协同兴泉永道周凯、总兵窦振彪等捣毁其巢穴。

普鲁士传教士郭士立在鸦片贩子查顿的指使下，这一年乘船北上就销售了值53000磅白银的鸦片。

道光十四年甲午（1834年），五十九岁

协同镇、道再次清除同安县潘涂、官浔等乡勾结贩运鸦片者的巢穴。十月，驱逐闽南海面的趸船。申禁不法之徒勾结洋商贩卖鸦片。

英国鸦片贩子叫嚷必须以武力封闭中国的全部沿海贸易。是年，英国走私运入中国的鸦片有21885箱。

道光十五年乙未（1835年），六十岁

同闽浙总督程祖洛联名奏请加强闽、浙、粤三省的海上巡防。

九月，禁烟派黄爵滋发表严禁鸦片的主张并揭露当时广州鸦片走私组织的情况。

捐资兴修厦门玉屏书院。

英国鸦片贩子叫嚣要恢复对厦门等地的通商权利。

道光十六年丙申（1836年），六十一岁

五月，吴淞炮台移建石塘工程竣工。江苏巡抚林则徐赴宝山验收。〔按：清顺治十七年（1660年）两江总督郎廷佐在吴淞口杨家咀建造炮台。1805年扩修。1834年增设营房。1835年因飓风海潮侵袭，炮台墙垣及营房俱被冲塌，宝山县知县毛正坦获准将炮台移建，该年九月始建，至1836年5月竣工。〕

道光十七年丁酉（1837年），六十二岁

英船闯近闽江口五虎外洋，陈化成和闽浙总督钟祥派官员加以制止。闽浙总督饬厦门查截鸦片。

七月，周凯卒于台湾任内。

鸦片贩子义律到广州交涉扩大鸦片贸易。是年，英国输入鸦片多达34373箱。

道光十八年戊戌（1838年），六十三岁

闽浙总督钟祥严饬厦门口查缉鸦片，查办官兵百姓舆贩吸食，不许停泊"番船烟土"。

陈化成与姚莹（石甫）在厦门相会，"言军乃慷慨激发，逾于壮夫。"

五月，英国兵船到广州挑衅。

八月，林则徐上奏议推动禁烟运动。十一月，林则徐受命为钦差大臣到广州查禁鸦片。

是年至翌年，走私运入中国的鸦片多达35500箱。

道光十九年己亥（1839年），六十四岁

四月，林则徐、邓廷桢、关天培等加紧广州的设防练兵。二十二日（公历6月3日）在虎门海滩销毁鸦片。

八月，为《厦门志》作《叙》，并与即将卸任的兴泉永道黎攀镠共同出资刊刻出版。

九月，广东水师提督关天培在穿鼻打退英军的挑衅性进攻。九、十月间，中英双方在官涌山接连发战事，我方获全胜。

十月、十二月，陈化成多次与金门总兵窦振彪督率水师在东椗岛海面开炮击退前来侵扰的外国兵船。

十二月，林则徐任两广总督，奏请加强闽、浙、江苏等沿海的防备。二十四日，陈化成调任江南提督。福建水师提督由陈阶平继任。

道光二十年庚子（1840年），六十五岁

五月，抵吴，即偕两江总督伊里布巡视吴淞、上海各营。积极"修台铸炮，沿海塘筑二十六堡"，并选闽中亲军教练江南水师，士气稍振。

六月，懿律率英国舰队封锁广东海口，并派兵船进攻厦门，被击退。初八日，英舰攻占浙江定海，二十四日攻乍浦，继而北上天津。

六月初十日。陈化成在吴淞口，选西炮台之右安营列帐准备作战，太湖、京口、徐州，安徽各路官兵统听其指挥。

七月中，英舰至吴淞口游弋，被陈化成截击。

秋，闽浙总督请调陈化成回厦门，不许。

九月，林则徐等被以"办理不妥"为名，交部严加议处。琦善署粤督。

十二月，英军攻占广州沙角、大角两炮台，守将陈连升等殉难。

是年，长子来吴淞省亲，居3日即遣回。闻其家眷打算动身来江苏，立即去信劝阻，说即使来了也无暇接待。

道光二十一年辛丑（1841年），六十六岁

正月，英军占领香港。清廷令裕谦、陈化成等加强巡防。

二月，英军攻虎门横档，水师提督关天培等壮烈殉难。

闰三月，林则徐被调离广州，以四品卿衔调浙候旨。

七月初十日，英军攻占厦门。陈化成得破难家信，叹曰："毁家不足忧，特恨未能速剿耳！"

八月，英军攻浙江定海，总兵葛云飞等殉难。镇海、宁波相继沦陷。裕谦殉难，陈化成感慨曰："武臣死于疆场，幸也！"中旬大风雨，陈化成加紧防御备战不敢稍懈。值海潮大作而不肯避入高地，始终与士兵同甘苦。

十一月初，踏雪巡营，深得军民拥护，称为"陈老佛"。

道光二十二年壬寅（1842年），六十七岁

陈化成亲率参将周世荣守西炮台，参将崔吉瑞、游击董永清守东炮台，徐州镇总兵王志元守小沙背，宝山县由知县周恭寿率兵守之。陈化成督部昼夜巡防操练。

三月初八夜，上海火药局失火爆炸，陈化成料为奸民纵火，迅速检查吴淞火药局，得免遭受破坏。

四月，英军陷乍浦，三十日抵吴淞口。陈化成积极添设炮位、掘置壕沟，申明纪律，并激励周世荣等将士英勇杀敌。在致友人的信中表现了"能为国宣力，死亦心甘"的爱国精神。

五月初一日，英国大小舰只20余艘直逼吴淞口。初五日，奕经密令两江总督牛鉴"权宜羁縻"。

初七日，牛鉴派人携带礼物往英舰，被拒。

五月初八日（公历6月16日），卯时（上午6时），英军以战船7只，运输舢板数十艘侵犯炮台。陈化成登炮台手执红旗指挥向英军发炮，击中两舰，双方炮箭雨集。总督牛鉴适统兵至小沙背，为英舰看见，发炮轰击，牛鉴骇奔，王志元之徐州兵溃。英军遂由东炮台的衣周塘登陆，袭击西炮台。西炮台守备韦印福等战死，"尸积于前"，周世荣劝陈化成逃脱，陈化成拔剑叱之曰："庸奴，误识汝！"英军登岸，炮弹雨下，陈化成坚持指挥作战，中弹受伤，"颠复起，犹手燃巨炮"，最后被飞炮击中，"炮折足、枪穿胸，血流卧地"。护卫亲兵刘国标负之走避芦荡中，还高呼："天不灭贼乎！"创重，喷血死。年六十有七。

十一月，英军陷上海并掠之。

十八日（一说死后十数日），嘉定县令练廷璜觅得陈化成遗体，"怒目而视，身受铅子百余粒，有洞胸贯胁数处。"殓于嘉定武庙。

六月，英军攻占镇江。

七月二十四日（公历8月29日），清廷被迫签订《江宁条约》。

是年。清廷命令在陈化成殉难地点及原籍各建专祠纪念，赐谥"忠愍"，令地方官经营其丧事，并厚待其后。

九月十二日，葬陈化成于厦门金榜山之阳。（此据陈化成神主牌记载。苏廷玉所撰墓志铭则谓道光二十三年九月十二日，迟一年）

本文载于《陈化成研究》方文图、方友义主编，厦门大学出版社，1992年3月。陈化成及二位夫人的生卒时间，参考厦门市同安区丙州村陈氏祠堂内，陈化成的神主牌墨书记载。

阮旻锡先生年谱

明天启七年丁卯（1627年），一岁

祖籍南京。明初阮升到中左所（厦门）任百户，因居焉。父伯宗，字一峰，世袭千户裔，母为厦门金鸡亭村人。

名旻锡，字畴生。后自署梦庵，或称鹭岛道人梦庵、鹭岛遗衲梦庵、轮山梦庵等。

幼孤，在厦门西庵宫读书，从举子业。

有弟二，长阮业，次阮焕。

是年，郑成功四岁。施琅七岁。

明崇祯七年甲戌（1634年），八岁

是年，好友丁炜（字雁水）生。

丁炜（1634~1697年），字澹汝（一作瞻汝），号雁水，晋江诸生，由知县累官至赣南道、湖广按察使，著有《问山诗集》、《问山文集》，《清史稿·文苑传》有传。

崇祯十七年甲申（1644年），十八岁

18岁前后，从事航海贸易，"求赢余以养母"。

是年，明亡。

清顺治四年　南明永历元年丁亥（1647年），二十一岁

郑成功起师抗清。

顺治六年　南明永历三年己丑（1649年），二十三岁

由郑成功推荐参加广东的乡试，未果。

顺治七年　南明永历四年庚寅（1650年），二十四岁

奉母居厦门中左所城内。

从曾樱游，自称"公之门人"。曾樱，字仲含，号二云，江西峡江人，万历进士，理学名家。

郑成功踞金、厦两岛抗清。十月，曾樱随鲁王朱以海到厦门依郑成功，与郑成功的堂兄弟、海商郑泰结为儿女亲家。

顺治八年　南明永历五年辛卯（1651年），二十五岁

二月，清军攻陷厦门，曾樱在城内殉节。协助处理后事。

顺治十二年　南明永历九年乙未（1655年），二十九岁

二月，郑成功改中左所（厦门）为思明州，设六官和储贤、育胄二馆及察言司。

与前所试诸生洪初辟、杨经、陈昌言、陈鹏翼、杨芳、叶儒羽、吕鼎、陈继明、林复明及荐举薛联桂、邓愈等同入储贤馆。

旋参加郑成功的海商贸易。

在"荇菜池"附近建置园林住宅。

顺治十三年　南明永历十年丙申（1656年），三十岁

是年，好友丁炜入定远大将军济度幕下。初授淳平教谕，继迁鲁山县丞、知直隶献县，康熙八年（1669年）内擢户部主事，后累官分巡赣南道、湖广按察使。

顺治十七年　南明永历十四年庚子（1660年），三十四岁

五月，清将达素等率军至厦门，围剿郑成功。

避地厦门万石岩的东山楼。东山楼是好友"郑子"收藏"三代鼎彝、秦汉金石及宋元名人墨迹"之处。"忆与郑子啸歌万石之峰，盖十余年矣"。"郑子"于乙酉年（1645年）曾"游榕城"，归来开"万石禅林"，著有《三山草》、《万石岩草》和《籁馀草》等诗集。郑氏诸贤中，富赀财且有诗集行世者之"郑子"，很可能即郑泰之子郑缵绪。

顺治十八年　南明永历十五年辛丑（1661年），三十五岁

居厦门。春，东山楼火灾，藏书数千卷荡然无存。

三月，郑成功出师收复台湾。

清康熙元年　南明永历十六年壬寅（1662年），三十六岁

居厦门。

是年2月1日，郑成功驱荷复台，农历五月初八日，殂于台湾。

康熙二年癸卯（1663年），三十七岁

四月，郑泰弟郑鸣骏，子郑缵绪率部降清。十一月，清军攻陷金、厦两岛。

连夜率全家二十人渡海至文圃山的中孚村避难。

康熙三年甲辰（1664年），三十八岁

春，到安溪县坂头村任教，连病三月。九月，弟辈自安溪来同住。秋，移居长乐。

郑鸣骏归降后受封遵义侯，郑缵绪受封慕恩伯。

三月，世藩郑经率部退守台湾。是月，丁炜任直隶献县令。

八月，施琅挂靖海将军印。

康熙四年乙巳（1665年），三十九岁

居长乐。作《旅怀一百韵》（卷十）。

是年四月，施琅征台，未至澎湖遇风引还。

丁炜迁户部山东清吏司主事，居北京。

康熙五年丙午（1666年），四十岁

是年暮春由闽至京。一路溯建溪，出仙霞关，过杭州，经滁州，沿途胜迹各有诗咏之。

冬，居北京，作《四十歌》（卷三）。

康熙六年丁未（1667年），四十一岁

居北京。

岁暮，自京返闽。

冬，至长乐。作《还家》（《阮旻锡诗文补遗》（五言古诗一首，诗称"痴儿各长成，有弟亦同住。病妻久卧床，淹淹迫岁暮"。又说形迹匆匆，"信宿不遑安，又复出门去"。

双亲亡故。其《还家》诗云："二亲掩重泉，凄清感霜露。"所以返京后有"嗟予有母难终养"〔《读陈伯熊母氏秦孺人家传题赠》（卷三）〕，"十年都在母何乡"〔《五日寄朱冠侯》（卷九）〕之句。

施琅奉召入京，为内大臣，归旗。

郑鸣骏病故，其子郑缵成（字哲信、信公）袭爵；郑缵绪病故后，由其子郑修典（字念实）袭爵。是年，皆奉召入京，归旗，标下官军分拨各地。同时入京者还有郑泰之兄郑阶的长子郑缵祖（字哲远、远公）、郑缵成的长兄郑缵光（字哲煲）等。

康熙七年戊申（1668年），四十二岁

由闽返京。

中秋，"短袴腰刀"，由福州洪塘附舟出发，返回北京。途中被误为"卒伍"。作《戊申中秋舟泊洪塘同陈贡士学夔拈韵》（卷七）。

是岁，二弟阮业自长乐携家还住同安夕阳山下，而三弟焕移住衢州常山县。

除夕，作《戊申除夕》（卷七），有"无家且借夕阳宅，有弟空锄衢上田"句。

康熙八年己酉（1669年），四十三岁，至康熙十八年（1679年），己未，五十三岁

居京十一年。为郑家的西宾夫子，以家教为生，门生有郑哲文、郑肯公。《哭郑哲文》（卷十二）诗起句云："十年作客在君家"。

居郑府的绥草轩，条件甚陋，可参见《绥草轩雨中》（卷三）那三首叠苏东坡清虚堂诗韵的七古长诗。

己酉至己未期间，阮氏寓京的社会交往和文化生活大体上可归纳为：

一、飞笺传意，结客京华。

其常以诗唱酬的对象大概有以下人物：

1. 郑泰的后裔：郑念实，郑哲远（称远公），郑哲信（称信公），郑哲殁，郑哲象等。

2. 遗民诗人：沙定峰、董苍水、周雪客、魏惟度叔侄、毛亦史、王弘导、王虹友、胡载眉、苍林大师等，时有诗酒唱酬。且与林穆之、王吉武、顾商尹、车静渊、胡廷一等结为藻璧社，"忠告相勉"。（丁炜《问山文集》卷一《林穆之秋楼遗集序》）

3. 闽南籍旅京官宦文士：施琅（晋江人）、丁炜（雁水）昆仲（晋江人）、詹峨士（海澄人）、李赞元（平和人）、鹭门王氏（厦门人）、李时行（海澄人）、林孝穆（漳浦人）、陈罋斋（晋江人）、陈亦人（同安人）、黄德臣（晋江人）、周闻仲（晋江人）、何信周（晋江人）等。

4. 其他胜友：诗友有郑荆璞（江都人）、林公兆（莆田人，篆刻家）、祈公璧（福州人，画家）、曾幼昭（老师曾樱之子）、邹元焕（善弈）等。方外之友有茚中上人、大为上人、印山上人、唯一和尚等。特殊朋友有"汉雪道人"、"放云道人"、"东来女大师"和把坐榻坐穿的"辽海人"等。

然而，清康熙十二年（1673年）十二月，"奸民杨起隆诈称朱三太子广德元年，纠党谋叛。……约于京师内外放火举事，潜聚鼓楼西街降将周全斌家"，后因周全斌之子周公直自首，叛乱遭到镇压。（《东华录》卷十二）阮氏与周全斌同为寓京的闽南人，且都曾在郑成功麾下共事，却无瓜葛。可见其寓京时处世很小心，无怪乎方志称阮氏"寡言笑，绝交游，取与不苟"。

二、履尘鞭影，遍及燕都。

从《诗集》可见，阮旻锡几乎游遍北京所有的名胜古迹，诸如"燕京八景"（琼岛春云，太液晴波，西山霁雪，玉泉垂虹，金台夕照，卢沟晓月，居庸叠翠，蓟门烟树），银山十景（白银峰、铁壁寺、说法台、中峰顶、濛泉、七塔、古佛岩、松棚庵、宴坐岩、挂衲松），上方山（旱龙潭、兜率寺），盘山（挂月峰、定光佛塔、李靖庵），卢师山、石景山、寿安山、八达岭，以及香山寺、碧云寺、报国寺、大慈仁寺、双林寺等大小寺庙数十座。均有诗歌记游。

三、缅怀明郑，心系故乡。

阮氏诗作的字里行间无不洋溢着对往日追随郑成功抗清岁月的缅怀，对闽南故乡的思念。寓京期间的代表作有：《夏日书怀和韵（五首）》（卷七），约作于乙卯年（1675年）的《秋兴（四首）》（卷七），约作于丙辰年（1676年）的

《惆怅词和韵八首》(卷七) 以及《保明寺谒东来女大师》(卷三) 等。
康熙十九年庚申（1680年），五十四岁
　　由京返闽。春，施琅设宴饯别。赋《庚申春南归施琢公将军有诗饯别奉答》(卷八) 一律，预祝其"早晚重闻分虎竹，楼船当日忆专征"。
　　闰八月，同郑哲象到虔州（今赣州）与翁伯芳同寓大悲阁。流连匝月后，郑哲象将返京，翁伯芳要到山东，作《庚申闰八月予同郑哲象到虔州与翁伯芳同寓大悲阁流连匝月时哲象欲返都门伯芳有山右之行予将归夕阳山舍雨夜凄然因题八句》(卷八) 诗赠别。
　　游赣南名胜金精洞、登官人山，还上翠微峰拜访著名遗民诗人魏礼（和公），后因故不值，有诗记之。
　　至厦门。作《过鹭门（庚申岁）》(卷五) 和《鹭屿（二首）》(《阮旻锡诗文补遗》)，因"旧友星辰落"，而有"相看如隔世，恍惚记生前"、"生还犹过客，老至少已无家"之感慨。葬双亲于夕阳山麓。很想归隐此山，守先人丘垅，但有怀未遂。(《夕阳寮诗》卷九)
　　是年，丁炜由督理通惠河道调任分巡江西赣南道按察使司佥事。
康熙二十年辛酉（1681年），五十五岁
　　春暮，特地到海边遥望台湾，可惜"极目烟波外，难寻海上楼。"(《阮旻锡诗文补遗·鹭屿（二首）》)
　　旋离厦返京。
　　七月，施琅受命"仍以右都督充福建水师提督总兵官，加太子太保"(《清圣祖实录》卷九十三)，专征台湾。
康熙二十一年壬戌（1682年），五十六岁
　　居北京。
　　除夕，陈邻公少参来共守岁。作诗有"独客无家空守岁，清江有路未还乡"句〔《壬戌除夕同陈邻公少参拈韵》(卷八)〕。
康熙二十二年癸亥（1683年），五十七岁
　　居北京。元宵，同黄德臣、郑荆璞、周闻仲在天宁寺雅集作《癸亥元夜同黄德臣方伯郑荆璞郡丞周闻仲州佐同集天宁寺拈韵》(卷八) 诗。黄德臣、周闻仲均系闽南人。
　　六月，施琅出师平台。七月十五日，郑克塽不敌，率部归降。八月十五日施琅飞报大捷。九月初一日，侍卫至京向康熙帝奏捷。九月二十七日，到燕山太子峪的观音庵依古槐和尚剃发出家，法号"超全"。
　　在京的女友"香女"遁入空门。
　　作《山庵秋梵八首》(卷九) 以明志。
　　出家后第一个除夕，作《癸亥除夕》(卷九) 诗，有"旧别家乡经廿载，新

逢僧腊是初年"句。

康熙二十三年甲子（1684年），五十八岁

居北京。出家后第一个元旦、人日和元夜，依旧写诗感怀。

丁炜因公事进京，赠诗慰问，作《丁雁水观察入都有诗见赠次韵奉答二首》（卷九），自叹"湖海有人怜侠客，乾坤无地著孤僧"。

五月，到明因寺朝拜，顺便观赏该寺所藏唐贯休的罗汉画轴，作歌记之。

从宝华唯一和尚于北京慈隆寺戒坛受具足戒。

是年，以僧人身份到山东济南拜访时任布政使的黄德臣，游历山和大明湖诸胜，赋《历山》、《虞帝庙》、《七忠祠》、《白雪楼》、《趵突泉次赵松雪韵》（均卷九）七律诗多首。以"蕉叶白端砚"赠黄德臣，并附长歌一首，据其"去年京师遇黄公"、"僧窗久客闲无事"等句，可订其山东之行的时间是在今年（《蕉叶白端砚戏呈黄德臣方伯》卷四）。

康熙二十四年乙丑（1685年），五十九岁

居北京。春，作《送春词》（卷四），有"忆住金台二十春"句。

除夜不寐，作《乙丑除夜》（卷九）。诗中自注云："时诸公俱以计典入都"，但"谁知丈室浑无事，默会维摩病里禅"？可见其身心俱疲，幸亏有"印山大师邀往金陵"。

是年，靖海将军、靖海侯、福建水师提督施琅在厦门城内建水师提督署。

康熙二十五年丙寅（1686年），六十岁

作《丙寅元旦》（卷九），有"离乱身经六十年"句。《人日》（卷九）有"客中闲过消寒候，拨尽炉灰懒坐禅"句。

五月，丁炜升任湖广湖北等处提刑按察使司按察使。

可能是老友丁炜邀请他到武昌做伴。秋，由京至湖北，住锡于湘、鄂、赣交界的黄龙寺。作《寓黄龙寺雨夜有怀次丁雁水廉使韵十首》，有"楚水三湘远，荆门八月深。何须谋去住，随处竟安心"句。

在黄龙寺度岁。

康熙二十六年丁卯（1687年），六十一岁

作《哭二弟业》（卷六）诗，有"吾衰兼痛哭，无计问归期"句，又《三弟焕寻予鄂渚仍有粤西之游先遣舍侄俨还闽》（卷六）诗。

秋，作《黄龙寺感怀呈廉使丁雁水四首》（卷九），有"紫云山下又经秋，一钵真成万里游"之句，并表示"莫悔从前心用错，不教住世鬓毛斑"。

冬，作《寄怀郑荆璞少府兼以为寿》（卷六），有"乱后亲朋散，身羁楚水东"句。

是年，除了与丁炜、郑荆璞（时任潜江县尉，诗人）、张夏钟（晋江人，时人湖北安陆通判）、林公韫（丁炜幕宾，诗人）这些老诗友交游外，湖广布政使徐子星还亲自到寺探访,当地老名士罗鲁峰、武昌县尉谢丰亭和蒋玉渊、丁勗庵、江次山、崔玉及、吴香为、何洛宾、张松舟、王耕书等诗人文士也时来盘桓。一同游览了武昌的黄鹤楼、洪山寺、铁佛寺,荆门的霖苍观、虎牙关等湖北名胜,赋诗感怀。

康熙二十七年戊辰（1688年）,六十二岁

先是,丁炜在湖广按察使任内,因"脱重囚为盗诬者二十余人于狱。寻坐事谪官,居武昌"。(《清史稿》)

是年五月,湖广夏包子作乱。(《熙朝新语》)"(丁炜)东走安庆,乞师巡抚杨素蕴。事平,降补知府云南。"(《清史稿》)

十月,以《涉江诗》的前后稿请丁炜审订。适云南姚安府知府的调令到,"从者匆匆,俱有难色"。是夜,丁炜与林公蕴共同翻阅、删削诗稿,"至五鼓始罢"。时丁炜患目疾,次日犹作序(《夕阳寮诗稿》跋)。"廉使……临行留草堂资"(《夕阳寮诗（并序）》卷九)。

秋,继续做客武昌。作《秋雨》、《秋霜》、《秋涛》、《秋鸿》、《秋蛩》、《秋蝶》、《秋蓬》、《秋笳》、《秋钟》、《秋灯》、《秋病》、《秋戍》、《秋砧》。(卷六,前一首自注:"戊辰秋客武昌作"。)

除夕夜,作《戊辰除夕》(卷六)感怀,有"楚水过除夕,蹉跎已三年"句。

是年,丁炜以目疾赴金陵就医。作《送丁雁水廉使暂回金陵时有姚安守之命兼讯其弟韬汝（二首）》(卷六)、《送林公韫同丁雁水廉使往金陵便道回闽（二首）》(卷六)两组五言律诗。

康熙二十八年己巳（1689年）,六十三岁

作《己巳元日》、《元夜》(均卷六)等诗,有"世路艰危甚,行歌忆楚狂"、"厌楚感时物,恩吴劳梦魂"句,可见正月尚在武昌,并未成行。

秋冬之际,至南京。

买屋城南青溪之上,都阃参军傅介如帮助修葺,栖霞楚公（按:当即遗民诗僧楚云和尚）为题"夕阳寮"匾额。因成《夕阳寮诗》四律(卷九)以报诸友。其时虽然"严冬旭日照吾庐",但阮氏忆旧仍是"望断海天云漠漠,夜灯禅榻总相依"。

己巳至辛未期间,居南京。常与往来者有:纪伯紫、戴务旃、杜苍略、蒋波澄、李赞元、胡静夫、张南洲、朱林修等明末遗民诗人,他们意趣相投,或秦淮泛舟、遯园雅集,或登临燕子矶、鸡鸣寺、报恩寺塔诸胜,诗酒唱酬,多有佳什。

作七言排律一首《寄姚安刺史丁雁水》(卷十)

康熙三十年辛未（1691年）,六十五岁

秋，出武关，过安陆，到西安。作《咸阳怀古》七律一首（卷九）。

好友郑荆璞任郡丞，修葺襄阳的白雪亭。

归程，郑荆璞陪游白雪亭。时将归白下（南京），郑荆璞也奉调将到荆州府摄篆。作《白雪亭和韵六首》、《白雪亭重和前韵六首》（均卷九）。

康熙三十一年壬申（1692年），六十六岁

春，重返南京。接到丁炜复任湖广按察使的消息，作《重返金陵闻丁雁水已复廉使将自滇还吴便道入京因次杜少陵将赴成都草堂途中有作先寄严郑公韵五首》（卷九）。

康熙三十二年癸酉（1693年），六十七岁

居南京。人日（正月初七日）同蒋波澄在南京素园的抑戒堂雅集。

二月初，同傅介如参阅到燕子矶附近的朱家湾看梅，作《江梅篇》（卷四）。

孟夏，为《涉江诗》前后稿写好后跋，后署"癸酉孟夏，轮山超全书"。后由丁炜"寄到金陵授梓"。"梓成"，合为《夕阳寮诗稿》和《夕阳寮存稿》。

康熙三十三年甲戌（1694年），六十八岁

是年春，"老归旧里"。(《海上见闻录定本》序作《庚戌春》，前人已考证为"庚午"或"甲戌"之误，今订为"甲戌"）

据前作《鹭屿（二首）》，有"新筑江干舍，吾宗旧子孙"之句，则阮旻锡回厦门，或住在"吾宗旧子孙"的"江干舍"，具体地点待考。

开始致力于《海上见闻录定本》的编撰，开始收集"同事诸君"的记录，可惜"耆旧凋残，无可寻访"，仅得"先藩户官都事杨英所记《海上实录》二本"和《海记》一本。阮氏自己"或得诸退将宿卒，或得诸故老遗民"，"因取旧本，附以新闻，合二编而重订之"。（阮旻锡《海上见闻录定本·序》）

康熙三十五年丙子（1696年），七十岁

居厦门。

继续编撰《海上见闻录定本》。

是年春三月，施琅卒于福建水师提督任上。

康熙三十六年丁丑（1697年），七十一岁

居厦门。

继续编撰《海上见闻录定本》。

丁炜逝世。

康熙三十八年己卯（1699年），七十三岁

居厦门。

继续编撰《海上见闻录定本》。

参加在泉州创立的"清源诗会"，该诗会"始于己卯岁（1699年）仲冬，至辛巳（1701年）孟春止"。会友十六人，诗会十八期。

康熙四十年辛巳（1701年），七十五岁

居厦门。

继续编撰《海上见闻录定本》。

孟春，"清源诗会"结束。冬，病起，检出自己的作品编为《清源诗会编》一册，作跋以存之，署款为"辛巳腊月轮山阮旻锡书"，未署法名。

康熙四十二年癸未（1703年），七十七岁

居厦门。继续编撰《海上见闻录定本》。

福建文坛领袖林佶为《清源诗会编》作序，序后署款"康熙癸未清明后二日，鹿原林佶书于晋江学舍"。

康熙四十五年丙戌（1706年），八十岁

居厦门。

历数载之功，《海上见闻录定本》终于完成。丙戌六月朔日作序，署款"八十叟轮山梦庵书"。

康熙五十三年甲午（1714年），八十八岁

居厦门。

为厦门诗人曾源昌的《百花诗》作序。据厦门耆旧李禧《紫燕金鱼室笔记》载，"超全自称八十八岁，序作于甲戌岁"。又载，阮氏晚年亦曾和韵写过《百花诗》，惜已不存。

阮旻锡卒年不详。

本文载于《夕阳寮诗稿》，〔明〕阮旻锡著，何丙仲校注，厦门大学出版社，2013年4月。

林次崖希元先生年谱

明成化十七年辛丑（1481年），一岁

九月二十九日，林希元诞生。

林希元，字茂贞，号次崖，世居福建泉州府同安县翔风里十三都麝圃山头（今厦门市翔安区新店镇垵山社区山头村）。

高祖父讳五，又名屯叟，秀才。曾祖父讳乞奴。祖父讳凯明，为长子，祖母戴氏。父讳应，字应彬，号明夫〔（万历）《泉州府志》卷十五《封赠》作林应森。因林应彬为三叔父林聪明嗣子，故民国《同安县志》卷八《名胜·冢墓》记载："赠奉政大夫林聪明墓在感化（里）卢岭。"〕，先娶许氏，生男筹，均早卒，遗三女。继娶郑氏，生男六，女二，林希元为长。

林希元家世自曾祖父以降，各代均务农。父林应彬自幼失学，读书只四书白文，但"算法甚精，凡农圃、卜筮、地理、阴阳、法家靡不通晓其术，而尤邃星命"。

成化二十二年丙午（1486年），六岁

是年，始延师读书。

明弘治三年庚戌（1490年），十岁

同安张定登进士第。张定，翔风里人，官山东布政司参议。

弘治五年壬子（1492年），十二岁

海寇作乱。父林应彬率众缉之，捕获贼酋。事平，迁居避难。

弘治七年甲寅（1494年），十四岁

是年，母郑氏去世。

弘治十年丁巳（1497年），十七岁

年十七，学业始有长进。

自束发读书，即关注安南史事。

弘治十二年己未（1499年），十九岁

先是，林家受同乡彭姓恶少欺负，家道因之败落。父"赍恨"，于二月二十九日去世。时林希元在外乡学馆就读，及归，父"已不能语矣"。

弘治十四年辛酉（1501年），二十一岁

考取同安县学生员（秀才），与黄良粥同学。黄良粥，字严夫，号白泉，正德癸酉年中举，初为汝州学正，后任南京国子监学正。

弘治十五年壬戌（1502年），二十二岁

始在同安凤山废寺一边设馆授徒，一边读书应试。

季冬，合葬父母于同安县北长兴里安岭〔（民国）《同安县志·名胜·冢墓》载："赠奉政大夫林应彬墓在长兴（里）梨山儒巾石"〕。

弘治十六年至正德五年（1503～1510年）

在凤山废寺读书授徒，前后共九年。其间，"寡徒鲜侣，轮岗讲学，惟二三子"。朋友有王宣、颜弘和陈仕任等。王宣，号一臞，晋江人，受业于蔡清之门，弘治举人，与林希元"忘形投交，寄声相许"。颜弘，字笃任，别号一盂，布衣，后林希元"延之家塾教诸孙"。陈仕任，布衣，乃"义则斯文，情则骨肉"之友。又与同县苏柱、黄武峰、黄良粥等人结为文社。生徒有颜扬等人。苏柱，字子云，号北峰，嘉靖甲申贡生，授浙江淳安县学训导。颜扬，字士抑，别号文岫，终生未仕。

明正德二年丁卯（1507年），二十七岁

在凤山废寺读书授徒。

是年，赴丁卯榜秋试，未售。

为姻亲作《坦庵郭先生墓志铭》。

正德三年戊辰（1508年），二十八岁

在凤山废寺读书授徒。

是年，理学大家蔡清卒。蔡清，字介夫，号虚斋，福建晋江人，成化二十年进士，累官南京国子监祭酒。著有《四书蒙引》、《易蒙引》、《虚斋集》等。林希元其后有"元之学也后，每恨不得与诸贤及先生之门，亲领其教音"之叹。

正德八年癸酉（1513年），三十三岁

是年，张岳中福建乡试解元。张岳，字维乔，号净峰，福建惠安人，正德十二年进士，累官至右都御史。其学以程朱为宗，著有《小山类稿》等。

是年，黄良粥"举正德八年乡试第十四人"。

正德九年甲戌（1514年），三十四岁

是年，同安黄伟、林馥登进士第。黄伟，字孟伟，初授刑部郎，嘉靖初累官南雄、松江知府。黄伟少从陈琛学易，时与蔡清、张岳、陈琛等人被誉为"温陵十子"。林馥，累官工部主事。

正德十一年丙子（1516年），三十六岁

秋，与同安谢崑同榜中举。林希元座师为福建提学副使刘玉。刘玉，字咸栗，号执斋，万安人，弘治九年进士，初知辉县，后累官刑部左侍郎，著有《执斋集》。谢崑，字钟璞，号次峰，先以亲老家贫任金华训导。嘉靖间登进士第，累官至南京兵部职方员外郎，未任卒。

是年，洪朝选（本名舜臣）出生。

正德十二年丁丑（1517年），三十七岁

春，以三甲第一百七十七名登进士第，与晋江陈琛、惠安张岳同榜。陈琛，字思献，号紫峰，游蔡清门下。登第后官考功主事，乞终养归。嘉靖中起江西提学佥事，辞不赴。著有《四书浅说》、《易经通典》、《紫峰集》等。时，陈琛四十一岁，张岳二十六岁。

初授南京大理寺左评事。

座师刘玉（执斋）时升御史，因而在南京"时亲炙于左右"。

与陈琛、张岳"聚首京师，凡阅三时"，时有"泉州三狂"之称。

在南京城之东北隅卜宅，宅中辟交翠亭，为公余读书所在，张岳为作《交翠亭记》。

维扬卞峤（字子登）从之问学。卞氏是"维扬富室，所交多名缙绅"，卞峤后"举应天壬午乡试"。

正德十三年戊寅（1518年），三十八岁

任南京大理寺左评事。

正德十四年己卯（1519年），三十九岁

任南京大理寺左评事。

时，朝纲不振。三月，时任兵部郎中的黄巩等六人"以谏巡幸"，入锦衣卫狱，林希元同榜的状元舒芬等一百零七位廷臣被罚跪午门外，并施以廷杖，死十人。这批廷臣中有张岳，还有大理寺正周叙等人，林希元却未与焉。黄巩，字伯固，号后峰，福建莆田人，弘治进士。林希元"与先生相遇也晚。先生来官棘寺，以元为可教，辄忘分与交，屡以平生衷曲事相诏"。舒芬，字国裳，江西进贤人，林希元"气类相从"之友也。

正德十五年庚辰（1520年），四十岁

任南京大理寺左评事。

孟秋，为同年胡汝诚之父澹庵先生作《咏竹亭记》。

南京大理寺"法司卖法，本寺卿丞皆容之"，林希元独不许，"是以忤长官"。

"时江彬用事，有供奉樊宣者犯法应死，法司惧忤彬，意欲轻之。先生不可，竟置重辟"。江彬，宣府人，明武宗时的佞臣。

是年，同安凤山佛舍为邑令赵汝弼所毁。赵汝弼，新会人，白沙陈献章高足。

正德十六年辛巳（1521年），四十一岁

任南京大理寺左评事。

交游渐广。所往来者还有右都御史吴廷举、礼部观政张璁等。吴廷举，字献臣，号东湖，广西梧州人，成化进士，后升任南京工部尚书。林希元有《谢吴东湖亚卿惠酒肉》之诗，自谓"车马时劳长者亲"，"微官四载岂忧贫"！张璁，字秉用，浙江永嘉人，正德十六年进士，后赐名孚敬，字茂恭，号罗峰，升为宰辅，林希元时与之"共仕留都，相与甚厚，屡以大礼相援"。张璁也赠以《柬林大理茂贞》一诗（见《张璁集》卷四）。

明嘉靖元年壬午（1522年），四十二岁

任南京大理寺左评事。

明世宗朱厚熜登极。应诏上《新政八要》，提出"君道急务"有六；"朝廷大政"有二。"进士周祚等疏言：'顷来章奏纷纭，无如希元所陈者，乞留神省览，见之施行。'下所司议。议上，上优诏嘉纳焉"，旋将十三省内臣（太监）尽罢归内监。"时希元名动两都，忌者侧目"，声名亦为宰辅杨廷和所知。杨廷和，字介夫，号石斋，四川新都人，成化进士。

是年，朝廷发生议礼之争。张璁上疏阿附嘉靖皇帝，遂得宠。

首辅杨廷和"顿改初心，渐招物议"，林希元上书规劝，"不意反逢其怒"。

是年，俞大猷二十岁，始弃文，嗣世职百户。俞大猷少从王宣、王福等习理学，字志辅，号虚江，晋江人，明代抗倭名将。

是年，大理寺丞黄巩卒。作《祭黄后峰寺丞文》、《南京大理寺丞后峰黄先生行状》，又作《忆黄后峰寺丞》七律一首。

嘉靖二年癸未（1523年），四十三岁

任南京大理寺左评事。

正月，同安瑶山周氏祠堂建成，为撰《瑶山周氏祠堂记》。

春，考绩北上。在北京遇蔡清之三子蔡存达，为撰《南京国子监祭酒虚斋蔡先生行状》。

夏，擢升南京大理寺右寺正。

夏，应蒋孔炀之请，作《赠黄子和助教行取赴京序》。蒋孔炀，字君和，号梧庵，福建晋江人，正德进士，时任南京户部郎中。

六月，巡城御史谭鲁"专擅受词理刑"，反以"抗拒堂官"之罪诬告林希元。林希元既得罪上司，还受到其他廷臣弹劾，"竟以抗拒论谪先生泗州判官"。作《上林见素尚书书》，向刑部尚书林俊申诉，同时愤而引疾"家居，不闻其事"，林俊，字待用，号见素，福建莆田人，成化进士，累官刑部尚书，林希元以"叔父"称之。

作诗《与堂官论事不合引疾后呈诸僚友》以言志。

七月,"令义男林以升赴阙陈诉",又被刑部以"径情直行,越礼犯分"参了一本。结果,嘉靖皇帝"依其所奏",御批"浮躁浅露","降一级调外任"。遂作《陈情辩理疏》、《明职守以白搆陷疏》以申诉。

八月,"为正体统、严堂属以便职守事,谪授直隶凤阳府泗州判官"。作诗《闻谪判泗州》。

临行,门生卞子登来送行,并接济盘缠。作诗《谪官后门人卞子登自江都来访喜见乎辞》。

时任南京刑部主事的桂萼"握手言别,杀鸡为黍",授以《荒政》之书,赠以佳语。桂萼,号见山,江西安仁人,正德六年进士。后入阁为宰辅。

冬十一月,至泗州。出南京时,作《寄谢京中故人兼解谤》、《出龙江回望京邑怀旧有作》、《仲冬二日渡江》。过凤阳,作《二十三日辞孝陵之泗州》、《凤阳谒陵二十四日早至濠梁天阴即事》等诗。

时江北大饥,饥莩遍地,民相食,劫盗四起。甫抵任,即贴榜安民,同时采取一应紧急措施,"遂济五十里饥民一月之食"。

是年,流寇九十三人流劫福建兴、泉、漳三郡。官军合剿,追至德化,尽歼之。

嘉靖三年甲申(1524年),四十四岁

是年,任凤阳府泗州通判。

主持赈饥。同时"随以救荒事宜集成《荒政丛言》"上奏朝廷,得以颁行天下。

正月,南京刑部主事桂萼上疏依附嘉靖皇帝,亦得宠。首辅杨廷和不得已罢相。时,张璁、桂萼"奉诏北上,又亲至泗相援",林希元以"既得罪,不可言大事,辞"。晚年对此"张、桂之招"犹未忘怀。

因"赈饥致疾",又得罪当道,"乞归未得"。

六月,因"巡按刘御史以沉醉无礼",遂离泗州。阮囊羞涩。得卞家资助,卞子登还护送至苏州。临行,作诗《去泗州柬诸同志二首》、《六月二日发泗州晚至清江遇席元山宗伯林汝桓徐闻话夙把又与汝桓夜饮诗以志之》。席书,字文同,号元山,四川遂宁人,弘治进士,累官至礼部尚书、武英殿大学士,时任户部员外郎。林樯,即林应骢,字汝桓,福建莆田人,正德十二年(1517年)进士,授户部主事,升员外郎,以救澜等谪官。徐闻,县丞。正德进士,累官至广东左布政使。

七月,准其告病回籍。

归途诗兴勃发。过淮阴,作诗《寓淮阴僧舍书事时为陈典史反噬待问淮安》,有"九载功名成谪宦,一时衣食倚门生"之句。途中,作《林地官刑用郑黄门舜祥共携樽出龙江相访仍联诗作别走谢》、《八月二十日至浙江驿登舟》、

《九月二十九日予生辰》、《孟冬六日发浦城寄声武夷》、《发浦城望西山》、《义江寄谢汪白泉福州守》、《黄石与陈国英朱必东马子莘三侍御自文峰泛舟过青山留宿松隐岩纪兴》、《至白水铺入惠安界兼寄张净峰同年》等诗。

十月,归同安,已无居所,寄寓在外家郭氏宅。"归囊方罄",亦未敢有营居之念。

是年,议礼之争益烈。七月,有二百多位廷臣跪伏左顺门哭谏,嘉靖皇帝竟对他们采取极端手段,从而掌控朝政。张璁、桂萼等人开始受到重用。林希元因谪官在外而未与焉。

"弃官来归,得当世名士文章辄收而藏之"。刘汝楠来问学,"惊其不群,因以平生所得授子,又以小孙学颜与子结婚"。刘汝楠,字孟木,号南郭,嘉靖壬辰登进士第,初司理湖州,入为刑部主事,后擢湖广提学。著有《白眉子存笥稿》。

是年,舒芬卒。作《祭舒国裳殿元文》。

是年,"遇海寇作梗,献策当道,不用"。

嘉靖四年乙酉（1525年），四十五岁

是年居同安。

春,泉州府同知李缉视察同安,同情"次崖无居",有人建议趁此"通关节",林希元答以"平生不以私干官府,故至于此。今虽失职,岂可改节?"李缉,号春江,江西余干人,举人出身。

四月,李缉向泉州知府高越建议"薄取其直银只三十",让林希元得"天兴寺地"。是月,得地。高越,号抑斋,直隶凤阳人,举人出身,以监察御史任泉州知府。

是年,为高越修家谱,得酬金白银二十两。

是年,应永春知州柴镳之聘,到永春编纂《永春州志》,"乃与仲和悉力搜研,稽政于官、问俗于野,访遗于荒山古庙,补其脱略,续其新,黜其不丁载者。暑寒交,始克就事"。柴镳,字仲和,临海人,举人出身。

在永春,作诗《寓桃源中夜闻秋声有感》。

是年,礼部尚书杨廉卒,作《祭杨月湖宗伯文》,以悼念这位"握手恨晚,论心独倾"之友。杨廉,字方震,号畏庵,学者称"月湖先生",江西丰城人,成化进士,累官礼部尚书,理学家。

嘉靖五年丙戌（1526年），四十六岁

是年,在永春州修志。

夏,黄伟倡建漳浦朱文公祠堂竣工,为撰《漳浦县朱文公祠堂记》。

秋,编纂《永春州志》成,并作《旧志后序》,得酬金白银二百两。

是年,泉州知府高越晋京入觐,作诗《送高郡守入觐二首》赠之。

是年，同安陈健登进士第。陈健，字时乾，号沧江，翔风里人。初授刑部主事，继知南安、廉州、南宁诸府，有政声。

嘉靖六年丁亥（1527年），四十七岁

　　是年，居同安。

　　五月，乡友"卿山郭子"将赴礼部之试，为作《东溪赠别序》。

　　九月，吏部起用为大理寺寺副。闻讯喜极，作诗《得报起官大理》，有"重沐恩波无补报，此行敢愧双南金"之句。

　　是年，征用命下，草草建房。"总汇木石工役诸费，合银三百二十两，俱尚草创，而门庭、渠路、井灶、混溷之类，尚未及也。始付诸子以渐成之"。〔(民国)《同安县志·名胜》载："明佥事林希元宅在在坊东岳保塔山下。"〕

　　三月既望，工部尚书吴廷举卒，作《祭吴东湖司空文》，称"予小子素辱公知，淮泗之行，复蒙保掖。金陵许与之言，苏松推荐之章，平生知己如公者，盖亦无几"。冬，应其子吴藩之请，作《南京工部尚书东湖吴公墓志铭》。

　　十月，张璁以中旨为礼部尚书兼文渊阁大学士，入阁为宰辅。

　　是年，刑部尚书林俊卒，作《祭林见素司寇文》。自谓平生"辱在知许"、"受眷独厚，视公如父"。

嘉靖七年戊子（1528年），四十八岁

　　四月，至南京任大理寺寺副。

　　夏，升任广东按察司佥事，管盐、屯二政。

　　秋，署理广东按察司事。自谓"每日断事三十余起而无难者，惟得法耳"。上《陈民便以答明诏疏》，"奏蠲无徵盐课二万八千四百引，随查补原额，申明《盐屯条例》，更议《徵粮条例》，俱蒙圣明嘉纳，例行天下"。

　　秋，同安刘汝楠、傅镇等八人福建乡试中式，门生刘汝楠且中解元。傅镇，字国鼎，壬辰进士，累官至南京右都御史、提督操江。

　　是年，王守仁卒，作《祭王阳明总制文》。王守仁，字伯安，学者称"阳明先生"，余姚人，弘治十二年进士，累官至南京兵部尚书、南京都察院左都御史。王守仁主张的心学，世称"姚江学派"，与张岳、林希元等人所持的闽派理学观点对立。

　　是年，嘉靖皇帝敕定议礼诸臣罪状，杨廷和削籍。

　　是年，应留志淑之请，为其先父作《封刑部主事南雄府通判毅斋留公墓志铭》。留志淑，字克全，号朋山，晋江人，弘治进士，时任湖广布政使参政。

嘉靖八年己丑（1529年），四十九岁

　　是年在广州，署理广东按察司提学佥事。

　　在任上"申明敕谕，卧碑颁《学政三编》于十郡，士习亦因而变"。

　　作《广东提学题名记》。

同安县为建"文宗廷尉"坊表。(《同安县志》卷七《坊表》载:"为明正德丁丑提学佥事林希元立。"正德丁丑为林希元登进士第之年,其任广东按察司提学佥事为嘉靖己丑。)

二月,桂萼以中旨为吏部尚书兼武英殿大学士入阁参预机务。

二月至五月,"剧寇王基作乱,剽掠广、惠二府。时适缺巡抚,守巡观望",林希元时署按察司印,乃主动"督率府卫兵,指授方略,即时讨平"。

作《赏功谢恩疏》,感谢"皇上白金之赏",同时向皇帝建议"速整兵船,讨灭海寇"、"速处兵食,防御寇乱"。

上"巡海皇臣海道移割漳城、设安边馆"之奏。

是年,办案主持公道,为江西纸商饶一贯"责偿所负",使其"妻孥弗至失所"。

是年,张岳有《与林次崖提学》函,称其之前所上之"疏言八事"(即《新政八要疏》),京师人多有赞誉,求其录示。

是年会试,因考官霍韬和张璁对刘汝楠的"榜首"意见不一,致刘汝楠"留待后科"。霍韬,号渭崖,正德进士,时任礼部右侍郎。

同年,同安谢崑、杨逢春登进士第。杨逢春,字仁甫,号西渠,嘉禾里(厦门岛)人,初授仁利令,后累官至云南按察副使,未上任而卒于湖南。

嘉靖九年庚寅(1530年),五十岁

是年在广州,署理广东按察司提学佥事。

考校海北师生。

八月,擢任南京大理寺右寺丞。

十二月二十六日,"接到吏部文凭,蒙圣恩擢臣南京大理寺右寺丞"。

嘉靖十年辛卯(1531年),五十一岁

五月初三日,抵南京大理寺右寺丞任。

作《到任谢恩疏》,表示"犬马之齿未衰,尚竭力图以补报"。

作《南京大理寺右寺题名记》、《〈南京大理寺志〉序》、《〈棘寺同事录〉序》。

上《王政附言疏》共二十一条、二万余言,其第十七条主张用兵安南。

时任次辅的严嵩前后赠以《赠林大理茂贞》、《赠林大理次崖》等诗(见《钤山堂集》)。严嵩,字惟中,号介溪,又号勉庵,江西分宜人,弘治十八年进士,后以内阁大学士为首辅,是历史上有名的奸相。

是年,桂萼卒。作《祭桂见山少辅文》,悼念这位"直相期于古人,真道义之相与"之友,对其"泗滨枉驾,重感卬思"。

是年,洪朝选(本名舜臣)时年十六岁。林希元赴任途中经同安故乡,"见其文,惊曰:'是巘竹渥驼,非人间凡品也!'"妻以女,并携之同到南京,授之《春秋》。但,洪朝选在其所撰《先母宜人庄懿叶氏圹志》却称林希元为

"先外伯父次崖公",还明确写道:"朝选始娶林氏,即大理寺丞次崖公希元侄女。"

嘉靖十一年壬辰(1532年),五十二岁

是年,任南京大理寺右丞。

春,门生刘汝楠北上参加会试,林希元以书劝其"文毋过高"。

上《遵明诏以荐举人材疏》,向朝廷举荐晋江王宣、同安颜弘。未果。

是年,因"彗星屡见",朝野人心不稳,作《自陈不职乞赐罢黜以弭天变疏》云:"今之来也,执法未坚,群猜已集;壮心久负,靦面班行。此皆臣之不职,有负我皇上之委任者也"。

是年,洪朝选(本名舜臣)到南京,林希元"令与缙绅长者游,舜臣崭然露头角。于是,名在士夫间矣"。

是年,同安刘汝楠、傅镇登进士第。

是年,南京吏部主事梁怀仁卒。作《祭梁宅之主政文》。梁怀仁,字宅之,福建晋江人,嘉靖八年进士。

嘉靖十二年癸巳(1533年),五十三岁

是年,任南京大理寺右丞。

十月乙亥,大同兵变。林希元上《急处叛军以正国法疏》、《讨叛军饬武备以弭祸乱疏》、《献愚计以制边军以御强胡疏》。

嘉靖十三年甲午(1534年),五十四岁

是年,任南京大理寺右丞。

致友人项瓯东书云:"入丞大理,边军行叛,举朝皆容之,元独不容,是以忤当道。"

作《患病乞归调理以保残躯疏》,称"五月以来,忽感风邪,又得恶寒、自汗等症,往来缠绵,迁延日月。饮食减少,药石无功,不能任事"。

是年秋,洪朝选(本名舜臣)乡试不售,回闽后致书云"儿幸见录于主司,恨为有力者所夺"。林希元复信云:"大器无速成,未见,非子之幸也,惟当勉之耳。"

是年,俞大猷中武进士,升泉州卫正千户,镇守金门守御千户所。慕林希元"有志当世",从之游。

是年冬,张岳任广东盐课提举。

嘉靖十四年乙未(1535年),五十五岁

是年,任南京大理寺右丞。

是年,张璁自请致仕,夏言逐渐掌政。夏言,字公瑾,号桂洲,林希元同榜进士,世宗时为给事中、擢六卿,继参机务。

三月,辽东军乱。上《辽东兵变疏》,得罪权臣夏言。据《明通鉴》卷五

十六载：六月，"疏入，上责希元妄言，下锦衣卫，令对状，而锦衣卫指挥王佐等亦讳言囚系事，遂降希元外任"。

秋，谪守钦州。其《谢恩明节疏》自述："初，降调命下，吏部以臣京堂年深，欲优臣以闲局。臣不敢虚縻皇上廪禄，固欲一州自劾而得钦州。"

归途过杭州。前同安知县、仁和人许仁持其父许晟行状，为撰《许处士墓志铭》。许仁，字元夫，举人出身，在任时"为吾同善击豪猾，严自持"，且"通邃于经学"。

回同安小住，鼓励洪朝选立志上进。"毋徒空言"。

是年，同安许福登进士第。许福，号西浦，翔风里人，颜弘之门人，登进士第后归家养亲，终身未仕。倭警时，组织乡社抵抗，使"边方无虞"。

是年，张岳迁任广东廉州知府。时廉州府下辖钦州，及合浦、灵山两县。

是年，为同年进士孔荫作《封建昌府同知孔公墓志铭》。孔荫，号平乐，直隶临海人，正德进士，官知府。

嘉靖十五丙申（1536年），五十六岁

是年七月，抵钦州知州任。"钦州接壤安南，地荒民寡，税粮二千，不及苏、常中人一家之产，民俗杂夷，城郭官舍半鞠墟莽"。对此"满目蓬蒿，慨焉兴叹"，作诗《钦州到任感怀》，有"徒负旬宣寄，何由答圣皇"之句。

到任后，遂为六月落成的灵山县儒学撰《灵山县儒学记》。

着手整治钦州。"悉心经理，至忘寝食"，"宣国家宪典，列条约严法，戒以禁止，开导其民"，对少数民族则"陈朝廷威德，布文告、厚劝赏，以化蛮夷"，同时"立营砦、编保伍、谨斥堠，严连坐之法，立赏功之格，以防御寇盗"。此外，还"差官各处查量，政事之暇亦亲行丈量，计查出荒田堪为稻田者一百余顷"。与此同时，还在钦州"沿乡设立社学，制训言、立条教、择明师以教诲民间子弟"，先后修建学舍、创办社学十八所，作《钦州十八社学记》。

是年，夏言以礼部尚书、武英殿大学士入阁参与机务。

冬，礼部尚书夏言、兵部尚书张瓒等力言安南莫登庸篡王夺国，朝贡不修，决宜征讨。

冬，朝廷命右都御史毛伯温、咸宁侯仇鸾"治兵待命"。毛伯温，字汝厉，号东塘，正德三年进士，嘉靖中累官至刑部尚书，总督宣大、山西军务。仇鸾，字伯翔，袭爵为咸宁侯，时任甘肃总兵。

是年，闽南饥荒。

嘉靖十六年丁酉（1537年），五十七岁

是年，任钦州知州。

五月，安南王世孙黎宁遣使控诉莫登庸弑逆，请出兵为其复仇。嘉靖帝疑其不实，命缓出兵，着两广、云南守臣查明具报。作诗《闻安南有变》，有"交趾降王久息戈，忽然白地起风波。诸公谋国皆贪静，当日筹边算孰多"之句。

六月，主持重建的钦州州学落成。张岳作记。

秋，洪朝选、刘存德等六名同安生员乡试中式。林希元"在钦得报，喜不寐"。刘存德，字至仁，号沂东，戊戌进士，累官至浙江道御史、南康知府，著有《结甓堂遗稿》。

十月，为张岳倡建的合浦县儒学作记。

十一月二十日，动工兴建钦州安平桥。时"皇帝有事安南，督府令州县有津渡处，咸造桥以渡兵马"。林希元"召父老计之，咸欣然应"，同时还亲自探测、选址。

鉴于"本州荒田数多，仓粮数少，不足以供岁用"，乃建议设置屯田，"奏行广东抚、按二司官会议"，得到朝廷批准。

先后上《陈愚见赞庙谟以讨安南疏》和《走报夷情请急处兵以讨安南疏》，主张出兵征讨安南。据其后所撰《安南事始末记》自述：当时嘉靖帝在文华殿阅其奏疏，赞为海内罕见豪杰。

岁末，作诗《丁酉除夕有感》，颇有颓意。

是年，太仆寺卿邵锐卒。作《祭邵端峰太仆文》，有"忆昔轮岗握手之日，谪废穷拂之中，先生不以贵贱而易情"之句。邵锐，字士抑，号端峰，仁和人，正德进士，累官太仆寺卿。林希元自泗州弃官居乡时，邵锐时任福建提学副使，与之有一面之雅。

是年，张岳上《谏征安南疏》，力排众议，认为征讨安南之事"六不可"，也无必要派遣使者到安南查勘，看法适与林希元相左。

是年，同年进士张经升任兵部左侍郎、提督两广军务。张经，原名蔡经，字廷彝，号半洲，福建侯官人，之前任山东巡抚。

闽南连年饥荒，作诗《得家信闻丙申丁酉漳泉大饥当路主赈粥饿死数万人痛而有作二首》。

嘉靖十七年戊戌（1538年），五十八岁

是年，任钦州知州。

春，黔国公沐朝辅等以莫登庸降表至，请求宽恕其罪并许之入贡。是时，钦州有壮士黄邦相者趁机起事，林希元想利用此人来攻打安南，作《与张净峰郡守论黄邦相事书》，张岳亟修书止之。

春夏之交，久旱不雨，林希元亲率僚属等祷神祈雨三日，"甘雨大沛，四郊霑足"。

上《定大计以御远夷疏》。"又条上方略书，凡四上"。

作诗《登天涯亭》，有"圣朝冠带从兹尽，交趾王租久不来。铜柱功名诶汉将，百年落落愧凡才"之句，颇以汉代马援自许。张岳读后致信云"愿于《论》、《孟》故纸中寻一个安身立命处，马伏波事业，亦不敢为吾兄愿之也"。

四月，《明世宗宝训》是月条载：林希元与蔡经（按：即张经）的奏章"各持论不一"。据《明通鉴》"纪·十七年四月戊午"条载：张经认为兵饷不足，与安南"劳逸殊势，不可不审处也"，是年，林希元"别有方略（按：即《条上南征方略疏》）以告诸京贵"。张岳致书相劝，谓"钦州非用武之地，尊相无封侯之骨"，"以垂老多病之躯，欲侥幸此必不可成之功"，日后必后悔。

五月十二日，钦州平安桥建成。

六月既望，钦州平安桥被洪水冲垮，更于"嘉靖十七年九月十有一日启手（重建）"。

是年夏，张岳"擢浙江提学副使。寻改广东布政司参政"。临别，林希元作《送张净峰郡守提学浙江序》，又作诗《灵山别张净峰太守》三首，有"宫徵不同调，音节或参差"之句，和"命运同秋草"、"共落天之涯"的感慨。

九月，作《戊戌生日有感三首》。

是年，刘存德登进士第。

嘉靖十八年己亥（1539年），五十九岁

是年，任钦州知州。

二月，安南莫登庸嗣子莫方瀛上表乞降。三月三十日，以"莫方瀛奏本抄白二纸"寄张岳。

春，考满。因"复忤夏桂洲、毛东塘"，遂遭罢免为"拾遗"。作诗《灵山得拾遗报有感》，有"怀中白璧知无恙，户外苍蝇岂自招。世路从来多坎坷，只缘失计蚤渔樵"之句。还作《落官报至去灵山有感二首》、《至灵山有感》、《鸿飞亭》等诗以言志。

七月，重建安平桥，于"十有二日告成"。

七月，毛伯温、仇鸾受命征讨安南。

秋，离开钦州。在任四年，兴学修署，"变夷从华，兴废革弊，（钦州）始成州治"，"钦民至是，稍有文物之美、家室之乐、中华之风焉"，于是，钦州士民拟建生祠，或以鸿飞亭易名为遗爱亭以怀念之。

上《又复屯田省转输以足军饷疏》，担心"三载经营已成之业，废于一旦"，将"经营屯田首末，与奸民占田情弊备陈于皇上"。

秋，作《钦州兴造始末记》。自述"（继任）州守黄希白至，因民之思追录予功，虑其久而泯也，请于督府净峰张公，求予记其颠末"。

嘉靖十九年庚子（1540年），六十岁

是年三月，起用林希元为"广东按察司佥事，分巡海北兼官兵备珠池"

（万历《泉州府志》卷十九作"海北道兵备佥事"）。作《谢恩明节疏》以谢皇恩，称"自知州起臣分巡，此越次用臣，不以常调也"。到任后，作《和朱鉴述怀兼柬广藩臬诸公韵》以言志，并作《起官广臬祭城隍文》。朱鉴，字用明，号简斋，福建晋江人，正统五年巡按广东。

正月，莫登庸子方瀛病故，莫福海继嗣，莫登庸遣之乞降。

四月，《明实录·世宗实录》是月条载：以"钦州知州"结衔的奏疏及四上方略书"为御史钱应扬所劾，言希元所称策者，固道途传闻之语，不足听"。

五月，同乡榜友谢崑卒。

夏秋之间，"奉委福建漳泉召募水兵"，"与漳泉诸头目谋曰，……既而，军门征兵之文不至，事遂不果"。

夏，以戎事过家门，重会俞大猷，"君以金门千户从事，发谋吐虑，动契予心"。又见洪朝选"举止谈吐大异往常，探其所造，益高以迈，始信舜臣昔日之志不虚。予之知人不谬也"，故为洪朝选易今名。"是秋，会试北上。予知其必举进士，与易今字。盖舜臣小名天民，予字之朝选。后以字入试，因以字为名。为易今字，云其望之不浅也"。

八月，大兵压境："毛（伯温）、仇（鸾）、蔡（经，即张经）三堂驻劄广西南宁府，两广副参，都、布、按三司驻劄广西太平府凭祥州，广东副使陈嘉谟、都司武鸾驻劄钦州。"

是年秋，因毛伯温之请，张岳回任广东布政司左参政，并任广西一路监军。

九月，莫登庸惧，"送降书"示降，"十月至钦州防城投降，十一月初三日始出镇南关投降"。林希元屡次上疏所关切的四峒也重归版图，作《安南归四峒侵地祭告朱简庵都宪文》。

冬，叙功，林希元乃居次。事后责问毛伯温，答曰"当初委有此议，后因众论不一，只以官序，故先生在后"。对毛伯温的不公正做法，林希元颇不满，作诗《得毛东塘复半洲荐举报二首》以讽之。

海北一地，"法弛弊滋，军民疲困"，珠池尤为"珠盗肆行"。经林希元"悉心经理，立条教、严法禁"，"甫及一年，民困顿苏，珠盗屏迹"。

嘉靖二十年辛丑（1541年），六十一岁

是年，在广东按察司佥事、分巡海北兼官兵备珠池任上被罢免。

是年，因安南之役屡次慷慨上疏陈言，得罪时任宰辅的夏言（桂洲）等权臣。在钦州知州任上又"主必征之策，督臣与异议"，至此，"竟罢归"。据林希元在其有关奏疏和揭帖中自述，"吏部、都察院奉旨会议，查臣历年考语俱优，已拟留用"，"乃以屡议安南为异议者所忌"。甚至有"异议"者借口"莫登庸降，本当以腊月至，过期不至，疑是（林希）元阻挠。故略弹论以相警，意吏部必不便议罢黜。"不料嘉靖皇帝谕示"特与闲住"。

是年,上《安南功成乞查功补罪以全臣节揭帖》以释之。

春,洪朝选以二甲二十四名登进士第。初授南京户部山西清吏司主事,榷税杭州北关。林希元"得报,益喜不寐",作《送芳洲洪子之任南都序》、五言古诗《外子洪舜臣将赴留都以诗为别走笔和之》。

秋,张岳作《送林次崖致仕还乡》七律二首赠别,有"世态惟经方自悟,秋丹结尽竟谁怜"、"语阱久疑无地避,长材应使后人怜"之句。

冬,至家,"朋旧之来访者屡满户外,悉相慰问",亲朋索债者也先后踵至,以《亲朋索债无偿姑书此应之》为题作诗一首。

冬至日祭祖。作《祭告先人文》,为自己做官二十五年,竟穷得"家庙不能建,使祖宗神主栖于颓垣破屋之下"而自疚,同时表示"兹将杜门观书,掇拾旧闻,著之简册,内以教训子孙,外以成就后学","平生之志不得施于当时,或可见之后世"。

冬,"山居无事,念夙业未终,爰取所藏《易说》重加删饰"。

是年,洪朝选妻林氏亡故。洪朝选在《先母宜人庄懿叶氏圹志》称妻林氏亡故后,"外伯父次崖公入吊,坚请吾母出,拜谢,以沃水侄女之恩也"。洪朝选继娶晋江蔡端淑,随之上任。

作《祭霍渭崖宫保文》,称"与先生无一面之雅,往日议论又不相合,而先生乃独见取于俦人之中,不可谓非知己也"。据《明史》载:霍韬卒于嘉靖十九年。林希元在祭文中自诉"幸获余年,犹可理旧业,读残书,笔平生所见以垂不朽",可见是罢官回乡后才得知讣闻。

是年,得钦州门人章献中来信,知其"恩威"犹在,作《跋门人章献中书后》。闽南连年灾荒,以救荒弭盗之策献当道,不被采纳。

嘉靖二十一年壬寅(1542年),六十二岁

是年,居同安。

正月初一,作《壬寅元旦感怀》,有"生平事业虽未竟,喜有余功理简编"之句。

正月十五日,礼部差福建按察司颁到花银二十两、纻丝二表里,作安南之役的奖赏。林希元感恩不已,因上《谢恩明节疏》,历诉自己为官之忠悃,恳求皇上再论安南之役的功罪,使他得以官复原职,体面致仕。疏上,不报。

正月二十五日,谢崑下葬,为撰《职方司员外郎次峰谢先生墓志铭》。

九月,作《寿日写怀二首》。

是年,《易说》整理告成,定名为《易经存疑》,共分十二卷。经校正,交"书林詹氏"付梓。

是年,袁杉任同安县知县。袁杉,号芳洲,扬州人,举人。对林希元颇礼遇，因有《送袁芳洲大尹归田》之诗，称"所幸大夫贤，车马相过频。解衣意不浅，论文道弥真"。

是年，李榕任同安教谕。李榕，字拙修，江西鄱阳贡生，两署同安县令，林希元晚年"独为知己，涔寂之中，每用为慰"。

嘉靖二十二年癸卯（1543年），六十三岁

是年，居同安。

五月，端阳前一日，江西纸商饶一贯不忘旧恩，知其致仕家居，寻至同安面谢。作《敦义记送饶一贯归广》。

是年，叶遇春视篆同安。林希元建议在梵天寺后重建文公书院，并已"商工庀材"，准备动工。后，此事因知县离去而告寝。叶遇春，太仓州人，时以进士司理泉州府。

是年，作《赠掌教李拙修奖励序》。

是年，袁杉致仕。作诗《送袁芳洲大尹归田》赠之。

是年，颜弘卒。家贫无嗣，未葬。林希元作《祭友人颜一孟文》。

嘉靖二十三年甲辰（1544年），六十四岁

是年，居同安。

闽南饥荒，泉州属县"无粟麦"，"无早稻"。

是年，毛伯温因事得罪嘉靖皇帝，"遂削伯温籍，杖戮八十，戍极边"。作诗《闻毛东塘削籍报二首》。

是年三月，俞大猷守备汀、漳二府。

嘉靖二十四年乙巳（1545年），六十五岁

是年，居同安。

春，闽南饥荒。"夏，斗米银二钱，……见人弃子于道"，"银一钱谷三斗"，"滨海之民采野菜木叶而食"。

三上《与俞太守请赈书》，向泉州知府俞咨伯呈述赈灾的具体措施。

陈琛卒。作《祭陈紫峰先生文》，称"与先生生同乡、学同道、仕同年"，但"自留都一别，忽觉二十余年"没机会再聚首，甚感怏惜。

是年，削籍兵部尚书毛伯温疽发背卒。作《祭毛东塘司马文》，对曾经"忘形投交"的毛伯温，在安南之役论功时的"从中排挤"，以及"不肯以丝发之功分共事之人，欲揽为己有"的种种作为，依然在意。

是年，海寇掠中左所。

嘉靖二十五年丙午（1546年），六十六岁

是年，居同安。

春，闽南饥荒。致友人书云："民间贮积日就尽，生计愈促，今二麦又无。"

六月，老友黄良弼卒，年六十有八。黄良弼晚年失明，"囊橐萧然，室如

悬罄"。

十月，为马銮（今厦门市集美区马銮村）杜氏作《复业记》。原碑犹存，结衔为"赐同进士出身，奉政大夫，广东按察司佥事，前两京大理寺丞林希元"。

是年，同安教谕李榕致仕。作五言古诗《送李拙修学博归田三首》，又作诗《自叙呈李拙修三首》，诗中有"君如鲍叔子，高情谁能泯"之句，足见两人风谊。

是年，安福举人王仲玉（号青岗）任同安知县。

嘉靖二十六年丁未（1547年），六十七岁

是年，居同安。

暮春，李榕"致政之报至"，林希元"为之郁郁不乐者数日"，作《送学谕拙修李先生归田序》。继任者陆侹，号北城，鄞县人，文学该博，著《宋元史发微》，到任后，林希元为之作序，继又作《贺学博北城陆先生寿序》。

得钦州门人章锐来信，闻当地士民为建生祠落成，作《跋门人章锐书》。

作《凤山得地记》，云："自戊子至今丁未首尾二十年，今计尚须白金百余，而功始毕。然昔日之成者又将坏。昔之捐囊相助者，犹责偿未已。嗟乎！予登第三十一年，居官二十一年，一第之营至二十三年而未就。东涂西抹、左支右吾，而予之心亦良苦，其力亦劳矣。"

是年，致仕吏部尚书罗钦顺卒。作《祭冢宰罗整庵先生文》，称其"得孔孟之正学"。林希元自称"生也后，遇先生也晚"。罗钦顺，号整庵，弘治进士，理学家，清雍正二年以"先儒三十九位"从祀于同安崇圣祠（孔庙）东庑。

作《赠邑侯王青岗奖励序》，赞其剿灭海寇以保地方之功。

是年十二月，俞大猷因捕海寇有功，升广东都司兼都指挥佥事。作《送虚江俞君擢广东都阃序》。

是年，"安溪洞贼陈日辉掠同安，分巡佥事余爌追击，平之。佛郎机（按：即葡萄牙）番船泊浯屿，巡海副使柯乔发兵攻之，不克"。（据《漳州府志》载，是时"漳泉贾人辄往贸易，官军还，贩愈甚。总督闽浙都御史朱纨厉禁，获通贩者九十余人，柯乔及都司卢镗就地斩之，番船乃去。"）朱纨，字子纯，号秋崖，长洲人，正德进士，累官右副都御史、提督浙闽海防军务。柯乔，字迁之，号双华，嘉靖进士，时任福建布政司参议、巡海道副使。卢镗，字声远，汝宁卫人，嘉靖时由世荫历福建都指挥佥事，寻迁都指挥。

嘉靖二十七年戊申（1548年），六十八岁

是年，居同安。

春，作诗《得钦州生祠春祭文有述》，有"百年宦业同秋草，惟有遐方姓字香"之句。

同安知县王仲玉之父王渠通（字四味，由福建德化县学教谕致仕）道出同安。作《赠学博王四味先生致政序》。

是年，方克以监察御史升任泉州知府。方克，字惟力，号西川，桐城人，嘉靖进士。林希元与之诗文酬酢最多，先后有：《和方西川郡守中秋翫月》、《劳方西川太守祷雨》、《送方西川郡守入觐二首》、《和郡守方西川九咏》、《和方西川秋兴五首》及《赠郡侯西川方公朝觐序》。

是年，"都指挥卢镗大败贼于浯屿。六月，贼冲大担外屿，柯乔御之严，贼遁退。海寇玩其宝，掠小嶝，知府程秀民遣兵讨平之"。程秀民，浙江西安人，由进士以郎中升任泉州知府。

嘉靖二十八年己酉（1549年），六十九岁

是年，居同安。

正月，作诗《己酉元旦》七律一首，庆幸自己"百年事业虽未竟，也有声名史册香"。

上《改正经传以垂世训疏》，同时呈上所著《更正大学经传定本》一册，《四书存疑》一十八卷十册，《易经存疑》一十二卷八册，"乞敕礼部颁行"。

是年，同安知县王仲玉离任，作五言古诗《送王青岗大尹归田》赠之。

是年，门人叶伯龙选贡入京，作《榕溪赠别序》、诗《送门人叶伯龙应贡北上》以壮行色。

先是，安南范氏兄弟集兵万余进犯钦州、廉州。是年六月，俞大猷督水陆官兵平之。

嘉靖二十九年庚戌（1550年），七十岁

是年，居同安。

春，同安李春芳、陈道基、王三接登进士第。李春芳，字实夫，号东明，初试户部，后历官潮州太守，著有《白鹤山存稿》。陈道基，字以中，号我度，初授浙江嘉善知县，累官至南刑部尚书。王三接，字允康，号晋斋，授南户部主事，后擢守韶州，卒年三十二（按：据洪朝选《摘稿》诗题。《同安县志·乡贤》作"二十二"，误）。

夏，大旱，"晚禾不植"，七月"禾且悴"。同安知县彭士卓两次拜神祈雨，皆灵验。为作《赠彭石坡邑侯祷雨有应序》。该序还载同安民间有"博弈风炽"、"声妓习盛"、"治丧用浮屠氏"和"耕牛屠宰"等陋习。彭士卓，号石坡，番禺人，举人，嘉靖二十八年任同安知县。

九月，作《质庵黄处士墓志铭》。

是年，李春芳回乡寿母，为作《进士李子寿嫡母林氏序》。李春芳乃永乐进士李贤佑曾孙，与有世谊，序称其号为"子寿"。

是年，礼部尚书盛端明卒。为作《祭盛程斋宗伯文》。盛端明，字希道，号程斋，广东饶平人，弘治进士，后由严嵩荐为礼部右侍郎，进礼部尚书。

是年，俞大猷任琼州府参将，授都指挥佥事。

嘉靖三十年辛亥（1551年），七十一岁

是年，居同安。

四月，同年进士韦尚贤卒。韦尚贤，字思省，号鹭沙，福建南安人，累官江西广信知府。作诗《吊韦鹭沙太守》以悼念"乡同年中之相知者"。

嘉靖三十一年壬子（1552年），七十二岁

是年，居同安。

夏，作《壬子夏旱二首》。

夏，福建提学朱衡到同安考校，因接到南勖部洪朝选的来信，乃责成知县彭士卓以重建书院之事，并率林希元亲往勘察。动工后，林希元"时临观之，两阅月而工告成"。秋，为撰《重建文公书院记》。朱衡，字士南，号镇山，江西万安人，嘉靖进士，累官至工部尚书。

九月，作《寿日写怀二首》。

十二月，张岳卒于沅州，时任右都御史，总督湖广、川、贵军务。未见林希元对这位诤友有祭文或挽诗。

嘉靖三十二年癸丑（1553年），七十三岁

是年，居同安。

刊刻《批点四书程文》，并作序。

是年，前南京刑部右侍郎王大用卒。为作《祭王槃谷中丞文》。王大用，字时行，号槃谷，福建兴化人，正德进士，累官至南京刑部右侍郎。林希元曾与之"论文论交，衷曲亦尽"，称"肝胆则每相照"之友。

是年，同安李一阳登进士第。

嘉靖三十三年甲寅（1554年），七十四岁

是年，居同安。

十二月，金门隐士颜敦祥将葬，作《颜谦牧翁墓志铭》。

是年，俞大猷任浙直总兵官。

是年，倭寇船泊浯屿，掠同安。

嘉靖三十四年乙卯（1555年），七十五岁

是年，居同安。

倭氛甚烈。林希元作《上巡按二司防倭揭帖》，内载："夏，倭寇一百六十自兴化黄石登岸，入驻镇东海口。巡海、分巡、参将等官驻劄福清，募漳泉打手剿捕。杀死都指挥、指挥、千百户、武举三十员，军民以万计。不能得其要领，反增二百二十人以去"。

同安县学教谕陆促擢漳州教授,旋又迁南京国子监学录。作《送掌教北城陆先生之任南雍序》。

黄良弼下葬。作《南京国子博士白泉黄君墓志铭》。

是年,洪朝选任广西参政,职督粮储。

嘉靖三十五年丙辰(1556年),七十六岁

是年,居同安。

颜弘下葬。为撰《一盂颜公墓志铭》。

八月,老友苏柱卒,年八十。

是年,同安林丛槐登进士第。林丛槐,林丛槐,字应昌,号三庭,累官至户部主事。

是年,吏部尚书李默卒。作《祭李古冲冢宰文》。李默,字时言,一字古冲,瓯宁人。正德十六年进士,嘉靖时累官吏部尚书,后因得罪奸相严嵩和仇鸾被罢官,嘉靖三十五年卒于狱中。林希元与之似无过从。

嘉靖三十六年丁巳(1557年),七十七岁

是年,居同安。

"强盗黄老虎流剽同安,虏乡官郭贵德、知县并其家属,分劫刘御史(按:即刘存德)等家,杀死官兵、乡夫十余人"。率"家丁、店客齐心奋击,擒斩杨薰卿等六贼"。"彼时寇欲反仇",林希元"遣家人致书求救于都御史朱秋崖,怒家人撞突,既加之罪,不录家人得贼之功"。林希元"由是绝口不言"。朱秋崖,即朱纨。

是年,俞大猷署都督同知。

嘉靖三十七年戊午(1558年),七十八岁

是年,居同安。

是年,兴化同知李时芳摄同安县事。李时芳,号新溪,广西人。

三月,倭寇数千攻同安城。李时芳"率士民分垛而守,昼夜巡督杀贼,贼始引去,一城数万生灵顿以生全"。

五月,"贼复攻城。淫雨经旬不止,城垣崩坍不止一处,或十丈或二十丈,民命危于累卵。公(按:李时芳)募诸湾之兵,以身率之,昼夜防守。夜雨下如注,公亦张盖临城,当矢石之冲,以身为捍蔽,一城民命复赖以生全。其劳与功,视三月尤甚焉"。林希元又记:"戊午之夏,倭将犯同,公(按:盛南桥)募精兵、备利器,与民固守,杀退狂贼,城赖以完。"盛南桥,浙之嘉兴人,进士,时任泉州府佥宪。〔按:同一役,(民国)《同安县志·大事记》"嘉靖三十七年条"所记为"倭泊浯屿,火其寨。五月,倭攻(同安)县城,知县徐宗夔拒却之"。〕

"倭去,公(按:盛南桥)谋于僚,与军门曰:'同城修于元季,敝也久矣。往虽人和而完，而城不可不筑。'咸可之，遂以属公。公乃召匠，商工虑材，计民之役。邑倅供需不足，则令民之伏辜者输材以赎，城乃成功。高于旧四之一，雉堞、楼橹、铃柝咸备，外疏河隍，内通马道，而城池以完。"〔按：同一修城事，（万历）《泉州府志·规制志》所记为"嘉靖三十七年，倭入寇，知县徐宗夔改筑，高三尺，周围八百四十六丈八尺，西、南各为重门，设窝铺五十有九"。〕

十月，"真假倭仅八十，参将合巡海漳浦、福宁三千之兵，四路把截，竟不能得，使从容由南靖以去"。

十二月，韦尚贤下葬，为作《广信知府鹭沙韦公暨恭人黄氏墓志铭》。

冬，小寇来侵，盛南桥募兵防杀，贼伤乃去。

嘉靖三十八年己未（1559年），七十九岁

是年，居同安。

正月，苏柱下葬，为作《淳安县学训导北峰苏君墓志铭》。

倭患再至，目睹其"焚城外居民数千家，官府、传舍悉为灰烬"。

夏，倭寇再犯同安。林希元所撰《谈兵》载："己未同城之攻，参将曾清，指挥朱亮、朱相，千户王道成等合兵四千，临贼远避，而参将乃能擒郑严山于海。"〔按：同一役，（民国）《同安县志·大事记》记为"指挥白震、同知李时芳、教官吴金固守，城藉以完。五月，倭掠大嶝。新倭自浙至浯屿焚掠"。〕

作诗《己未岁伤三烈妇》。

八月，刑部尚书何鳌卒，作《祭何沇溪司寇文》。何鳌，字巨卿，号沇溪，浙江山阴人，正德十二年进士，累官刑部尚书。因为林希元"家居被枉于当道（按：当是前年朱纨怒其家人撞突，既加之罪一事），诉于阙下，当路沮焉"。何鳌曾为他"求之者凡十次，始得一行"。

九月，门人颜扬卒，年七十有三。

冬，李时芳卸任还郡，作《送兴二守新溪李公还郡序》以赠别，称赞李时芳"当国家多事危急之秋，能为民御灾、捍患、兴利、除害"。

谭维鼎接任同安知县。谭维鼎，字朝铉，号瓶台，广东新会人，举人出身。

是年，泉州府金宪盛南桥升河南参议。作《赠金宪南桥盛公参议河南序》。

是年，作《明处士叶亨衢暨配陈氏墓志铭》，款署"赐同进士出身、参政大夫、广东按察司佥事、前奉敕提督学政、两京大理寺丞、眷生林希元"。

是年，洪朝选任山西参政。

是年，泉州知府熊汝达三年任满，作《赠郡侯熊北潭考绩序》，又作诗《送熊北潭太守报满二首》。熊汝达，号北潭，江西进贤人，由进士以刑部郎中任泉州知府。

嘉靖三十九年庚申（1560年），八十岁

是年，居同安。

正月，作诗《庚申新正试笔二首》。

正月，颜扬下葬，作《颜处士文岫墓志铭》，赞其终生"以古人之道自期"。

是年，春旱，"郊多白骨"，"野无青苗"，"四野皇皇，谷价日涌"。

四月，谭维鼎率士民求神祈雨，果有灵验。为作《贺谭瓶台邑侯祷雨有应序》，另作诗《谭瓶台喜雨二首》。

五月，倭寇犯浯岛，谭维鼎率兵迎击，大获全胜。林希元在其后所作《邑侯瓶台谭公保障记》记为"获真倭唤沙士机尾安哒等七名，斩倭级六颗，擒通倭谋城奸细丁一中等三名，及流贼林时派等六名，余党抚平"。

冬十月，倭寇掠同安县东滨海。

十二月，倭寇大掠浯屿，被知县谭维鼎率民兵击退。参将王麟、把总邓一贵追击倭寇于鼓浪屿及刺屿尾，大败之。作诗《伤浯洲烈屿被灾三首》。

嘉靖四十年辛酉（1561年），八十一岁

是年，居同安。

正月，倭寇突袭同安，谭维鼎率兵驱其出境，"擒斩真倭及贼洪治仔等六名"。

六月，倭党马三岱掠东界，谭维鼎率民兵败寇于三魁出米岩下。

十二月，倭寇犯同安，攻南城，谭维鼎将其击退。

嘉靖四十一年壬戌（1562年），八十二岁

是年，居同安。

"饶寇已蒙大师扑灭，晋（江）、南（安）巨寇近亦蒙抚院抚剿荡平"，作《邑侯瓶台谭公保障记》以表彰之。

是年，洪朝选任提督操江。

是年，俞大猷改派镇守南赣、汀、漳、惠、潮、郴、桂等处地方总兵官。旋擢福建总兵官。

嘉靖四十二年癸亥（1563年），八十三岁

是年，居同安。

是年，谭维鼎升任泉州府同知。作诗《送别谭瓶台》。

是年，俞大猷任福建、南赣、汀、漳、惠、潮等处都督佥事。

嘉靖四十四年乙丑（1565年），八十五岁

三月二十七日卒。去世之晨，"有二郎在侧"，刘存德为文祭之。葬同安县从顺里四五都坑内山之原。

本文载于《林次崖先生文集》，〔明〕林希元著，何丙仲校注，厦门大学出版社，2015年12月。

先大父仰潜府君年表

清光绪十四年戊子（1888年），一岁

先祖父仰潜公原名见龙，晚号玄文。是年农历十二月十八日生于福建省惠安县驿坂乡模柄村本宅。

惠邑驿坂、辋川为何氏聚居地，称"峰崎何氏"，乃邑之望族。《磷山何氏族谱》载：

> "峰崎何氏"开基始祖安抚公讳衍，号定威，又号嗣韩，官安抚节度使，又封光禄大夫，宋敕封辅国将军。夫人陈氏。墓葬惠安县北青林山舍利院，四周勒石为界。安抚公者，祖河南光州固始人也。唐昭宗、僖宗间与将军陈元光同开漳，子弟皆（随）其安插，漳人德之。是为安抚节度使，分镇泉州，食采螺阳，遂家于惠之峰崎。墓葬在青林山舍利院，人呼"大人墓"。宋敕封辅国将军，从祀漳郡北门外圣王庙。

今遍征诸文献，尚未获读先安抚公之具体记载。

驿坂古属邑之四都。是处溪山名胜乃钟灵孕秀之地。明贤叶春及《惠安政书》称此地"北有青枫岭，左隅观音山之支峙之，菱溪出其间，水石幽胜"，"环（驿坂）溪而居者，上为孔道，有虎岫、石镜诸山，麓如悬指，而溪资其田最博，疏筑以时，永无旱忧。"明代何乔远《闽书》载此地名胜有南朝梁代五高人隐居之五公山；唐宣宗赐额之大中寺；南唐检校礼部尚书江盈之故宅，宋元时诗人卢琦题咏处及明代襄惠公张岳之读书处等，历代骚人多有诗文纪之。峰崎何氏自安抚公入闽后居于此地繁衍至今，千年不替，斯亦盛矣。

吾家世代以耕读传家。祖某，清乾隆间任江西处州游击将军。曾祖考某，家道素封，以循良闻于乡。清季末叶，吾乡邻近时患械斗，故令先伯祖习武，先祖父仰潜公习文，冀日后可振家声。

先祖父仰潜公少从岁贡生李师梅先生习举子业。李师梅乃惠邑名师，书经策论之外，更指授以唐宋诗文，甚重以品德之训诲，因而门下多才俊。先祖父少颖慧文静，颇得李师梅先生之钟爱。晚年每念及师门遗泽，辄唏嘘泪下。

光绪三十一年乙巳（1905年），十七岁

是秋，赴泉州府贡院参加科举，中式秀才。时废科举，兴新学，乃改由"惠安县学堂"毕业，县府仍颁青衿，其余祭祖诸仪一如旧制。

光绪三十二年丙午（1906年），十八岁

娶本邑驿坂乡八担村高氏。先祖母高氏名谨，生于清光绪十五年（1889年）农历六月初三日。家世务农，入吾门后经先祖父教读，渐识之无，中年后能通读佛教《心经》和报纸。后更名谨慎、绢。

清宣统元年己酉（1909年），二十一岁

是年农历六月十一日先父诞生，乳名先佑，入学后易名启人。

先是，某青乌家谓吾宗祠气势颇佳，当有武人继出，奈堂前大树所蔽。辛亥岁首初一日忽大雷雨，摧倒大树，后十数年先父果从戎入空军，故老以为美谈。

在乡间教习私塾，先祖母则力于田。男读女耕乃吾邑之民风，故文风特盛也。

1912年，壬子，二十四岁

辛亥十一月惠安光复之翌年，只身赴厦门谋发展，仍以青毡为业。与厦门学界人士李禧、孙印川诸君交笃，并接受近代民主革命思想之影响，唯性情中人，教书之余，日以吟咏读书为乐，似无参加其他社会活动。

后十数年间除寒暑假回梓，均在厦门。先祖母在家乡务农，相夫教子，先父八九岁时，适福建督军李厚基下乡巡学，村童皆畏惧走避，独先父应对自如，奉命诵读课文而朗朗不爽，督军摩顶奇之，赏银十二枚以勖学。

少作诗文俱佚，晚年仅忆及七绝一首云："摇摇舟子鼓中流，水碧沙明两岸秋。恐是烟花迷醉眼，误将灯火认扬州。"颇有中唐遗韵。

1922年，壬戌，三十四岁

20世纪20年代初，林尔嘉、黄奕住、李禧诸人倡议组织市政会，着手城市规划和市政建设。周醒南董其事。先祖父由李禧等介绍，投标鸠工建设岛内双涵至吕厝段之道路，历时近一年，弗料竣工前夜，双涵溪路桥因连日大雨为山洪冲塌，遂告破产。是秋，先祖母枲谷卖地，携款来厦门处理善后。嗣后经诸友斡旋，路政办事处予酌情退补。然雄心受挫，未免怏怏，退操绛帐旧业。

1925年，乙丑，三十七岁

国民革命军东征入闽。闽南经年战火频仍，吾乡一带匪类乃趁机骚乱。先祖母携先父赴厦，时先父16岁。孙印川任厦门劝学所长，邀先祖父到市郊五通乡泥金社办学。五通孙氏肇基于宋初乾德年间，居民恒以渔农为业，近代颇多放洋侨居海外，惜文教养不重视。先祖父假孙水答旧宅为校舍，创办乐安学校，任校长。孙崧樵、孙秀南、孙俊英诸惠籍硕彦相继来校任教席，一时蜚声社会。五通之有新式教育自先祖父始也。

1926 年，丙寅，三十八岁

先祖母拜五通蛟塘街富姆为谊女。富姆早寡，"慈祥和蔼，闾里称善"（先父撰《张成章回忆录》），全家初到，蒙其呵护。富姆之养子张成章年幼，先祖父勉之入学，亲加督责。1928 年到南洋奋斗，后终成印尼梭罗之富商，今犹不忘先祖父教泽。

1929 年，己巳，四十一岁

旅菲华侨吴记霍、林珠光等响应孙中山"航空救国"之号召，募集资金购买飞机，择孙印川捐赠之厦门五通乡果林地为址，于 1928 年 8 月创办福建厦门五通民用航空学校，为当时国内最早之航校之一。是年春，所购飞机、设备分批运到，由于先祖父的帮助，部分机件得以妥善暂时安置。翌年航校停办，再转到"漳厦海军警备司令部"之海军航空处。

1931 年，辛未，四十三岁

夏，先父考取厦门海军航空处为第三届航空学员。1929 年先父于厦门云梯中学高中毕业，在乐安学校任教，后考取上海某三所大学，"九一八"事变前夕，先祖父激于民族大义，鼓励先父从戎。未几，全家迁到曾厝垵机场毗邻之西边村。

1934 年，甲戌，四十六岁

8 月，先父在海军航空处航空班毕业。

爱国华侨陈嘉庚之弟陈敬贤先生在西边社附近辟农业试验场，时来巡视。敬贤先生病肺、好佛，先祖父与之交挚，从而初识佛门，并承引导到南普陀诸梵刹整理佛经，阅读典藏，且有同赴杭州礼佛之约（因故未果）。

其时，发生台湾浪人、禾山"土皇帝"林仔滚欺扰试验场，因猎枪走火，误伤惠籍某工友。时先祖父因事到温州，敬贤先生亦未在场，先祖母愤极，申之官府，与林仔滚对簿公堂，据理力争，竟获胜诉。事后，敬贤先生称誉先祖母"虽一介女流，不料有此胆略，真巾帼不让须眉也"。

1935 年，乙亥，四十七岁

与诗人黄瀚结邻，黄瀚，字雁汀，著《禾山诗钞》。集中有《古历十一月十一日何仰潜家渭川邀游曾氏园菊花渐即衰萎剩余细蕊杂花三叠前韵》一首云："日寻娱乐百无知，已约园游肯后期。白发相看三老共，黄花也怯九秋移。庭隅有待豇盈架（渭川贻御豆种），门外何如枳作篱（仰潜亦种菊一畦）。恨欠霞筋延寿客，霜螯左手并教持。"

1937 年，丁丑，四十九岁

抗日战争爆发。先父毅然北上，编入驱逐机大队，参加中日空战。《江声报》1937 年 12 月 30 日报道："厦十三名飞将军参加杀敌"其中何启仁、李学信等八名编入驱逐机队。得到厦门市抗敌后援会的热烈欢送。

1938年，戊寅，五十岁

2月6日，航空处奉令停办。

先是海军因经费问题，无力发展航空，劝先父到南洋服务民航者，先祖父以为大敌当前，弃国难于不顾者有不忠，敢违父教者不孝，毅然命先父从军北上抗日，虽为独子，义无反顾。先祖父晚年忆及此事，辄以无愧家国民族而自豪。

4月，先父请假南归，仓皇迁家于鼓浪屿。安顿甫毕，当日匆匆泣别，先祖母率三姑母、七姑母送至鹭江滨，见江上兵舰杂陈，战云密布，家国深悲痛上心头，首触于电杆而不觉。

5月10日，日寇陷厦门。自此抗战七年期间，先父音书隔绝，存殁未卜。凄惶亡国之民，每每长夜饮泣。

1942年，壬午，五十四岁

12月8日，太平洋战争爆发，鼓浪屿沦陷。先祖父率全家在鼓浪屿福州路赁旧屋而居，但草间偷活，朝不保夕，苦不堪言。

芳邻李博用者，指挥大湖抗日之李良荣将军胞叔也，境遇相同，故交谊至深。李先生同安兑山人，早年毕业于英华书院，精通英文，服务于丹麦之大北电报局，曾热情支持同盟会之民主革命，同时又是虔诚之佛教徒。因此善缘，先祖父母遂同发心归皈净土，正式受戒于鼓浪屿日光岩寺住持清智和尚座下，先祖父法名"善性"，先祖母为"善□"。二老发宏愿终生茹素奉佛，遵守佛门清净，祈祷祖国抗战胜利，合家团圆。

1945年，乙酉，五十七岁

8月15日，日寇投降，家中仅余银洋二枚，全购大爆竹燃放。未几，先父母率我四位胞兄回鼓浪屿团聚。

抗战期间，朋辈除李博用外，尚有原民钟日报社董李硕果、泉州人黄渭川、蔡彪伯、李禧、黄尚平黄子銮父子，方大成以及惠邑旅厦诸宗亲，高情隆谊，不敢忘也。

五孙男振坤（丙仲）出生。

1946年，丙戌，五十八岁

禅修益力，礼佛弥虔。作诗和《王谷青居士浴佛日感怀》云："九龙注后现清身，光耀大千法界春。无量众生无量劫，端凭佛力起沉沦。""修兼两足融真俗，照遍十方溯果因。一自名园出胁日，灵山灵雨浴来频。"

1949年，己丑，六十一岁

秋，先父率先母暨四位兄长、三姑父母由西昌去台。先祖父母眷恋故土，不愿以垂老之年飘零异乡。其遗墨有无题诗稿七律一首云："云房寂寞尔思家，叩别云房下九华。要去竹栏骑竹马，懒于金地住金沙。瓶中坑底休招月，湖内烹茗把弄花。尔去不须攀下泪，老僧相伴有云霞。"此或先祖父斯时别先父母之作。从此海峡阻隔，鸥梦难圆，唯七姑母与五孙男伴先祖父母居鼓浪屿。

1950 年，庚寅，六十二岁

李博用哲嗣李友九为中国人民解放军某部首长随军南下，登报寻亲。先祖父闻讯与苏谷南联名去信香港，辗转代为联系。冬，李博用只身归返祖国。

1951 年，辛卯，六十三岁

虔诚礼佛，修持净土戒律益严谨。平时足罕出户，晨昏持诵佛经而已，研读弘一大师所著《南山律在家备览》颇有心得。

时抗美援朝，举国沸腾。先祖父踊跃捐献，还多次参加厦门市佛教会组织之佛教反帝爱国大游行，李博用与先祖父均银髯白发，每擎红旗走在队伍前列，士气高昂，群众为之瞩目。

1952 年，壬辰，六十四岁

与李博用、黄子銮、释善诚诸居士组织地藏法会。是年，被选为厦门市佛教会副理事长。

1958 年，戊戌，七十岁

世交许祖义任厦门市副市长，荐先祖父参加市政协之学习活动。通过学习和外出参观视察，增加了对社会主义祖国的了解和热爱之情，创作了不少诗词歌颂之。

1960 年，庚子，七十二岁

是年，侨居印尼之大姑母长子林玉龙表兄回香港定居经商，转至先父母十余年来首封家书，痛泣数日。回信以祝愿世界和平，家人早日回归为念。

1962 年，壬寅，七十四岁

李博用随子往广西，因于水土不适而返鼓居于日光岩寺，与先祖父昕夕相对甚欢。

为人题所绘《姜尚渭滨垂钓图》七绝云："忧国忧民百种愁，携竿潇洒渭江头。下钩非为鱼虾计，只钓周家八百秋。"

督余课外读《左传》、《千家诗》，并为余句解《古文观止》各篇，每日命临柳公权帖百字。闲暇即促余赴李禧先生处请安问学。

1964 年，甲辰，七十六岁

故友李禧病逝，因体弱未克过江，命余代行吊唁，并作挽诗七律一首。是秋，李博用将随其子赴甘肃省委书记任，故人西出阳关，料今生相见应难，黯然神伤者兼旬。（1990 年余在美国圣地亚哥大学与李良荣季子力弥博士不期而遇，重续两家三世之谊。）

篆刻家许霏索书，为书鲁迅诗条幅。撰书对联"片石孤云窥色相，清池皓月照禅心"以明志。每日坚持练拳，临写左文襄公书法自娱。

1965年,乙巳,七十七岁

作家训:

> 见先哲于羹墙,慎独知于衾影。戒慎乎其所不闻,恐惧乎其所不睹。战战兢兢,如履薄冰,如临深渊。诸恶莫作,众善奉行。此希贤希圣之妙诀也。

并以楷书书之。

1969年,己酉,八十一岁

暮年思亲益切,念念不忘祖国统一,台湾回归。因病,治疗无效,农历七月十四日弃养。病中,先父母逐日由香港间关来电来信请安。葬厦门五通泥金社对面山麓,老友名书家罗丹为书墓碑。罗丹、黄子莹、孙俊英诸老友为治丧执绋,祭文称先祖父为正直之读书人,真正之佛教徒,爱国之民主人士。发丧日,台湾、美国、香港和印尼各地子孙同日举行追思纪念,亦身后之荣哀。

是年,五孙男何丙仲为题像赞云:

> 天地之正气,道德之典仪。堂堂古貌,吾祖须眉。弱冠文章,故里声驰。恪遵先训,孝友仁慈。兴创黉舍,桃李纷披。善教我父,威震长空倭胆危。暮年皈民主,昌言盛世志莫移。聿观平生,谦谦无奇。世俗之眼底,福慧已兼之。佛门之圭臬,能信解受持。昔贤云:其学富,其德立,先祖考当堪称之。

1996年嘉平之月,以应惠安县地方志编纂委员会之约稿而作。

吴真人史实新考
——读厦门孙氏族谱《柳塘记》

1991年，我在厦门市郊五通村读到一部题为《柳塘记》的孙氏族谱。该族谱除历代分支世系和世代传承子孙的生卒、墓葬等简单记载外，还附有若干有关族谱和宗族大事记以及族中贤俊的诗文等。在这些附录中，有一篇"元祐二年（1087年）端月朔日"裔孙孙瑀所撰的《西宫檀越记》。它记述了作者的祖父与白礁吴姓神医的来往情况和厦门岛上建造纪念这位神医的庙宇——吴西宫的经过。经初步探讨，这位神医即吴夲。因此，《西宫檀越记》为近年来吴真人的研究提供了新的史料。

《西宫檀越记》开头便说："里之有吴西宫，犹白礁之有祖宫。"说明宋代在厦门岛（嘉禾里）首建的吴西宫与白礁的慈济宫一样都是最早敬奉吴夲的庙宇。该记接着记述了白礁神医吴悟真与作者祖父的来往关系："本处旗山上（原注：旗山今呼为虎仔山），有居士庵，居士讳勃字兴叔（原注：行四十一郎），于先大父序属雁之季。先时，宋天圣四年（1026年）大父有河鱼之疾，偕兴叔甫调养旗山上，处月余，会方士裴其姓者，年八十余，又号养真老子，周游至庵中，与先大父讲日议月，盘桓若弟兄。无何，白礁有吴姓名悟真者，素以神医名。养真妙契神灵密旨，且深修炼之术，遂跋履渡江而致焉。"不久，"吴悟真与先大父聚首多缘，亲其宿疾而为治，治三日而见效，半月而平复，阅三月而肢体强壮，颜色如故。先大父喜过望，即以百金谢，翁挥不受，缘与为深交"。

《西宫檀越记》所载的这位吴悟真是谁？文中只交代其姓为吴，地望在白礁，而职业为医，并且是神医。关键在于作者祖父因患"河鱼之疾"到旗山居士庵调养的时间——宋天圣四年（1026年），这一年，在白礁青礁一带为人治病的吴夲正好四十八岁。吴夲和"吴悟真"地望、职业和姓氏均相符，而同在那个时间的白礁一带再也查找不到第二位吴姓医者被人称为神医者，可见吴夲即"吴悟真"，因此我们有理由认为吴夲除了字华基，号云冲之外，还有"悟真"、"悟真翁"的别称。吴夲"年十七游名山"而"觉悟修真"，"早具道性"，"不受室，不靡爵，说法云游天下"，"尤精岐黄，济人救世"，其生平亦道亦医，谢世后被道教奉为神仙，所以他有"悟真"这个充满道教色彩的别称是不足为奇的。

吴夲生前便有"神医"之称。宋景祐三年（1036年）他逝世时，据宋代庄夏《慈济宫碑》和《漳州府志·人物传》等文献记载，"闻者追悼感泣，争肖像而敬事之"，当地群众还自发建祠纪念，"乡人即其地祠焉"。而且青礁"乡之父老"还私谥吴夲为"医灵真人"，"偶其像于龙湫庵"。厦门岛（嘉禾里）人民也不例外，《西宫檀越记》说，作者的祖父与吴悟真（吴夲）自从看病、谢绝百金之赠以后，感佩其医术精湛医德高尚，从此成为好朋友，"恒以音问相往来。"吴悟真（吴夲）逝世时，"先大父痛不自禁，因建小祠于屋西，塑像其间，岁时尸祝，志不忘也。嗣后英灵赫赫，无祷不应，无特族人钦之，即乡之远迩咸欢趋焉。先大父以其庙隘少容，乃捐腴地四亩，中拓庙宇，余授庙守耕种，以为香火之资，因扁（匾）之曰'吴西宫'，且属后人今世祀无废也。"

青礁慈济东宫建造的时间，据宋代青礁人杨志于嘉定二年（1209年）所撰的碑记确称该宫庙建于绍兴廿一年（1151年），乾道二年（1166年）赐额为"慈济庙"。七十余年后，即淳祐元年（1241年）才改庙为宫。最初"偶其像于龙湫庵"或"即其祠焉"则不知具体时间，据推算应该在吴夲逝世的1036年至初建慈济庙的1151年之间。而厦门岛（嘉禾里）的这座纪念吴悟真（吴夲）的吴西宫，最初亦是"建小祠于屋西，塑像其间"，但至迟在孙瑀写作《西宫檀越记》的宋元祐二年（1087年），它已由"小祠"扩建为占地四亩，有供香火之资的祭田，有庙守，还有"吴西宫"之名称。吴西宫作为有一定规模的正式庙宇，要比"岁在辛未（即绍兴廿一年，1151年）乡尚书颜定肃公请文庙"的青礁慈济庙，其建造时间提早至少六十四年。

《西宫檀越记》有关人物均能在族谱《柳塘记》中查找到。作者孙瑀，字伯升，号六八郎，为孙氏柳塘派的亨房支派十世祖，其祖父名天锡，字公瑕，号廿四翁，孙勃字兴叔，"称居士，有庵在旗山上"，为孙氏柳塘派贞房支派九世祖。其八世祖孙天锡为纪念好朋友吴悟真（吴夲）而建造吴西宫，使柳塘社包括周围地方的群众得以奉祀，求药签，诚为一方美事，由其孙孙瑀撰文记之，当为可信。古称柳塘的西仓社离我外祖的家乡五通泥金社不远，我曾多次到被处调查访问，据该社父老孙进兴等人介绍，西宫废圮已久，宫址在近邻社"霞尾"一侧，现西仓社口菜地边保存有一尊宋代风格的石雕风狮，据说即西宫的旧界址标志之一。当地有俗谚曰："钟宅驴、霞尾廖，牵来西宫琢石料。"相信经过深入考察发掘，是能找到吴西宫的故址的。

最后，为了进一步论证《西宫檀越记》的可靠程度。有必要对族谱《柳塘记》进行分析。该族谱为手抄本，封面楷书一行"三拾世裔孙蔚兰谨录"，凡

266页，双页对折，页9行，行30字，小楷端庄清秀。整部族谱记载柳塘孙氏从宋解元孙朱（一世祖）到清末光绪年间（三十一世祖），近千年间的繁衍情况。和一般的家谱牒相比较，它具有以下特点：首先，该族谱世系脉络清楚，传承有序。据谱载，柳塘孙氏一族原居河南光州府固始县，唐光启二年（886年）始入闽，初迁福清，再迁泉州东门，最后才迁到"同安之嘉禾里"。其迁厦开基始祖孙朱葬于乾德四年（966年），第二世分为五房，散居在今五通一带，柳塘（今西仓社）即其中一支。从北宋初年的二世祖到明末清初的第二十四世祖，按世系表各世子孙仅记名字、传承关系和墓葬地点，极个别的葬事标有年号和干支纪年，清朝康熙年间（即二十四世祖）以后，各世子孙暨配偶才有生卒年月日时的记载。除清乾隆以后有部分子孙迁居台湾或东南亚一带繁衍发展外，近千年间整个孙氏柳塘派族人基本上聚居一处，且衍生支派不复杂，人丁不算太盛，因而修成族谱相当完整有序，说明历次修谱者的学风是很严谨的。

其次是通读整部族谱，发现入谱的柳塘孙氏族人世代无一有官职，亦无一有科第功名。虽然族谱中称其入厦开基始祖孙朱"善属古文词，才情洒落，田渔尤所喜，五季间辞泉抵禾，家小演村，敲针作钓，日与沙鸥相上下"，显系知书识字的渔夫，却又说其在"建隆初（约960～963年）领乡荐第一"，于是孙氏以后累代以其始祖为"解元公"为光荣。孙朱是否宋初厦门籍的解元公，有待考证。不过，从他开始到清末光绪年间的三十一代子孙中，唯有明代万历初年的二十世祖孙用中是邑庠生，其他的各世子孙要不是"屡试不售"便是渔农终生。既无官宦功名可以显赫，其修谱的目的何在呢？元至正年间裔孙孙敬夫在《孙氏族谱引》就曾指出："乡党以聚之，为之谱系。昭穆以别之，为之尊卑。长幼以序之，会之以冠婚丧祭之仪"，目的是使整个宗族"灿然有文以相接，而悖慢鄙暴之心不生"，如果"父兄与子弟相仇，头目与手足相为敌，则何以御外侮哉"！说到底，其修谱的目的是为了"尊礼法"，睦亲族和"御外侮"。因而没有必要利用修谱夸大或莫须有地吹嘘远代祖先的业绩以光耀门楣，自欺欺人。从而客观上它所记载的都比较真实可靠。

这部族谱的正文前面还附录了不少诗、文、序记，当为历次修谱保存下来的文献材料。最早的一篇是宋元祐二年（1087年）的《西宫檀越记》，其次为元天历二年（1329年）、元至正乙酉年（1345年）和元至正丙午年（1366年）有关族谱的叙、引和记，可以确定第一次修谱在元代天历年间。据其他诗文的年款和内容看，第二次修谱在明代万历丙午年（1606年）左右，而第三次则在清末光绪年间（1875～1908年）。孙氏族谱《柳塘记》附录的诗文大部分是本宗族人员所撰，内容均为宗族琐事，更无以达官贵人的作品点缀门面。所以该族谱读来平实，倒是所附诗文却保留了不少有价值的史料。《西宫檀越记》

即其一例。

综合以上对族谱《柳塘记》的分析，我们对其所附的《西宫檀越记》的可靠程度基本上可以肯定。那么，《西宫檀越记》所载的关于吴夲有别称为吴悟真（悟真翁），厦门岛（嘉禾里）建造奉祀吴真人的吴西宫比青礁慈济庙的建造时间要提早至少六十余年，则不会是毫无根据的。

本文载于《圣山春秋》，厦门市海沧慈济东宫董事会管委会编，海峡文艺出版社，1998年11月。

千古英雄遗事业，等闲大海著微沤
——阮旻锡与《夕阳寮诗稿》

厦门阮旻锡是民族英雄郑成功储贤馆的成员，又是明末清初闽南著名的史学家、诗人和学者。其晚年编纂的《海上见闻录定本》，至今仍是研究郑成功的重要编年史料。他的名字被列入诸多方志的"文苑传"，所见其诗文著作的书目就有三十余种。①因此，阮旻锡不仅是郑成功的部属，他在闽南文化史，甚至在我国明末"遗民"文化史方面，也都有其重要的位置。

然而，经过明清之际的社会鼎革，阮旻锡的著作基本上已被焚毁无遗。现在，我们仅能通过《明遗民录》以及《福建通志》、《厦门志》等方志简要的解读其生平，从清乾隆二十五年（1760年）沈德潜的《国朝诗别裁集》(选其诗 3 首)，清光绪年间陈棨仁、龚显曾的《温陵诗纪》(选其诗 40 首)以及地方志书那里，零星获读到他的诗文作品。因为作品的严重缺失，加上其个人资料的不足，自然影响了后人对阮旻锡这样一位历史人物的全面了解，当然，更谈不上对他的思想境界和诗文特色进行评价。

新近发现的阮旻锡《夕阳寮诗稿》是一部藏诸民间的清代孤本，为《夕阳寮诗稿》和《夕阳寮存稿》的合刊本。现存两册（原为三册）。《夕阳寮诗稿》，从卷三的《七言古诗·上》开始，依次为卷四的《七言古诗·下》、卷四的《七言古诗·下》、卷四的《七言古诗·下》、卷五的《五言律诗·下》、卷六的《五言律诗·下》、卷七的《七言律诗·上》、卷八的《七言律诗·中》、卷九的《七言律诗·下》。《夕阳寮存稿》由卷十的《排律》开始，依次为卷十一的《五言绝句》、卷十二的《七言绝句》。所缺者当是《夕阳寮诗稿》卷一和卷二的《五言古诗》两卷。书中每卷的卷首皆题为"同安阮旻锡畴生著，温陵丁炜澹汝阅"两行。书后有康熙癸酉（1693年）阮旻锡的题跋，称这两部诗稿为其"涉江前、后稿"。

该刻本每半页 10 行，行 19 字。左右双边，黑口，双鱼尾，其刊刻时间当为阮旻锡题跋的时间或稍后一两年。全书总共收录从清康熙二年（1663年）到康熙癸酉年（1693年）三十余间阮旻锡的各体诗作 565 首。今以《夕阳寮诗稿》和《夕阳寮存稿》为本，附以泉州市图书馆馆藏的《清源诗会编》，和若干篇阮旻锡散佚的诗文，总共存诗638首，佚文4篇，统以《夕阳寮诗稿》为书名，加以注释，重新整理出版。

一

生当明末清初社会大动荡的历史时期，自幼接受儒家思想熏陶，又生长在充满着海洋文化特质的闽南一隅，无怪乎阮旻锡一生充满着跌宕离奇的传奇色彩。可惜历来方志有关阮旻锡的传略都过于简略，且有不实之处。比如清乾隆年间的《同安县志》卷二十三和道光年间的《厦门志》卷十三均载：

> 阮文（旻）锡，字畴生。父伯宗，字一峰，世袭千户裔，凤居海上。幼孤，泛海求赢余以养母。母殁，躬负土石，与父合葬鹭门。生平寡言笑，绝交游，取与不苟。一裘三十年，一履五年，终身不衣帛。值峡江曾樱之丧，倾囊助之。闯贼陷京师，文（旻）锡方弱冠，慨然谢举子业。师事曾樱，传性理学，患难与共。又得友曹石仓之友杨能元、池直夫，闻其绪论。讲习风雅，旁及道藏、释典、诸子百家、兵法战阵、医卜方技之书，无不淹贯。出览名山大川，北抵京华，托处十数载。后乃逃于释氏，名超全，以教授生徒自给。实郑所南、谢皋羽之流。著有《夕阳寮诗集》、《诗论》、《诗韵》行世。林佶谓其诗冲微淡远，一以正始为宗。年八十余，卒。

看得出传记的作者有意把阮旻锡参加过郑成功抗清活动这样重要的史实给屏蔽掉。

《夕阳寮诗稿》的问世，让我们对阮旻锡的生平，以及其一生最重要阶段的思想情操，都将有更深入的了解。阮旻锡自幼在厦门的西庵宫读书，"通鲁论"、"诵毛诗"，并且经文习武[②]，因而"少年游侠"，很早就"泛海求赢余以养母"。但郑成功起师抗清后，阮旻锡马上义无反顾地投奔到他麾下，先是被推荐到广东参加乡试（明永历三年，1649年），继而还加入郑成功的储贤馆（明永历九年，1655年），"亦常身践戎马之场"。此后，阮旻锡参与了郑氏集团的"东西洋饷"海上贸易，由儒生成为抗清斗士。后来他曾以"忆昔壮年泛巨洋，轻舟一叶波中委。天边黑点小于拳，霎忽淼空狂飚至。叠浪排山百怪号，飘入鬼国等儿戏。天如复釜客如鱼，到今时犹骇梦寐"[③]这些诗句来回忆往事。

郑成功复台后病逝于台湾。清康熙二年（1663年）十一月，清军攻陷金、厦两岛。阮旻锡当时完全有条件随郑泰家人一起降清，但他抛弃了在厦门优裕的生活，毅然逃出虎口，开始其颠沛流离的生涯。从文圃山下的中孚村，而安溪、长乐，1666年冬终于辗转来到北京，由抗清斗士变成了明末遗民。阮旻锡并非"传略"所说的"生平寡言笑，绝交游"。除了郑念实，郑哲远等郑泰的后裔和施琅、丁炜、詹峨士等闽南籍旅京官宦文士以外，阮旻锡还广泛交结了沙定峰、董苍水、周雪客、毛亦史等一大批当时海内知名的遗民诗人，他们组织诗社，经常雅集郊游，吟诗作赋，共同发泄对异族统治的抵触情绪，和对明朝故国的怀念。阮旻锡屡屡以"东望海天残照远，凭栏一啸悟浮生"（卷八，《历山》），"海山望断无归处，哭向春林听杜鹃"。（卷七，《惆怅诗和韵八首》）这样的诗句，流露出他对台海的风云，以及对郑成功抗清大业的关注。他还常以南宋遗民谢皋羽自况，以"往事西台余痛哭，凄断龙归东海曲，波沉鳌背流仙山，仙家鸡犬落人间"之句（卷四，《送曾幼昭南归》），自叹成了"不随仙去"的淮南王旧鸡犬。其"东海彷徨忆鲁连，西台痛哭追皋羽"等句（卷四，《鹭门王氏五世同堂诗》），则更坦诚地向往着"不帝秦"的鲁仲连。阮旻锡也常以古代侠客荆轲自励，每有"霜风吹动易水清，渐离击筑歌荆卿"（卷三，《同纪伯紫沙定峰饮黄天涛寓斋客有吹韭叶为百鸟声者感赋》）、"一歌壮士愁，寒风易水冷飕飕"（卷三，《抑戒堂席上听薛李二生歌邂园先生绝句长歌侑之》）等等诗句，即便后来出家当了和尚，还写诗兴叹"莫道荆卿疏剑术，由来一死几人难"（卷八，《山庵秋梵八首》）。

康熙二十二年（1683年）八月，施琅出师底定了台湾。九月二十七日，阮旻锡便到燕山太子峪的观音庵剃发出家。从此，阮旻锡不但是遗民，还进一步成为"遗民诗僧"。他不但以"出世"的实际行动，还以写下《山庵秋梵八首》（卷七），来表达他对郑成功的一往情深。康熙二十四年，年届花甲的阮旻锡离京投奔时在湖北当官的丁炜（字雁水）、张夏钟、林公韫等闽南诗友，还常与郑荆璞、蒋玉渊、丁朂庵等当地的遗民诗人盘桓唱和。然而，随着时间的推移，阮旻锡的抗清激情显然已有弱化，代之而起的是他那与日俱增的乡愁。乃至康熙二十八年（1689年）来到南京，"买屋城南青溪之上"，阮旻锡还把雨后的青山当成老家的夕阳山，感慨不已。因此友人栖霞楚公为题"夕阳寮"匾额，他也以这三个字名其诗集。居南京期间，阮旻锡与纪伯紫、戴务旃、杜苍略、蒋波澄、李赞元、胡静夫等著名的遗民诗人为友。不过，阮旻锡这时的诗作已少了昔日出世的禅味，怀古和对家山的眷念反而相对凸显。

康熙三十三年（1694年），时已68岁的阮旻锡终于结束长达三十多年在外漂泊的日子，回到他朝思暮想的故乡厦门。他在《鹭屿(二首)》这组五律诗中写道："生还犹过客，老至已无家。"晚年的阮旻锡为使郑成功的历史"不至久后湮灭"，致力于《海上见闻录定本》的编撰，终于在80岁高龄时完成了这部重要史书。阮旻锡最后从"遗民诗僧"，似乎又走回到儒生的原先起点。

二

明代福建的诗文创作在宋代繁荣的基础上，开始出现复古的倾向。明初以林鸿为首的"闽中十子"所提倡的"崇唐"、"摹唐"和"学唐"等等风尚,一直影响着八闽诗坛,乃至明末泉南一带的诗文创作仍以"沉郁雄健者可追汉魏,清婉俊逸者足配盛唐"④为准则。丁炜和阮旻锡无疑是明末闽南诗坛的两位杰出代表。

阮旻锡在其吟咏所崇拜的古代诗人的组诗中,共举祢衡、阮籍、陶潜、李白和苏轼五人(见卷九),晋代阮籍的行止更是经常在他诗中出现。虽然其五言古诗尚未获窥全豹,但从其《清源诗会编》所收录的《白纻辞》、《读曲歌》、《拟古》、《咏史》、《古琴》和《秋砧》等古诗来看,阮旻锡的诗骨力坚苍,用意高雅,确实受到汉魏乐府的濡养。然而他又不拘泥于古,其《髑髅叹》、《孤儿行》、《捕鱼郎》、《大风歌》、《送郑哲叕回闽》等七言古诗,或沉郁苍凉,或热情奔放,似更有宋人长歌的优点,尤其是《绥草轩雨中即景用东坡清虚堂韵》和《江梅篇》等诗篇,颇入宋代苏东坡的堂奥。因此,同时代的遗民诗人董苍水曾评其诗曰:"骨坚而气疏,格铸而体炼,缜密温润似美玉之色,激扬清越如霜钟之声,思轧轧其若抽,采轩轩而霞举。阮子诗固不难上嗣汉魏,下掩齐梁也。"⑤

阮旻锡的诗以七言律诗最多,也最具唐诗的风韵。同安诗友纪许国认为诗歌"至唐而诸体始严密,然皆根于情、寓于境"⑥。情与境的交融,正是阮旻锡七律诗的最大特色。《山庵秋梵八首》是他的代表性作品之一,其开头第一首就写道:"清秋南国动波澜,永夜西风落叶残。四海难容真面目,百年空感旧衣冠。钓鳌人去蓬山杳,买骏台荒易水寒。披却袈裟尘事少,聊从壁观觅心安。"如果明白他诗中的"旧衣冠"、"钓鳌人"和"蓬山"之何所指,就不难理解作者深哀的情绪。此外,《夏日书怀(五首)》、《惆怅诗八首》以及《读陈白云诗》、《送林孝穆还梁山》等诗,都能结合作者自己的心志和所处环境,写来情真意切,荡人心胸。

风格多样化也是阮旻锡七律诗的一个特色。他有关咏怀或明志的诗篇,多半得力于盛唐杜工部的诗风,但其览胜抒情方面的作品,却体现了受到中晚唐诗歌影响的痕迹。《无题五首》和《送香女入道》揭示了寓京二十余年间,诗人索居生活的另一面,却写得婉约脱俗,略似杜牧之、李义山之作。当时的遗民诗人赵唯一评价阮旻锡的诗曰:"近体诗整洁工炼,绝雕镂之迹,至其风趣悠长,声情畅美,自可方驾古人,超越时辈。"⑦不过,还是另外一位江南诗人胡静夫的说法比较中肯,他说:"畴生先生旷代异才,其忠孝磊砢之性,灏博静深之气,形诸咏歌,摅写激宕,无不合度中节。"⑧

阮旻锡的诗用典过多,当然也是古代文人作诗共有的另一个特点。但除了少数博大精深的佛教禅宗故事之外,他常用的典故多取之于《史记》和《汉书》等典籍,并非冷僻,而且化入诗中,如行云流水,绝无半点"头巾气"。

从而可见阮旻锡驾驭文史与诗词格律的深厚功力。

《夕阳寮诗稿》从侧面反映了明清两朝易代之际，闽南文人在历史的夹缝中生存的艰辛。纵观阮旻锡一生的轨迹，作为遗民或"遗民诗僧"的时间要比他参加郑成功的抗清斗争长得多，但无论天南地北，风云谲变，郑成功和闽南故乡永远是他心中挥不去的情结。《夕阳寮诗稿》的问世，非唯为闽南地方文化和郑成功历史的研究补充新的史料，也将为海内学术界对明末遗民文化的探讨增添一项内容。

本文载于《夕阳寮诗稿》，〔明〕阮旻锡撰，何丙仲校注，厦门大学出版社，2011年4月。另选刊于《闽台文化交流》，2011年第1期，漳州师范学院闽台文化研究所编。

注释：

①据厦门图书馆陈峰先生的《厦门古代文献》所载：阮旻锡的作品有《四书测读》、《易阙疑》、《小学音韵》、《海上见闻录》二卷、《海上见闻录定本》二卷、《粤滇纪略》、《金刚经说》、《续佛法金汤》、《闻见录》、《谈道录》、《弈鉴》、《杜诗三评》、《唐人雅音集》、《唐七言律式》、《梦庵长短句》、《清源诗会篇》、《同和东坡韵诗》、《燕山纪游》、《夕阳寮文稿》、《夕阳寮诗稿》、(《夕阳寮存稿》、《涉江诗钞》)、《夕阳寮词》、《慧庵唱和》、《韵选》、《轮山诗稿》、《幔亭游稿》、《夕阳寮诗论》、《诗韵》、《啸草》、《击筑集》、《阮畴生诗》。

②阮旻锡《夕阳寮诗稿》卷十《旅怀一百韵》。

③阮旻锡《夕阳寮诗稿》卷三《大风行》。

④《明十三家诗选》二集，卷一下，引陈廷器语，转引自陈庆元《福建文学发展史》，福建教育出版社，1996年，第283页。

⑤⑦⑧〔清〕陈棨仁、龚显曾编《温陵诗纪》卷二。

⑥纪许国《〈啸草〉序》，(道光)《厦门志》卷九《艺文略》。

百年事业虽未竟，也有声名史册香
—— 林希元与《林次崖先生文集》

林希元，字茂贞，号次崖，福建泉州府同安县翔风里十三都麝圃山头村（今厦门市翔安区山头村）人，生于明成化十七年（1481年），卒于明嘉靖四十四年（1565年）。是明代后期福建朱子学主要的学者之一，地方史上著名的"理学名宦"。

林希元所处的正德、嘉靖年间，正是明代由盛到衰的转戾点，内忧外患交困之时。彼时对外是北方有少数民族俺答势力的不断骚扰，"京师为之戒严"①，东南是倭患日炽，私人海上贸易的兴起，加上大航海时代佛郎机——葡萄牙海上势力的东来。对内则是宦官掌权，朝政不修，严重腐败，兵变和农民起义有如燎原之火。在这种历史背景下，来考量林希元这样一位理学家的人生，是一项很有意义的课题。

林希元的毕生事业悉从德性学问中来，其学为有体有用之学。②他的理学思想，就贯穿在其一生的躬行实践中。先前关于林希元的研究，比较集中在理学的范畴，而且已取得硕果，但对其生平的探讨则相对不够。实际上，林希元的人生轨迹与理学思想都散见于在他所写的奏疏、书信和诗文之中。《林次崖先生文集》的校注出版，将有助于日后对这位历史人物的深入研究。

众所周知，林希元是朱熹理学的明代传人之一。朱子学从南宋到明代，历经黄幹、陈淳、真德秀等学者的传承与发展，形成一个具有尊儒家正学、重义礼，强调"格物致知"、主张哲学、政治和道德三位一体等特点的理学理论体系。稍前于林希元的晋江蔡清，是明代中后期东南一带有影响的朱子学家，"其学以'六经'为正宗，'四书'为嫡传"③，继承、捍卫和发展了朱熹的学说。蔡清的道友门生遍布闽南。同安是朱熹过化之地，朱子学历来盛行。包括蔡清在内的"温陵十子"④，就有林希元的同里人、同代人黄伟，少从蔡清的门生陈琛学易。"十子"之外，还有王宣、林福等弟子。王宣（号一瞿）是林希元的终生好友，林希元未第时，与其"独忘形投交，寄声相许"⑤。可见，林希元还在同安凤山废寺读书时，虽然无缘得到面授，但已经间接得到蔡清朱子学的熏陶与教诲。经过刻苦学习，以至正德十二年（1517年）登进士第后，遂能与同榜的陈琛、张岳一起成为弘扬朱子学的"泉州三狂"。

林希元起家陇亩，尽管当时乡人因同里进士李容因官得祸，"皆逃儒即农"，甚至"有习觅举业者，群聚訾之"⑥。但由于其父应彬公的重视，林希元非但能专心读书，还能潜心朱子学，甚至自束发读书就懂得关注国家大事，包括安南史事。

正德十二年，林希元开始步入仕途。从海滨一隅，来到南京任大理寺左评事以后，林希元的才学人品，很快就获得官绅士大夫的认同。他的交游很广，除陈琛、张岳这两位同道、同年、同乡，以及南京国子监祭酒伦以训、大理寺副钟云瑞、刑部主事郑源涣等同年京官外，先后定交的还有刑部尚书、被他称作"叔父"的林俊（字见素），户部右侍郎钟芳（号筠溪），刑部左侍郎的乡试座师刘玉（字执斋），同榜状元舒芬，右都御史吴廷举，右副都御史王大用（号檗谷），兵部郎中黄巩，尚宝司少卿姜清（号石泉）等一大批志同道合的学者官员。除一般酬酢外，他们更多的是道统和学问的切磋往来。譬如林俊，就曾以直谏震朝廷。舒芬也是一位理学家，时人称作"梓溪先生"，所著有《易问笺》、《周礼定本》、《太极绎文》等，钟芳、吴廷举等人也都有著作传世。林希元曾和舒芬谈到当下朱子理学和陆、王心学之间的争论，认为陆、王的心学和朱子的理学一样都是"金"，"今人则以铜而包金者耳，何以论金哉！"⑦由此可见，理学是他们的共同话题。

林希元任左评事的五六年间，所遇所为的要事有三：其一，是没有卷入正德十四年（1519年）的廷臣"以谏巡幸"事件。明武宗朝政不修，宦官、佞臣的势力复起，先后有王瑾、钱宁和江彬弄权，正德皇帝则到处游幸，引起了廷臣的愤慨，纷纷上疏谏阻。是年三月，正德皇帝先将为首的黄巩等六人投入诏狱，又把以舒芬为首的一百零七人连续五天罚跪在午门外，并施以廷杖，死六人。事后这批廷臣都受到处分。张岳和大理寺同僚周钦都参与此正义事件，林希元却名不列其中。其二，是嘉靖元年（1522年）应诏上奏《新政八要》，提出"君道急务"有六，一曰"务正学以隆治道"，二曰"亲正人以资辅导"，三曰"用旧臣以辅新政"，四曰"清言路以定国是"，五曰"急交修以图实效"，六曰"持久大以终盛美"；"朝廷大政"有二，一曰"息内臣机务以拔祸根"，二曰"罢内臣镇守以厚邦本"。这篇奏疏得到嘉靖皇帝的"优诏嘉纳"，旋将十三省内臣（太监）尽罢归内监。林希元一时"名动两都"，但也引起"忌者侧目"⑧。其三，是秉公办事，竟被贬官。林希元为官恪守规矩、公正不阿，却触犯了当时的官场潜规则。嘉靖二年六月，巡城御史谭鲁越权"专擅受词理刑"，反以"抗拒堂官"之罪诬告林希元。林希元既得罪上司，还受到其他廷臣的弹劾，"竟以抗拒论谪先生泗州判官"⑨。

林希元在安徽凤阳府泗州任通判为时仅半年多，主要业绩是赈灾。其间所撰《荒政丛言》，成为我国古代救荒史重要的文献之一。嘉靖初年，朝廷发生"议礼之争"。起因是明世宗朱厚熜原先是在湖北安陆的兴献王，刚即位时就碰到生父的名分问题。几番廷议，嘉靖帝朱厚熜均处于相对孤立地位。时任礼部观政的张璁、南京刑部主事桂萼等人见机行事，先后上疏阿附嘉靖帝。虽然张、桂两人被清议派讥为"曲学阿世"的小人，却开始得宠。嘉靖三年七月，有二百多位廷臣跪伏左顺门哭谏，要求抵制这两人。嘉靖大怒，竟对廷臣采取极端手段，张、桂两人则步步高升，其后相继进入内阁为首辅、宰辅。张璁在林希元尚任左评事时，就与林希元"相与甚厚，屡以大礼相援"⑩，并赠以《柬林大理茂贞》一诗。桂萼在林希元贬官离南京时，"握手言别，杀鸡为黍"，授以《荒政》之书，还赠以佳语。⑪在泗州时，张璁、桂萼"奉诏北上，又亲至泗相援"，但林希元以"既得罪，不可言大事，辞"⑫。张、桂两人与林希元所言什么"大事"，今已无从得知。不过，其后林希元家居时，在《复京中故人书》写道："使在留都能从罗峰（张璁号罗峰）之招，……使在泗州能从张、桂之招"⑬，何至如此落魄！可见林希元在义、利面前，心中泾渭分明。

嘉靖三年十月，林希元辞官回家，已无居所，只好寄寓在外家郭氏宅。"归囊方罄"，亦未敢有营居之念。其后，因泉州知府的同情，购到凤山的地，又应邀到永春修志得到报酬，才开始动工筑宅。

嘉靖六年，林希元又被起用为大理寺寺副。第二年，升任广东按察司佥事，初管盐、屯二政，继管学政。上任后，林希元便上《陈民便以答明诏疏》，"奏豁无徵盐课二万八千四百引，随查补原额，申明《盐屯条例》，更议《徵粮条例》，俱蒙圣明嘉纳，例行天下"。此外，还颁布《学政三编》，改变岭南的士风。⑭

嘉靖十年，林希元再次被调回南京，升任大理寺右寺丞。这一年桂萼去世，四年后张璁在官场角逐中失利，遂自请致仕，林希元的仕途也开始走上下坡路。任职期间，林希元所上的那篇共二十一条、二万余言的《王政附言疏》，是一部全面贯彻传统儒家"治国安邦"理念的施政纲领，也是他毕生的力作之一。嘉靖十二年，大同发生兵变，林希元先后上《急处叛军以正国法疏》、《讨叛军饬武备以弭祸乱疏》、《献愚计以制边军以御强胡疏》。随后的嘉靖十四年，辽东又发生兵变，林希元再上《辽东兵变疏》，由于陈辞慷慨激烈，得罪了时掌朝政的同榜进士夏言，"疏入，上责希元妄言，下锦衣卫，令对状，而锦衣卫指挥王佐等亦讳言囚系事，遂降希元外任"⑮。素以忧国忧民自许的林希元官场上受到了第二次挫折。

嘉靖十五年七月，林希元被贬到钦州任知州。钦州远在明朝边境，与安南交界。林希元下车伊始，即着手"陈朝廷威德，布文告、厚劝赏，以化蛮夷"，同时"立营砦、编保伍、谨斥堠、严连坐之法，立赏功之格，以防弭寇盗"。

此外，还"差官各处查量，政事之暇亦亲行丈量，计查出荒田堪为稻田者一百余顷"[16]。与此同时，还在钦州"沿乡设立社学，制训言、立条教、择明师以教诲民间子弟"，先后修建学舍、创办社学十八所。[17]时值安南莫登庸篡王夺国，朝贡不修，朝廷决计征讨。至嘉靖十六年五月，又有安南王世孙遣使来请出兵。明世宗举棋不定。林希元认为像汉代马援那样建功立业、名垂千古的机会已经到来，遂上《陈愚见赞庙谟以讨安南疏》和《走报夷情请急处兵以讨安南疏》等奏疏，积极主张出兵征讨安南。实际上由于军饷不足，加上边民贫困恐生意外，朝廷并不打算真打，只想重兵压境，迫使安南投降而已。林希元心有不舍，连续又上《定大计以御远夷疏》、《条上南征方略疏》和《又复屯田省转输以足军饷疏》等奏疏。然而，这批奏疏非但没被采纳，还让夏言、毛伯温等权臣找到借口，以"拾遗"名义罢免林希元的官，让他离开钦州。嘉靖十九年三月，再次起用林希元为"广东按察司佥事，分巡海北兼官兵备珠池"。殊不知这只是一个权宜之计：同年八月，大兵压境，十一月安南莫登庸就宣告投降。翌年论功，林希元"乃以屡议安南为异议者所忌"。甚至有"异议"者借口"莫登庸降，本当以腊月至，过期不至，疑是元阻挠。故略弹论以相警，意吏部必不便议罢黜。"不料嘉靖皇帝谕示："特与闲住"[18]。忠君爱国的林希元竟落到如此下场，时年六十一岁。

　　嘉靖二十年冬，林希元回到同安，"朋旧之来访者屡满户外，悉相慰问"，亲朋索债者也先后踵至。[19]回同安的第二年，林希元曾上疏，恳求让他官复原职，得以体面致仕。结果石沉大海。从这一年起到他去世的嘉靖四十四年，林希元就在家乡"理旧业，读残书，笔平生所见以垂不朽"。他一生主要的理学著作，如《四书存疑》、《易经存疑》等都完成于这个时期。确实做到"平生之志不得施于当时，或可见之后世"[20]。

　　林希元晚年居同安，正值倭寇最猖獗，山贼海盗、"佛郎机夷"活动最频繁的时期，加上闽南地区连年旱灾，同安之民苦不堪言。林希元多次向当道献策，俱不见用。他那一封不经意的致漳州府通判翁灿（字见愚）的书信[21]，数百年后却在学术界大放异彩。在东南沿海海禁最为严厉之时，林希元敢提出："夷狄"如果没有"侵暴我边疆，杀戮我人民，劫掠我财物"，而只是"以货物与吾民交易"，就应该"不在所禁"。何况和"佛郎机"做买卖，"其价尤平"，还帮助官军打海盗，更不应该禁绝。正是林希元一向恪守朱子理学所提倡的"实事求是"、"格物致知"，他的这一番话才引起了后世的重视。

　　林希元一生的著作共有十九种，最能体现其行藏际遇和理学理念的当属这部《林次崖先生文集》。该文集的原本乃其子林有梧抄录保存。林希元去世后，同安县令李春开倡议刊刻，由蔡献臣、刘国夏据此抄本共同校选，林希元孙辈林学奭等参与订讹、督刻，蔡献臣作序，于明万历四十年（1612年）付刻刊行。惜此初刻本今已佚。清乾隆年间，同安陈胪声得林家录本，"复转觅他本"重新"论次编录"，并请沈德潜、雷鋐作序，于乾隆十八年（1753年）[22]刊刻行世，是为诒燕堂刻本。今尚有存世之本藏于福建省图书馆、南京图书馆、辽宁省图书馆和复旦大学、山西大学、四川大学图书馆。《四库全书存目丛书》的集部别集类所收入的《同安林次崖先生文集》，系以此本影印。百十年后，诒燕堂刻本多有遗毁，难觅全帙。林希元之裔孙林森"数典不忘，四处搜检"，于庠生林书捷家中获见诒燕堂刻本，"喜出望外，思欲重梓以公诸世"[23]。逐请叶在栯共同整理，补遗勘误，于光绪二十八年（1902年）由厦门会文堂重印刊行。今藏于同安区、泉州市和福建省图书馆等处。正因为有诒燕堂刻本及其后的会文堂重刻本存世，林希元一生的诗文作品得以传承下来，使后人能够探窥其一生"躬行实践之符契"。

本文载于《林次崖先生文集》，〔明〕林希元撰，何丙仲校注，厦门大学出版社，2015年12月。

注释：

① 冯时可《俺答前志》。
② 高令印、陈其芳《福建朱子学》，福建人民出版社，1986年。
③〔明〕林俊《〈虚斋先生文集〉序》。
④（民国）《同安县志·乡贤》，"温陵十子"为朱鑑、李聪、蔡清、陈琛、张岳、林同、顾珀、吴铨、林性之、黄伟。
⑤《林次崖先生文集》卷十六《祭王一臞先生文》。
⑥《林次崖先生文集》卷十四《先府君明夫先生行状》。
⑦《林次崖先生文集》卷五《与舒国裳修撰同年书二》。
⑧⑨（万历）《泉州府志》卷十九。
⑩⑫⑬《林次崖先生文集》卷五《复京中故人书》。
⑪《林次崖先生文集》卷十五《祭桂见山少傅文》。
⑭《林次崖先生文集》卷四《谢恩明节疏》。
⑮《明通鉴》卷五十六。
⑯《林次崖先生文集》卷三《陈愚见以图补报疏》。
⑰《林次崖先生文集》卷十《钦州十八社学记》。
⑱《林次崖先生文集》卷六《安南功成乞查功补罪以全臣节揭帖》。
⑲《林次崖先生文集》卷十八《亲朋索债无偿姑书此应之》。
⑳《林次崖先生文集》卷十六《辛丑至家祭告先人文》。

㉑《林次崖先生文集》卷六《与翁见愚别驾书》。

㉒陈峰《厦门古代文献》一书,诒燕堂刻本的刊刻年代笔误为"光绪二十八年(1902年)",借此更正。

㉓〔清〕叶在枟《重刻次崖林先生文集序》。

马革倘能归故里，招魂应向日南州
——易顺鼎反割台始末

　　1895年清政府割让台湾，全国震惊。举国上下，群情愤激，反割台斗争迅速掀起。形成规模空前的爱国救亡运动。台湾人民的反割台斗争怒潮汹涌，海峡对岸的反和约反割台也奔腾澎湃。从4月17日马关条约签订到5月8日烟台换约，先后有在京的各省举人3000余人次上书38件次。易顺鼎算是其中比较独特的一个知识分子。他不仅在割台前后上书呼吁抗战，还投身军营，建议抗日，并筹款两次赴台鼓励和协助台湾民众坚持反割台和抗日斗争。易顺鼎反割台始末清晰透视了清末知识分子在救亡图存中的复杂心态和无法挽回失败的必然结局。

一、上书反割台

　　易顺鼎（1858～1920年），字实甫（硕甫、实父、石甫），少年时自号眉伽，中年后号哭盒（哭庵、哭厂），湖南龙阳（今汉寿）人。"初为神童，为才子，继为酒人，为游侠，少年为名士，为经生，为学人，为贵官，为隐士。"①反割台促使他投身幕僚，由学人转为贵官，但救亡不成后成为隐士，此段经历对其一生影响巨大。

　　1894年夏，甲午战争爆发。易顺鼎激于爱国义愤，也出于建功扬名的希冀，"墨经从戎"。当时两江总督刘坤一奉旨以钦差大臣守山海关，招他入佐军幕。他先北上诣阙，上书《条陈时事疏》，②倡言"今日之要义，一在有战无和，一在先罚后赏"。他首先提出割地不可行：从道理上讲：割让祖先之地不孝，违背了祖先不割地的遗训，不能坐忍自己百姓化为外夷。从利害上讲：台湾属"南洋之门户"不可割，一旦割地，列强得寸进尺；割地导致军队士气散尽，再凝聚不易；赔巨款，从何处搜刮？辽东一割让，东三省将殆尽；台民忠君，割台导致"必无可固之民"。接着献计二策：移行都，用宿将。若采纳此建议，下一步就是军民一心，对日一战，并上奏"筹战事六条"：加兵饷，用地沟法，攻敌老巢，制贼势，联外援，绝向患。易顺鼎的上书有理有据，有计可施。对于清末缺乏近现代装备，无良将指挥和视北京为天朝命脉的中央政府给予了直接的批评。可惜这份奏议未能上报到光绪皇帝。此建议因没有引起足够的重视或者说太过于理想化而无法实施，最后不了了之。

1895年易顺鼎闻马关条约签订，立即赴京，上书《请罢和议褫权奸疏》，③重申《条陈时事疏》，力陈"丑虏跳梁，不宜迁就；权奸误国，不可姑容。""是李鸿章卖国之术与其误国之心，较崇厚尤为加倍……照崇厚例将李鸿章拏问治罪，并撤同李经方革职严办。"疏中公然责问："辽东者，北洋之藩篱；台湾者，南洋之门户"，割让辽、台，赔巨款，"坐使赤县神州，自我沦为异域"，"海域苍生，自我而化为他族，皇太后、皇上将如天下百姓何"？并指出，"各国狡焉思逞之计，贪得无厌"，今日纳虎室中，则各国"他时欲壑，恐更甚于今"，"中国将来必无可存之地"；"以斯民有尽之脂膏，填彼族无穷之溪壑"，"中国将来必无可筹之饷"，如此则"兆姓寒心，四方解体"，"中国将来必无可固之民"。虽然明斥李鸿章，却暗含对慈禧的指责。此疏当时引起不少震动，如同当时其他知识分子的上书一样，奏疏不会起到实质效果：挽回台湾被割让的颓势。作为爱国的热血男儿，易顺鼎请求被派往台湾，为台湾人民的抗日尽微薄之力。

二、 投身反割台

虽有公车上书，北京的形势依旧往恶化方向发展。易顺鼎北上山海关，投身军营，请求刘坤一以"侦探情形"之名派往台湾。当时刘坤一向唐景崧介绍："非常之事，非常人为之。况势处万难，而理归一是。天心助顺，必有成功。欲达成功，另遣介使。"④光绪二十一年（1895年）五月初七，易顺鼎保留原职薪，去台湾劝"唐景崧委任贤将、商结外援，当生死以之，勿进退失据"。五月初九至二十六日，易顺鼎从山海关启程到厦门期间，台湾人民反割台失利的消息不断传来。等他五月二十八日从厦门乘英轮"爹利士"渡台时，只有刘永福在台南苦撑。五月三十日与刘永福会面，对其坚持反割台充满尊敬，认为他"沈毅有度"。易顺鼎的援助对严重缺乏军饷的刘永福军队无疑是雪中送炭。刘最初请易"权理台湾道篆"。因前方连连告急，"所部多新集溃卒，无饷械，连日黎（台湾知府黎景嵩）飞书告急求援，见余欲往，意甚欣然⑤"。易顺鼎不接受道篆，希望直接到前线。刘永福因易顺鼎的到来，决定亲自率领军队前去剿敌，并"拔镇海中军副营、福军先锋左营、道标卫队营兵三营先归统率"。但到前线才发现"台南数十营只有一月之饷，一月之后即不可问矣"。易顺鼎见此状况，"欲余为筹饷而不欲为余治兵。余乃变计，请往南京、闽粤见湘帅、润帅。为伊作秦庭之哭"。刘大喜，借易顺鼎的援助，在前线先发三营军饷，鼓足士气："计三营月饷共需七八千金，刘先允发万金，请余到台中就地劝捐，自行筹给。"⑥光绪二十一年（1895年）闰五月初七日，易顺鼎与刘永福歃血共同抗日："台南文武百余人并集，歃血同盟，刘与余为首。"⑦此时，驻厦门办理台湾转运局务要员、前台湾府知府蔡嘉谷寄到消息说，英俄法三国还辽中提到刘永福，问"黑旗尚在？究竟能支持两月否"？⑧并希望能随时报告军情。这样，易顺鼎第一次赴台，解刘永福军饷之急。因易为朝廷官员，对黑旗军心的鼓励较之唐、邱内渡的混乱形成鲜明的对比。此时无论易还是台南军民都对反割台充满了信心。

闰五月十一日易顺鼎乘"爹利士"返回厦门。随后去上海、南京筹集军饷。满腔热情的易顺鼎面对曾经支持反割台的湘帅张之洞却是"子不闻有人弹劾南洋接济台湾、阻扰和局乎？不闻有旨查禁海乎？……现在和约既定，而台民不服，据为岛国，自己无从过问"。⑨此情况对易顺鼎无疑当头一棒。他并不死心，六月初一拜见张之洞并详细汇报了台南战事。张沉默以待，只是挽留易而不采取任何措施。易顺鼎居住数日，继续苦劝张之洞接济台湾。张无法只得告易实情："此时无救台法；刘（刘永福）当奋力自为，不必拘文牵义。台湾已非中国地，刘若能割据此土为中国作屏藩，胜于倭人万倍……成则为郑延平，不成则为田横耳。"⑩不能得到军饷，易顺鼎决定取义成仁："因请湘帅召刘内渡而以余代之，谓刘望湘帅保全，而余甘趋鼎镬，不望保全，刘需湘帅接济，而余但假斧柯，不需接济。台湾为中国度外之地，余为中国度外之人，人地相宜，位置莫妙如此。"但张之洞"终不言接济，亦不言不接济；不教余往台南，亦不教余不往台南"。⑪至此，易顺鼎返回大陆从湘帅筹集军饷到台南与刘永福共同反割台的壮志，在现实面前一点点被击碎。

见湘帅筹饷无功，易顺鼎六月二十八日拜见对台湾之事一直关心的谭敬帅（谭钟麟）。谭与文帅刘坤一商议，对于刘永福的处境，认为"似此刘镇若去，台民必失依倚；而中国四百兆之人望，亦恐因之尽失"。⑫但刘坤一表明"电旨不准接济台湾勇饷、军械，安敢不遵"。⑬事已至此，再接济台南既违反朝廷旨意，区区军饷对台南的刘永福军队也是无济于事。得不到湘、文帅的支持，只有"桂、恽请观察公筹义款万余两拨台"。⑭

七月二十六日，易顺鼎第二次乘"爹利士"，次日到达台南。台南形势已大不如前："台中失陷，知府黎景嵩弃城，李惟义不知所往，吴汤兴战死；……""台南各处防军尚有六十营，大约皆畸零散布，漫无统纪。每月需饷十一二万两，所入则海关、盐局、厘局各项，每月不过四五万两"。⑮而士绅内渡，大去人心，军纪涣散。易建议刘永福裁冗兵，准备旷日持久，劝刘亲往前线以图进取，以免耽误战机。但刘永福仍劝易"理道篆"。易见劝刘永福不效，八月初三日，"周、黄由台北至……余欲留使助刘，两君皆不愿"。⑯易忧心如焚，去台中府劝说知府黎景嵩同刘一同坚守台湾，但这些官员反而都劝说易尽快内渡。易面对台南军心涣散,军饷匮乏,台中官员纷纷弃职内渡,再坚持下去亦毫无用处,只得于八月初六日乘船回厦门。第二次赴台,大陆支援不力,台湾形势更加不利,决定易顺鼎赴台救援未果的必然性。

易顺鼎并没有完全放弃救援台湾,仍旧为其奔走呼号。他曾请求刘坤一军饷支持不行,现在"电禀岘帅,恳借撤防湘军十营……请令南洋兵舰游历粤闽台厦,以图牵制而壮声威"。又求助曾经筹集义款的敬帅:"请拨借淮饷二万两。"[17]易顺鼎不屈不挠的援台让内渡厦门的台湾士绅萌生些许希望。八月十三日,台湾士绅联名禀请他为"台湾民主国副总统",奉上刻印"台湾民主国副伯里玺天德之章"。台湾因有易的支持而传来消息:"粒翁(陈昌崶,易顺鼎的外舅)到台南来信,言刘允亲督前敌,粒翁代为居守;闻有'南洋接济'之旨,众志益坚。"[18]易顺鼎受到鼓励,奔走于湘淮几大军营之中,准备第三次援台。八月十五日,易连接到张之洞三电,称"台事,奉旨不准过问;济台饷械,更迭奉严旨查禁。此时台断难救;且事不能密,万一露泄,徒碍大局,朝廷必然震怒。……""接济台湾纯属谣传",令他速离厦门,勿管台事。[19]易顺鼎的高龄父亲为了劝阻他,出门寻子。九月初,刘永福败回厦门,易顺鼎援台的希望才彻底破灭。

三、反思反割台

易顺鼎两度赴台为反割台奔走,最终无功而返。纵观其援台始末,通过他与大陆官员和台湾军事指挥刘永福的接触,反而能较清楚看出反割台失败的原因。与台湾防务刘永福的接触,他总结,"台北之失,由于唐署抚挟持无具,信任非人。全台精华本聚台北,加以南洋为之接济,以百万之饷、数万之兵,城高池深,器械精利;一闻敌至,委而去之。又复调度乖方,措置失当。"[20]对反割台的失败,唐景崧负有不可推卸的责任。谈及唐景崧与刘永福的关系:"余窃疑唐与刘同在台湾而唐电无一字及刘,殊不可解,恐两人不甚相洽。"[21]"不幸言中矣。"而唐景崧拒绝采纳刘永福主张重点防务台北的建议,易顺鼎也做了中肯的评价:"余考刘之功名实成于唐,唐之功名亦成于刘。刘一介武夫,事唐甚谨;唐则疑刘有异志,颇相猜忌,不肯假以事权。刘之声威著于天下,尤为外夷所畏。唐欲举大事,正宜引为臂助,乃不能推心置腹,以致如此。有一良将不能用。而所用将佐专择逢迎巧滑、贪鄙嗜利之小人,欲不败其可得乎?"[22]对于台南之失,他归结为两点,一是"外援尽绝",这也是易顺鼎在整个反割台斗争中一直担任筹集外援重任的原因。二是"刘因循观望,专诿外援,隐曲阿私,不修内政所致"。[23]这点恰恰与易顺鼎第二次赴台建议刘永福裁军、亲自督战前线勿失战机相吻合,也是反割台斗争失败的另一个重要原因。其三,台湾官绅内渡,扰乱军心,军民不能团结一致,导致日本攻占台湾加速。"唐举事时早办一走,密电权贵有'但求脱身,束藁归罪'之词。"其后提到官至二品的林维源、林朝栋、杨汝翼、邱逢甲等纷纷内渡,台中、安平的黎景嵩、忠满相机内渡。㉔易顺鼎总结时认为,如果没有以上情况发生,"若能集兵力,得将才,结民心,通饷运,缴矢之幸,未尝不可收复保全"。㉕

易顺鼎反割台始末,一方面透视出台湾与大陆绅民为反对台湾被割让过程中所凝聚的中华民族视领土为主权的强烈民族情怀,另一方面折射出知识分子在民族危机到来的时候无力挽回败局的复杂心态。甲午战争战败之际,知识分子首先上书要求救亡图存。易顺鼎二次上书,矛头直接指向当事人李鸿章,含沙射影慈禧,已经较为清楚地认识到当时的形势。但知识分子的秉笔直书对当权者而言却是扰乱民心的异类,或者不予理会,或者革除儒生头衔。这个时候的知识分子虽然尽到倡导民心的职责,却无法投身前线,指挥兵马。但投笔从戎却是这个时候知识分子激情爱国的豪情选择和最高境界。易顺鼎投靠刘坤一作为军中幕僚,请赴台救援,所以他能够在援台中辞职不受,愿意解决急缺的军饷问题作秦庭之哭,应该是当时能发挥最大作用的明智选择。然而,激情太盛,理智不足,所以前期,因为张之洞、刘坤一支持反割台,他能够顺利赴台,并以大陆官员代表激励军心。第二次赴台,条约已签订,换约结束,他游说张之洞时,只能以知识分子的爱国热情感动张,无法从当时官场中获得援台的充分依据。张之洞作为早期提出保台的官员,对此时的易顺鼎仅仅"称奇情壮彩者久之"。㉖尔后游说的谭帅也只能嘉许他"公助饷资其撤勇,度外之举,非常之略,超越时贤"。这些具有爱国之心的官员也只能筹饷一万余两,对台湾而言简直是杯水车薪。因而知识分子与官员交往,无法洞窥管道,纵有报国之心,又奈之如何?于军队而言,易顺鼎两次赴台,刘永福都推他"理道篆",他婉言拒绝。第一次赴台,他选择筹集军饷,刘永福大喜。易顺鼎尽管提出若干建议,对于他能否带领军队作战也无从检验。第二次赴台,见到奄奄一息的台南,易顺鼎的建议,刘永福已经漠然置之。所以于军而言,易顺鼎也无法找到确切的位置而真正投笔从戎。对此,他反思到:"台北之失,余不与闻;台南之失,余亦无可告罪。惟台中之失,则余颇悔且恨焉!当刘发万金、拔三营请余往援时,台中事尚未棘、险尚未失。余若不顾利害,不计生死、不畏艰险,毅然前往布置一切,联络各军,号召全台,纵无伟略奇策,亦必不至遇敌即逃……"㉗倘如此,他与刘永福的浴血同盟将更为完美。

然而,我们认为,易顺鼎投身军营不能熟谙其道,为军中领导怯于亲率军队,他只能以知识分子的报国豪情而奋力力争分内之事。他虽然上书直接指向慈禧,但始终无法认识到日本侵占中华是根本,清政府的腐败是亡国的根源。李鸿章作为政府幕僚,也有不愿意割台而不得已为之的一面,但却成为知识分子攻击的靶子。我们不能苛求一个知识分子的完美,但易顺鼎作为反割台中的知识分子的报国之志和报国之举,较之其他只说不做的知识分子已经近于完美了,成为几种经历集于一生的清末知识分子在民族危亡之际的一个典型。易顺鼎反割台始末的复杂心态和壮志未酬,他在《魂南集》中的诗句"马革倘能归故里,招魂应向日南州"应是最恰当的体现。此外,他1895年同粒翁等在厦门南普陀寺后留下的篆书题刻,亦是充分表达他心迹的见证,文曰:"光绪乙未九日,蜀人岳嗣佺尧仙、楚人易顺鼎实父、陈昌昱粒唐同游。时天风吹衣,海波如镜。感珠崖之新失,闻玉门之被遮。匡衡之疏无功,弦高之志未竟。颒仰徘徊,百端交集。题此以志岁月。"㉘

本文与徐翠红合写,载于《台湾建省与抗日战争研究——纪念抗日胜利60周年暨台湾建省120周年学术研讨会论文集》,福建省炎黄文化研究会、厦门市政协、厦门市炎黄文化研究会编,鹭江出版社,2008年7月。

注释:

①易顺鼎著,王飚校点《琴志接诗集》(上),上海古籍出版社,2004年,第2页。

②易顺鼎《魂南记》附录一《易氏呈都察院条陈时务文》,台湾文献丛刊第212种,台湾大通书局。

③易顺鼎《魂南记》附录一《易氏星都察院条陈时务文》,台湾文献丛刊第212种,台湾大通书局。

④易顺鼎《魂南记》,台湾文献丛刊第212种,台湾大通书局,第1页。

⑤易顺鼎《魂南记》,台湾文献丛刊第212种,台湾大通书局,第7页。

⑥易顺鼎《魂南记》,台湾文献丛刊第212种,台湾大通书局,第8页。

⑦易顺鼎《魂南记》,台湾文献丛刊第212种,台湾大通书局,第9页。

⑧易顺鼎《魂南记》,台湾文献丛刊第212种,台湾大通书局,第8页。

⑨易顺鼎《魂南记》,台湾文献丛刊第212种,台湾大通书局,第11页。

⑩易顺鼎《魂南记》,台湾文献丛刊第212种,台湾大通书局,第12页。

⑪易顺鼎《魂南记》,台湾文献丛刊第212种,台湾大通书局,第13页。

⑫易顺鼎《魂南记》,台湾文献丛刊第212种,台湾大通书局,第14页。

⑬易顺鼎《魂南记》,台湾文献丛刊第212种,台湾大通书局,第14页。

⑭易顺鼎《魂南记》,台湾文献丛刊第212种,台湾天通书局,第15页。

⑮易顺鼎《魂南记》,台湾文献丛刊第212种,台湾大通书局,第15、16页。

⑯易顺鼎《魂南记》,台湾文献丛刊第212种,台湾大通书局,第17页。

⑰易顺鼎《魂南记》，台湾文献丛刊第212种，台湾大通书局，第19页。
⑱易顺鼎《魂南记》，台湾文献丛刊第212种，台湾大通书局，第21页。
⑲易顺鼎《盾墨拾余》卷四；杨家骆主编《中国近代史文献汇编》第六册，台北开文书局印行，1973年，第439～440页。
⑳易顺鼎《魂南记》，台湾文献丛刊第212种，台湾大通书局，第25页。
㉑易顺鼎《魂南记》，台湾文献丛刊第212种，台湾大通书局，第9页。
㉒转引季云飞：《1895年台湾军民反割台军事斗争失败原因探析》，载《江海学刊》1998年第1期。
㉓易顺鼎《魂南记》，台湾文献丛刊第212种，台湾大通书局，第26页。
㉔易顺鼎《魂南记》，台湾文献丛刊第212种，台湾大通书局，第25页。
㉕易顺鼎《魂南记》，台湾文献丛刊第212种，台湾大通书局，第26页。
㉖易顺鼎《魂南记》，台湾文献丛刊第212种，台湾大通书局，第12页。
㉗易顺鼎《魂南记》，台湾文献丛刊第212种，台湾大通书局，第26页。
㉘《清·南普陀寺易顺鼎等题名石刻》，载何丙仲编纂《厦门碑志汇编》，中国广播电视出版社，2004年版，第645页。

有关郑成功若干文物的考释

郑成功是两岸炎黄子孙共同敬仰的民族英雄,更被誉为十六七世纪在远东海域敢于与西方扩张势力角逐海权的中国第一人。有关郑成功的文物,历来为闽台两地最为重要的文化内容。福建的南安、厦门以及台湾的台南都有郑成功留下的不少遗址,后世在以上这些地方所建造的祠堂和纪念馆,也都收藏着一些与其相关的珍贵文物。

今年是郑成功收复台湾三百五十周年,海峡两岸都在准备各种形式的纪念活动。重新检示一下有关郑成功的文物,也是一件很有意义的事。此前,如《郑成功弈棋图》(原件藏国家博物馆)、郑氏部属周鹤芝的"平夷将军印"、"监国鲁五年"款铜炮、郑军藤盔、郑军藤牌,以及《皇明钦赐祭葬太师彦千郑公暨弟太傅涛千公墓志铭》、郑氏东宁总制陈永华墓出土瓷质对章等,经多次鉴定已定为各级馆藏文物。今有部分文物,尚有必要进一步进行探究。

厦门郑成功纪念馆珍藏三幅明末工笔设色的人物行乐图,乃征集于现居北京的郑成功第三个儿子郑聪的后代。据介绍,这三件文物系康熙二十三年(1684年)台湾郑氏归顺清朝时,随郑氏家族被召入京而保存至今。其中有一幅画被定名为郑成功《台湾行乐图》,刊载于《郑成功史迹图录》。[①]

该图系绢本,画心高123公分,宽47.6公分。除原裱的包首题有"台湾行乐图"五个字外,画面上别无任何款跋、钤章。其中段画两

郑经《台湾行乐图》(原为郑成功《台湾行乐图》)

人比肩并立，左者头戴黑色进贤冠，身穿蓝色交领大袖袍，着赭色便履。其面貌清癯，颧骨较高，唇上及颔下有须，年纪约四十岁左右，显系画中的主者。右者稍矮，但较壮实，进贤冠及交领大袖袍均为皂色，左手持纨扇一柄，年纪相当，神态萧然。画幅上段为松林，有一便服老者与一身穿浅蓝色直裰的少年席地对弈。下段则为一小僮携食榼、卷轴过桥而来。画面呼应有致，一派超然物外的景象。

画中为主者因为有须，而且与《弈棋图》中那位郑成功的形象颇为相似。但我认为他并不是郑成功。

众所周知，郑成功于1661年农历三月二十三日（4月21日）率师东征，经过九个月艰巨的驱荷战争，终于打败荷兰侵略者，收复了台湾。紧接着郑成功又颁布屯垦政策，开始对台湾的开发。翌年的五月初八日（6月23日）不幸积劳成疾，英年早逝。郑成功在台的一年多时间，不要说他缺乏"行乐"的时间和雅兴，就当时的台湾也不具备让他休闲的条件。因此，这幅《行乐图》中的主人翁决不可能是郑成功。既然郑氏后裔将其作为祖先肖像带到北京保存，画中人物不是郑成功，又是哪位先人呢？

我认为这位在台湾"行乐"的郑氏老祖宗即郑经。郑成功去世后，郑经被立为嗣，封世子。其后郑经亦自称"世藩"、"嗣王"，在台湾的所有行事均恪遵明朝的旧制。《明史·舆服志·二》载："郡王长子、夫人……大衫深青（即蓝色），纻丝，金绣"。虽然它不是正规的肖像画，无法判断其所戴发冠的区别，但从其服装颜色以及年龄和排列位置来看，这位画中为主的人物必是郑经无疑。

如此看来，松下与老者对弈的少年则是郑经的螟蛉子郑克𡒉。郑经最为依仗的文官为陈永华和冯锡范，武将为刘国轩。康熙十二年至十九年（1673～1680年）"三藩之乱"期间，郑经几乎

郑聪像（原定名郑经像）

都率部在闽南一带征战。冯、刘两文武随其麾下，总制陈永华留守台湾。据江日升《台湾外纪》所载，康熙十九年（1680年）三月，郑经退守台湾，遂不预政事，开始在洲仔尾择地建造园亭，"移诸嬖幸于内，放纵于花酒"，还经常与冯、刘等"文士武将，围射酣乐，继夜而散"。一切政务则交给长子郑克㙖，让他"监国秉政"。郑克㙖系郑经抱养的长子，时与郑成功夫人"作婆孙十八载"，而且是陈永华的东床快婿。而郑经的嫡子郑克塽正是冯锡范的女婿，时年甫十二。郑军回台以后，初时陈永华"把握重权"，引起冯锡范的忌恨，遂以计让陈永华主动"退居无事"，为康熙二十年正月郑经死后那场残酷的夺嗣之争埋下了祸根。

"行乐图"所描绘的就是这样一个历史场景：与郑经并肩而立的即冯锡范，时任侍卫，掌管全台的政务。而在松下与郑克㙖对弈的老者就是那位被解除权力的陈永华，时已为庶民，一袭褐色褴衫，无冠，亦符合《明史·舆服志》士庶的服饰规制。

从画面上人物的服装以及松林、杂树等点缀景物，结合史料记载，该《行乐图》作画的时间当在康熙十九年之秋。作画技法仍然保持工笔人物画的传统，但脸部的造型显然已接受明末曾鲸（波臣）淡彩墨层层渲染那种新画法的影响。它和著名的《郑成功弈棋图》都可以称作是台湾历史上最早的国画作品。

与《台湾行乐图》同一批入藏的还有其他两幅带有"行乐"性质的肖像画，也都无款识题跋。这两幅画皆以一个人物为主，配以两名僮仆。画中人物的形象略似《台湾行乐图》中的郑经，其服饰的样式和颜色也几乎一样。所不同的是一与郑经年龄相近，一较年轻，皆无须髯。于是定名者未经认真解读，将其中那位年龄较大者定为郑经，年少者则定为郑克塽，郑氏三代祖宗于是乎配齐。实际上，《台湾行乐图》所绘的主人翁并非郑成功而是郑经，那么与其容貌、年

郑经之弟像（原定名郑克塽像）

龄相近而无须的这一位，极有可能就是郑经的二弟郑聪。这批画就保存在郑聪后裔的家中。据《台湾外纪》等史料记载，郑聪认为郑克㙡"非郑氏血脉"，在郑经死后积极配合冯锡范、刘国轩等人匡扶郑克塽嗣位，并杀死郑克㙡，事后受封辅政公，领护卫。另一位年少者更非郑克塽。盖康熙二十年郑克塽"时年十二岁"，尚未弱冠，与画中的形象相去甚远。比较可能的是郑经其他几个弟弟，如三弟郑明或五弟郑智，他们也是匡扶郑克塽的积极参与者，事后这两人均受封为左、右武骧将军。至于这两幅肖像画的主角是谁，还可以相榷，但《台湾行乐图》画的是郑经，是合乎史料记载的。

本文载于《东方收藏》2012年第5期，总第32期，东方收藏杂志社。此为其中一节。

注释：
① 《郑成功史迹图录》，厦门市郑成功纪念馆编，文物出版社，2004年。

陈永华"憩园"闲章考释

台湾开发史重要人物陈永华（1634～1680年），字复甫，福建同安人。他的墓位于厦门市灌口镇下店墟西北的小山上。明末郑成功据金门、厦门两岛抗清时，陈永华因有"经济之才"被举为参军，有"卧龙"之誉（连横《台湾通史》卷二十九）。1662年，追随郑成功驱荷复台之后，历任勇卫、"留守东宁总制使"，在岛上大力推行屯垦政策，"训农讲武，招商兴学"（李光地《榕村续语录》卷八），对台湾社会经济的发展影响至大。1680年病逝，与夫人"合葬于天兴州赤山堡大潭山（按：今属台湾嘉义县），清人得台后，归葬同安"（《台湾通史》）。灌口镇原属同安县，今一并划归厦门市管辖。陈永华在灌口的这处墓葬遗址原无封树，1952年被盗。嗣后在清理过程中，从出土少量的文物中发现有印章三枚，其中两枚为分别镌刻"永华"（朱文）和"复甫"（白文）的瓷质对印，因而可以确定该墓葬为陈永华的迁葬墓。另一枚是印纽为一匹卧马的水晶质印章，印边长5.10厘米，宽2.50厘米，通高5.80厘米。

厦门灌口陈永华墓出土水晶印章

这枚水晶印章印文共篆书朱文两字。1962年厦门大学郑成功历史调查研究小组所编《郑成功史迹调查》（福建人民出版社1962年）初步考释为"厩鈴"。同年，郭沫若先生参观厦门市郑成功纪念馆时认为应是"厩珍"二字。近年有人解释作"厩园"（《厦门晚报》1998年12月23日第三版），认为可能是陈永华的别号或斋

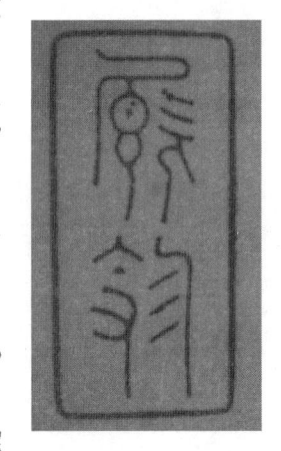

陈永华墓出土水晶印章印文

室名称。最新出版的《厦门市文物志》(厦门市文物管理委员会、厦门市文化局编，文物出版社出版，2003年）辄定名为"厩铃"，疑为陈氏自谦之词。多年来因诸家看法不一致，从而影响了对这件珍贵文物的鉴定工作。

这方印章属于闲章，其印文上端一字■，部首为"■"，即"尸"，而非"厂"，故此字与"厩"字无涉。部首下的■字，即《说文解字》释为"既"的篆书，下注："小食也。从■，无声。"高明的《古文字类编》也作同样解释。

元代杨桓所著《书学正韵》（见《四库全书存目丛书》）（卷二十二的"十二·祭——黠·三"有■字，杨桓注为"或从尸，既声"，即隶书"■"字，与"偈、憩、偈、揭、塌、瓶、■、揭、藕、■、■"等同属"黠·三"条。该书的"憩"字下注曰"或从舌，从息"，显然与"厩"字古音韵母相同而意思各异，但这两个字至迟在清初已被认为是相通的。例如《康熙字典》"尸"部的"厩"字就有注曰："《广韵》、《集韵》：并去例切，音憩。"《玉篇》：'心息也。今为憩。'"因此，"■"可考释作"憩"。下端的"■"字，清初的《六书通》的卷三可查到此字，该书举《王庶子碑》和古文相考证，释为"园"字，注曰："所以树果也。羽、元切。"右边部首"■"字，《说文解字》解释为"州里所建旗，象其柄。"是以陈永华这枚闲章的印文当为"憩园"二字。

陈永华何以用"憩园"二字入印？日本内阁文库现藏有《东壁楼集》一部，孤本。近年经台湾学者考证系郑成功之子郑经在台湾时所著的诗集，共八卷，存各体诗444首。其卷四即有《游陈复甫憩园》七律一首："憩园桃李映杯春，满地残红浑绣茵。翠竹芳林开曲径，碧流孤棹动高旻。轻烟冉冉浮江际，飞鸟翩翩闹水滨。醉后归来将坠马，霏霏细雨将车尘。"卷八也有题为《游憩园》的七绝一首："主人小筑出江滨，我醉落花铺作茵。日暮归来明月引，满衣犹自带芳尘。"从而可知憩园在台湾，乃陈永华的居家园邸。以斋室园邸的名称入印，历来文士有此传统，陈永华也不例外。

"憩园"一印刻制于台湾，作者未详。从其分红计白的功力和清丽俊逸的线条来看，这件作品确实颇具艺术造诣。

本文载于《福建文博》，2004年第三期。

《陈忠愍公遗像诗卷》研究

陈化成，字业章，号莲峰，福建省同安县（现为厦门市同安区）人，是我国近代史著名的抗英将领。陈氏行伍出身，累官至福建水师提督、江南提督。清道光二十二年五月初八日（1842年6月16日），陈化成在长江口的吴淞炮台率师抗击英国侵略者的战斗中，不幸以身殉国。卒后"丹旐所过，江南士民排巷祭，为位哭者数十百万人"①，朝廷也为之震悼，除钦赐祭葬、厚恤后裔外，还赐谥"忠愍"，并在其殉难处及故乡厦门建祠纪念。陈化成牺牲后，吴淞的东、西两炮台先后陷落。"越十日，殓于嘉定"②。嘉定县县令练廷璜请画家程庭鹭为绘遗像，并有与陈化成有关的人物或名人在其后手书题咏作记，纪念和歌颂这位民族英雄。

厦门市图书馆收藏一幅《陈忠愍公遗像诗卷》，由一幅绢本画像和十五幅高度一致而宽幅不一的题诗题记作品装裱成手卷，总宽幅17.30米，高0.36米。题诗题记作品有44篇（段）；写作时间有年款可查者最早从道光癸卯（1843年）开始，至迟为同治癸亥（1863年）；作者（含题观款者）共49人，遍及吴门（苏州）、津门（天津）、厦门、霞漳（今漳州）等地。据已故厦门图书馆馆长李禧在引首之前的短跋介绍：该手卷于1955年归藏时曾经重裱。品相基本完好。

一

为介绍该文物的现状，今将卷中各作品的形式、书体以及所题年款和作题地点，按原顺序由右至左登录如下：

第一幅：纸本，83cm×33cm。练廷璜行书引首"陈忠愍公遗像"六字，年款：无，钤印："笠人"（朱文），作题地点：无。

第二幅：绢本，69cm×32cm。画像，无款，作画地点：无。扬州阮元署"伯元"款的行草观款题记，年款：道光二十八年（1848年），钤印："太傅"（朱文），作题地点：无。山阴杨夫渠小篆题"陈忠愍公遗像"，年款：无，钤印："夫渠"（白文），"莲卿"（朱文），作题地点：无。同里苏廷玉行书题记，年款：道光癸卯（1843年）五月，钤印："鳌石"（朱文），"西川节度"（朱文），作题地点：吴中。

第三幅：绢本，8.5cm×30.5cm。行书观款题记："上元梅曾亮、邵阳魏源、临桂朱琦、侯官林昌彝、仁和邵懿辰、代州冯志沂、马平王锡振集来鹤山房同观，书名卷中，以志敬仰之意。锡振题。"年款：道光二十五年（1845年）五月九日，钤印："来鹤山房"（朱白文），作题地点：来鹤山房。铁岭龙秀敬瞻观款，年款：丙午年（1846年）春三月，钤印：不清楚，作题地点：霞漳试院雨化堂。

第四幅：纸本，70cm×30.5cm。苏廷玉行书七古诗一首，题款："道光壬寅（1842年）嘉平三日"，钤印："臣廷玉印"（白文），"鳌石"（朱文），作题地点：吴新桥巷意园。

第五幅：纸本，8.5cm×30.5cm。福州杨庆琛楷书五律诗一首，年款："道光甲辰（1844年）七月旬有九日"，钤印："臣庆琛印"（白文），"又字雪菽"（朱文），作题地点：无。

第六幅：纸本，151.3cm×35.5cm。练廷璜行书五古诗一首并序，年款：无，钤印："廷璜私印"（白文），"练氏立人"（朱文），作题地点：无。张际亮楷书七古诗一首，年款：无纪年十二月，钤印："际亮"（白文），"亨甫"（朱文），作题地点：无。梁章钜行书五古一篇，年款：道光癸卯（1843年），钤印："退庵"（朱文），作题地点：无。

第七幅：纸本，92cm×35cm。董国华行书题像赞并序，年款：无，钤印："国华"，"琴涵"（均白文），作题地点：无。

第八幅：纸本，39cm×35cm。陈偕灿行书五律诗二首，年款：无，钤印："少香"（朱文），作题地点：无。齐学裘楷书七古诗一首，年款：无，钤印："建成毓记"（朱文），作题地点：无。

第九幅：纸本，41cm×35.8cm。陈庆镛行书七古诗一首，年款：无，钤印："庆镛"（白文），一朱文印不清，作题地点：无。

第十幅：纸本，179cm×35cm。刘崇庆楷书七古诗一首，年款：无，钤印："铁岭诗草"（白文），作题地点：无。闽县陈濬行书七绝诗二首，年款："丁未（1847年）仲秋下浣"，钤印："陈濬之印"（白文），作题地点：无。古携李沈维鐈行书五古诗一首，年款："道光乙巳（1845年）三月"，钤印："沈维鐈印"（白文），"鼎甫"（朱文），作题地点：无。大兴李嘉端楷书七律诗四首，年款："乙巳（1845年）十有二月"，钤印："亭烟"（起首章，白文），"李"（朱文），"嘉瑞"（白文），作题地点：无。侯官林廷禧楷书五律诗二首，年款："乙巳（1845年）五月"，钤印："林氏仲子"（白文），"廷禧之印"（朱文），作题地点：无。宁都彭玉雯行书词"百字令"一阕，年款："道光乙巳

(1845年)大暑后三日",钤印:"玉雯"(白文),"云墀"(朱文),作题地点:无。

第十一幅:纸本,60.5cm×36cm。苍梧李百龄楷书七古诗一首,年款:"道光乙巳(1845年)长夏",钤印:"李百龄印"(白文),"仁山"(朱文),作题地点:无。陈耀庚楷书七律诗一首,年款:无,钤印:"耀庚"(朱白文),作题地点:无。彭蕴章行书词"箜篌引"一阕,年款:无,钤印:"彭蕴章印"(白文),"咏莪"(朱文),作题地点:无。

第十二幅:纸本,160cm×35.8cm。吴兴王敩楷书七古诗一首,年款:"癸卯(1843年)二月既望",钤印:无,作题地点:吴门阙里分祠寓舍。廖鸿藻行书五律诗四首,年款:无,钤印:"鸿藻"(朱文),"仪卿"(白文),作题地点:无。福州郭彬图行书七古一首,年款:"道光二十四年(1844年)",钤印:"彬图"(白文),"古樵"(朱文),作题地点:无。林绂行书七律二首,年款:无,钤印:"林绂之印"(白文),作题地点:无。

第十三幅:纸本,40.5cm×28.5cm。林鸿年行书七古一首,年款:无,钤印:不清楚,作题地点:无。

第十四幅:纸本,102cm×35cm。叶敬昌楷书七古一首,年款:无,钤印:"叶敬昌印"(白文),"芸卿"(朱文),作题地点:无。

第十五幅:纸本,238cm×36cm。吴郡毛永柏行书五古一首,年款:"乙巳(1845年)仲秋",钤印:"永柏之印"(白文),作题地点:津门官廨。雀洲行书五古一首,年款:无,钤印:"雀洲之印"(白文),作题地点:无。罗俊畴行书四言传赞一篇,年款:无,钤印:"松村"(朱白文),作题地点:无。林寿图楷书七律一首,年款:无,钤印:"林寿图印"(白文),"颖叔"(朱文),作题地点:无。郭柏荫楷书七律一首,年款:无,钤印:"郭柏荫印"(白文),"远堂父"(朱文),作题地点:无。古润赵霖楷书七律一首,年款:"辛亥(1851年)除夕前一日",钤印:"臣霖印"(白文),"笠农"(朱文),作题地点:厦门官廨。

第十六幅:纸本,241cm×33cm。江夏何焕绪楷书五律一首,年款:"道光乙巳(1845年)秋仲",钤印:"何焕绪字瑞庭号少华"(白文),作题地点:无。永福鄢士元楷书七律二首,年款:"乙巳(1845年)长至",钤印:"鄢士元印"(白文),作题地点:无。燕江廖景晖行书七律二首,年款:"戊申(1848年)皋月",钤印:"廖景晖"(朱白文),作题地点:无。杨鼎元隶书七律一首,年款:"己酉(1849年)春仲",钤印:一"石松"(白文),一不清楚,作题地点:无。童荣南楷书七古一首,年款:无,钤印:"漱石居"(朱文),作题地点:无。泖阳周揆源行书七古一首并序,年款:"同治癸亥(1863年)冬初",钤印:"铁臣"(朱文),作题地点:厦门道署。林树梅行书五律二首,年款:"道光庚戌(1850年)早冬",钤印:"啸云心声"(朱文),作题地点:无。

二

《陈忠愍公遗像诗卷》(下称《诗卷》)中陈化成半身戎装画像一幅,系工笔重彩,人物以传统的浅赭墨层层渲染而成。无作者题款。

陈化成壮烈殉国后第十日,嘉定县令练廷璜觅得其遗体,殓于嘉定武庙,同时,"乃属程君庭鹭绘遗像,因纪以诗"[③]。程庭鹭(1796~1859年),初名振鹭,字序伯,号蘅卿,江苏嘉定人,是当时颇负盛名的山水画家和篆刻家。[④]陈化成的最初的遗像即其所绘,并已有时人题咏。《诗卷》中另有道光癸卯五月陈化成的同乡苏廷玉在画幅上的题记:"初,练笠人刺史绘公像征诗。道光壬寅九月,余奉命到吴办理粮台,见公像赋诗哀之,因属笠人再摹副卷,寄余归付其孤,存之家乘。"这就是说,陈化成的遗像存世有两幅,一为道光壬寅年五月程庭鹭所绘;一为同年九月以后应苏廷玉要求,练廷璜(笠人)再摹的副卷。原作那幅应有画家程庭鹭的题款钤印,从练廷璜在《诗卷》中的题诗并序来看,根据原作"再摹副卷"的作者是其他画工,因此《诗卷》中的画像上没有署名。

据苏廷玉所撰墓志铭[⑤]记载:陈化成之归葬厦门,时在道光癸卯(1843年)九月十二日。陈化成的家属到嘉定县扶榇南归,当是时,"疁城人争诣哭奠,罢市累日。即绘公像二:一留城中,一附柩去"[⑥]。《同安县志》也载明:"绘像二,一留吴淞,一贻其子。"可见,这幅遗像的再摹副卷,从画的完成至道光壬寅(1842年)嘉平月(十二月)开始,到道光癸卯(1843年)九月期间,先是在吴中一带得到练廷璜、苏廷玉、张际亮[⑦]、王敉、梁章钜等人的题诗题记。陈化成的后人道光癸卯岁携归福建厦门后,继续向社会征诗,直至同治癸亥(1863年),前后二十年,共得《诗卷》现存的所有诗文手迹。从题写的纸质各异以及题写时间等情况分析,陈化成的后人是分散征集而后才集中装裱成卷的。

三

《陈忠愍公遗像诗卷》是研究陈化成这个历史人物方面具有较高史料价值的文物。

(一)保存了陈化成可靠的形象资料。

上海市历史博物馆收藏一幅陈化成身着从一品官服的全身肖像画,是陈化成存世的唯一画像。画中的陈化成微髯而清癯,面貌威严中略带慈祥,呈六七十岁的年龄。《诗卷》中的这幅画像,陈化成戎装铠甲,两手前叉,虽仅绘半身,但静态中颇见动感。这位老将面部表情沉毅果敢,一股觥觥的爱国正气跃然纸上,可与上海市历史博物馆收藏的肖像画相比美。

(二)题诗题记中与许多当事人记录了有关陈化成的第一手资料。

道光十九年(1839年)十二月五日,陈化成由福建水师提督调任江南提督,第二年五月,率兵防守长江口的吴淞炮台。至其殉国的二十二年五月,在任整整两年。所有题诗题记的作者中,与陈化成私交较密者有同省的梁章钜、同乡的苏廷玉和为他收殓遗体操办后事的嘉定县令练廷璜等。梁章钜(1775~1849年)字闳中,又字芷邻、芷林,福建长乐人。进士出身。时在江苏巡抚任上。他在《诗卷》中那幅题诗写道:"我与公同乡,而初不识面。"其下注曰:"余与公共事三阅月,有不能已于言者。因撷旧事成此,盖有他人所不及知者。"因此他据实所写的应较可靠,该诗另一处小字注曰:"公莅任不入官署。即到吴淞,又不入行馆。所住营帐房至不堪蔽风雨。余为改制一大帐房,公犹以兵帐皆敝,不忍独居新帐。余已允为一律更新。旋即卸篆去,不果行。"他在小字注又举了一件外人所不知的事,即中英吴淞炮战前夕,"公家在厦门。去年长公子来省视。居三日即遣回。闻眷属有自厦起程来苏之信,立飞书阻之,谓即到亦不暇相见也。"苏廷玉(1781~1852年),字韫山,号鳌石,嘉庆甲戌进士,"与公同里又旧知",时署苏州府(吴淞炮战时调任陕西延榆绥道),他在《诗卷》中的题诗小注也记录了陈化成书信的一段话,颇有史料价值:"公与余同里旧识,上年春余侨居吴下,公贻书云:'逆焰甚张,某海上攻战四十余年,如贼来必力战,可以制胜。至成败自有天定,但能为国宣力,死亦心甘!敢以奉告。'其志可知矣。"梁章钜的诗注还有两条与近代上海史有关部门的史料:第一条乃记两人共同商量,维护战前上海一带的社会秩序一事云:"公密告余曰:'闻上海城中有闽人林某者雄于赀力,能啸聚二三千人,邑人皆畏之。若有外警,君须防其内讧也。'余侦之,果然。立饬县官设法招致之,假以辞色,动以乡情,并令其协粤商俾为我用。五日而帖然就抚。金谓从此城中不虞内变云。"另一条记陈、梁两人战前抵制牛鉴,开港保护商民一事云:"客秋前,督部奏准封港,上海商民数千向余哀诉,几成罢市。余与公定议,一面批准开港,一面据实奏闻,欢声雷动。三日内吴淞口外商船,扫数进关。而夷船踵至,众有更生之庆。时督部由镇海移檄,尚疑我两人庇护闽商,欲更讦奏,而镇海旋失守矣。"此皆近代史难得的史料。

(三)对陈化成生平的研究方面,《诗卷》中的题诗题记也提供一些重要的证据。

如陈化成殉难后,宝山、吴淞陷落,到底几天后才找到遗体?诸说不一。《清史稿·陈化成传》记为八日,《宝山县志·陈化成》为十日,《松江府续志·陈化成传》、《同安县志·陈化成》和同时人王清亮《溃痈流毒》卷四《陈军门小传》等均为十二日,张际亮在《诗卷》中记为十七日,连自称"同里旧知"的苏廷玉也记为"十余日"。《诗卷》引首的作者练廷璜题诗则写道:"廷璜时任嘉定令,觅死士募公尸。越十日,殓于嘉定。"当事人记为"越十日"应最可靠。

四

《诗卷》中,一批像阮元、张际亮、彭蕴章、梁章钜、苏廷玉、陈庆镛等在中国近代史和文学史甚有名气的人物的作品不仅具有文史价值,而且称得上是文学、艺术的不可多得的珍品。阮元(1764～1849年)字伯元,号芸台,江苏仪征人,既是经学家、名宦,又是书法名家。他85岁时在陈化成遗像上所题观款虽仅行草两行22个字,但遒劲自然,很有掺透魏碑书风的功力。张际亮(1799～1843年)字亨甫,福建建宁人。著名爱国诗人,曾客林则徐幕。他那首慷慨激昂的"公生恃长城,公死震穷发"的五古诗章,不但诗写得精彩,而且小楷也写得娟精秀逸,的是少见。陈庆镛(1795～1858年)字颂南,福建晋江人。在御史任上,曾以弹劾琦善等投降派而有名于时。他诗不多作,所作"君不见陈老佛,手执红旗呼战士。以一当十皆奋起,炮声人声震百里。夷人当之皆披靡,火轮辟易不敢驶"一诗苍凉悲壮,在清诗中并不多见。林则徐的同学、挚友杨庆琛(1783～1867年)平生工诗,著有《绛雪山房诗钞》,他的"天下皆公辈,西夷敢弄兵"等诗句,读罢尤令人扼腕。值得珍视的是《诗卷》中有一段近代积极提倡"师夷长技以制夷"的魏源、《射鹰楼诗话》的作者林昌彝和邵懿辰、梅曾亮、朱琦等爱国人物的观款合题。此外,还有林鸿年、林寿图、林绂、廖鸿藻、郭彬图等八闽名宦诗人,他们的佳作还为乡邦文化增添了光彩。这些歌颂和缅怀陈化成的题诗作品,充满了爱国主义思想感情,所以说《陈忠愍公遗像诗卷》已非一般人物题咏之类的文物所能相比。

本文载于《南方文物》,2006年第一期,总第57期。

注释:
①苏廷玉《大清建威将军江南提督忠愍陈公神道碑》,载何丙仲编纂《厦门碑志汇编》,中国广播电视出版社,2004年7月。
②③《陈忠愍公遗像诗卷·练廷璜题诗前序》。
④俞剑华《中国美术家人名大辞典》。
⑤苏廷玉《皇清诰授建威将军江南提督忠愍陈公墓志铭》,载何丙仲编纂《厦门碑志汇编》,中国广播电视出版社,2004年7月。

⑥黄树滋《陈忠愍公殉节始末记》，载咸丰二年刻本《表忠录》卷一。

⑦张际亮在《诗卷》的这首诗收入《思伯子堂诗集》卷三十二，亦收入《清诗纪事》卷十五《道光朝》，前有序："公殉上海之难，后十七日，嘉定令练君廷璜求得其尸，颜色如生，绘图征诗。十二月，余过苏州，练时为吴县令。因苏鳌石制军属余为诗，练本余乙酉同年，其好义可嘉尚也。"因此考证张际亮诗当作于壬寅岁十二月。

厦门石刻文化绪论

一

通常，我们对石刻并没有很严格的界定。从广义上说，凡在石头上雕刻的东西，都可称之为石刻。但在从事文物工作的人看来，利用石头本身所进行的造型艺术创作，应称之为石雕（或称"造像"。如在石头表面上以单线条刻划的平面形象，则又称为"画像石"）。只有在石头的表面上雕刻文字，才是石刻。清代金石家叶昌炽认为："凡刻石之文皆谓之碑。"① 叶氏对"碑"的释义，实际上已给石刻和石雕做了界定，根本的区别就在于石头的平面有无文字。文物界在长期实践中，通常又将历史遗存下来的石刻分为：在天然石头的平面上雕刻文字的摩崖石刻，和在加工过的石材平面上镌刻文字的碑、碣和墓志等几个门类。摩崖石刻是属于不可移动的文物，而碑刻和已出土的墓志则否。但这些石头的表面上都镌刻着文字，因此它们总称为石刻。

本书所述及的对象，即指在厦门行政区划以内，以及历史上曾经辖属于厦门同安县的部分地区保留至今的摩崖石刻、碑刻和墓志。

世界上没有一个国家能像中国那样保存着如此丰富，而且具有历史、文学和艺术等方面价值的石刻文物。

远古时期，石头不但是人类的劳动工具和日常用品，同时也是最早的雕刻材料。古人不但懂得利用石头雕凿出具象的作品，还能够在岩石上磨刻和涂画某些符号，来描绘或记录他们的生活，以及其想象和愿望。于是，在文字还没有产生之前，人类已经在岩石上面雕刻了岩画。中国是古代岩画分布较为集中的国家之一。

随着人类社会的进步，象形文字出现了。人类使用的文字皆从象形文字衍化而成。西亚的两河流域和古埃及等地的文化遗存，与新石器时代我国仰韶文化的陶器上面，都有由各种刻划符号演化而成的象形文字。然而，经过长期的使用与发展，中、西方在文字发展的轨道上越走越远。唯独我国的汉字沿着象形表意这一文化模式，走过从陶刻符号到甲骨文、金文、秦篆、汉隶，乃至汉字最后成熟的发展历程,既是思想交流的工具,同时又是艺术审美的载体。而西方国家的文字则走了表音而不象形、偏重于实用功能的发展道路。

中国的石刻文字作为中华民族文化的载体之一,同时也体现着汉字演变、发展的全部过程。由于石刻蕴含着那么博大精深的历史、文学和书法、艺术的文化内涵,其自身的发展又如此源远流长而有规律,又如此有机地融入本民族文化的肌理之中,因而石刻本身形成的那种独特的文化,是中华传统文化中的一大瑰宝。

近年来,有学者认为中国的石刻文化"其历史之悠久,精华之荟萃,品种之繁茂,书法之高妙,镌刻之精湛,史料之珍贵,内涵之丰富,涉及之广泛,功能之多样,风貌之壮观,是世界上任何一个国家所无法比拟的"②。《中华人民共和国文物保护法》也将石刻与革命遗址、纪念建筑物、古墓葬、古建筑、石窟寺等同时列为受国家保护的文物,受到社会普遍的重视。

闽南,尤其厦门的石刻文物不仅门类齐全,为数众多,而且颇具地方特色。闽南历史文化的许多闪光点,其实就蕴涵在石刻里面。把这些珍贵文物的文化内涵揭櫫出来,让石头"说话",是一项很有意义的工作。

二

闽南,包括厦门的石刻文化源远流长,它是中华传统文化的一个组成部分。为此,我们有必要对我国的石刻文化做一个简略的回顾。

摩崖石刻起源于岩画,始见于我国先秦时期。"石刻"一词,最早见于《史记·秦始皇本纪》的"群臣诵烈,请刻此石,垂著仪矩"。秦始皇的《峄山刻石》等一批摩崖石刻今犹存世。自秦以后,摩崖石刻历经千百年而不衰,上至帝王将相,下至骚人墨客,一有机会都会在石头上留下铭功、记游的题刻,因而海内大部分名山都有各种各样的摩崖石刻遗存。

碑刻则肇始于东汉时期。但先秦的《仪礼·聘礼》一书已出现"碑"字,该书说:"东面北上,上当碑南陈。"东汉郑玄注曰:"宫必有碑,所以识日景、引阴

秦·峄山刻石

阳也。凡碑引物者，宗庙则丽牲焉。其材：宫庙以石，窣用木。"可见"碑"最初是宫中识日影、系牲畜之器物，又是丧葬的工具，所以东汉的某些碑的中部偏上之处还保留着一个称作"碑穿"的圆孔。东汉盛行隶书，现存有原石或拓本的碑刻共230余种。南北朝时期隶书向楷书转变，各种石刻数以万计。③唐以后的碑刻更是浩如烟海。两宋以后，碑刻的内容往往涉及社会生活，所以记事的碑刻偏多。除铭功纪勋或官谕示禁外，民间的造桥铺路、修祠建庙等事都会立碑为记，以垂久远。所以千百年来，遗存下来的碑刻数量简直无法准确统计。

汉·史晨碑

墓志滥觞于战国时期的刻铭墓砖和东汉的刑徒墓砖，西晋时期开始定型。南北朝是墓志勃兴的时期，出土的墓志数以千计。历来全国各地陆续出土的各朝各代的墓志不知凡几。墓志以记述人事为主。其格式一般包括"首题"、"志文"和"颂辞"三个部分，内容不外是记录死者的世系里爵、生平功业、生卒时间、后嗣婚嫁以及墓葬位置等情况。墓志结尾附有"颂辞"（铭文）者为"墓志铭"。昔人为先人作墓志是很严肃的事，故所记人事相对可靠，加上墓志随死者入土后他人很难再篡改，所以一向为治史者所重。

摩崖石刻和碑刻的书体在汉代以隶书为主，六朝以后主要以楷书为主，四体兼备。而墓志基本上都以楷书

西晋·菅氏夫人墓碑并碑阴

"书丹"，其"首题"则多以篆书"篆额"，既保存古风，也有装饰的作用。

　　石刻，不仅可以用来研究、学习书法艺术的范本，其内容文字还是历史研究不可或缺的第一手资料。因此，目前石刻学（旧称金石学）已成了一门显学。

三

　　福建地处中国东南沿海。两晋时期，中原文化始随着士民的南渐而在八闽大地传播。唐代早期，闽南的漳、泉两地已分别于垂拱二年（686年）和景云二年（711年）建州设郡。传统的石刻文化从唐代起在闽南地区生根发芽。闽南到处都有花岗岩，为石刻文化在当地的发展提供了极其有利的条件，也形成了其有别于北方石刻的地方特色。

　　早在遥远的古代，居住在闽南的先民便在石头上雕凿类似文字的"仙篆"。漳州的"仙字潭摩崖石刻"似字似画，形状奇特。这些刻划符号现保存在华安县汰溪边的崖壁上，分布范围约200平方米，现有50多个符号，至今犹未有人能够识读。但学术界基本上都断定它是先秦之物。从先秦到初唐，闽南地表上的石刻文物很少。尽管闽南地区现有若干座这段时期的古墓葬，如南安狮子山和泉州池店的东晋和南朝墓、惠安土寨的隋墓等，然而所出土的均为纪年砖，而无墓碑或墓志。南安丰州西晋纪年砖年代最早，上有"太康五年（284年）六月六日作"的年款。

先秦·华安仙字潭石刻

　　唐代是福建石刻的萌芽时期。目前省内唐、五代石刻遗存尚不多见。福州乌山的"般若台"有唐李阳冰的题刻篆书二十四字："般若台。大唐大历七年

（722年）著作郎兼监察御史李贡造，李阳冰书。"它是福建省现存年代最早的摩崖石刻（原刻毁于"文革"，今据旧拓片重镌）。④闽南地区则以泉州清源山水龙岩石壁上的唐会昌四年（844年）刺史苏仁等人的楷书题名石刻，和晚唐秘书省正字徐寅的《咏弥陀瀑布》诗刻为最早。⑤此外，漳州云洞岩有五代的"许碏寻偓月子至此"题刻。据南宋陈知柔的《墨妙堂记》等文献记载，南安九日山素称"山中无石不刻字"，晚唐时期曾有姜公辅、秦系和欧阳詹等一些名贤的"墨迹在岩崖间"，可惜到了宋代，已经是"字不可复见"。

福建省年代最早的碑刻是福州乌山东麓的《敕贞元无垢净光塔铭》，此碑乃唐贞元十五年（799年）福建观察使柳冕为德宗皇帝祝寿祈福而立。闽南地区保存到现在的唐碑为数不多，

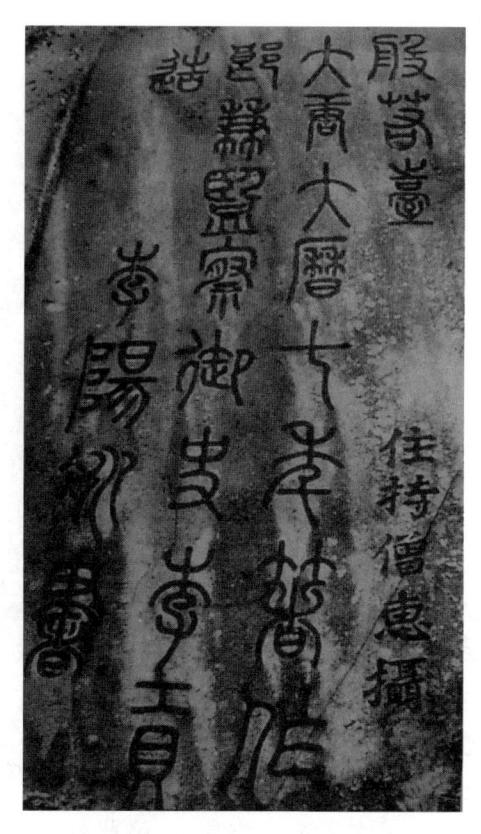

唐·李阳冰福州乌石山般若台题刻

一些名碑如唐黄滔撰写的《泉州开元寺佛殿碑记》，现仅能见之于文献记载。据清末陈棨仁编撰的《闽中金石略》一书所载，闽南地区年代最早的碑刻当推"大唐大中岁次甲戌（854年）五月八日"的《尊胜陀罗尼经幢》，该经幢位于"晋江县西门外道旁"，"乡贡进士欧阳偃及沙门文中共书"。陈棨仁编撰此书时，该碑应该还在，所以他在书中能够详细加以描述："幢高七尺七寸，八面，面广一尺，每面九行，行六十二字，末面题名字数不等，行楷书字。存者五面，余三面尽剥蚀。"⑥其次是同书所载的《佛顶尊胜陀罗尼经幢》，这件唐碑世称"唐咸通碑"，原在漳州，系唐懿宗咸通四年（863年）漳州押衙王劘建，建州司户参军刘镛书。陈棨仁认为"唐石在闽中者，自李少温（即李阳冰）《般若台》外，当以此为最"⑦。可惜历经兵火和"文革"的破坏，这座经幢已断裂成11块残件，现藏于漳州市图书馆。此外，1982年在泉州开元寺的柳三娘佛塔也发现一件《陀罗尼石经幢》，系南唐保大四年（946年）军事左押衙、充海路都指挥使兼御史大夫陈匡俊建，榷利院使刘拯书。

福建唐代比较重要的墓志为福州北郊王审知墓出土的《唐故威武军节度使守中书令闽王墓志》和福州新店刘华墓出土的《唐故燕国明惠夫人彭城刘氏墓

志》，但它们都是五代的文物。前者年款为五代唐同光四年（926年），后者则为五代唐长兴元年（930年）。泉州东门外出土的唐大中四年（850年）《唐故泉州北界营将朝请郎试太子宾客郑公墓志铭并序》(简称《郑季方墓志》(，1980年泉州东门外石井乡出土的唐大中十一年（857年）《唐许氏故陈夫人墓志》。2005年厦门湖里区同时出土的大中十年（856年）《故奉义郎前歙州婺源县令陈公墓志铭并序》和"郓王登位后二年"（862年）《唐故陈府君汪夫人墓志》，其年代都比福州出土的墓志要早一些。近年，泉州北峰又出土一方五代后梁乾化三年（913年）的《唐故泉州□□银青光禄大夫刑布部尚书御使大夫王公墓志铭》，漳州的漳浦和龙溪两县的晚唐陈氏墓和咸通二年（861年）王楚中墓也分别出土了唐代买地券。

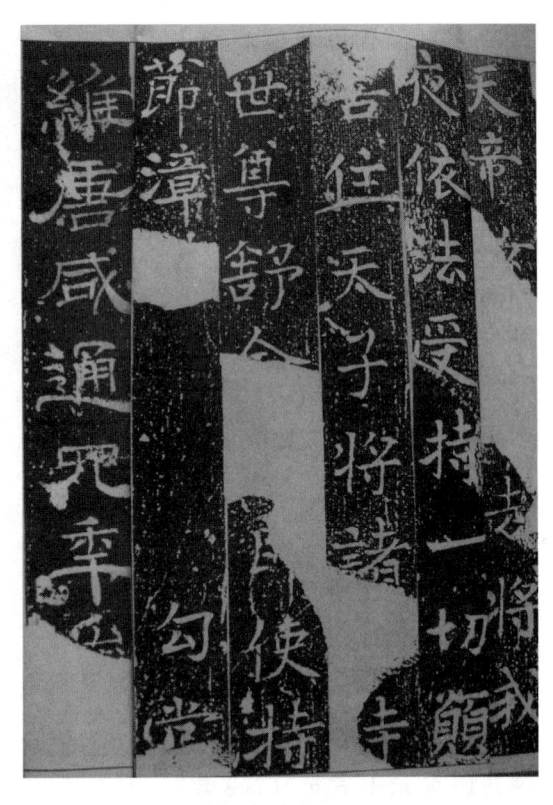

唐·漳州陀罗尼经幢

宋元时期泉州港海外贸易兴盛，致使闽南社会经济相对发达，石刻文化也因之进入发展的时期。南安县丰州的九日山风景优美，同时又是当时商舶祈风出洋的地方。"九日山摩崖石刻"共有宋至清代的题刻75段，其中宋刻有59段之多。⑧在这些宋刻中，"祈风石刻"有13段，分别记录从北宋崇宁三年（1104年）至南宋咸淳二年（1266年）间，泉州郡守和提举市舶司率领僚属、商贾为航海船只举行祈风仪式，祭祀海神"通远王"的事，是研究泉州海外交通史的宝贵资料。

泉州清源山共有宋代以来摩崖石刻500多段。其中有北宋李邴、林虙和南宋陈傥、倪思等名人的题刻，尤以淳熙戊申（1188年）赵

唐·许氏陈夫人墓志铭

不遏和嘉熙四年（1240年）刘用行等人的题名石刻最为可观⑨；元代有蒲寿宬、蒲寿庚和偰玉立的题刻，元至正二十四年（1364年）的《修弥陀岩崖记》，至正二十七年（1367年）的《碧霄岩摩崖刻石题记》保存至今⑩，依然完好。除这两处比较集中的石刻群之外，闽南其他地方的宋元摩崖石刻数量不是太多，而且分散。原属于同安县的白礁龙池岩寺（今属于龙海市）有署款为"宝庆元年（1225年）七月朔，邑宰九江王楷书"的"丹灶

唐·云府君墓志铭

石"三个大字，是研究宋代医神吴真人（吴夲）的重要文物史迹。晋江县有南天寺乾道乙酉（1165年）王十朋的"泉南佛国"，紫帽山则有嘉定年间的记游

宋·南安九日山祈风石刻

题刻。⑪惠安县紫山镇的石上有"清晖"二字，经鉴定当是宋至和二年（1055年）蔡襄的题刻。⑫

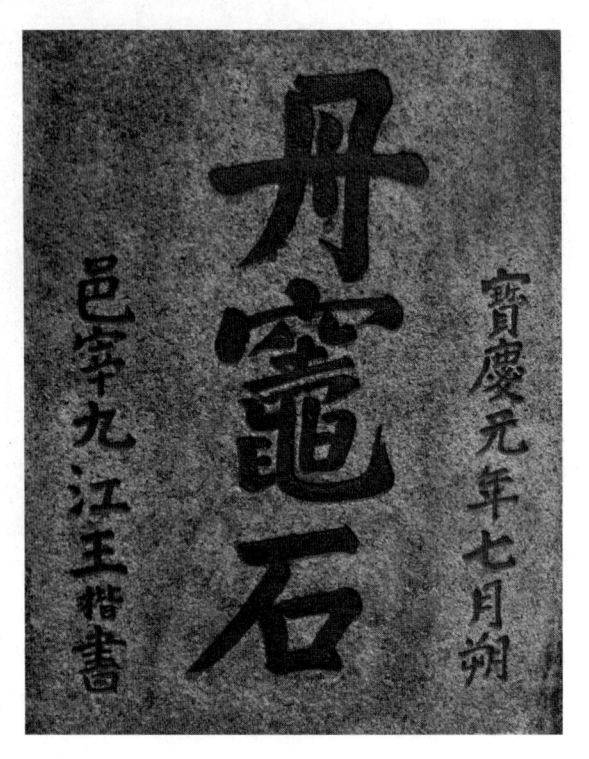

宋·原同安县角尾的"丹灶石"石刻

宋代闽南的著名碑刻当为皇祐四年（1052年）蔡襄撰写的《万安桥记》（俗称"洛阳桥碑"）。该碑由当时的石刻名匠福唐人上官力镌刻，故有"文、书、刻""三绝"之誉。今之所见乃1956年泉州市文管会根据旧拓片重镌的石碑。漳州地区原有宋朱熹、赵汝谠（余杭人，以祖荫补承务部，泉州市舶司等）、颜师鲁等人和元虞集、揭奚斯等人题刻的碑记（见《龙溪县志》），还有宋杨志、庄夏所撰刻的《慈济宫碑》等碑记（见《海澄县志》），可惜这些碑刻早已毁佚。现存的有龙海市角美埔尾村宋淳熙元年（1174年）的《林魁水利功德碑》、漳浦县岭脚石梁桥宋嘉祐四年（1059年）题刻、长泰县古叉桥宋大观元年（1107年）题刻，以及漳州文庙的元延祐碑、龙海市角美南霞亭观音造像的元至正五年（1345年）题记和华安县状元桥元至正己丑（1349年）的题刻等。⑬泉州宋元碑刻数量较多。主要的宋刻有承天寺、开元寺、通天巷和南安丰州等处的宋淳化、景德和天圣年款的《陀罗尼经幢》，南安宋刻有熙宁八年（1075年）《赠金紫光禄大夫太师中书令兼尚书楚国公神道碑铭》、绍兴七年（1137年）《泉州重建州学记》、绍兴二十年（1150年）《圣墩祖庙重建顺济庙记》和嘉定八年（1215年）《加句灵验佛顶尊胜陀罗尼经幢》等。泉州元刻有大德六年（1302年）庄弥邵的《罗城外壕记》、大德八年（1304年）的"奉使波斯使者墓碑"、延佑三年（1316年）亦黑迷失的《一百大寺看经记》、至元四年（1338年）的《重建清源纯阳洞记》和陈鉴的《清净寺记》等。⑭此外，泉州还保存大量的伊斯兰教的"蕃客墓"、古天主教徒的墓碑以及摩尼教的经文等宗教石刻，其所镌刻的虽然是阿拉伯文、波斯文、八思巴文和拉丁文，却反映了宋元时期闽南石刻的另一种重要特色。

闽南各地宋、元两代墓志的数量比起唐、五代已明显增多，志石基本上也比较古朴厚实。这个时期闽南还出现一种在泥坯板上刻好字再烧制的以陶瓷为材质的墓志。德化县曾出土瓷质的买地券，厦门同安区出土的崇宁八年（1104年）《故太夫人苏氏墓志铭》（一志两石），

宋·洛阳桥碑

宋、元·泉州古伊斯兰墓碑

看上去就像两块大砖头。

元·管领泉州路也里可温掌教官墓碑

明、清两代是闽南石刻的兴盛时期。明初闽南沿海的筑城禁海，中后期倭患和红夷的骚扰、漳州月港航海贸易的兴起，明末郑成功的抗清复台，以及清代厦门港的崛起，闽台之间的往来日益频繁等等，都赋予闽南社会生活新的内容。加上明清时期社会经济向前发展，闽南民间的宗族组织和佛教与民间信仰的活动空前活跃。凡此种种，必然都在石刻方面得到了体现。明清时期闽南石刻数量之多，内容之丰富，特色之显现，可谓前所未有。

明代闽南的石刻中，比较重要的摩崖石刻是明后期俞大猷在泉州清源山的《平倭班师记》，以及厦门的抗倭和"攻剿红夷"等一批石刻。漳州的云动岩也是石刻较多的地方，共有历代摩崖石刻 203 段，其中明刻 125 段，而宋刻才有 7 段。⑮这和宋代泉州港兴盛之时，南安九日山宋刻居多，道理是一样的。

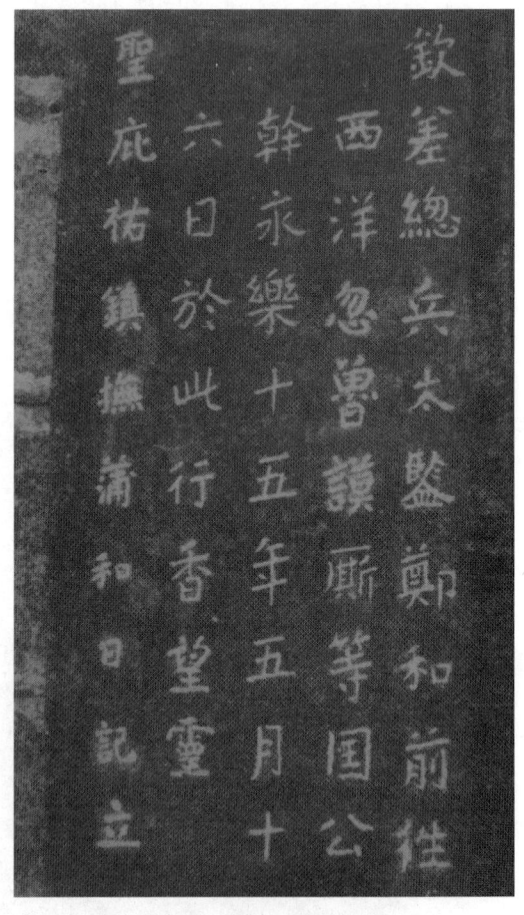

明·泉州清真寺郑和行香碑

闽南所存明代碑刻中，反映海外交通的有永乐十五年（1417 年）泉州清

净寺的《郑和下西洋行香碑记》；反映闽南人改造环境的有永乐十五年（1417

明·清净寺永乐五年上谕碑

年）晋江青阳的《重修清洋陂沿江斗门碑》、正统六年（1441年）晋江池店的《自然公修洛阳桥记》和明崇祯元年（1628年）厦门后溪的《蔡虚台先生筑海丰朱埭堤岸功德碑颂》等；反映伊斯兰教的有明永乐五年（1407年）泉州清

明·周长庵墓志铭（部分）

净寺"敕谕碑"、正德二年（1507年）的《重立清净寺碑》、万历三十七年（1609年）的《重修清净寺碑记》；反映民间信仰内容的有正德十一年（1516年）漳州东山关帝庙的《鼎建铜城关王庙记》、万历四十六年（1618年）漳州的《修建嘉济庙圣迹碑记》和崇祯庚辰（1640年）泉州凤山忠义庙的《第一山重修地祇忠义庙记》等；反映闽南各地修建宗祠祖庙的有正德十四年（1519年）南安丰州的《黄氏始祖祠堂碑记》、万历二十八年（1600年）晋江陈埭的《重建陈江丁氏宗祠碑记》和崇祯十年（1637年）厦门青礁的《颜氏家庙从祀碑记》等。闽南出土的明代墓志大部分是嘉靖以后之物，其数量良多，且涉及对象也比较广泛，除了文武高官、诰封（或"诰赠"）命妇之外，乡耆处士、仁人富者死后也有墓志。尤为珍贵的是还有一批有关郑成功家族、部属的墓志。墓主既有俞大猷、李卓吾妻黄氏、黄吾野、蔡贵易、李献可、周尔发等史志有名的人，还有好些是名不见经传的人物。后者身处基层，所记载的社会生活往往更加真实可靠。因而，明代墓志的史料价值越来越受到重视。

明末清初以后，闽南石刻之风渐以厦门为盛。石刻文化随着厦门港的兴盛，社会生活的多元化等变化而与时俱进。

四

唐五代至明清时期，厦门都是同安县属下的嘉禾里，归泉州府管辖。据文献而知，中唐以后厦门岛始有人烟。不过，本岛出土的唐大中十一年（857年）墓志却记载墓主的曾祖父到嘉禾里开发后不久，已经不但"家丰业厚，又为清源之最"，而且其祖父还因"幼资经术"而"游于京师"，到外省当过官。可见中唐时期中原的文化教育已随着农耕文明一起进入厦门岛。但厦门除了出土过两方唐志外，唐、五代的石刻文物目前暂未发现。

宋、元时期，厦门岛包括今之同安、金门的社会经济依然以农耕为主，渔业副之。虽有理学名儒朱熹的"过化"，但科举方面的起色似不明显。有宋一代同安县在泉州府的7县中，登进士第的总人数排名居于中游偏下，北宋列第4位，南宋反

唐·陈元通墓志铭

而掉到第 6 位。⑯ 宋、元两代闽南地区的石刻正进入发展时期，同安的石刻同

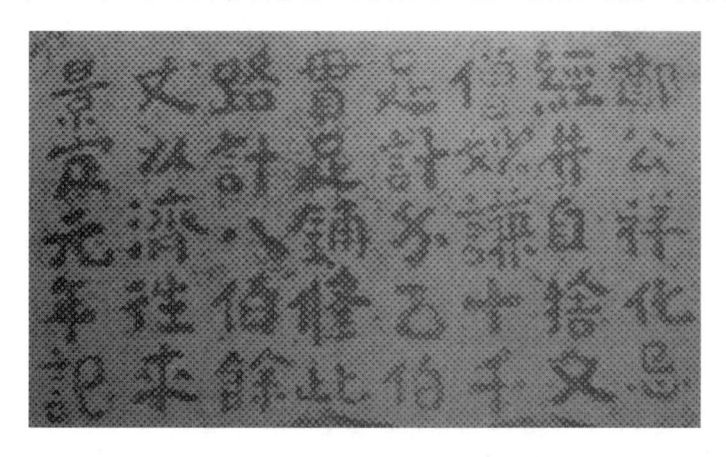

宋·同安新墟古道十八弯题刻

样也正在起步。年代可以确定的摩崖石刻有原属同安县的龙池岩那段宝庆元年（1225年）"丹灶石"题刻。相传宋代朱熹在同安有多处题刻（包括号称厦门最早、最完整的"太华岩"题刻），陆秀夫在厦门也题刻"龙门"二字等等。据地方史志记载，宋代厦门曾经有不少碑刻。如清《海澄县志》附载宋嘉定二年（1209年）、九年，杨志和庄夏先后所撰的两通《慈济宫碑》，民国《同安县志》也载有宋嘉定年间的《知县毛当时建朱子祠碑记》、咸淳丙寅（1266年）的《豪山庙碑记》、元至正十六年（1356年）的《孔公俊筑大同书院记》等，可惜这些宋、元的石刻和碑刻大部分已经毁佚。今有文物存世的只有宋开禧乙丑（1205年）同安莲花镇云洋村铜钵岩的《石佛造像记》、景定元年（1260年）同安区新墟村的《古道十八弯修路石刻》。开

宋·林公孺人姜氏圹志

禧乙丑年的造像记全文为："弟子毛士作同妻陈五娘舍钱钻造观音菩萨、定光菩萨、昭应菩萨及补陀山镇于铜钵，仰叶愿符心地，世籍福田者。宋开禧岁次乙丑七月日，都劝毛士及，住岩僧祖成，石匠陈聚。"景定元年石刻高38厘米，宽35厘米，石状不甚规整。⑰厦门有明确纪年的题刻当推这两通时间最早。此外，同安大同镇的东桥头有一段柱形石构件，上刻"建隆四年（963年）岁次癸亥九月一日，勾当造桥杨光袭，监临元从周仁袭（下缺）"。海沧石室院有"治平二年（1065年）□□建"的石构件（2002年该寺出土）。但严格说来，这两块刻石还不宜列入碑刻。后溪镇圣果院内有一通元至正十九年（1359年）的《龙山圣果院祠堂内碑记》，可惜是与明代天启年款的碑文合刊为一石，其断代只好推后。

厦门近年来先后出土了一批宋代的墓志，其中有崇宁三年（1104年）《故太夫人苏氏墓志铭》、宝佑元年（1253年）厦门岛上出土的《□□□□林公孺人姜氏圹志铭》、景定庚申（1260年）的《故致政陈君夫人郑氏圹铭》、咸淳九年（1273年）的《陈云岩圹志》和元大德九年（1305年）的《辜仅娘圹志铭》等。

明初为了防倭和禁海，厦门扼控漳泉两地、面向海洋的重要地理位置开始受到重视。洪武二十七年（1394年）二月在厦门岛上设置了中左守御千户所城。但明代厦门（包括同安、金门两县）石刻的真正兴盛是从中后期才开始出现的。明代中后期，闽南沿海交织着倭患、西方殖民势力的骚扰，和"海禁与反海禁"的尖锐矛盾。厦门军民曾多次英勇地抗击外来侵略，为我们留下多处征倭、"攻剿红夷"的石刻。在倭患渐次弭平，漳州月港的对外贸易逐渐兴起之际，闽南沿海一带的社会经济的发展得到了好转。于是，厦门同安（包括金门）涌现出一批像林希元、刘汝楠、洪朝选、李春芳、叶普亮、蔡复一、蔡献臣、池浴德、林宗载等为后世所津津乐道的文化名人，把这个地方的文教事业推向一个前所未有的高度。明代厦门、同安的石刻的兴盛和这一大批名宦文士的关系至大，存世的摩崖石刻、碑刻和墓志绝大部分都与他们有直接或间接的关系。

明末清初，郑成功踞金、厦两岛以抗清复台，同时开展海上贸易。郑成功是厦门港的奠基者。他在厦门和金门的十余年期间，留下了大量的史迹，其中包括明郑时期的摩崖题刻和一批部属的珍贵墓志，以及后人咏怀这位民族英雄的题刻。这些都是我们极其宝贵的精神财富。

清朝统一版图之后，厦门成为闽海关和"台运"的正口，福建水师提督和兴泉永兵备道的衙门同时也都设在岛上。厦门遂成为闽南政治、军事、经济和文化的中心，一时"市井繁华，乡村绣错，不减通都大邑之风"。这段时期厦门石刻的特点有：

厦门摩崖石刻

（一）摩崖石刻开始大量出现在厦门岛上。所以后人常说，要找明代墓志到同安，要看摩崖石刻就在厦门本岛。

（二）本地和外来的骚人墨客的诗刻较多。黄日纪和厦门"云洲诗社"诸社友，以及临安（杭州）俞成等外地诗人的摩崖诗刻几乎遍及岛内的名岩胜

明·嘉兴寨

景。小小的厦门岛，仅黄日纪的诗刻和题刻就有15段，俞成6段。

（三）有关闽台关系的石刻成为一大特色。这类碑刻主要有乾隆三十九年（1774年）的《重建五通路亭碑》，和乾隆五十三年（1788年）乾隆皇帝的《剿灭台湾逆贼生擒林爽文纪事语》等四通御制碑等。《重建五通路亭碑》与嘉庆十一年（1806年）晋江的《新建蚶江海防官署碑记》(俗称《蚶江鹿港对渡碑》)并称为清代闽台对渡的重要实证。乾隆御制碑载述了清政府由厦门发兵镇压台湾林爽文、庄大田起义的经过，对闽台关系史的研究具有参考价值。

（四）墓主身份为"操计然术"的商贾或没有功名的"善人"的墓志较常出现。乾隆四十二年（1777年）的《林仁圃夫妻合葬墓志铭》记载的是一位"急公尚义"又善于勾结官府的同安财神爷。乾隆五十九年（1794年）的《李敦化墓志铭》记述了厦门上李村的李敦化父子或"贾外洋"或"行货于粤，久客苏州"的情形。嘉庆壬戌（1802年）的《杜静园墓志铭》所载的马銮人杜静园年轻时便到台湾经商，"经营于后垄、竹堑间"。说明康乾盛世，闽南"重儒轻商"的风气已有所松动，"陶朱公"哪怕略识之无，死后也能和达官贵人或知名士人一样，都能请人来"谀墓"。

清代道光年间中英鸦片战争爆发，坚船利炮裹胁着西方文明开始拱开大清帝国的门户，厦门被辟为中国近代首批对外开放的通商口岸。从那时起，厦门社会发生了很大的变化，海港文化的特色进一步得以彰显。近代厦门石刻有几个特点：

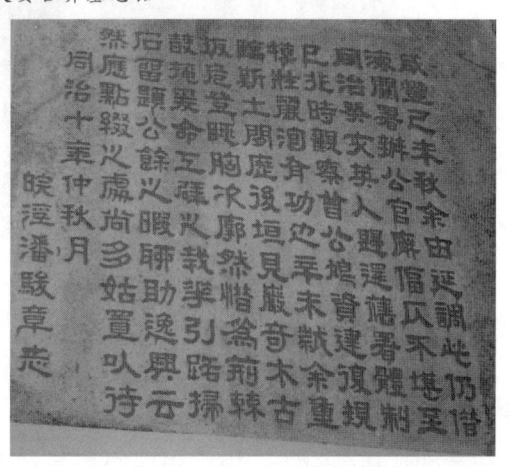

清·林仁圖夫妻合葬墓志銘

（一）記載了西方列強侵華的史實。如同治三年（1864年）的《重修興泉永道署碑記》和同治十年（1871年）的魁星石摩崖題刻，都分別記述鴉片戰爭期間，英軍佔據我興泉永道衙門，改建"夷樓"（領事館），直到1863年才歸還的經過。同治十年（1871年）海滄寧店的《漳州府海澄縣正堂示禁碑》則反映"大荷蘭國領事"對清政府的地方行政權的干預。類似性質的石刻在國

清·廈門魁星石摩崖題刻

内其他地方并不多见。

（二）有关台胞和东南亚华侨的石刻数量增多。清代厦门不乏反映各个时期闽台关系的石刻，但甲午中日战争以后，爱国台胞不愿当亡国奴而纷纷内渡，给厦门的石刻增添了不少新的内容，如林尔嘉、林鹤年、施士洁等台湾名人在鼓浪屿等地方都留下了题刻。反映华侨爱国爱乡的石刻，最早有康熙三十五年（1696年）的《重兴龙池古刹碑记》和翌年的《吧国缘主碑记》，近代以来多体现为摩崖题刻和寺庙宗祠的捐款碑。

（三）题刻和碑刻的落款大量出现商郊行业的名称。此风乾隆年间虽然已有，但近代尤盛。如果把"番银"在本地区的使用也结合起来研究，将给地方经济史增加新的内容。

（四）历年出土的近代以来的墓志数量明显减少，墓志主人除了归国侨商以外，本土人士不多。

从出土唐代墓志的年款算起，厦门石刻至今已经有一千多年的历史。经过千百年岁月长河的淘洗，厦门石刻依然保存着相对较为纯正的中华传统形式，但身上却又负载着独特而深厚的历史文

近代台湾诗人施士洁题刻

脉，因而厦门的石刻文化具有鲜明的地域特征，和丰富的文化内涵。就书法艺术而言，厦门摩崖石刻的书法大体上以楷书为主，行、草、隶、篆各体俱备，佳者如明傅钺、丁一中、张瑞图、何绍基、李暲、周凯、李增霨等人的书法，都能代表题刻作者所处时代的艺术水平。值得注意的是明嘉靖以前的题刻多在

字幅四周加上莲花宝座为框，似乎含有"凡刻石之文皆谓之碑"⑱的古义，无意中却为后世提供了鉴别年代的准绳。碑刻基本上以真书正楷刻石，但也有少数碑刻采用行、隶书体，甚至篆书。墓志的志文则一律采用正楷。题写碑刻和墓志者通常都是当地名家，但下笔不弱，颇有可观。一些比较庄重的碑刻，如时至乾嘉时代，南普陀的御制碑、同安孔庙的《重建同安县学大成殿碑记》等还配有精美的石贝屃为座，《建盖大小担山寨城纪略》甚至建造了石碑亭。这些都是厦门石刻文化"遵古制"的有意识之体现。

清·海沧慈济东宫的吧国缘主碑　　　　　明·张瑞图日光岩诗刻

至于厦门石刻的诗文风采和史料价值,及其背后的掌故等等,由于内容过于丰富而庞杂,只能撷其要者在本书的以下部分浅述之。

贝屃

清·建盖大小担山寨城记略之碑序　　　　　清·建盖大小担山寨城记略碑

五

目前,厦门存世的摩崖石刻总共有 456 段(除掉一部分坟山地界和"风水石"等标志性石刻),分布在厦门市的各个辖区内,其中思明区 413 段(鼓浪屿 69 段),集美区 6 段,海沧区 8 段,同安区 24 段,翔安区 5 段。

思明区是厦门的老城区,人文资源丰富,辖区内又有诸多名岩胜景,所以摩崖石刻的数量居多,其中万石植物园(包括万石岩、中岩、太平岩、紫云岩和天界寺)有摩崖石刻 111 段,虎溪岩和白鹿洞共有 84 段,南普陀及后山的五老峰有 70 段,鼓浪屿的日光岩有 65 段。此外,云顶岩和中山公园内的魁星石也有不少题刻。思明区是厦门摩崖石刻最集中的地方,辖区面积不大却拥有那么多的石刻,难怪郭沫若当年游览南普陀寺时,很有感慨,曾写下"天然林銮好，深憾题名多"⑲的诗句。

其一，摩岩石刻。

厦门的摩崖石刻主要涵盖明、清两个朝代和民国时期。部分石刻没有年款，或年款不甚可靠，年款确切的石刻共有412段，其中明代69段，清代218段，民国时期125段。

厦门年代最早的摩崖石刻是岛内是云顶岩上的"天际"两字，它题刻于明洪武十四年（1381年），其次是万寿岩的"无量寿佛"四个楷书大字，题刻于明正统七年（1442年），万寿岩吴楷那段诗刻年款为嘉靖六年（1527年），列为第三。同安还有几段有嘉靖年款的诗刻，只是年代皆迟于以上题刻。此外，相传厦门有两段宋代摩崖石刻。一为云顶岩上的楷书题刻"龙门"二字，传为宋末陆秀夫所题。一为"官荣"石刻，《厦门志·分域略》载："烟墩山，在城东文公山东，下有'官荣石'，距塔头社里许，……陆丞相秀夫书'官荣'刻之。"今"官荣石"已毁，但从仅存的旧照片来看，"龙门"两字却与它有些神似，但是否陆秀夫的手迹，那就只能姑存待考了。

厦门摩崖石刻的内容大体有题记和诗文等几项。题辞、记事和记游的短文等都属于题记。题辞的字少，多数仅两个字或四个字，不过刻在名岩胜景中，却有画龙点睛的妙处，如明傅钺在天界寺所题的"仙岩"、"天界"，丁一中在鼓浪屿日光岩所题的

明·洪武十四年云顶岩"天际"题刻

明·嘉靖六年万寿岩吴楷诗刻

云顶岩"龙门"题刻

明·天界寺"仙岩"题刻

明·丁一中"鼓浪洞天"题刻

"鼓浪洞天",林懋时在虎溪岩所题的"稜层",清奕仁在太平岩所题的"石笑",李暲在万石岩所题的"万笏朝天"等,不但书法美,辞句也高雅、生动而且富有内涵。后世那些附骥应景之作,其水平很少有出其右者。记游类的题记也很简练,如明万历年间沈有容与著名学者陈第在南普陀的记游题刻总共才28个字。清末美国舰队访问厦门和隔年来厦献杯致谢,以及接待美国商会代表团等外交大事,刻在石头上至多不会超过两百字。贝勒载洵等人和名人郑观应等人游览南普陀的记游题刻更短,仅题人名、时间而已,并无赘辞。记事题刻最有影响而行文最简练的,是白鹿洞和鸿山上面天启年间赵纾、朱一冯、徐一鸣等人的那三段"攻剿红夷石刻",短者13字,长者也不过

清·记游题名石刻

60个字。这三段题刻不但海内仅有,而且记载明代厦门军民抗击外来侵略的历史意义尤为重大。题记字数多者如清普荫隐氏的《万寿岩记》,薛起凤的《榕林别墅记》,太平岩的《永禁毋许寄厝棺骸题刻》,鼓浪屿的《重兴鼓浪屿三和宫记》等,这些题记虽然动辄上千字,但有史料存焉。譬如石泉岩那段字数不少的《告示题刻》中,居然有清代该寺的泉水"每日出数百余担",市民来取用,"每取水一担纳钱四文"的经济史资料。行文不短但摘词却有可观者,如清道光年间的《重修白鹿洞序》,作者以"悟七心之尽妄,佛不殊仙;念三教之同源,儒亦重释"等句,赞叹当时该寺融有

明·朱一冯攻剿红夷石刻

儒、道、释之风。有的题记虽长但很有"禅"趣,如白鹿洞的《成盛和尚禅语石刻》记载清初雍正年间原籍厦门的成盛和尚时在北方,有人问:"闭关三年,事作么生?"成盛答:"在声色里"。又问:"北方禅、南方禅,是同是别?"他说:"一个鼻孔出气。"

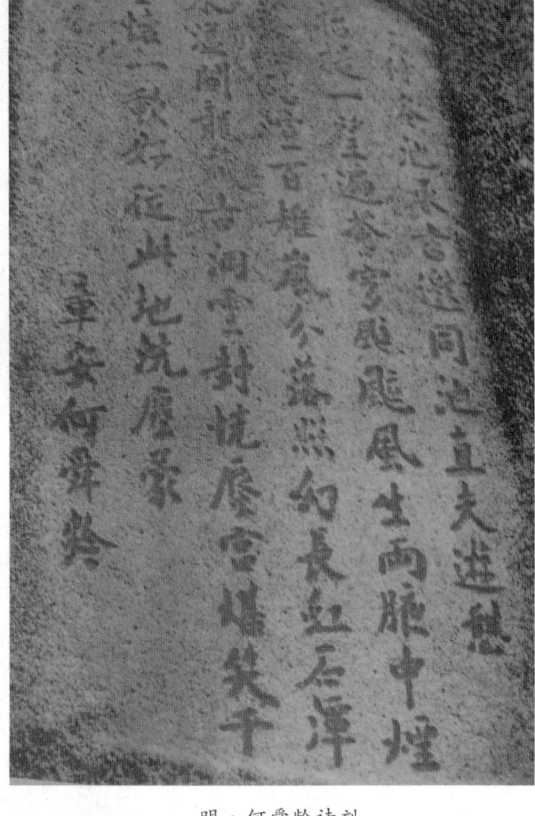

清·白鹿洞记　　　　　　　　　　明·何舜龄诗刻

厦门有明纪年的摩崖诗刻数量颇不少，其中当以施德政、李扬和徐为斌在天界寺的《征倭诸将诗壁》，抗倭名将戚继光、俞大猷在万寿岩的《俞戚诗壁》这两组诗刻，以及抗荷将领南居益、谢弘仪（道光《厦门志》作谢隆仪）、何舜龄等在虎溪岩、日光岩等处的诗刻知名度最高。除此之外，本地的官宦文士，如刘汝楠、李春芳在同安圣水泉山，叶普亮、洪朝选、刘存德、傅钺、池浴德、陈应鸾等人在厦门的云顶岩也都留下了诗刻。值得一提的是隆庆、万历年间江苏丹阳人丁一中在厦门总共留下8段诗刻（其中金门2段）。在明代诸诗刻中，丁氏的数量最多，影响较大。

由于社会发展，以及港口优势等因素，入清之后厦门遂一跃为闽南的政治、经济和文化的中心，而且是闽台之间重要的枢纽。于是，与外界的交往日益频繁。有清一代，来厦或来厦转台的官员多有工诗善书者，来厦寓居的也有不少是漳、泉两地的文化精英。因此，清代厦门摩崖诗刻的作者大多属于上述人物。龙溪黄日纪来厦定居后，与"云洲诗社"的社友们一起弘扬风雅，厦门的名岩胜景几乎都有他们的诗刻。临安（杭州）的俞成在厦任海防同知时，也

明·丁一中金门太武山题刻

到处题诗刻石。黄日纪的诗刻有13段，题记2段。俞成的诗刻有6段。黄氏诗的格调平平，唯时有佳句。俞氏在万石岩那一段"偕同人游万石岩，复登中岩上岩"的五古长诗，足有68句之多。不过，黄、俞两位雅士的行书题刻还是能为厦门的海色山光平添不少书卷气。

乾嘉之后，诗刻逐渐减少，更多出现的是题辞类的石刻。著名的爱国台胞李友邦在南普陀寺后巨石上题刻的"复疆"两字，今已成为涉台文物的珍品。

鼓浪屿日光岩是厦门摩崖诗刻数量比较多的地方。该岩有石刻65余段，其中明丁一中、南居益和清黄日纪、俞成和石国球等人的诗刻和题刻，以及蔡元培、

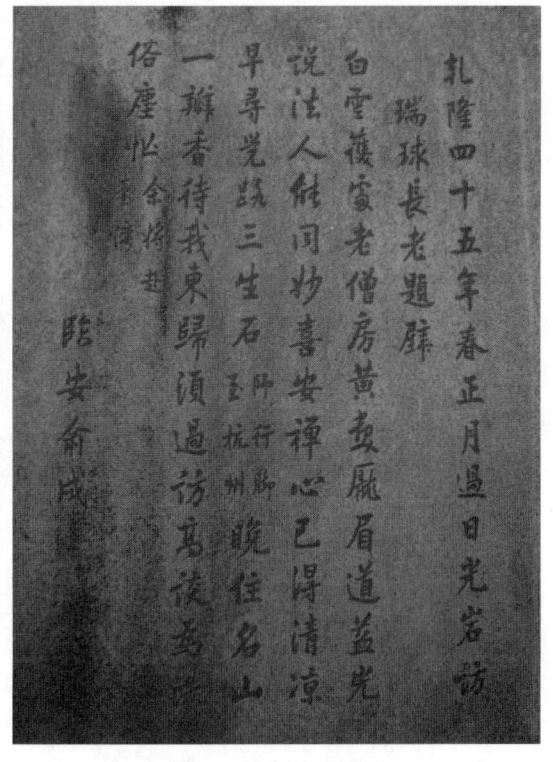

清·俞成日光岩诗刻

南普陀近代台胞题刻

蔡廷锴、汪兆铭等近现代名人咏怀郑成功的诗刻最引人瞩目。明、清时期的张瑞图和何绍基的题刻乃后人据真迹所摹刻，这两位大书法家其实未曾来此登临过。除此之外的诗刻大部分属于个人酬酢之作，其中唯有张琴和台湾施士洁等名家最佳。

其二，碑刻。

厦门现存有从宋代至民国时期的大小碑刻 382 通（可能还有个别遗漏），其中年代确切的为：宋代 5 通，元代 1 通，明代 43 通，清代 289 通，民国时期 44 通。此外，录自方志文献者 74 通。年代最早的题刻是宋建隆四年（963 年）的《建造太师桥题刻》、治平二年（1065 年）《海沧石室院石构建题刻》、宋开禧乙丑（1205 年）同安铜钵岩的《石佛造像记》、景定元年（1260 年）同安区新墟村的《古道十八弯修路石刻》和明正德十一年（1516 年）灌口的《重建深青桥记》等，然而这些题刻或题在建筑构件上，或为造像题刻。现存较为正规的碑刻中，年代最早的前五位为：明天顺二年（1458 年）海沧后井的

清·何绍基日光岩题刻

《旌义民碑》、弘治甲寅（1494 年）同安的《宋理学先贤顺之许先生墓道碑》、弘治庚申（1500 年）灌口田头的《万寿宫题缘碑》、嘉靖二十五年（1546 年）马銮的《杜氏复业碑》和嘉靖四十三年（1564 年）同安岳口的《邑父母谭公

功德碑》。

宋·建隆四年建造同安太师桥题刻　　明·蔡虚台先生筑海丰朱埭堤岸功德碑颂

厦门所有的碑刻可以分成八个大类：

第一类：铭功纪念。共51通，其中见诸方志文献者21通。内容包括名宦祠碑记、攻剿红夷石刻、各种功德碑、去思碑等。除明代的《攻剿红夷石刻》、清代的"欢迎美国舰队"等题刻外，主要有建造或重修朱子祠（或称紫阳祠）、苏魏公（即苏颂）祠堂、林次崖公（即林希元）祠、李忠毅公（即李长庚）祠堂和周公（即周凯）祠的碑记；有赞颂谭维鼎、刘斯俅、陈锁（海澄）、李灿然、唐孝本、吴镛、刘嘉会，姜应龙等知县或其他官员的"德政碑"。明崇祯元年（1628年）何乔远撰文的《蔡虚台先生筑海丰朱埭堤岸功德碑颂》、清雍正癸丑（1733年）的《唐侯功德碑》反映同安人民对带头改造环境、造福乡梓的蔡献臣和唐孝本的怀念，颇有史料价值。

第二类：社会建置。共82通。其中见诸方志

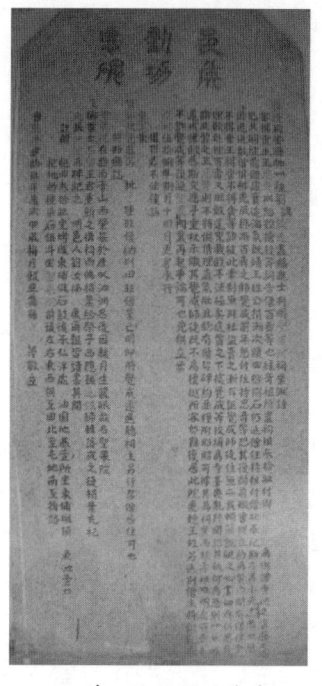

清·邑侯刘功德碑

文献者 18 通。包括桥梁类 18 通，津渡类 7 通，道路类 8 通，其他设施 31 通。内容有建造和重修太师桥、深青桥、五显第二桥、西安桥、饮亭桥、鼓浪屿宫口桥、喜济桥、铜鱼桥等桥梁的碑记；有重建重修利济渡、五通路亭、洪本部渡头、打铁路头、新路头、莲河渡码头的碑记；有在古道十八弯、西山、岭头崎下、董内岩后山等地修筑道路的碑记；有修建唐公堤、张埭、义仓、育婴堂、普济堂、自来水公司上李堤坝、中山公园、中山医院等公共设施的碑记。

清·重修打铁路头碑记　　　　　　　清·洪本部路头告示碑

第三类：教育机构和官廨。共 44 通，其中见诸方志文献者 29 通。包括书院类 29 通，孔庙、明伦堂类 7 通，官廨类 8 通。内容有重建或重修大同书院、安边社学、文公书院、双溪书院、鳌江书院、玉屏书院、华圃书院、紫阳书院、金门浯江书院、禾山书院、启智学校、宽裕学校、觉民学校、竹树脚教会学校的碑记，有重修重建同安孔庙、同安县学、明伦堂、大成殿等的碑记，有重修重建安边馆、兴泉永道署、马巷厅衙署和同安县官、公署的题名碑等碑记。

第四类：宗教寺院。共 74 通，其中见诸方志文献者 2 通。包括佛教寺院类 68 方，道教类 4 方，伊斯兰教 2 方。内容有重建或重修同安铜钵岩、龙山圣果院、梵天寺、石室院、龙池岩寺、南普陀寺、云顶岩僧舍、松柏林观音堂、盈岭大士寺、梅山寺、万寿岩、普光寺（另称金鸡亭寺）、天界寺（另称

清·重修同安儒学碑记（局部）

醉仙岩）、白云岩寺、后溪定琳院、白鹿洞寺、莲河圆通庵、中岩寺、万石岩寺、紫云岩寺、鸿山寺、太平岩寺、海沧云塔寺、翔安香山寺等寺庙，以及道教的同安朝元观、大元殿和伊斯兰教的厦门清真寺等宗教场所的碑记。

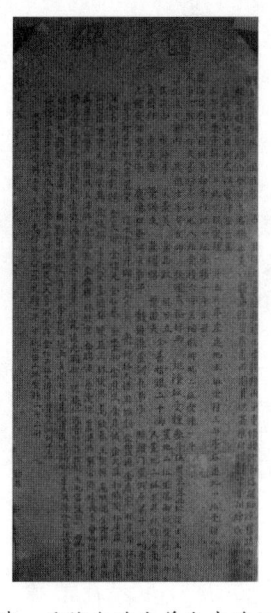

清·重修龙池岩寺碑　　清·重修金鸡亭普光寺碑记　　清·重修鸿山寺碑记

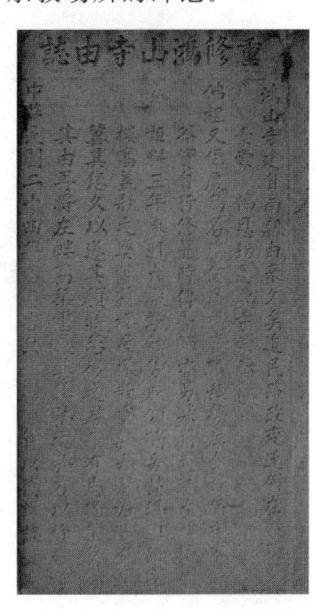

第五类：宫庙殿宇。共80通，其中见诸方志文献者2通。包括吴真人庙

宇32通，其他民间信仰的神庙类48通。内容有重建或重修慈济东宫、后柯海印堂、曾厝垵鹭峰堂、高崎万寿宫、温厝慈济北宫、丙州昭应庙、马銮昭应宫、厦门篔筜宫、海沧玉真法院、新垵大觉堂、海沧龙山宫、五通昭塘宫、厦门长兴宫、同安灵鹭堂、鼓浪屿兴贤宫、种德宫等吴真人庙宇的碑记，有重建或重修翔安介谷殿（祀神农炎帝）、深青茂林庵、海沧灵惠庙（祀张巡、许远）、厦门水仙宫（祀夏禹等水神）、马巷三忠宫（祀文天祥、陆秀夫、张世杰）、灌口凤山祖庙（祀李府元君）、厦门武西殿（祀玄天上帝）、鼓浪屿三和宫（祀妈祖）、厦门和凤宫（祀吴真人、妈祖）、新垵正顺庙（祀广惠尊王）、曾厝垵福海宫（祀妈祖、吴真人等）、同安广利庙（祀王审知）、碧山岩药皇殿（祀神农圣帝）、同安后河圣母庙（祀妈祖）、马巷元威殿（祀池府王爷）以及厦门、同安、马巷的城隍庙等民间信仰宫庙的碑记。

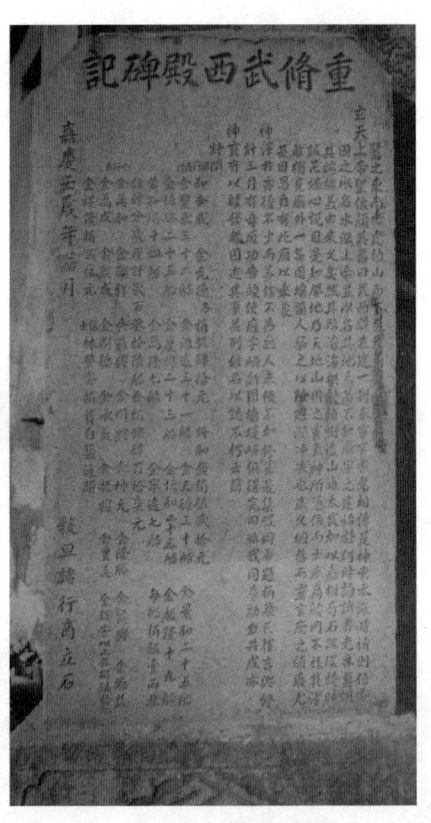

清·重修忠惠庙碑记　　　　　　　清·重修武西殿碑记

　　第六类：宗祠家庙。共30方。内容有重建或重修翔安金柄黄氏祖祠、海沧芦坑谢氏世飨堂、海沧青礁颜氏家庙、海沧后柯柯氏时思堂、集美马銮杜氏大宗祠、同安铺后陈氏祠堂、湖里县后嘉禾县陈氏庙、集美灌口下许许氏季房小宗、翔安澳头苏氏孝思堂、湖里县后陈氏燕诒堂、海沧钟山蔡氏谷诒堂、海沧宁店龙潜宗祠、湖里殿前陈氏地房祠堂、湖里五通孙氏宗祠、海沧东屿李氏积庆堂、翔安曾厝陈氏追远堂、湖里仑后王氏宗祠等宗祠家庙的碑记。

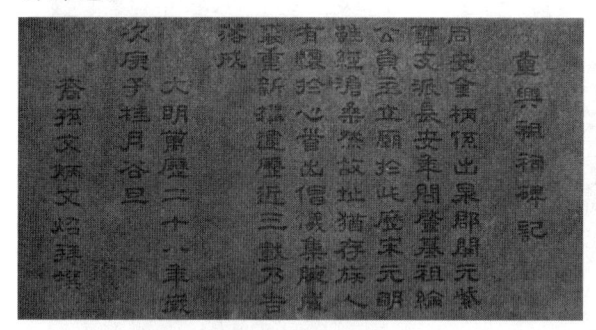

明·同安金柄重兴祖祠碑记

第七类：示禁乡规。共52通。包括示禁，即地方政府公布的判决文告和乡规民约等。示禁类有判决同安睦命塘、马塘、美埔和后肖乡等地灌溉用水纠纷案的示禁碑，有判决万石岩、麻灶乡、后溪许庄等处土地纠纷案的示禁碑，有严禁扰乱水涨上帝宫、打铁路头、洪本部路头等处公共秩序的示禁碑，有

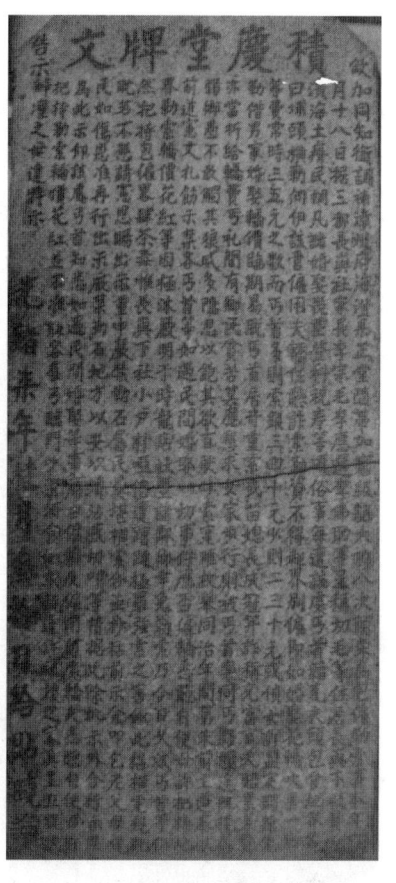

清·海沧东屿李氏积庆堂碑记

同治至光绪年间严禁轿夫、吹鼓手敲诈案的示禁碑，因这类扰乱社会的行为在岛内禾山、海沧东屿、渐美等屡有发生，荷兰领事还为海沧旅居印尼的荷籍侨民直接照会过清朝地方政府。此外，雍正五年（1727年）厦门海防分府严禁水手因"溺水、患病殒命"，家属受人挑唆而无理闹事的示禁碑；乾隆三十九年（1767年）厦门海防分府革除强迫商户"值月承办物件"等陋规的告示碑；嘉庆九年（1804年）同安县奉令禁止贡、监生员充当乡、保长的示禁碑等。乡规民约类主要有清代各时期厦门民间以宗族或村社为核心，自定约束条例的石碑。虽涉及内容不一，但总的宗旨不外为"敬祖睦族"、"整顿社风"和提倡"里以仁厚为美"之风。其基本内容包括禁止赌博、盗窃、"勾通匪类"、践踏五谷等项，违者"罚戏"或估价赔偿。其中嘉庆年间同安后塘村特辟小宗祠为书斋，并为此制定管理章程，尤为难得。但这些"土政策"后世看来也有不尽合理之处，如嘉庆年间同安六寮乡的《垂戒后世》碑规定族人"不许与仆隶流辈缔姻，泊素无姻谊者俱不准乱匹"。结果有"不肖孙"触犯了族规，全家被

驱逐出族外。这批示禁碑和乡规民约的刻石，为我们了解清代厦门民间社会生活提供了不可多得的第一手资料。

清·示禁碑

清·金门严禁妄报官牙垄断市集碑记

第八类：其他碑刻。共 49 通，其中墓碑、神道碑 16 通，坊表 12 通，题名石刻 6 通，其他刻石类 15 通。明弘治甲寅（1494 年）的《宋理学先贤顺之许先生墓道》简要记述了宋代学者许顺之的生平，隆庆元年（1567 年）东孚的《温泉铭》记载了厦门古代地热资源，万历三十年（1602 年）新墟金柄的《黄氏祖林垂示碑》反映古人重视生态环境的传统，清康熙戊寅（1698 年）西柯埔头的《同安水殇男女十八人墓碑》（俗称"十八墓公"）记录了同年四月廿八夜"水灾暴作"的惨象。这一批碑刻尽管内容比较简略，但史料价值不容忽视。

其三，墓志、墓志铭。

墓志的内容一向为治史者所重视。改革开放以来，随着城乡建设的发展，厦门陆续出土了不少墓志。除了文物管理部门的正规发掘清理之外，有些墓志被民间人士所收藏。因此，搜集、整理的难度相对比摩崖石刻和碑刻等公众视

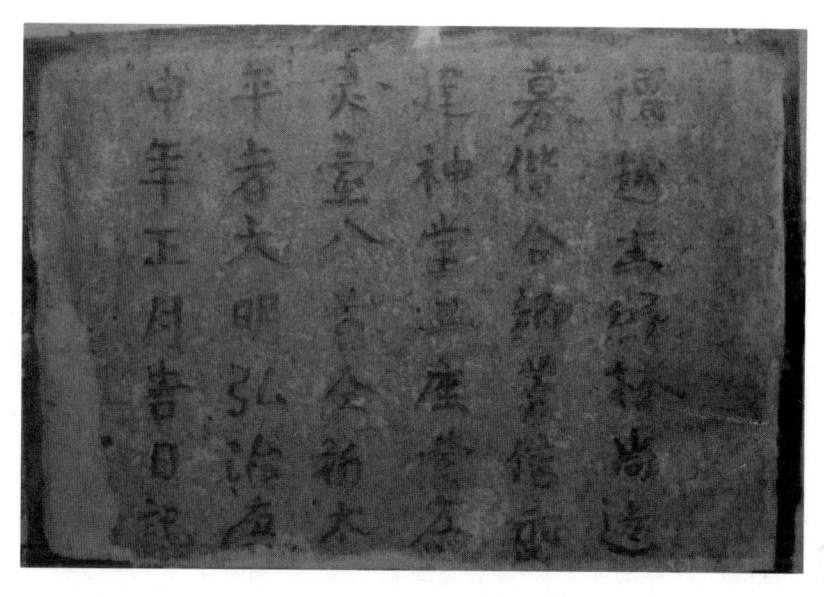

明·弘治庚申厦门灌口万寿宫碑

觉能及的石刻要大得多。近年笔者所编的《厦门墓志汇粹》一书，辑录自唐至当代厦门出土的墓志凡150方（其中录自方志、谱牒等文献者33方）。

厦门历年出土墓志从内容来看，有以下几个特点：

（一）闽南唐代历史研究重要的文物资料。2005年厦门同时出土的那两方唐代墓志，是继1980年泉州出土的唐志之后，福建考古界的大事，它必将有助于闽南开发史及唐代厦门历史文化的研究。

明·金门蔡中溪夫妻神道碑

唐·汪夫人墓志铭

（二）郑成功史研究的新史料。多年来，厦门所出土的郑成功部属的墓志在闽南地区数量最多。永历四年（1650 年）的《皇明钦赐祭葬太师彦千郑公暨弟太傅涛千郑公墓志铭》(1994 年出土)，王忠孝撰文、沈佺期书丹，王、沈二人皆郑成功重要的僚属。墓主郑广英，号彦千；郑省英，号涛千。据《石井本郑氏宗族谱》载，他们两人系郑成功叔父郑芝鹏的长子和三子，早年参加抗清，永历三年（1649 年）在据守石镇的激战中，同日阵亡。该墓志铭品相完好，是郑成功史研究珍贵的实物资料。永历癸巳（1653 年）《大参戎郑公墓志铭》(1992 年出土) 的墓主郑德乃明末厦门高浦人，替南明著名海商兼抗清人物郑彩管理"家中簿书，饷税庶务"，被授以参将衔。因该墓志铭载明墓主系郑彩的功弟，从而解决了史学界关于郑彩籍贯问题的多年悬疑。此外，有郑军重要将领薛进思、杨权、蔡进福等人物的墓志，有直接追随郑成功抗清的林开勋、杨其漉、纪石青等人物的圹志或墓志铭，有与郑成功史有关的江心仰、纪文畴、唐自明等人物的墓志；有墓主后裔为郑成功部属的《林开特母丘氏志铭》、《黄昌母王太孺人墓志铭》和《纪母叶太君墓志铭》等。

明·郑成功部将薛进思圹志　　　明·郑成功部将蔡进福墓志铭

（三）闽南华侨史的珍贵资料。厦门与华侨的关系源远流长，早在清代康熙年间就有旅居"吧国"的"甲必丹"（Kapitein）、"雷珍兰"（Luitenant）和"美硕甘"（Weeskamer）（"甲必丹"等头衔是当时在侨居地处理华人事务的大小首领的荷语音译）等乡亲和光绪初年的"大妈腰"（Mayor）李妈赛为厦门宫庙的重修捐款。厦门人的出洋谋生为时很早，乾隆年间《皇清显考敦化李公墓志铭》就有墓主之父钟山公早年"贾外洋"的记载。有关厦门人"过番"的点滴记载屡屡散见于不少墓志的字里行间。清末民初，在墓志日渐式微之际，

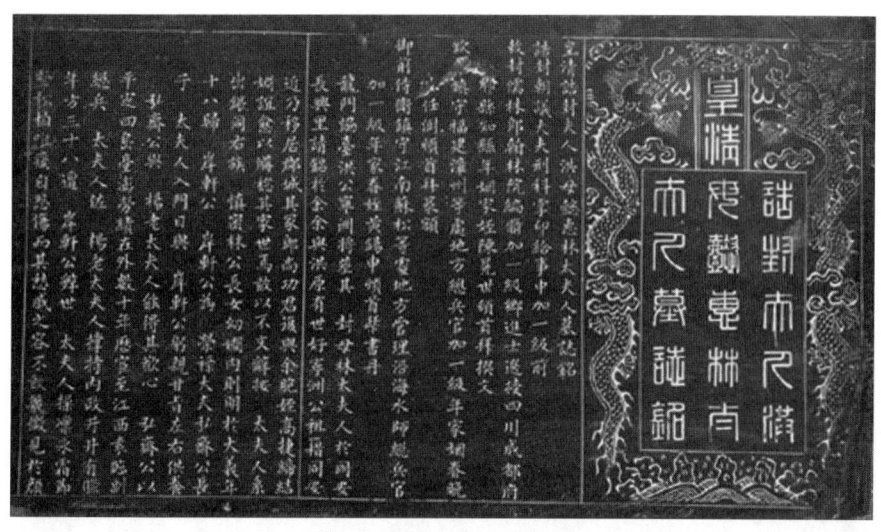

清·懿惠林太夫人墓志铭

却仍有一批荣旋故里或继续在家乡创业的华侨或侨眷的墓志，其中墓主有越南华侨黄仲训之母、陈炳猷、陈母张太君，印尼华侨黄奕住、吴奕聪、王玉深，缅甸华侨陈茉莉，菲律宾华侨吴天朴和香港的杜母曾太恭人等。

（四）闽台关系的重要见证。厦门与台湾历史上存在着水乳交融的"五缘"情份。厦门墓志中的《苏巍庵夫妻合葬墓志铭》就记载墓主康熙年间"以凤山弟子员登丁卯（1687年）贤书"，成为"今台之科目，巍庵开其先"的人物，也即台湾的第一位举人。乾隆年间的《陈心堂灞亭父子合葬墓志铭》也记载陈心亭"因渡台，寄籍漳化（按：即彰化），采其邑庠"的经过。有清一代，台湾属于驻于厦门的福建水师提督管辖范围，陈昂、吴英、蓝可斋、李长庚、曾

清·陈宗凯墓志铭

允福、蒲立勋、陈化成、邱联恩、陈宗凯等水师将领，及水师提督吴春波之母吴太夫人、磐石炮台管带耿翰臣之妻王恭人于贞等眷属的墓志，内容多与台海风云有关。其他民间的经商往来更为频繁，如嘉庆壬戌（1802 年）的《杜静园墓志铭》反映了墓主兄弟"泛棹东宁（按：台湾别称），经营于后垄、竹堑间"的历程。像杜家兄弟那样"服贾乎台湾，居奇于鹭岛"的厦门人当年不在少数。台湾名人林维源、林彭寿的圹志和墓志铭则记述了台湾"板桥林家"内渡大陆前后的情况。

厦门墓志当然也具备其固有的证史、补史的作用。如明代刘汝楠、蔡贵易、李献可、林瀠川、周长庵等乡贤名宦的墓志，可以补充方志人物传的某些不足。蔡见南、张及我、林仁圃等地方人士的墓志，则有助于加深我们对厦门古代社会的了解。屈长人、黄振山、吴时亭、黄植圃和黄崑石等明清时期的墓志，将对鼓浪屿的申请世界文化遗产有一定的帮助。

黄奕住墓志铭

子為矜岷引重故終能志遂而業成也時有為君
策者曰中原多故不如此間樂君雄于賞何地非
吾土為終焉計不求善乎君謝之曰吾為中華民
國之國民安能忍辱受人奇禁記人守下隸人國
籍者乎且我國地大物博建設易為功的的禹甸
寗門曰此地與港号昆連滬凇亦帶水之限閩南
商業之樞也爰叔立日興銀號以與南洋群島通
呼吸念則華公已逝葬于南安獅頭阿母年高故
鄉多匪患乃迎蕭太夫人於鼓浪與居馬觀海別
墅饒水石之勝春秋佳日君必躬奉板輿敬天倫
樂事閭坽里刺華僑多泉人金融之權操縱於外
國銀行據失甚鉅君至倡設中興銀行以挽回利
權上海為五口通商之一外商薈聚皆行駛其國
幣君與商界名流組織中南銀行自輸股金數百
萬復別存數百萬為護本金向財政部立案政府

諗君才知可倚重遂子發行鈔幣視中國交通二
行奬君歸國自效為華僑勸也無何丁蕭太夫人
憂以道梗不得歸葬即安居於彭浪與東山頂家
園每思親輒潸然涕下蓋君之至性過人
也嗟乎以君之才使得行其志兄有裨於國計民
生者次第舉行其事業又惡可量顧頻年內難間
作遂南北兌一而蘆溝之事復起當金厦未陷時
君見幾避往滬上蟄居密廬謝接見每聞時事則
悒悒不樂謂天不相中乃降此鞠凶呼歡書兄弟
告之曰吾愛國愛鄉之心不後於人一入國門即
思跕涓埃之報延卒卒未酬所志今老矣豈能為
役矣彌留之際尚朗誦孔子言忠信行篤敦蠻貊
之邦可行數語而逝遐邇耗哀悼同深欽書兄
常扶柩南下葉有期先日伻來以余知君諧靖為
鞞幽之文余客莅十餘年名園密通兩家均蟄
菊花時恒相過從譚鄉謹敘平生君每以少時失

學為憾故叙辦斗南學校於樓霞鄉慈勤女子中學於鼓浪嶼而新嘉坡愛同學校華僑中學廈門大同中學英華中學北京大學廣東嶺南大學十二海復旦大學均倡捐鉅資不吝君好義天成之以慈善事業踵門勸募者靡弗樂為之應瑣碎不勝枚舉也君謙抑為懷嘗受政府二等大綬寶光嘉禾章一等大綬嘉禾章而院部之以顧問委員徵聘者皆遜謝之惟有關於地方家國者若創

辦廈門之自来水以重衛生協助廈門市區之開以便交通收回鼓浪嶼日人電話權以尊國體獨資泉州開元寺東塔以存古蹟倡建廈門江夏堂大宗以聯族誼無不竭力為之使天假以年在壽議中之漳廈鐵路以及礦務航業皆可以次第行矣顧不惜哉顧不惜哉君卒於民國三十四年六月五日午時農曆四月二十五日距生於清同治七年戊辰十月廿四日戌時享壽七十有八配

王夫人在南洋娶者蔡夫人邁室楊氏蘇氏朱氏吳氏生男子子十二人欽書鵬飛浴沂友情興銘天恩德隆德心德坤世哲世禧世華女子子八人寶章玉瓊王杏寶萱金華寶容寶蕊寶華王夫人出寶章玉杏寶芸寶蕊沂友情天恩蕭華王夫人出寶章玉瓊楊氏出德隆德心德坤金華蘇氏人出鼎禧寶蓉寶芸朱氏出世哲世禧世華寶鵬出鼎銘王瓊楊氏出德隆德心德坤金華蘇氏人出鼎禧寶蓉寶芸朱氏出世哲世禧世華鵬先卒男孫三十六人女孫十四人曾孫

六人曾女孫三人諏於十一月一日未時葵于鼓浪嶼九層塔之麓灾塵巽揖乾銘曰天恩德隆德心德坤世哲世禧世華女子子八人
史遷憤世傳貨殖千百年眼光燦燦予國之道迴在商吳進卜式黷孰辛外資吸取在立市利桐溢自吾鄉始君真健者令人憂但憑七尺涉波濤金豆撫拾克囊裹乘風長謠歸酒撰摹才大資設施斯人胡忍天敗之一坏高峙延平豐其下瑗以金帶水嗟君世跡忽奄收我昭其窀貞甌軒輶戟筆

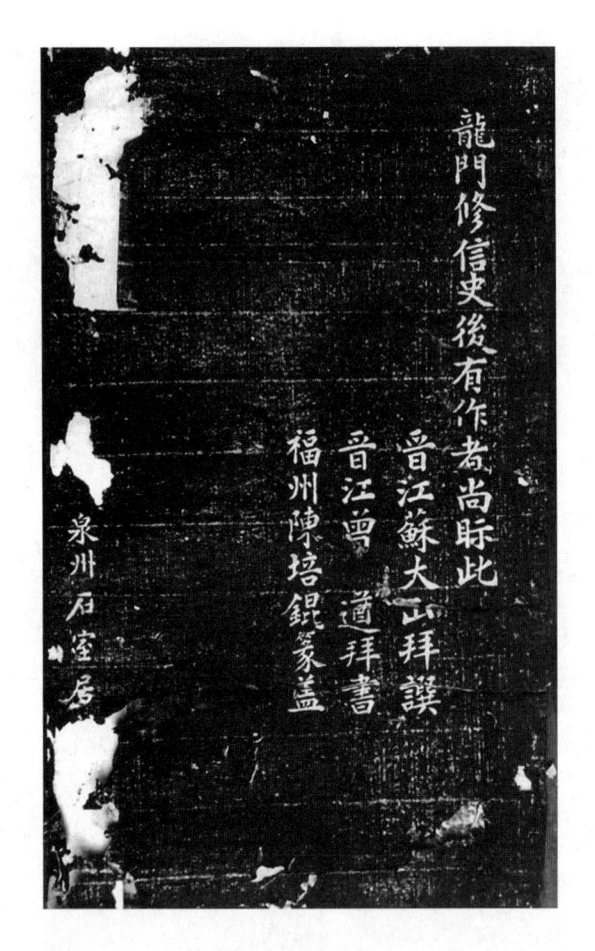

近代黄奕住墓志铭

六

20世纪20年代，厦门大学国学研究院顾颉刚、张星烺、陈万里等教授即注意到闽南石刻。顾颉刚教授即以"厦门的墓碑"为研究的课题，陈万里的《闽南游记》和张星烺的《泉州访古记》等著述就包括他们在闽南所见的石刻，以及他们"抚拓碑刻"的工作照片。

闽南，尤其厦门的石刻文物是如此的众多而且别具特色，早已受到社会的关注。学术界对地方的石刻更是关爱有加。厦门大学杨国桢教授曾为石刻的学术价值做了十分精辟的概括，他认为"历代碑志是社会制度、社会生产、社会生活遗存的实物见证，有文物和文献双重价值"[20]。

正如著名的人类学家林惠祥教授在《为什么要保存古物》一书所指出："石碑时代古的必须保存，时代不古的但有关于历史事件的，也应保存。书法精美的也应保存。……福建石刻自唐宋起渐多，时代不及北方古，但也有重要的。"本文根据我平时对石刻文物的田野调查之所得，不惴窳陋地做一个大体的介绍，目的在于希望让大家对石刻这份文化遗产获得初步的了解，从而爱护它、保护它。

本文载于《厦门石刻撷珍》，中国人民政治协商会议福建省厦门市委员会编，何丙仲著，厦门大学出版社，2011年12月。

注释：

①⑱〔清〕叶昌炽《语石》
②金其桢《中国碑文化》，重庆出版社，2002年。
③东汉和南北朝碑刻的大体统计数字出处同②。
④⑧《福建省志·文物志》，方志出版社，2002年。
⑤唐朝苏仁石刻见《福建摩崖石刻精品》，福建人民出版社，2005年。徐寅诗刻见《福建省志·文物志》，方志出版社，2002年。
⑥⑦〔清〕陈棨仁《闽中金石略》卷一。
⑨⑫《福建摩崖石刻精品》，福建人民出版社，2005年。
⑩⑭吴文良原著、吴幼雄增订《泉州宗教石刻》，科学出版社，2006年。
⑪粘良图《晋江碑刻选》，厦门大学出版社，2000年。
⑬漳州市文化局编《漳州文化志》，1999年，内部出版。
⑮何丙仲、吴鹤立编纂《厦门墓志汇粹》，厦门大学出版社，2011年。
⑯陈笃彬、苏黎明《泉州古代科举》，齐鲁书社，2004年。
⑰同安文物管理委员会编《同安文物概览》，1983年，内部发行。
⑲《郭沫若闽游诗集》，福建人民出版社，1979年。
⑳杨国桢序，见何丙仲编纂《厦门碑志汇编》，中国广播电视出版社，2004年。

厦门美术专科学校述略

一

19世纪60年代上海"土瓜湾画馆"曾被称为中国近代西洋画的摇篮，而中国人自办美术学校则始于1911年周湘在上海的"布景传习所"和翌年刘海粟的"上海图画美术院"。但最近我查阅《中国近代学制史料》，发现成立于清光绪三十一年（1905年），后改为"奉天体育美术专修科"的这所学堂才是中国最早自办的美术教育机构，只不过它为时太短〔宣统元年（1909年）合并于两级师范学校〕，加上相关资料缺乏的原因，所以知之甚少。

厦门的美术教育机构始于何时？众所周知，近代厦门和上海几乎同时对外"开埠"，厦门人同样很早就从洋教士传布的有关耶稣上帝的小画片上认识西洋绘画艺术。1920年前后，从国外学习美术归来的黄燧弼先生在厦门创办了"真庐画室"，从事西洋画的创作和教育。"真庐画室"是厦门历史上第一所美术教育机构。不久后"因向学者日多，遂感厦门有设立美术学校之必要"①，黄燧弼先生乃与自菲律宾留学回国的杨赓堂先生和毕业于福建高等师范图工科的林学大先生等人商议，在"真庐画室"的基础上筹办"福建至美至善之艺术机关"——厦门美术学校，并于1923年9月1日正式开学。旋因"生数渐增，乃于外清顶释仔赁得民房数座为校舍，推黄燧弼先生为校长"。据《近代厦门教育档案资料》记载："（民国）十三年（1924年）厦门美专又增赁附近民房数座为学生宿舍，及自建写生教室一间。十五年（1926年）春，校务委员会成立，规模为之一新。"②

于黄燧弼等人创办厦门美术学校的同时，另一所"厦门绘画学院"也在厦门诞生。该学院创办人王逸云先生于1913年留学日本京都市立绘画专门学校，1926年又进东京本乡绘画研究所，研习西洋画，是留日资格最老的画家之一。回国后创办"厦门绘画学院"，1929年该学院与厦门美术学校合并，黄燧弼任校长，王逸云任教务主任。不久，学校改名为"私立厦门美术专门学校"，1930年又依照教育部规定，改称"厦门美术专科学校"。在研究地方美术发展史时，不知何因往往忽略了王逸云其人，即梳理厦门美专校史时，也没有把"厦门绘画学院"列入。近日好友梁桂元先生认真探讨相关史料后，在其大著《闽画史稿》中使这段史实得到了必要的钩沉。可惜至今为止尚找不到这位厦门西画老前辈的作品。

1930年秋，周碧初先生从法兰西学成归国，得掌本校教务，积极筹备，组织次第完密。二十年（1931年）春，聘荷兰国籍之葛默和女士（Hyrathia Carvalho）为雕塑系主任。其后因学生数不断增多，原有校舍和设备不敷使用，校董会主席翁俊明先生乃献地一区，位于厦门的麒麟山，计有140余方丈，为建设校舍之需。由校董会发起组织建筑校舍募捐委员会，推陈金方、翁俊明、洪勋元诸先生为常务委员。二十一年（1932年）秋，聘请前国立北平大学艺术学院教授林俊德先生为教务主任。二十二年（1933年）又增聘新从法国归来之郭应麟先生为西画教授。在此之际，先后毕业于巴黎朱莉安艺术学院和日内瓦美术学院的林克恭先生回国到本校任教，1936年黄燧弼先生辞职到菲律宾（梁桂元先生的《闽画史稿》载为黄氏去世才由林克恭接任，不确。据黄先生之子说，黄燧弼是1937年病逝于菲岛，遗体运回厦门安葬），他被推为第二任校长；谢投八任教务还兼油画教师。厦门美专发展到斯时，已臻全盛。

关于麒麟山麓那座140余方丈的新校舍为什么没有建成？其中原因还有待于进一步探讨。但《厦门文化艺术志》说，厦门美专创办后不久，就"由于学生逐年增加，虽然增租附近民房，仍不敷用，遂将校址迁至公园东门内"，似乎不确。实际上迁址的事当发生在1935～1936年期间，因这一部志书记载："1936年6月在中山公园东门校址举行学期成绩展览会。"此前刊登在十周年等特刊上有关校园生活的照片，都不是在公园东门内所拍摄。

二

厦门美术专科学校的课程设置在当时国内可谓比较齐全的。该校初办时期设有西画系（学制四年）、国画系和艺术师范科，后来又陆续添设了雕刻系、图案科，1933年设立女子图案专修科，1936年还附设有音乐专修科，以及短期半年或一年的肖像速成班。其经费来源始终由校董会负责，"除校董会之常年捐、产息、学费、特别捐、旧管业收入23180余元外，政府及社团均无补助"[③]。台北医专毕业的翁俊明和台湾籍的老同盟会员陈金方等人皆为校董，多方为学校筹措资金。据《厦门美术专科学校特刊》载，该校开办十年来，"除自建两座写生教室外，其余如礼堂、办公厅、教室、图书室、陈列室及宿舍等均系租赁民房暂用，布置整洁，颇觉适用。设备方面有石膏模型大小100余座，图书参考书万余卷，仪器标本千余件，其余如校具、教材、运动器械以及一切用具应有尽有",因而闽南各地和东南亚一带有志学画的青少年纷纷来校投考,一时声誉甚隆。

厦门美专的师资相当优秀,大部分的教师都是留洋回来的画家。如首任校长黄燧弼先生,毕业于菲律宾大学美术科,中山公园内那座星狮和地球仪即当年他的杰作,作为城市雕塑至今犹未逊色。第二任校长林克恭先生是台湾"板桥林家"林尔嘉的六子,著名的留欧油画家,徐悲鸿先生参观他的画展时,挥写了"南天人物"盛赞其艺术造诣。1975年起林先生定居美国,晚年坚持作画,并参加两年一度的"现代艺术国际展览",赢得国际美术界的隆誉。主要教授有林俊德(克明),毕业于美国怀俄明大学美术系,任教务主任兼西画系主任,教图案、水彩、理论;林学大(伟甫),福建高等师范图工科毕业,任训育主任兼艺术师范科主任,教艺术教育学、艺术概论、透视学、色彩学;郭应麟,毕业于法国国立巴黎美术专门学校(当时中国留法艺术学会30位会员中成绩最优秀的一位),教木碳画、油画、法文;张万传,毕业于日本东京川端美术学校,教西画、日文;陈再思,毕业于菲律宾大学美术科,教西画、美术史;钟鸣世,本校西画系毕业,任事务主任兼会计,教木碳画、水彩;荷兰教师葛默和女士,毕业于菲律宾大学雕刻科,任雕刻系主任,教雕刻、木碳画;赵素(龙骖),任国画系主任,教国画;毕业于台湾台北医专的翁俊明,除担任校董会主席,还兼校医,教解剖学。除此之外,还聘请许多社会贤达到校任课,如厦门大学教员陈敦仁(梦韶)教美学;上海新华艺专研究员林子白教国画;厦门名书法家欧阳桢(小椿)教金石学;地方文化人士谢云声、陈丹初、苏警予、曾玉林等教国文和书法。

厦门美术专科学校当时在国内以及东南亚一带颇具影响,十周年校庆的时候,除蒋光鼐、蔡廷锴等名人的贺词外,最引人注目的是国内许多艺术大师的题词祝贺,如时任国立杭州艺专校长林风眠、上海美专校长刘海粟、苏州美专校长颜文樑、国立北平大学艺术院院长杨仲子等都寄来热情洋溢的亲笔题词,足见该校与当时国内诸著名艺术院校以及西画名家有着广泛的联系。

三

厦门美术专科学以教授西洋画为主,同时也很重视传统的书画艺术和其他综合素质的培养。因此校园生活一片生机勃勃。据《厦门美术专科学校特刊(1931年)》载:"学生组织各种会社,……计现有之组织为学生自治会、抗日救国会、美潮剧社、图案研究会、演讲会、旅行写生团等。兹将各该会社之进行概况分述于下:学生自治会:组织法按照专科以上学校学生会之规定,分常务委员、学术部、事务部,出版物有周刊、壁报等数种。此次建筑校舍,该会另组织'学生建筑校舍募捐委员会',募捐队分A、B、C、D、E五队,业已开始工作，成绩甚佳。抗日救国会：自'九一八'事变后，该会即行成立，除参加全厦学生反日救国联合会任常务委员、宣传部及图画股长等工作外，并出版《抗日画报》、露天演讲及募捐等工作。美潮剧社：该社由学生会游艺股主持，并请本校教职员参加工作，编选剧本及戏剧之研究、舞台布景之改进，除开讨论会外，并发表著作专论于学生会出版之周刊，规定每学期公演一次。图案研究会：……此次于福州开展览会时图案作品甚得各界赞扬。演讲会：该会由学生会宣传股主持，……演讲次数每星期一次，由各演讲员轮流讲演。旅行写生团：该团系临时性质。"

《厦门美术专科学校特刊（1931年）》附有诸教授和当年应届毕业的西画系和第十一、十二两届艺术专修科毕业生的美术作品和学术论文以及散文、诗歌作品，都具有很可观的造诣。其中有郭应麟、钟鸣世、黄江汉、吴怀椿的木碳画（素描）；方炽、陈祖扬、林绍坤、黄振富、吴怀椿、庄五洲的静物写生；周碧初、钟鸣世、林学大、吕俊杰、黄江汉、罗文祚、杨青俊、雷崇谦、黄飞鸿、林柄煌、陈盛茂的风景写生；庄炳寅、黄必瑞、庄五洲、廖宗德、廖达道、陈存真的水彩画；周碧初、郭应麟、林学大、黄飞鸿、吴怀椿、张万传的人体写生以及赵素、钟品（节士）、汤佩岳、沈汉桢、胡启源、蔡国燕、廖达道等的国画花鸟；张子义、王爱珊（珊珊）、陈存真的图案画。这些师生的美术作品尽管受印刷条件所限，但仍看得出已经达到当时国内的相当水平。学术文章方面，如钟鸣世的《艺术家应有几点的精神》提到艺术家必须具备为"表现民族新生命"、"为民众"的精神，在他们所处的时代是非常有进步意义的。王爱珊在她的《艺术发端的几种立论》里将艺术起源归为本能冲动和劳动目的两大类，理论有据、逻辑严密，是一篇有独特见解的短论文。其他如陈梦韶的《康德之壮美学说》、白勺的《资本制度下的艺术家》和黄征鸿的《民众的艺术，艺术的民众》等文章，对探讨艺术与社会人生方面，也都有深层次的独立见解。值得一提的是林学大先生的《拟致陈嘉庚先生建议创设美术院书》，林先生认为"国之盛衰视乎风化之文野，风化之文野视乎美术之兴替"，从闽南一带的地理、人文环境以及陈嘉庚先生创办厦门大学、集美学校以来的积极意义，谈到"闽南虽为我国教育不发达之区，然实为我国最有希望之地"，建议陈嘉庚先生在闽南再办一所美术院，使更多的民众"领会祖国文化"，普具"艺术精神"，才能"凡百事业能兴"，而"能与人竞争"。虽然他在文中过于强调美术对社会的作用，但热爱祖国、热爱艺术之情洋溢于字里行间，今日读来犹令人无限感慨。

八十多年前厦门一所中等专科学校的师生就有如此的水准，不能不使后人扼腕再三。

四

厦门美术专科学校虽然在抗战时期厦门沦陷前夕停办,存世仅14年左右,但在地方文化艺术的发展过程中,却起着非常重要的作用。据《厦门美术专科学校特刊(1931年)》所载,创办十年,该校"毕业之学生计约百人,除一部分升学者,其余在社会上幸均能得相当之位置",另有部分优秀学生毕业后留校任教,继续为厦门的美术教育事业做出贡献。先后在校任教的教授如林克恭、周碧初、谢投八、胡一川和林学大等,他们在国内外美术界都有很高的声誉。据《厦门文化艺术志》的统计,"厦门美专学生来自省内各地,先后毕业的学生共约150人"。这批学生以后都成为闽南各地甚至东南亚艺术界的中坚力量。黄敏、陈绿声、林英仪、叶永年、张丽娜等著名画家当年都是厦门美专的学生。

以下几位美术界耳熟能详的人物当年都曾经在厦门美术专科学校任教:

谢投八(1902~1995年),原籍海澄,生于厦门,1918年赴菲律宾留学,1928年转到法国巴黎茹莉昂美术学院研究古典主义画风。1933年,与吕斯百、常书鸿、刘开渠等30人在巴黎成立"中国留法艺术学会"。徐悲鸿再次赴法时曾暂寓他的公寓,成为莫逆知己。抗战初期徐悲鸿在《宇宙风》杂志谈及中国美术前途展望时,还提到厦门人谢投八和郭应麟。1934年,谢先生以三次获得金奖的优异成绩毕业,回国应聘于厦门美术专科学校,任西画系主任,不久又应请到福州筹办省美术教育养成所,后来养成所并入福建师范专科学校(福建师范学院前身),谢先生即转任艺术科主任兼教授,终身从事艺术教育。

周碧初(1903~1995年),中国油画艺术的先驱者之一。福建平和人。1922年毕业于集美中学,旋即考入厦门美术专门学校,为第一届学生。1925年赴法国巴黎日良美术研究院深造,师从印象派画家约内斯·罗隆教授。1930年回国执教于母校,1932年起在上海美专、杭州国立艺专任西画教授。1949年侨居印尼,十年后归国再次任教于上海美专,是当代国内享有盛名的油画家。

胡一川(1910~2000年),福建永定人,1925年从印尼回国,在集美中学读书。1929年考入杭州国立艺术专科学校,参加鲁迅先生领导的新兴木刻运动,是我国早期知名的左翼木刻家。后到厦门任《星光日报》美术编辑,1937年厦门美术专门学校增设木刻科,即聘胡先生授课,并在校中成立"厦门美专木刻研究会",任技法指导。厦门沦陷前夕辗转到延安。解放后任广州美术学院院长。

林学大(?~1963年),厦门人,厦门美术专科学校的创办人之一,著名画家和艺术理论家。厦门沦陷前夕南渡新加坡避难。1938年林文庆、刘抗、周莲生、杨曼生等创办南洋美术专科学校,推林学大为校长。1941年新加坡沦陷,学校停办。1947年光复后才复课,林先生仍任校长,在刘抗、钟泗滨、陈文希、陈宗瑞、郑光汉等名画家的共同努力下,"南洋画派"的影响日益显著。1978年后该校升格为南洋艺术学院,成为东南亚重要的艺术院校。学术界曾称赞南洋美术专科学校是厦门美专在海外的延续。

附 录

厦门近代花鸟画名家、美专花鸟画教师赵素

赵素是厦门近现代花鸟画家,因存世作品多而精,因此名气甚大。可惜所存的生平资料有限,仅知道他字龙骖,别署长白山人,沈阳人。赵素擅花鸟昆虫,名画家傅余庵(荣庆)高足。辛亥后由福州入厦门,时五十余岁,任厦门美术专科学校教员、国画系主任。居厦门二十余年,与苏笑三、郑霁林齐名。梁桂元先生新著的《闽画史稿》对乃师傅余庵所载颇详:"傅余庵(1850~1916年),满族,富察氏,名荣庆,又署莹庆,字多文子,号余庵,室名多文草堂。光绪秀才,任官福州,政余即兴吟诗作画。主要艺术活动于同治至光绪末。辛亥革命以后卖画谋生。工花鸟、草虫,所描绘之翎毛与昆虫形象生动,花木、杂卉着色丰富而不艳俗。晚年喜用水墨作画,格调趋向淡雅,画风深受海派的影响。"《收藏家》22期有我师史树青先生一文介绍说:"傅余庵曾居北京,身在福州。与他同居省垣的还有著名书画篆刻家赵之谦、文人画家丁文蔚等人,他们对福州画风的影响很大。"但该文并没有说他到过厦门。到厦门的是其弟子赵素。从存世傅余庵的作品分析,其所绘花鸟栩栩如生,画风相当写实,很注意传统技法的运用。有评论家把他们列入海派,然而傅余庵的画比较注意用笔,似乎受明代陈道复的影响更多一些。赵素继承了他兼工带写的衣钵。入民国后,五十几岁的赵素来到厦门。当时厦门画坛先后有林嘉(瑞亭)、郑煦(霁林)、赖少嵩(绍南)、吴大经(纶堂)、苏元(笑三)、章澥(汉仙)等地方画家,赵素时值艺术创作的巅峰期,无论在技法还是意境方面都给厦门美术界带来新意。赵素后来还受聘为厦门美术专科学校教师、国画系主任,影响更为直接。厦门已故的黄敏、赵宽、石雪庵等著名画家,当时都是赵素先生门下的求学者。近现代厦门画家中,发挥过承上启下作用的,应该说赵素属于比较突出的一位。

丙寅(1926年)十二月赵素在厦门的"且庐"为锡侯所画的花鸟四条屏,分别是"松鹤"、"牡丹木笔和锦鸡"、"桐阴八哥"和"梅花喜鹊"(原作无题,现题目为作者所加)。其长条幅画的构图丰满大气,但奇正虚实都大有讲究。花鸟的刻划与钩勒、点乱,笔笔落实,健雅而不失流利,施墨敷色也极淡雅,略有山阴任伯年的旨趣。"桐阴八哥"以没骨法画桐叶,再加线条勾叶脉,体现了画家娴熟的功力;四幅画中的禽鸟造型想象都很准确生动,并以花卉、花木加以陪衬,这些都可以看出画家下笔之前的匠心独具。因此,这一组四屏幅花鸟画当是赵素成功的代表作品之一。

花鸟条幅（一） 赵素　　　　花鸟条幅（二） 赵素

人物、文物与文献研究 | 341

花鸟条幅（三） 赵素

花鸟条幅（四） 赵素

注释：

①③《近代厦门教育档案资料》。

②《厦门美术专科学校特刊（1931年）》作"十四年（1925年）春"。

海沧院前出土欧洲佛郎机铜炮考略

1976年11月，厦门海沧区的院前村的颜四才先生在其住宅附近整理菜地时，发现一门深埋在地下约60厘米处的铜炮。颜先生不知道这是何物，遂将其锯成两段，并敲下炮身上的所有附件，以废铜烂铁卖给海沧镇供销社。厦门市郑成功纪念馆的同仁闻讯赶到，经过几番周折，将其抢救到馆，同时加以修复，至今在馆中陈列。

海沧院前出土的佛郎机铜炮

这门铜炮的造型有异于中国明清时期传统的铸炮样式。炮身通体以青铜铸造，铸工精美，全长136厘米，重82.5公斤，炮的口径4.8厘米。外形分为两段，前半段为圆柱形，长67厘米，后半段为六棱柱状。炮口铸为平板，呈八瓣葵花状，上端有准星状物。后座部位为凸棱隆起，尾部为一段长13厘米的实心小圆柱状物，当是操作时的手柄。炮身后部有火门、后照门。最有特色的是，一，炮身中部铸有一活动的插件，以插销固定为一体，可装在支座上（支座已佚），使其发射时可以瞄准目标而转动；二，插件之上铸有两件形状一致、长各为 20 厘米、高 8 厘米的海马状炮錾。

与明清时期中国铸造的火炮一样，这门铜炮属于前膛炮。大航海时期，进入远东海域的欧洲人使用的也是前膛炮。它的出土地点在海沧的院前村。海沧，在明季欧洲势力东渐时，它所处的大厦门湾（即我们通常说的以海澄为中心的"月港"）曾经是中西方势力剧烈碰撞的地方，葡萄牙人和荷兰人先后来此寻求贸易。据《东西洋考》载，在明隆庆初开海禁之前的嘉靖二十六年（1547 年），就"有佛郎机（葡萄牙）船载货泊浯屿"，和漳泉商人做买卖，明朝官兵"发兵攻夷船"。可见中外双方一开始就以兵戎相见。同书又记载说，夷人"长技唯舟与铳耳"。这就是说，欧洲人对付明朝政府的海禁政策，靠的是坚船利炮。17 世纪初继佛郎机而来大厦门湾做生意的是荷兰人。《东西洋考》说，荷兰人的船有三层，"各置铜铳其中"。说明欧洲人的铳炮是漂洋过海不易生锈的铜质。开海禁以后，荷兰人与官军和闽南海商团伙之间在包括海沧在内的大厦门湾的摩擦冲突依然频频发生。因此，欧洲人铸造的铜质铳炮在海沧的院前村出土，是完全有可能的。况且海沧居金厦之后，绝非兵家用武之地，自从 16、17 世纪以后，没有发生过任何像样的战事，所以我们有理由判定，它当是欧洲人使用过而丢弃的铜炮。

我们之所以初步断定它是欧洲人制造的铜炮，是基于以下两个原因：其一，与这门铜炮造型相似的前膛炮，在有关欧洲古代火器图录，几乎都可以查阅到。其二，这门铜炮的外观造型的确与明清两代中国传统的铁质或少量铜质的大炮有明显差异。中国乃至近代鸦片战争所使用的前膛炮，除了长短、大小之外，基本上保持我们常见的那种样式。海沧院前村出土的这门铜炮，在晚明之前或以后很长的时间里，在国内都几乎没有出现过。明崇祯初年担任同安知县曹履泰在金门、同安和海沧等滨海地带剿抚红夷（荷兰人）时，就发现"红夷出没之地，每多覆舟，其中必有大铳"，他叫人下海打捞，"数日间得二十四铳，大者三千余觔，小者亦不下二千觔"，随即下令"制架演放"，并把炮搬到高浦西门，派兵守护。①这段史料说明，红夷的铳炮曾被明代官军缴获而且使用过。从所记载的重量来看，院前村的这门铜炮应该是属于比较小型的。但无论是欧洲人还是明朝官军遗弃的，它是欧洲人所铸造的，当是毋庸置疑。

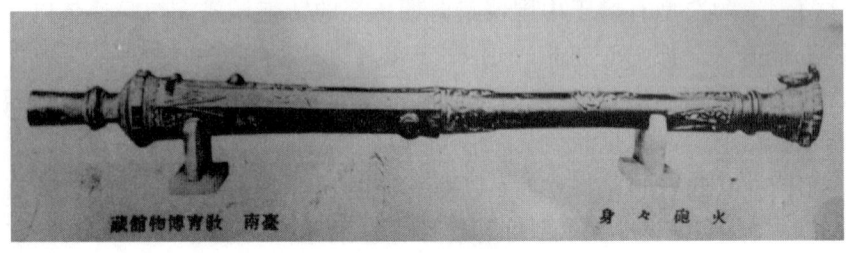

台湾台南所藏的佛郎机炮

从炮身中部的那件以插销固定为一体的活动插件来看，它应该是属于舰船上使用的铳炮，而不是岸上有固定炮座的那种火炮。荷兰人邦特库于 1619 年乘坐装备有 32 门炮的"贝尔格"号伙同其他船只进入漳州河口（即九龙江出海口），"向中国人猛烈进攻"，用的就是船上的那种"旋转炮"。② 海沧院前的这门铜炮，由于插入架上之后，可以灵活地上下左右转动，因而它很可能就是邦特库书上所记载的"旋转炮"。

荷兰布隆贝克博物馆所藏巴达维亚东印度公司的以海马装饰的大炮

1987 年，有学者误将作为炮錾的那两只海马当作中国古代的龙，认为它就是郑成功军队所用的"铜龙火炮"，或称"龙熕"、"灵熕"。郑成功史料确有相关的记载，如《先王实录》的"一六五六年八月条"载称郑军从海中捞上一门大炮，"此灵熕重万斤，红铜所铸，系外国夷字。……定国即造熕船载运，教放，容弹子二十四斤，击至四五里远，祭发无不击中，揭中顽寨并门辟房炮城俱被击碎"。另一部史料文献《海上见闻录》也有也同样的记载。但海沧院前出土的这门铜炮，无论从其重量、火药的容量、射程和杀伤力，与史料文献所载的郑成功"龙熕"明显不相符合。以实物考察，院前出土铜炮所装弹药十分有限，在 16、17 世纪中外双方所使用的黑色火药性能还不够发达的条件下，4.8 厘米口径的前膛炮装那么些黑色火药，就能有"四五里远"的射程，且把对方的炮城击碎？这是很浅显的常识性问题，不言而喻。尤其是院前铜炮的炮錾铸的是海马，根本不是什么龙。因此，院前出土的铜炮不能与郑成功从海底打捞上来使用的那种"龙熕"混为一谈。

如果从炮本身的重量和长度,以及威力进行分析,《闽海纪略》所载那种"大者三千余觔"的"大铳"虽没说明有铸龙,但其重量与《先王实录》所载郑成功从海里打捞出来的"龙熕"或"灵熕"还比较接近。《东西洋考·逸事考》有一段关于佛郎机铳炮的记载:"佛郎机在爪哇南,二国用铳形制同,但佛郎机铳大,爪哇铳小。国人用之甚精,稍不戒,则击去数指,或断一掌一臂。"同书的《外纪考》又记红毛番"每铳张机,……长二丈余,中虚如四尺车轮,云发此可洞裂石城"。于是,我们是否可以推论,当年欧洲人所铸铳炮有大小两种,小型的那种是在欧洲人的殖民地爪哇所铸;可以"洞裂石城,震数十里"的那种属于大型铳炮,它与"龙熕"或"灵熕"的威力相当接近,并且炮本身"长二丈余",在重量对比上也比较相称。因而,海沧院前这门铜炮属于小型的铳炮,我们认为很有可能,乃当时欧洲人在爪哇铸造的。

荷兰人邦特库在他那本书中记载,说1623年4月15日,他们在试炮时,不慎"把火引进炮中,炮弹击穿了年轻人的腿。……19日,被炮弹击中腿部的年轻人的腿被锯掉,约一小时后他死了"。③看来,像院前出土的这门铜炮,在近距离击伤一个人的腿部,以弹丸的大小和当时火药的条件,是比较切合实际的。这又和《东西洋考》所载那种只能"击去数指,或断一掌一臂"的爪哇小铳威力相等。

目前,我们还无法分辨出这门铜炮是早期进入厦门湾的葡萄牙人,还是稍后的荷兰人所铸造。《明史·外国传六》说,"官军得其炮,即名为佛郎机"。这也是说,明朝人把外国炮统称为"佛郎机"。郑成功的储贤馆人物、著名的遗民诗人阮旻锡写过一首题为《佛郎机》的诗,说它"流祸至今犹未已,荼毒几百万生灵"。可见迟至明末清初,"佛郎机"这种欧洲人带到厦门湾的前膛炮还在被使用。崇祯年间同安知县曹履泰就利用海中打捞起来的外国铳炮,对付过武装海商团伙和红夷。《东西洋考·逸事考》还说"会北虏入寇,(汪)铉疏请颁佛郎机于边镇。诏下所司施行,三边赖其用"。说明这种佛郎机铳炮还曾经被运到北方参加抵抗清兵的入关。

众所周知,大厦门湾(月港)是继宋元时期的泉州港,在海上丝绸之路的又一个重要的起点。海沧,由于地处九龙江入海口的北岸的扼控部位。16、17世纪的大航海时代,福建沿海进入多事之秋。先是倭患发展到最严重的时期,明朝政府加强海禁,嘉靖九年(1530年)明政府在海沧设置安边馆,盘查来往船舶。之前的正德年间,佛郎机(葡萄牙人)已开始到达闽、浙沿海骚扰,甚至进入漳州,与当地人民暗通贸易。海禁与反海禁斗争在大厦门湾(月港)尤为激烈,明朝政府与欧洲人发生的冲突,据史料记载至少有嘉靖二十六年(1547年)的"佛郎机番船泊浯屿(按:即金门)",受到明朝官军的攻击,翌年"番船乃去"。这一次的战事发生在包括海沧在内的大厦门湾。事后,明政府处决敢于"通贩者"九十余名，成为中外贸易史上的一个重要事件。隆庆改元（1567年），允许大厦门湾（月港）的私商远贩东西二洋。紧接着是红夷（荷兰）也来到远东，据《厦门志》载，"天启二年（1622年），红毛夷据澎湖，犯中左所，逼圭屿"，以及浯屿、鼓浪屿等处（按：实际上即大厦门湾），遂发生厦门军民"攻剿红夷"之役。其后荷兰人占据我台湾，加紧骚扰福建沿海，他们与明朝政府的冲突，以及与闽南海商的复杂关系，几乎成为明末启、祯两朝中外关系的重要内容。这些史实均散见于闽南方志和各种史料。

只不过到目前为止，大航海时代遗存下来的实证文物并不多，因而海沧院前出土的这门铜炮确实值得重视。其之所以存世罕见，《东西洋考·外纪考》所载荷兰人被敌方逼近时，往往"烈此（按：指铜炮）自沉"，应该是其原因之一。总之，虽然我们尚未进一步研究它到底是葡萄牙人抑或是荷兰人所制造，但它的确是一门大航海时代从欧洲被带到大厦门湾，由于某种原因滞留在院前村的西洋铜炮，而今成为海沧在"海丝"史上的重要见证之一。

注释：
① 参见曹履泰《闽海纪略》卷三。
② 邦特库《东印度航海记》，第83页。
③ 邦特库《东印度航海记》，第93页。

《厦门石刻撷珍》前言

　　石刻，是中华文化遗产的一个很重要的组成部分。可以说，它是与中华文明发展史关系最密切的一种文物。早在远古时代，中国大地已有着许多岩画。先秦时期，汉文字的石刻已开始出现。随着社会的进步和文字的发展，石刻的内容与形式也越来越丰富多彩。到了汉魏时期，摩崖石刻和各种碑刻、墓志基本上已经走向发展或成熟的阶段。唐代是中国石刻文化最为辉煌的时期。宋元以后，石刻文化进一步遍及民间社会，其内容之广泛，形式之多样化，使之成为一门融入社会而备受各界重视的文化。时至各种媒介发达的今日，凡有要事，国人仍然以勒石为记。在所有文物的门类中，像石刻这样既具有考古、文献价值，又具有文学和书法艺术价值，而且仍然具有实用价值的文物，实不多见。以目前之所知，世界上唯有我们中国有这样博大精深的石刻文化。就国内各种文化遗产中，像石刻文化具备这么多的价值功能者并不多。因此，称石刻为"国粹"，并不为过。

　　厦门是一个石刻文物的蕴藏量相当丰富的地方。在许多风景名胜景点，如南普陀、日光岩和万石山等处，最引人注目的就是遍布其中的各种摩崖石刻。在同安孔庙、青礁慈济宫和南普陀寺，乃至有祠堂庙宇的地方，都可以观赏到内容丰富，书法精美的历代碑刻。近年来，随着厦门城市建设的发展，考古工作者还发掘出唐代的墓志铭。可以说，厦门自晚唐开发以来，石刻文化就与其发展的步伐形影相随。它不但是风景旅游区的点缀，更为重要的是它还是厦门城市发展的见证物。如果把这些林林总总的石刻文物归聚起来，完全可以把厦门一千多年来的文脉梳理出来。

　　可惜由于年代久远，有些重要的石刻已经毁佚。譬如那一段近在眼前的摩崖石刻——从前矗立在鹭江道海边的"打石字"，连什么时候消失掉，至今还是一个谜。尽管如此，历劫余留下来的各种类型的石刻数量依然不少。经过搜集整理后，发现除掉一部分坟山地界和"风水石"等标志性石刻，共有摩崖石刻456段，其中413段分布在原来厦门市的老城区——思明区（鼓浪屿69段），其年份主要为明、清两个朝代和民国时期。其中有年款可查的石刻共有

412段，包括明代69段，清代218段，民国时期125段。岛内年代最早的摩崖石刻是云顶岩上的"天际"两字。

碑刻的命运也和摩崖石刻差不多，不少碑刻现在仅能从方志文献里找到记载。有些像海沧那通记载明代名宦周起元的《侍御绵贞周公功德碑记》和湖里那通记载郑成功部将甘辉的《颂崇明伯甘老爷功德碑》，时至今日原碑虽在，但除了碑题，已没多少个字可认读了。就目前所能见到的实物进行统计，厦门现存有从宋代至民国时期的大小碑刻382通（可能还会有个别被遗漏），包括宋、元、明、清几个朝代，以及民国时期。其中以清代最多，共289通。年代最早的宋代碑刻都在岛外，它们是建隆四年（963年）的《建造太师桥题刻》、治平二年（1065年）《海沧石室院石构建题刻》、开禧乙丑（1205年）同安铜钵岩的《石佛造像记》、景定元年（1260年）同安区新墟的《古道十八弯修路石刻》，但这些石刻大多是建筑物的石构件上镌刻的文字。比较正规的碑刻的年代最早只能追溯到明代，最早的有天顺二年（1458年）海沧后井的《旌义民碑》、弘治甲寅（1494年）同安的《宋理学先贤顺之许先生墓道碑》、弘治庚申（1500年）灌口田头的《万寿宫题缘碑》、嘉靖二十五年（1546年）马銮的《杜氏复业碑》和嘉靖四十三年（1564年）同安岳口的《邑父母谭公功德碑》。厦门现存的这些碑刻文物，主要有铭功纪念、社会建置、教育机构和官廨、宗教寺院、宫庙殿宇、宗祠家庙、示禁乡规等几个大类，基本上涵盖了明清以来厦门社会生活的方方面面。

墓志难于做准确的统计。据考古发掘，厦门近年一次性出土了两方唐代的墓志铭。尽管目前发现的宋元时期墓志的数量还很少，但明清两代相对较多。这种现象与厦门开发发展的进程是一致的。由于墓志记载墓主的生平相对翔实，涉及的社会环境也比较客观，因而是研究地方历史文化可靠的第一手资料。

厦门的石刻无论在形式和内容等方面，都体现着中华传统文化的特色。然而，又充满着闽南这一方水土的特质。而这种特质又是其他地方无法取代的。这就是厦门石刻文化魅力之所在。

厦门石刻文化有以下几个地域特色：

一是反映古代厦门人民抗击外来侵略的文物见证。明代中后期以后，随着闽南沿海海商贸易的兴起，厦门面临着倭患和西方殖民势力的骚扰。厦门军民奋勇作战，打败强敌，保卫了家园。现存的《征倭诸将诗壁》、《俞戚诗壁》和三处的《攻剿红夷石刻》，以及这些将领的多处摩崖诗刻为这些爱国事迹提供了不可多得的实物见证。类似这一批能够反映中国人民抵御外侮的石刻文物，在国内实属首见。

二是反映海峡两岸"五缘"关系的重要见证。郑成功是海峡两岸共同敬仰的历史人物。厦门有为数众多的有关郑成功及其部属的摩崖石刻、碑刻和墓志铭,还有不少后人缅怀这位民族英雄的石刻。此外,清代有关厦台关系的石刻为数甚多,其中典型文物有康熙朝的《澎湖阵亡将士之灵》石刻,乾隆朝反映两岸对渡的《重修五通路亭碑》和石国球等台湾同胞的题刻。有清一代,台湾属于驻于厦门的福建水师提督管辖范围,陈昂、吴英、蓝可斋、蒲立勋、陈化成、邱联恩、陈宗凯等水师将领留下来的各种石刻文物,内容多与海峡两岸的风云有关。清代后期涉台的摩崖石刻和墓志更多,其中较有代表性的是易顺鼎反对"乙未割台"的题刻,和台湾著名的爱国人士李友邦的"复疆"题刻。有清一代,记载着厦台两地民间活动的墓志,以及镌刻台胞捐款参与修葺宗祠寺庙的碑记,更是不胜枚举。其中,记载台湾第一位举人的《苏巍庵夫妻合葬墓志铭》,记述台湾"板桥林家"林维源、林彭寿生平的墓志等等,都是体现闽厦两地关系的重要证据。

　　三是反映厦门与南洋华侨关系的珍贵史料。厦门人飘洋出海的历史可谓源远流长。"服贾海外"的碑铭记载同样不少。从现存的碑刻来看,早在康熙三十五年(1696年)就有厦门人在"吧国"(现印尼)担任"甲必丹"(Kapitein)、"雷珍兰"(Luitenant)和"美硕甘"(Weeskamer)等华侨首领,他们身在异国却心存故乡,多次为龙池岩寺和青礁慈济宫的修建捐款。华侨为祖籍地乐捐善款,已成为优良传统,这些都在厦门的碑刻上得到充分的体现。清朝末年墓志的形式在海内日渐式微,而厦门的华侨或侨眷仍然延续这种文化传统。印尼华侨黄奕住、吴奕聪、王玉深和缅甸华侨陈茉莉等人的墓志,丰富了华侨史研究的内容。

　　当然,石刻文物有其证史、补史的作用,厦门的石刻也不例外。比如近年来出土的唐代墓志,就为厦门古代开发史的探讨展示了不少新的视野。此外,某些地方人物生平的点点滴,也可以从相关的石刻文物中找到印证。不仅如此,石刻文物还为我们提出一些新的问题,如此前社会上一直认为古代厦门属于同安县管辖,但是清代厦门岛内官府的所有各类示禁石刻,却没有一通是以"同安县知县"或"知同安县事"结衔颁布,而无一例外都是以"泉州府海防同知"或"厦门海防分府"公布的。这说明什么问题?类似这些问题值得学术界文史同道的重视。

　　今天,我们编辑出版这部有关厦门石刻文物的书,目的就在于要让更多的人了解厦门的石刻文化遗产,并对它发生兴趣,从而共同携起手来爱护它。

　　谨以此书,向厦门经济特区成立30周年献礼!

本文载于《厦门石刻撷珍》,中国人民政治协商会议福建省厦门市委员会编,何丙仲著,厦门大学出版社,2011年12月。

《琴岛潮音》前言

鸦片战争后,西方文化随即登陆鼓浪屿。然而,19世纪80年代以后,随着东南亚华侨和稍后台胞的陆续入岛居住,在"公共地界"设立之前,鼓浪屿已逐渐成为国际社区。1902年以后的所谓"公共地界"时期,绝大多数为闽南籍的华侨、侨眷和台胞无论在人口数量或经济能力、个人素质等等方面,实际上在岛上已占绝对优势。在那特定的历史时期,他们主动去吸收包括西方文化在内的各种不同国家、地域的文化,而形成近代鼓浪屿独特的多元文化格局。20世纪上半叶,爱国台胞林尔嘉一家是鼓浪屿最具有典型意义的华人家族之一,其创设的菽庄吟社之影响已远远超出厦门甚至闽南地区,被称作近代"东南坛坫第一家",其以闽台两地为主的社友总人数已近2000人,分别来自全国26个省市地区及日本、新加坡和印尼等地。在"公共地界"时期多元文化的格局下,面对着滚滚西潮,菽庄吟社能够立足鼓浪屿,以宣扬我国传统文化独树一帜,意义深远,影响至大。

林尔嘉的家族——"板桥林家"的祖籍地是福建龙溪,经过数代在台湾的垦殖经营,至林尔嘉的先人林国芳、林维源时,已成为当地的首富。林尔嘉之父林维源热心公益,清光绪五年(1879年)因督办台北城的事被清廷授予四品卿衔,继而在中法战争中,又因助饷而被授予内阁侍读,晋太常寺少卿,从而成为台湾著名的富绅。林国芳、林维源同时热衷文化,也能作诗。初辟林家花园——板桥别墅时,就延请厦门的吕世宜等文化名流到那里参与辟画和讲学。清季台湾文风始盛,许多有功名的诗人如丘逢甲、林鹤年等都是板桥林家的座上宾。光绪十八年(1892年),时年18岁的林尔嘉与泉州望族的小姐龚云环结为秦晋之好。林尔嘉的岳丈龚显曾出身于泉州古老的望族,其祖父龚维琳是道光六年(1846年)进士,授翰林院编修,历官湖南提督学政。龚显曾也于同治二年(1863年)登进士第,也授翰林院编修,历官詹事府赞善。"祖孙翰林"是龚氏家族在泉州诸多望族中很特别的一种荣耀。龚氏家族除了门第显赫之外,还有一个特点就是家族成员大多擅长诗词歌赋。龚维琳著有《芳草堂诗存》,其古今体诗有"清丽雅俊"之誉。龚显曾更是当时闽南的骚坛祭酒,后人评其"诗文典雅艳丽,风调冠绝一时",所著有《薇花吟馆诗存》等。龚显曾的几位堂兄弟龚显灿、显鹏、显鹤、显鸾、显禧、显祚等人以及其子女也都工诗善文。林尔嘉虽然生长在富绅家庭,但"少习经史",酷爱诗文。林、龚两家的结亲,除了门当户对这个世俗因素,对诗词的共同兴趣应该也是考虑的原因之一。于是,光绪十八年(1892年)冬十一月,龚云环从泉州被迎娶到台湾。时龚显曾去世已七年了。

光绪二十一年(1895年),清政府因甲午战败被迫签订《马关条约》,将台湾割让给日本。消息传来,激起广大台湾士民的爱国义愤,他们或派人晋京上书,或组织义勇开展自卫,宣称"与其生为降虏,不如死为义民"。汪春源被誉为"公车上书第一人",许南英则任台南团练局统领,在施士洁的协助下"募勇二营",板桥林家的这三位诗友后来成为早期菽庄吟社的"三老"。林维源捐资助饷,被推为议长。反割台斗争失败后,他们纷纷内渡大陆。林维源携眷先是到龙溪故乡,最后定居于厦门鼓浪屿。他去世后,林尔嘉于1913年辟建菽庄花园,同时成立吟社。有施士洁、许南英和汪春源这些爱国诗友作为初期的中坚力量,加上"菽庄主人"夫妇在闽台两地家族的影响力,吟社很快就健康发展起来。厦门本地甚至闽南的诗人都踊跃入社,参与吟社各项活动。龚显灿、显鹏、显鹤、显鸾、显禧、显祚、龚植、龚煦等龚云环的娘家长辈或平辈兄弟,同时又是泉州吟坛的风云人物,也先后因"同气相求"而定居或暂居于鼓浪屿,成为吟社的社友。庚申(1920年)这一年的赏菊作诗,共有十八位主要诗人参加,后来这些人被誉为"菽庄十八子",其中龚氏家族就有五位。从传世的菽庄吟社出版物来看,几乎所有雅集、酬酢的诗词集,都有龚氏家族成员的作品,可以说他们是这个文学社团的骨干力量。与国内另一个著名的南社相比较,早期菽庄吟社的成员大部分身受或感受过"割台"之痛,甚至经历过血与火的洗礼,他们的家国情怀也许还会更加浓烈。他们用诗歌怀念台湾故乡,抒发爱国情怀。可以说,在吟社存在的期间,鼓浪屿是闽南地区古典诗词创作最为活跃的地方。

参加菽庄吟社的这些龚氏诗人,虽然出身于传统的书香门第,但由于生活在充满海洋特质的闽南,况且泉州地区自古以来就是侨乡,他们的思想境界显然会有异于同个时代其他地方的遗老遗少。因此他们来到鼓浪屿,很快地融入当时那种多元文化的社会环境。他们不但能写诗,还参与其他社会活动,甚至由鼓浪屿走出国门,如龚显灿担任过福建省主管侨务的暨南局局长,龚显禧后来两次南渡菲律宾任中西学堂的监督兼教习,龚显祚也游历过日本等等。

林尔嘉的家庭富有中西文化的色彩,他本人自1924年起在欧洲的瑞士旅居七年。其四弟林柏寿幼年在鼓浪屿广涉经典古籍,及长虽留学欧洲、日本,但也能作诗。林尔嘉的儿子多在日本和欧洲接受高等教育,长子林景仁幼承外家长辈的诗文教诲,及长留学牛津大学,却著有《小眉三草》传世。六子林克恭原本在英国剑桥大学留学经济,后来到法国和瑞士改学油画。板桥林家的几个成员——林尔嘉的堂弟们虽然没有像他那样"爱诗若命",但也都能作诗。鼓浪屿八卦楼的建造者林鹤寿(号兵爪)这位堂弟的诗,在闽台两地也稍有名气。

鼓浪屿在申报世界文化遗产的过程中,围绕近代以来这座小岛上的多元文化进行深入研究,作为代表传统文化的菽庄吟社的探讨显然是非常有意义的。在此之前,已有对这个文学社团全面研究的专著,或一些相关文章问世。但介绍林尔嘉及菽庄吟社社友的作品,似乎尚未见到。林尔嘉、施士洁、许南英、沈琇莹、林景仁、李禧等人的诗作虽有结集出版过,但出版量少,加之时代久远,今之觅读也难。其他大部分社友的作品除了散见于菽庄的出版物之外,其人其作也已寂寂无闻。为有助于更加全面地揭示鼓浪屿近代历史文化和菽庄吟社的研究,我们根据"菽庄主人"为雅集、酬酢而结集的若干出版物,结合个人的诗集,选择出以林尔嘉为主的板桥林家,以及作为吟社骨干的龚氏家族的部分诗词,社友部分则以他们刊载在菽庄出版物的诗作,遴选其中内容比较切合本书主题且侧重于厦鼓本地作者的作品,编成"闽台望族 花开并蒂"和"东南坛坫 琴岛增辉"两个部分,附以相关旧影和后人缅怀的诗文,总为是书。共选入作者42人,得诗221题(392首)。

由于涉猎和水平之有限,未免有沧海遗珠和疵误不逮之处,敬请读者进而教之,则无限感激焉。

乙未霜降日,何丙仲叙于一灯精舍。

本文载于《琴岛潮音》,何丙仲主编,鹭江出版社,2016年。

重刊《梦梅花馆诗钞》前言

《梦梅花馆诗钞》，李禧著。李禧（1883～1964年），字绣伊，号小谷，福建厦门人。父石谷，擅书法，居恒与当地吴大经、苏元诸文化名流为友，故李禧先生少承家学，很早就接受传统文化的熏陶。古文辞师从名儒许文渊，诗词则承王步蟾、吕澂等名诗人之指授。及长，赴省垣福州的十三本梅花书屋（致用书院）就读。清光绪三十一年（1905年）科举废，书院改为全闽师范学堂简易科，越二年又易名为福建师范学堂（今福建师范大学前身）。先生即于丁未年（1907年）毕业于该学堂。在庠序时，先生受知于宣统帝师陈宝琛，晚年犹作诗怀念恩师，书斋和诗集乃以"梦梅花馆"为名，示不忘母校也。

时当辛亥革命前后，李禧先生学成归来，辄于厦门从事新学教育。1912年起，先后担任公立竞存小学校长等职。教学之余，先生勤于读书作诗，进而倾心乡邦文化，关心桑梓。20年代起，厦门的近现代城市规划建设，以及稍后的抗争海后滩事件，先生皆以教育会的身份，积极参与焉。

丁巳、戊午间（1917～1918年），先生随厦门教育参观团赴江浙访问，遍览苏杭和金陵诸多胜迹，于是文化涵濡，恣其孕蓄，发之于诗，益炳若舒锦，孟晋不已。时台北板桥望族林尔嘉愤于清季割台而携家内渡，在鼓浪屿筑菽庄花园并创立吟社。闽台诗坛名宿如陈石遗、许南英、施士洁、汪春源以及湘潭王闿运之诗弟子沈琇莹诸辈相继为吟社祭酒，一时风雅之士云集，骎骎然有"东南坛坫"之誉。先生与泉漳诗人苏大山、江煦、龚显祚、龚显鹤、龚显禧等，厦门诗人周殿薰、施乾、卢心启、马祖庚等，皆社友也。春秋佳辰，飞笺分韵；海山漱枕，击钵谈诗。先生之诗文造诣与思想情操则与日俱增。岁庚申（1920年）重阳，菽庄主人有赏菊征诗之雅。先生作《菽庄看菊》七律8首，为侪辈击赏，遂被推为"吟社十八子"之列，先生之诗始有声闽南矣。当其时也，东邻日本方伺机侵略中国。丙子（1936年），先生参观省垣教育，特地到于山祭谒戚继光祠，作诗抒怀。翌年三月，奉省府训令，成立厦门市文献委员会，先生受聘职其事。1938年5月，日军攻占厦门。先生不愿做亡国奴，沦陷前夕之4月20日，只身走避香港。太平洋战争爆发后，香港旋也陷敌，先生不得已于1942年返回厦门。时虽家无儋食，唯以舌耕艰难度日，然保持了中国人高尚的民族气节。至是，先生道德文章益为社会所敬重。抗战胜利后，先生受任为厦门市第一图书馆馆长。丁亥（1947年）六月，兼任《厦门市志》分纂。

新中国成立后，李禧先生虽年近古稀，犹老当益壮，竭诚为国家和社会做出许多有益的贡献。在他续任馆长期间，为厦门市图书馆的恢复和发展奠定了基础。工作之余，先生还参加各种社会活动，创作大量诗词和书法作品，热情讴歌祖国的新气象，在海外侨界中产生了良好的影响。由是，先生被福建省文史研究馆聘为首批馆员。1959年起，连任政协厦门市第二、三届委员会常务委员。先生于1958年荣休，1964年3月14日辞世。

李禧先生晚年精选其一生所作格律诗凡271篇（320余首），分为《鹿呦》、《解放》二集，卷首更附以清道光诗人李正华之《问云山房诗存》，名曰《梦梅花馆诗钞》付梓。先生自谓"余夙读诗，爱青莲之高旷，昌谷之谲诞，玉溪之工丽，欲冶三李于一炉"①。夫三李者，唐诗人李白、李贺与李商隐也。先生尤工七言律诗。其《郑延平遗迹》、《菽庄即事》、《庚申菽庄看菊》和《春柳》诸篇，构思凝练、辞藻清丽，读之令人回肠荡气，显然更近李商隐之诗风。其郑成功遗迹组诗及《绿珠井与秋影作》诸怀古七律，既多义山韵致，犹略有杜少陵沉郁苍茫之旨趣。先生的七言绝句多以飘逸潇洒、自然明快的语言，表达其无尽之情思，佳者如《山行》、《过旧游处》、《过外家》、《参观汀溪水库止高崎堤听金凤南乐团奏曲》等，皆有清人王夫之《姜斋诗话》所谓"情中景，景中情"之境界，的确堪称其平生得意之作。先生深于情，诗钞中还有不少其赠友、悼亡的诗篇。癸亥（1923年），夫人赖仪娟去世后，李禧先生连续作了《无赖》、《率诸儿展先室墓》等五律诗多首，以寄托缠绵的哀思，至今读来，人犹酸鼻。尤为可贵的是新中国成立后，先生自觉投身于时代洪流中，以诗笔抒发了自己对社会主义祖国的热爱。诗钞中的《鹰厦路敷轨至杏林》、《参观禾山农工合作社》、《扑蚊》、《炼钢》、《积肥》、《春节吟》等诗，不但记录了当年的历史痕迹，亦堪称"旧瓶新酒"的典范之作。

李禧先生有言，其作诗"拟效金亚匏、梁任公诸彦广搜史迹"，希望能"以篇什补志乘之未备，以讴歌系掌故之长存"。②清后期诗人金和（号亚匏），擅长以古诗叙事；近人梁启超（号任公）提倡"诗界革命"，先生以他们为楷模，体现了他对文学创作推陈出新之积极态度。其诗篇及简注为后人保存了不少厦门已渐消失的风土人情和人文轶事，有的甚至是颇有价值的史料，如《林桃师》揭露鸦片战争后，西方列强在厦门掠卖"猪仔"的罪行。《悼欧阳彩云》让后人记住在抗战期间，以身殉国的这位青年女义士。《悼陈树》则表彰了在近代厦门的一次火灾中，见义勇为的普通市民。凡此种种，还有许多。先生不仅是诗人，还是一位名副其实的地方历史文化学者。《梦梅花馆诗钞》于1963年交由厦门市第一印刷厂出版问世。当时只印制三百部，其中有若干部抽去《解放集》，分赠海外亲友。故存世以有《鹿呦集》和《解放集》（卷首附《问云山房诗存》）合订者为全本。李禧先生与我家有世交之谊。我生也晚，1962年读高中时，奉先大父仰潜公之命，始辱承颜。及长，更于工作之余遍寻旧书故纸，获读其零金片玉数十首而抄存之。兹者厦门市社会科学联合会、厦门市社科院辟"同文书库"，广蒐近代地方文献，重新出版以存文脉，邀我承乏李禧先生《梦梅花馆诗钞》的重刊事宜。于是，我将昔之抄件，与厦门大学洪俊峰先生所提供的先生佚作，计有20世纪50年代江煦在澳门所编印《闽四家诗》之李禧卷以及《记游十五首》手抄本，持与诗钞全本对校，剔其重复部分，共得诗50篇，作为"补遗"附于诗钞之末。当年闽南诗友的挽诗油印本则殿其后，重刊之诗钞于是乎成。

岁丙申端午之日，后学何丙仲谨识于一灯精舍。

本文载于《同文书库·厦门文献系列》第一辑，李禧著《梦梅花馆诗钞》，厦门大学出版社，2016年8月。

注释：

①②参见《梦梅花馆诗钞》后跋。

重刊《稚华诗稿》前言

《稚华诗稿》，罗丹著。罗丹（1904～1983年），原名桂秋，字稚华，因印光法师曾赐法号，遂一度自署慧印居士。先师罗丹是福建连城人。他在诗集的序言中自述，自幼家贫，六岁入塾启蒙。十三岁，入邑之祠山小学。两年后，因民国七年粤军入闽，"校为兵舍"，只好辍学。是年秋，他到龙岩做学徒，开始人海求生，年方十五。晚年先师回忆自己学诗、写诗的往事，总无法忘记那"落霞散绮，层山泼翠"的故乡，和那位有"耽吟之癖"的吴姓塾师，尤其感恩的是那位"素位堂书局主人"，于他在龙岩半工半读的十二年间，为他的求知上进提供了必要的帮助。罗丹先师的书法和诗词，就是在闽西的山城打下了厚实的基础。

1930年，罗丹先师到厦门创办风行印刷社。选择这个行当，本意是"学而兼用"，实际上这是一项与文化艺术相关的志业。离乡创业之初，"其间苦乐相乘，多愁善感，中心郁勃，渐习为诗"。罗丹先师于是在其谋生和从事书法创作的同时，开始了他的诗歌实践。其后，先师游览过苏、杭二州，1934～1935年还扬帆南渡，遍历新加坡、沙捞越等地，其翰墨芳名，一时鹊起，诗作也多获朋辈之嘉许和传诵。

抗日战争爆发后，神州陆沉，福建省政府内迁永安。南社诗人朱剑芒在永安组建南社闽集，时罗丹先师也避难来此。1941年端阳节，南社闽集在永安桥尾先师的燕尾楼成立，成为抗战时期八闽重要的文化团体之一。原南社诗人朱剑芒和先师罗丹为正副社长，首批会员有林霭民、胡孟玺、陈瘦愚、潘希逸等十七位东南硕彦。可见斯时，罗丹先师格律诗的造诣已得到诗坛的认同。禹甸重光后，先师亦随印刷社回归厦门。旋又有台湾之旅、榕城之游，先师俱有诗记游，与诗友亦时相砥砺，唱酬不辍。

新中国成立后，罗丹先师任厦门市第一印刷厂副厂长，倾心公务，得闲则勤于临池。积久而书艺日臻成熟，索书求教者户限几穿，乃至诗名遂为书名所掩。罗丹先师于1983年辞世，生前任中国书法家协会理事，厦门市政协第一至五届委员。所著有《稚华诗稿》。

昔人评魏武帝诗如"幽燕老将，气韵沉雄"①。罗丹先师平生喜欢陆放翁才气豪健、格局开阔的诗风。学而时习之，加上他又从汉碑那种高古磅礴、唐楷那种刚健婀娜的韵味中，得到通感的启迪，因而下笔作诗写字辄有气象。正如他的诗友虞北山教授在为他的诗集作序时所言，罗丹先师中年诗作已具有雄浑、悲壮、平淡、苍古、沉着痛快、优游不迫等特色，这些评价并非溢美之词。窃以为罗丹先师无论在书法抑或在诗词，终生都在朝着"气韵沉雄"这个境界努力。

罗丹先师触景生情，辄有佳作，且"使事必切，属对必工；无意不搜，而不落纤巧"②。其《樽前》、《游砂岛吊桥》、《日月潭涵碧楼夜坐》与《甲申四一初度仍用旧韵感怀四律》诸篇，当是《稚华诗稿》中七律诗的代表作；而《鼓山杂诗》、《台行杂咏》与《厦行杂咏》等七绝组诗，读之"浑灏流转，更觉沛然有余"③。如其七绝《再抵台湾欲谒郑成功祠有作》云："曾与胡儿百战酣，将军祠傍岛之南。江山事业英雄气，留与人间万古参。"此乃较早咏怀民族英雄郑成功的诗，今日读来犹诗人顿生崇拜之感。先师的五、七言古诗也骨力坚苍，具有较高的文学感染力，尤为可贵的是诗集付梓之际，欣逢新中国成立，当年11月，罗丹先师作《新击壤歌》一首（用照陆丈韵），以"击壤人歌今唐虞，千墟涤秽回昭苏"和"新潮鼓荡神能驱，披肝作健谁能渝"等充满激情的诗句，表达他内心的思想感情。先师特以这首诗为《稚华诗稿》的压卷之作。

罗丹先师精选其1932年至1950年之间的诗作，编成《稚华诗稿》，内由《袖海吟集》、《燕尾楼集》、《闽台行集》和《鹭门集》组成，共辑入古今体格律诗135篇（159首），合订为一册，于1950年由风行印刷社出版问世。兹者厦门市社会科学联合会、厦门市社科院辟"同文书库"，广蒐近代地方文献，重新出版以存文脉，邀我以之前所抄录罗丹先师生前遗作，作为补遗一并附于《稚华诗稿》之后。我自1962年起执经门下，幸沐先师教泽。先师归道山后，卅载诗稿荡然无存。经我陆续捡拾，仅获佚诗160余首，词19阕，此或不及先师全部心血之十一。噫，今只能以此报答先师之隆恩。

岁丙申端午之日，受业弟子何丙仲谨识于一灯精舍。

本文载于《同文书库·厦门文献系列》第一辑，罗丹著《稚华诗稿》，厦门大学出版社，2016年8月。

注释：

① 〔宋〕敖陶孙《古今诗评》。
②③ 〔清〕王夫之《姜斋诗话》评陆游语。

重刊《小兰雪堂吟稿》前言

《小兰雪堂吟稿》，清王步蟾著。王步蟾（1849～1904年），字桂庭，一字金坡，厦门人，生于清道光二十九年（1849年），九岁从师学诗文，习举子业。十五岁入邑庠（秀才），二十八岁以优贡被选入福州正谊书院，"初试即蒙首拔"。但从丁丑年二十九岁开始，一生总共参加过九次公车会试，皆铩羽而归。戊戌年第八次上京赴考时，科举规则有变，自叹"今年设经济特科，与寻常乡会试并行。予于西学素未问津，文战又屡经败北，后当戢影退休，不必复作春明之梦矣"①，但他仍不愿放弃。王步蟾平生科举、仕途都不很成功，直到去世前一年，才得以到福建闽清任县学教谕，任职数月。光绪三十年（1904年）逝世，卒年五十六岁。所著有《小兰雪堂吟稿》。

王步蟾三十三岁以后，开始在厦门一面舌耕教书，一面读书应试的生涯。先是在厦门城里的陈公祠（按：址在今园南小学）前后十三年，其后设帐于城北古玉狮斋，后来又掌教禾山、紫阳书院。王步蟾博学工诗，后人评清代同光间，厦门以他和吕潋两人最负盛名。王步蟾平生造就了许多人才。其诗集卷首刊有参加校刊的受业门生名录，其中周殿薰、王人骥、庄序易、欧阳桢、孙印川等都是近代厦门知名文士。王步蟾性格爽直、性情中人。同里友人吕潋在为其诗集作序时说，他每写诗"辄出以相示，必朗吟谐笑，极于酣适而后已"。（民国）《厦门市志》也记载王步蟾"性刚直，心所不可，必宣诸口而后快"，还记载"日人欲租虎头山为界，士绅抗议，蟾持之尤力，遂忤当道。观察某尝不慊某绅，语侵绅，一座愤之而莫敢发，蟾抗言曰：'士可杀不可辱，勿过无礼！'观察为改容，谢失言。"由此可见，王步蟾不仅是诗人，还是一位很有正义感的爱国知识分子。

王步蟾家学渊源，他在诗集的自序中自述"幼年识字稍多，（其父）乃授四子书及《毛诗》，兼示以四声，俾略知韵学"。年轻时偶尔作诗，"亦随手弃掷，不自爱惜。盖以为此道致力本浅，故难自信于心也"。中年以后，因为屡困棘闱，"名心愈淡，吟兴转浓"，再加上借赴考机会，饱览了大江南北的沿途风光，视野开阔，于是诗兴勃发，"篇什遂夥"。吕潋很欣赏王步蟾那种"天怀淡定，抗志远希"的诗品，认为有陶渊明之遗风。他曾闻王步蟾说自己写诗"盖导源于靖节，而兼肆力于香山、玉局"②。今观其《小兰雪堂吟稿》诸作，确有陶靖节之意境，也很有白居易、苏东坡的诗风韵致。清人赵翼论香山诗"看是平易，其实精纯"，又论东坡诗"妙处在乎心地空明，自然流出"③，王步蟾庶几近之。

王步蟾擅写"情中景，景中情"④，他的诗看似平易，其实都蕴涵着韵外之致。如七律《夜泊吴淞口吊吾乡陈忠愍公》后半云"炮台半壁留残赤，史简千秋照汗青。深夜潮来声怒咽，行人犹作鼓鼙听"；《除日冒雨探梅》后半云"双屐衔泥穿花径，孤芳耐冷倚危峦。市声此际方喧闹，谁立峰头纵远观"；五律《冬夜》结句云"主人爱留客，只说未三更"；七绝《都门七夕》云"天生双星会此宵，人间怅望路迢迢。年来苦作秋风客，三度他乡看鹊桥"；五绝《山中早起》云"竟夕虫声聒，何曾客睡安？披衣门户出，残月挂林端"。诗集中此类好诗、佳句触处皆是，读之颊齿生香，令人回味无穷。

王步蟾虽然在仕途方面遭逢不遇，但处身清末外侮频仍之际，却丝毫不以局外人自居。他通过诗作来表达他对国事的关注，从而体现其爱国情怀。如《沪江竹枝词》的"太息外夷通市后，中原元气暗消磨"，抒发了他对鸦片战争之后西潮东渐的忧虑；《喜闻关外官军大捷》则用诗歌来赞扬这一次"王师指日平西域"的胜利。根据写作时间和内容，我们可以知道该诗所反映的，即1877年清军镇压新疆阿古柏勾结国外势力进行叛乱之役。《闻俄日开战有感》是他这部诗集的最后一首诗，作者在诗的结尾大声疾呼："不幸瓜分言倘验，乾坤何处避奇灾？"王步蟾以这首诗做全集的殿后，很有深意。

王步蟾的诗除了一般的怀人酬酢和感赋述志外，还有不少是记游的作品。他的《感旧诗》为曾宪德、杨凤来、林鹤年等四十余位当年对厦门文化教育有过作为者留下生平简介，寥寥几字，却不失为颇有价值的史料。王步蟾终生居住厦门，足迹几遍岛内外诸名山胜景，每有题咏。这些作品现已成为该处旅游文化的资源之一。除此之外，他的这批游览诗还为后人留下不少掌故。如辛卯（1891年）之冬厦门寺庙有来自福州的"踏肩戏"（杂耍）表演，之前还有洋人在鼓浪屿演过"车利尼"马戏。⑤榕林别墅至少在他在世时依旧"夜月楼台有管弦"⑥。凡此种种，在诗集中都能读到。同样是近代"五口通商"口岸，来自厦门的王步蟾畅游过上海的十里洋场，他对这个"华夷纷杂"的公共租界的事物十分关注，但对"拜耶稣"的人却颇有微词。⑦

《小兰雪堂吟稿》最值得一读的是其卷二的《鹭门杂咏六十首》。这组七绝全面展示了有关近代厦门风土人情、岁时民俗的画卷。举凡山川、名胜庙宇、岁时佳节、世风民俗等等皆有直观而真实的反映，使后人进一步了解当时厦门人的生活，为追溯往昔历史提供了线索。如"虎山山北鹭城东"那一首记载虎山（今名观音山）上有处文公山，是宋代朱熹过化之处。"城东山麓野人家"那一首让我们知道当时厦门岛东部的农民"不种桑麻只种花"。"冰轮三五又中秋"那一首描述当地人过中秋节的习俗，但并无博饼活动。"城隍庙建傍城隈"尤为有趣，原来这座庙宇还是老百姓避债的好去处。"蓄婢成风锢婢多"和"茫茫冥路倩谁开"等诗则揭露了原住民的封建迷信等陋俗。

王步蟾还把所闻所见的一些事物都写入诗中。其中有四首诗写到厦门火灾，分别发生在：1884年厦门月眉池福谦庙、1887年农历十月初三日厦港、1901年冬迎祥宫一带以及1902年厦门城内。又有诗写到他亲见厦门下过的雪：一在1892年仲冬二十九日，一在1902年腊月十二夜（米雪）。这些于厦门地方史都有研究价值。此外，王步蟾也把"石敢当"为题写入诗中，成为以后研究这种具有地方特色的民俗文物的参考资料。

《小兰雪堂吟稿》十一卷，分为四册，共辑入王步蟾各体格律诗473篇（902首），前有光绪二十七年（1901年）吕澂序一篇，自序一篇。该书系王步蟾去世后，由其胞弟王步瀛率其子婿与众门生重新整理，以石印本刊行。兹者厦门市社会科学联合会、厦门市社科院辟"同文书库"，广搜近代地方文献，重新出版以存文脉，邀我以李禧仁丈生前所赠之《小兰雪堂吟稿》石印本为底本，重刊寿世。

岁丙申端午之日，后学何丙仲谨识于一灯精舍。

本文载于《同文书库·厦门文献系列》第一辑，王步蟾著《小兰雪堂吟稿》，厦门大学出版社，2016年8月。

注释：

① 《小兰雪堂吟稿》卷八《五十感怀三叠前韵》诗注。
② 吕澂为诗集所作序。
③ 〔清〕赵翼《瓯北诗话》。
④ 〔清〕王夫之《姜斋诗话》。
⑤ 《小兰雪堂吟稿》卷六《醉仙岩观肩戏歌》。
⑥ 《小兰雪堂吟稿》卷二《仲冬游榕林别墅》。
⑦ 参见《小兰雪堂吟稿》卷一《沪江竹枝词》。

重刊《虚白楼诗》前言

《虚白楼诗》，虞愚撰。虞愚先生（1909～1989年），原名虞德元，字竹园，号北山，祖籍浙江山阴（今属绍兴市），1909年9月28日（农历己酉年中秋节）出生于厦门。

虞愚先生早慧，少年时期即喜作诗写字，能背诵《杜诗镜铨》，并且因为家庭奉佛的原因，从小就对佛学产生浓厚兴趣。1923年始就读于厦门同文中学的期间，即认真临摹过《三希堂法帖》，并以书法名噪鹭岛，同时开始研读梁启超、章太炎的佛学著作。1928年中学毕业，遂赴南京支那内学院从欧阳竟无先生学习因明、唯识之学。翌年，考入上海大夏大学预科，课余以所临书法求教于于右任、曾熙和刘海粟诸海内名家，得其奖掖。大夏大学预科毕业后，于1931年考取厦门大学教育学院心理学系。求学期间，适太虚法师在厦大讲授"法相唯识概论"，虞愚先生担任记录，从而得到太虚法师的亲炙，得以到闽南佛学院兼课并有机会阅读了大量的因明典籍。其格律诗词之创作在此期间也渐露锋芒。岁壬申（1932年），当时诗坛之大家陈衍（号石遗）先生见到其诗书习作，十分赞赏，赠诗云："总角工书世已称，更殷年少缀文能。断章正好望吾子，青眼高歌老杜陵。"还评其诗句"用檀弓语，极见浑成"，"不暇苦吟，自有真语"。当其时也，台湾林尔嘉在鼓浪屿创立菽庄吟社，借以弘扬传统文化，抒发爱国情怀，时有"东南坛坫"之誉。虞愚先生为社中最年轻之吟侣，诗书之艺一时为世所击赏。

1934年厦大毕业后，虞愚先生留校担任理则学教员，其首部重要著作之《因明学》亦在此时由中华书局出版。1936年8月，赴南京求职，为于右任邀留在监察院任编审等职。抗日战争爆发后，因归厦门而得到接近一代高僧弘一法师的机会，在人品情操和文化艺术方面都受到了熏陶。1938年5月厦门沦陷，虞愚先生只身辗转入渝，适欧阳竟无的支那内学院也迁到四川江津，是以有机会聆听大师的讲学而深受教诲。1941年，至贵阳任国立贵州大学理则学讲师、副教授。在山河破碎、西南漂泊的抗战岁月里，虞愚先生写下了《中秋夕游白鹿洞》、《古介将适菲律宾赠别》、《渝州旅次》、《赠蒋憬然将军》和《赠证如居士次忏华韵》等等诗篇，抒发了胸中"忧民许国"之情。1943年，时值抗战最艰苦的阶段，虞愚先生义无反顾地来到闽西万山丛中的长汀，担任当时内迁到此的国立厦门大学哲学与文学的副教授。抗战胜利后学校迁回厦门，先生也晋升为教授。20世纪四五十年代，他除了讲授逻辑学课程，也开讲先秦文学史、杜诗研究、佛典翻译和中国文学的课程和专题，出版《印度逻辑》（商务印书馆），发表《变文与中国文学》、《试论屈原作品》和《杜诗初探》等有关文学方面的学术论文。同时将1949年之前的诗作百余首，编选出版为《虚白楼诗》。

1956年8月，虞愚先生奉国务院之令晋京，调任中国佛学院教授，参与锡兰国（即今之斯里兰卡）主办的《佛教大百科全书》的编纂工作，撰写《慈恩宗》、《因明正理门论》、《因明入正理论》等词条，同时为佛学院学僧和高校进修教师讲授"因明学"、"印度佛教思想史"等科目。在此期间，他于佛学经典、因明逻辑学等方面的研究成果斐然，诗虽不多作，但如《丙申春节厦门市各界为庆祝社会主义高潮》、《丙申五月九日海堤工程指挥部》、《建国十五周年天安门观礼台前作》和《喜我国第一颗原子弹爆炸成功感赋兼示丙仲》诸作，境界高妙，感情诚挚，说明作者当时的思想已与时代产生了共鸣。"文革"期间，虞愚先生和广大知识分子一样饱受摧残，曾一度与赵朴初等人一起接受"群众专政"。

粉碎"四人帮"之后，禹甸重光，虞愚先生的学术生命也获得新生。1978年后，他调到中国社会科学院哲学研究所担任研究员，同时受聘为国务院古籍整理小组的成员，以及中国文化书院的导师和中国社会科学院文学研究所的兼职研究员，中国书法家协会理事，尽管年迈体弱，仍为继承和弘扬祖国的传统文化而不懈努力，在学术界产生一定影响。晚年的虞愚先生思想得到了解放，先后登泰山、探敦煌、游赤壁，饱览了祖国大好河山；并且二渡东瀛展示中国书艺风采，进一步开阔了胸襟视野。随着文化交流的增强，虞先生的学术和书法也越来越得到宇内社科界和艺术界的认同与称誉，其格律诗的创作和书法艺术的成就也都进入个人的巅峰。可惜天不假年，竟因病不治，于1989年7月28日在厦门逝世，享年80岁。

虞愚先生少即耽诗，平生治学之同时，也不辍吟咏。近代诗人陈声聪的《〈虚白室诗〉叙》称其为诗，乃得力于杜诗的法乳，特别是虞先生早年对《楚辞》和杜诗的研究，"于其微旨，多所阐明"。以至于其抗战期间所作七律诸诗"极似少陵"，以后的诗作，也都"诗趣隽上，声情发越，尤长于怀往叙事之咏"，且又"沉雄壮往，光气逼人"。其中尤值得称赞的是虞先生在"全国解放，日出东方"之后，有一种"欢欣鼓舞，矍然以兴"的思想感情，"故其为之于诗者，类皆郁勃多感。……于是胸襟舒朗，眼界开阔，歌颂党，赞叹人民,见其于游览抒情及友朋酬唱诸什,处处表现其忠爱感与时代性。千年以后之寝馈于《楚辞》、杜诗者,又见一新其壁垒"。①陈声聪与虞愚先生晚年过从甚密,他对老诗友的评价是很中肯的。

　　虞愚先生晚年总结其诗歌创作的感悟,认为一首好诗必须具备"大、深、新、雅"这四个要素。②事实上,这四个要素,都能在虞先生的诗词中体会得到:所谓"大",即气势恢宏。如《建国十五周年天安门观礼台前作》之"上心世界无穷事,开国中华十五年。大地歌声动寥廓,五星旗影带山川";《厦门大学群贤楼前安立创办人陈嘉庚先生铜像敬题》之"演武场开大学堂,连云广厦起山冈。群贤楼接星辰气,此老功争日月光"是也。所谓"深",即感情真挚也。如《林逸君同志挽词》之"可怜碧绿花溪水,曾照双双鬓影来";《喜赠应兆兰君》之"初逢髭已白,相见眼长青"是也。所谓"新",即立意高迈群伦也。如《游万里长城》之"云连碧海关山险,风定黄河日月明";《敬念鲁迅先生即用其惯于长夜一诗之韵二首》之"钜著波澜开左翼,孤灯肝胆照新诗"是也。所谓"雅",即词句令人回味无穷也,如《次韵谢唐崇治贺岁》之"节酒莫辞今夜醉,梅花已判来年看";《留题水操台》之"落日云涛壮,秋风铁马哀"是也。虞先生的诗以律诗居多,由于注重字句和格调的锤炼,故读来意境圆融,雄浑沉郁,集中佳作比比皆是,美不胜收。足见他一生写诗,都是朝着"大、深、新、雅"这个目标而努力。

　　虞愚先生1949年之前的诗作曾编选为《虚白楼诗》,由厦门风行印刷社以线装版式付梓。时值厦门解放之际,该诗集被误当废纸处理。所幸之前曾装订数册以飨吟友,洪梅生世丈珍藏一册,并慨然托我将此人间孤本转寄北京,物归原主。兹者厦门市社会科学联合会、厦门市社科院辟《同文书库》,广搜近代地方文献,重新出版以存文脉,邀我承乏虞愚先生诗词的重刊事宜。我于1964年因温陵黄子鋆世丈作伐,始受知于先生,更于庚戌(1970年)之后有机会游于先生门下,亲炙其教诲,因而对此重任,我弗敢辞。今以1949年刊印之《虚白楼诗》置于卷端,以刘培育主编、甘肃人民出版社出版之《虞愚文集》第三卷《诗词》,和厦门大学出版社出版之《虞愚自写诗卷》、《虞愚墨迹》等书法图录(包括漳州松云书画院藏《虞愚书法作品集》等内部资料),以及我平时抄存的虞先生的诗词佳作进行合校,正其讹脱,辨其疑似,除其重复,并以写作年代为次第重新编排,同时在诗后各注明出处。现在辑录在此作为附录之部分总共存诗236题(366首)、词10阕,仍以《虚白楼诗》为名。至是工竣,然限于目力不周,犹未免有沧海遗珠之憾,且怩于学陋识卑,亥豕之误,恐尚未免,凡此种种,仅能俟日后再完善了。

　　丁酉正月,后学友生何丙仲记于厦门第一医院住院部。

本文载于《同文书库·厦门文献系列》第二辑，虞愚著《虚白楼诗》，厦门大学出版社，2017年。

注释：
① 陈声聪《兼于阁杂着》，上海古籍出版社，2002年6月。
② 刘培育《博学的虞愚先生》，载《述学、昌诗、输墨香——纪念虞愚先生》，厦门大学出版社，2009年9月。

重刊《禾山诗钞》前言

《禾山诗钞》，黄瀚著。黄瀚（1867～1941年），字瀚卿，号雁汀，福建厦门禾山仓里社（今为厦门市思明区曾厝垵仓里社）人，清末民初厦门著名的教育界人士和诗人。

黄瀚出生于当地一个富有文化传统的华侨家庭，其祖父和父亲均在南洋和澳门经商。他幼年在乡人私塾习举子业，清光绪十六年（1890年）赴县府试，光绪壬寅（1902年）考取恩科举人。其后在家乡办学，其间两赴春闱，皆不售。1905年，清廷废科举，厦门创办官立玉屏中学堂，聘为教习。1912年华侨创办禾山甲种商业学校，聘为校长。时厦门先后成立禁烟分局和禾山保董公会，黄瀚皆为维护地方治安而参与其事。1924年，甲种商校改办为禾山中学，任校长。在从事教育和社会活动的同时，黄瀚不辍吟哦，先后参加过鹭江诗社、鼓浪屿菽庄吟社等厦门文学团体的活动。1923年以后，著名诗人陈衍数次短居厦门，黄瀚等人得以追陪，备受熏陶。陈衍在其《石遗室诗话》的卷二十九里有云："癸亥甲子（1923～1924年）间，数至厦门，所识诗人以周墨史（殿熏）、黄雁汀（瀚）称最。"陈衍的《诗话》还辑录了他好几首作品。可见在陈衍看来，黄瀚和周墨史两先生堪称斯时厦门诗坛之执牛耳者。1930年禾山中学停办，遂告老回乡。1937年抗战军兴，农历七月"避地鼓浪屿"。翌年5月，日军侵略厦门，作诗以抒发家国丧乱之悲情。1941年1月29日，逝世于鼓浪屿，旋归葬于仓里故乡之后山。所著有《禾山诗钞》。

清末民初，黄瀚和周墨史两先生是继苏廷玉和王步蟾、吕澄之后厦门最具代表性的诗人。厦门的诗风一向崇尚盛唐。乾隆年间以黄日纪为代表的云洲诗社盛极一时，沈归愚评黄日纪的诗乃"本唐人"。时人评论王步蟾的诗，也指出其个人风格导源于陶靖节而肆力于唐之白居易等人（吕澄《小兰雪堂诗集序》(。黄瀚弱冠能诗，即受到当地社会"诗必盛唐"的影响。由于侨商出身的家庭背景，加上居住在厦门岛东南一隅的美丽海滨，从而使黄瀚先生那淡泊平和、通俗流畅的诗作里，充满着一种闲逸悠然的情调。这一切，自然会让读者联想到白居易那种"知足保和，吟玩性情"(《与元九书》(的意境，或宋人陈简斋那种自然质朴、静穆旷达的诗风。其后陈衍为他的诗集作跋,话虽不多,却非常中肯。他称赞黄瀚的诗"工力甚深",因为"处处是自家语",其中"古体以《西姑岭》、《鹭江竞渡》、《流民图》、《东飞伯劳歌》、《弟弟到那去》诸首为最,近体多如陈简斋,而《村妇吟》寄托温厚,尤具风人比兴之旨"。陈衍为黄瀚的诗作跋,并且在他那部鼓吹同光诗派的《石遗室诗话》记载了他们的交往,还辑录了一些黄瀚的作品。因而黄锌先生在诗集的《后记》说他的先君子"殆与石遗先生往来唱和,受同光体之影响,一变前此学人境庐(即黄遵宪)而着意于锻炼,……其诗亦扬弃同光体之枯涩,而一反于自然"。实际上,通读《禾山诗钞》之后,我们会发现作者黄瀚平生的诗风并没有因为在年近花甲之时与陈衍的短期过从而发生了变化,反而可以看到他的诗与同时代的诗界革命者黄遵宪稍有异曲同工之妙。可以说,黄瀚先生的诗自始至终都比较清新流畅,说明他始终是恪守唐诗优良传统的诗人。唯因黄瀚先生长居海陬,诗中所涉范围不广,因此其影响比较有限。

据黄锌在《禾山诗钞》的"后记"所载,其先君子黄瀚先生"自弱冠为诗,以迄弃世,前后凡五十年,得诗数千首"。抗战期间被日寇搜查和烧毁之余,所剩还有三千余首,幸亏四女黄轻绮"拾袭藏之乡间"。1966 年夏季,黄锌在台北根据抄录件,请诗人苏小鸥编选,得古近体诗 720 余篇(1500 余首),厘为上、中、下三卷,在当地付梓,名之曰《禾山诗钞》。

《禾山诗钞》的卷末附有黄锌所撰的《悬瓠志初稿》,乃 1918 年至翌年,他奉父命漂洋过海到东南亚各地为禾山商校募捐,沿途以诗记之的所见所闻,得古近体诗 33 篇(72 首)。黄锌(1894~1971 年),字徼民,黄瀚长子,毕业于日本明治大学法律专业,后归厦门以律师为业。抗日战争期间南渡菲律宾,胜利后居台北,先后担任银行和电力公司的法律顾问。黄锌能诗,其年轻时陪陈衍游万石岩的五律一首,曾收入《石遗室诗话》第二十九卷。

20 世纪二三十年代,我家一度卜居仓里,先祖父仰潜公时与黄瀚先生有过从之雅。兹者厦门市社会科学联合会、厦门市社科院辟《同文书库》,广搜近代地方文献,重新出版以存文脉,邀我承乏整理《禾山诗钞》。黄锌之贤外孙女曾肖微女史雅重世谊,闻讯欣然提供《禾山诗钞》之原刻本,并黄锌晚年自定义的《徼庐謦稿》,凡诗 49 篇(103 首),虽多系记事怀人之作,未免有隔岸思乡之情,今作为附录存焉。

岁丁酉夏至之日,后学何丙仲谨识于一灯精舍。

本文载于《同文书库·厦门文献系列》第二辑,黄瀚著《禾山诗钞》,厦门大学出版社,2017 年。

重刊《顽石山房笔记》与《紫燕金鱼室笔记》前言

《顽石山房笔记》和《紫燕金鱼室笔记》是近代以来厦门为数不多的两部笔记体著作。前一部偏重于记述诗艺国故，是作者本人的读书札记；后一部则以地方文化掌故为主，辑录了不少遗存在闽南大地与文化相关的人与事，它既是一部文史资料集成，同时更像是一本诗文荟萃。这两部著作都是不可多得的地方文化遗产。

《顽石山房笔记》系林尔嘉所撰。林尔嘉（1875～1951年），字叔臧、菽庄，幼字眉寿，号尊生，别署慈卫、守中道人，晚年自号百忍老人。台湾淡水人，原籍福建龙溪。其祖辈于清朝中叶移民至台湾从事垦殖，历经三代人的戮力经营，"板桥林家"到了林维源这一代，成为清代台湾最具影响的家族之一。甲午战后，清政府割让台湾，林家与台湾绅民奋起抵抗，不得已于1895年举家内渡，居鼓浪屿。1905年林维源去世后，其长子林尔嘉执掌家业，并继承父志投身于实业和社会公益事业，历任清廷的保奖四品京堂、厦门保商局总办兼商务会总理，随后参与创办电器通用公司，襄助漳厦铁路建设。辛亥革命后，被推为临时参议院候补议员。1915年被聘为福建行政研讨会会长，先后担任厦门市政会会长、鼓浪屿工部局华人董事。林尔嘉少习经史百家，深受儒家思想影响，有经世志向。因而定居鼓浪屿后不久，即开始营建菽庄花园，于1913年竣工，同时在园内创立菽庄吟社，招揽海峡两岸的骚人诗客，创作大量诗词，一时有"东南坛坫"之誉。在此期间，菽庄吟社还出版了"菽庄丛书"六种和"菽庄丛刻"八种及其单行本，借以保存地方文化遗产和诗社吟侣的成果。林尔嘉所著的这部《顽石山房笔记》即"菽庄丛书"六种之一。1937年抗战爆发，林尔嘉辗转避居香港、上海等地，胜利后不久即挈眷重返台湾定居，1951年11月在台北去世，终年76岁。身后除《顽石山房笔记》外，尚有《林菽庄先生诗稿》存世。

《顽石山房笔记》共四卷，列为"菽庄丛书"的第四种，壬午年（1942年）刊刻于厦门（后两卷于翌年夏日付排）。这是作者林尔嘉四十岁以后的一部读书札记。友人沈琇莹在书前的序言中说，作者曾自称"予少年好为无益之事，……四十以后有志向学，顾心粗不能不能治经，才薄不能治史"，所以"端居多暇，乃与社侣商量旧学。时或泛览诸子百家之书，旁及近人诗古文词，有会心处辄笺记之。择未必精，语未必详，聊以备忘而已"。

1913年林尔嘉在鼓浪屿营建菽庄花园竣工后，即在园中创立菽庄吟社。吟社从酝酿和初创开始，都得到一批既擅长作诗又精通国学的饱学之士的参与和支持，先是有清末台湾进士施士洁、许南英和汪春源，时称吟社"三老"。吟社创办以后，又有湖南沈琇莹，以及闽厦知名文士陈海梅、吴增、苏大山、周殿熏、李禧和施乾等著名文士，这些人中不少是前清进士或举人，后来主持社事的沈琇莹不但当时以诗词有名于湖湘一带，而且还是经学大师王闿运的得意门生。因而"商量旧学"也同样是菽庄吟社的日常活动之一。在诸多吟侣的熏陶下，时年四十岁的林尔嘉开始"有志向学"，"时或泛览诸子百家之书，旁及近人诗古文词"。林尔嘉所处的时代正是新旧文化交替的时期，从其自幼接受儒家思想教育的背景来看，他对中国传统文化的执着追求，是很正常的。然而研究学问恰恰不是他平生的志业，所以这部笔记只能视为他个人"聊以备忘"的读书心得。

这部笔记篇数不多，仅110多篇，内容包括国学、诗词、书法和典故趣闻等几类。因为是读书笔记，故所辑录者基本上都是作者所偏好的。如"诸子百家之书"，让作者"会心"者仅见《〈老子道德经〉解》一篇，当代众多的国学名家中，作者也只选择王湘绮一人。诗词方面是为全书重点，篇数约占全书的四分之一，但涉及唐宋的名家只苏东坡、韩愈等少数几人，书中所辑录的大多是明清时期作者所喜爱的一些诗人的作品，及其相关的本事趣闻。如《四库全书底本》和《董方立词》所收录的都是前人漏选或忽视的词作、《君臣联句》照抄了清高宗和诸臣唱酬的长篇馆阁体诗句、《卿怜曲》是清季陈云伯为"琴河女"所写的长诗等等。书法和碑帖方面亦然，自古以来存世的碑帖和书法名家之多如汗牛充栋，作者仅辑录了《淳化阁帖》、《瘗鹤铭》和有关苏东坡、黄庭坚等少数几篇。凡此种种，不但从侧面反映了林尔嘉读书的博而精，同时也体现了他在阅读方面的个性化。此外，这部笔记还辑录了《天禄识余》、《玉烛宝典》等类似的神话和典故，以及《郭汾阳面长二寸》、《落十二齿》和《日用面糊一斗》等古代趣闻，丰富了这本书的趣味性。

林尔嘉不仅好读书，尤好藏书。书中的《汲古阁歌》写道："予故家在东宁板桥，其中汲古书屋颇有藏书"，可惜"甲午之役又散佚殆尽"。可见林家在台北的藏书，已毁于"乙未割台"之役，内渡居鼓浪屿之后，林尔嘉又重新购藏了大量书籍。可惜这部笔记中类似具有史料价值的记载仅此一见。如果作者能够把自己所经历过的诸如鼓浪屿公共地界的社会生活、厦门近现代城市建设以菽庄吟社的文化活动等都记录下来，其意义肯定不仅仅是个人读书或"商量旧学"的心得。

另一部《紫燕金鱼室笔记》系李禧所著。李禧（1883～1964年），字绣伊，号小谷，福建厦门人，自幼就接受传统文化和诗词、书画等方面的教育和熏陶。李禧先生所处的年代，正是清末民初新旧文化变革的动荡时期，因而弱冠时他就到省城福州的致用书院接受新学教育，并于光绪丁未年（1907年）毕业于当时已改名为福建师范学堂（今福建师范大学前身）。学成归来后不久，适逢辛亥革命厦门光复，受到孙中山先生民主革命思想的影响，于是自1912年起便在厦门从事新学教育。教学之余，勤于读书作诗，同时关心桑梓，倾心乡邦文化。二十年代厦门开始近现代城市规划建设，稍后又发生了抗争海后滩的反帝爱国斗争，这些有关地方的重要历史事件，先生皆以教育会的身份，积极参与并发挥了积极的作用。

丁巳年至戊午年（1917～1918年）的前后，李禧先生仿照古代笔记的文体，开始把厦门乃至闽南和侨台地区的文化史迹、民俗风情等记录下来，在地方报纸上以"紫燕金鱼室笔记"为栏目陆续发表。李禧先生的这项写作大约坚持了十余年，在社会上产生很好的影响。1937年3月，厦门市成立了文献委员会，李禧即受聘职其事。1938年5月，日军攻占厦门。他不愿做亡国奴，沦陷前夕只身走避香港，其民族气节得到厦门人民的嘉许，抗战胜利后，受任为厦门市第一图书馆馆长。1947年6月，兼任《厦门市志》分纂。新中国成立后，李禧虽年近古稀，仍竭诚在文化事业方面为国家和社会做出许多有益的贡献。工作之余，他还参加各种社会文化活动，用诗词和书法作品热情讴歌祖国的新气象，在海外侨界中产生了良好的影响，由是被福建省文史研究馆聘为首批馆员。1959年起，连任政协厦门市第二、三届委员会常务委员，1958年光荣退休，1964年3月14日辞世。

《紫燕金鱼室笔记》是李禧另一部笔记体的文史随笔著作，散见于地方报纸的副刊，总数有473篇（按：可能还有遗漏），均为作者搜集、记录的有关清末民初厦门社会文化生活的所见所闻。正如抄本序言所说的那样，它包括"鹭门名胜、风俗信仰、近代事件、文物遗迹、名士诗文，包含万象，无所不有"，内容相当丰富。非唯如此，它还具有很珍贵的史料价值。如记述郑成功、陈化成、清末小刀会（按：书中称"双刀会"）起义和近代鼓浪屿"公共地界"等厦门重要的历史事件和人物，以及闽南文化、华侨文化等有关的篇章，由于带着无法替代的草根性，往往可作为正史研究的参考与补充。一些现在已无迹可寻的祠庙古迹，如甘辉庙、郑延平祠、禅师公宫，奉祀蔡妈的前园宫等民间信仰的祠庙，风动石、圭屿石塔等名胜古迹，都能在书中找到踪迹。笔记中的《像生花》和《肉花盁》见证了厦门人昔日爱美的习俗，《朱王爷》一则，还为"送王船"这项非物质文化遗产提供了可贵的史料根据。《新字》一文则记载早在卢戆章创造中华新字之前，就有李梅生以其所发明的"新字"在厦门授徒。作者认为李梅生"所作点画俱有来历，简便易于记忆而又变化无穷"，比起基督教传教士推行的"闽南白话字"还易学好用。此外还有闽侯人力捷三来厦门施教的"快字"等等，这些都是研究厦门近代文化很重要的资料或线索。《三姐藤薯》、《玛理芥花》、《蕹菜》、《柳串金鱼花》这类介绍厦门引进的舶来物品的篇章，在当前探讨"海丝"文化方面尤具有现实意义。

这部笔记以文言文写成，笔墨舒卷，简练含蓄，饶有闽南侨乡和港口城市的风情韵味，可说是它的另一个特色。《龙喉》、《某拳师》、《火药局之灾》、《无妻无猴》和《王大》等篇章都堪称为小品美文。值得一提的是，这部笔记还记录了大量厦门文化人士的生平剪影，其中如擅长演奏古琴的石南荷，苏仙根和赖企聪；闻名闽台两地的书画家吕世宜、谢颖苏、杨止庭、苏笑三、吴大经、李廷钰、叶东谷和洪晴川；著有遗集传世的诗人陈如松、萧雅堂、苏又奎、吴葆年和谢鹪尘，尽管他们的事迹或作品不一定都能流传至今，但这部笔记却为我们留下厦门文化生活一段宝贵的踪影。作者在记述名胜古迹以及文化方面的人与事，大多附载有与之有关的诗词，因而不但提升了这部著作的文学品味，同时也增强了它的可读性。

兹者厦门市社会科学联合会、厦门市社科院辟《同文书库》，广搜近代地方文献，重新出版以存文脉，邀我承乏林尔嘉先生和李禧先生的这两部笔记之整理与重刊事宜。林尔嘉先生之《顽石山房笔记》原刻本今尚存焉。李禧先生之《紫燕金鱼室笔记》唯有拙抄本存世，原来的剪报本现已荡然无存。1995年厦门市档案局曾节选拙抄本的内容，经何丙仲、吴仰荣校注，由北京广播学院出版社出版（书名仍为《紫燕金鱼室笔记》）。今将该出版物与拙抄本加以合校，并重新断句，同时对个别篇章的次序适当做了一些调整。工既竣，敬缀片言，借以鸣锣开道。

岁丁酉夏至之日，后学何丙仲谨识于一灯精舍。

本文载于《同文书库·厦门文献系列》第二辑之《重刊〈顽石山房笔记〉和〈紫燕金鱼室笔记〉》，厦门大学出版社，2017年。

重刊《海天吟社诗存》、《鹭江乙组梅社吟草》前言

明清以来，厦门的诗人结社并不多见。据文献所载，最早当为明末清初的"海外几社"。明朝末年，清军入关，原是"松江几社"主要成员的徐孚远等追随鲁王南奔厦门投郑成功。与他同时来厦的还有张煌言、陈士京、沈佺期、卢若腾和曹从龙等江南富有民族气节的诗人，清初全祖望在《鲒埼亭集》为陈士京所写的传记中提到："及在岛上，徐公孚远有'海外几社'之集"，他们这些人被称作"几社六君子"。"海外几社"对地方文化影响很大，周金汤、黄骧陛和张若仲等一大批闽南文士皆从之游，厦门的叶后诏和郑郊等人还和徐孚远结为"方外七友"。其后部分社友随郑成功东渡台湾，进一步把中华文化传播到宝岛。

清代康乾时期，据乾隆《鹭江志》所载，厦门诗人曾创立一个名为"翼社"的诗文团体，"同学诸子，共订嘤鸣，鸠集文坛，同歌伐木"，而且已能"振文学于海滨，云蒸霞蔚；置统绪于圣世，凤起蛟腾"[①]。可惜因为史料的阙如，至今我们尚未能知道翼社活动的更多情况。

清代乾隆年间，在龙溪籍诗人黄日纪的倡导下，黄彬、张锡麟、薛起凤、林明琨、莫凤翔、张承禄等组成了"云洲诗社"，这些诗人被称作"云洲八子"。道光《厦门志·列传下》记有上述六人，其他两位姓名已佚，从当时留下来的摩崖诗刻和其他文献分析，参加过诗社活动的林遇青、张廷仪、黄梦琳，以及"时与云洲诗社"的黄秉元都有可能是诗社的成员。诗社的社友们淡泊功名，而流连陶醉于厦门的风景名胜之间，每每"登山临水，唱和无虚日"。这些诗人大多有诗集刊行，但时至今日，我们只能读到黄日纪的《嘉禾名胜记》和张锡麟的《池上草》等少数几部诗文集，在天界寺等市内景区都能读到他们的摩崖诗刻。清代"云洲诗社"当是厦门文化史上影响最大的一个诗文社团。

清光绪台湾设省前后，该岛的诗坛先后涌现出海东吟社、牡丹诗社等六七个诗社。甲午中日战争之后，清廷割让台湾。1895年，林尔嘉愤而举家内渡居鼓浪屿，1914年在建造菽庄花园的同时，创办了菽庄吟社，它是近代厦门

规模最大，成就较高的诗社。菽庄吟社成立前后，原先台湾诗坛的吟侣们纷纷来归，其中许南英、施士洁、汪春源等进士诗人成为吟社的祭酒，继而又发展了号称"菽庄十八子"的龚显鹏、周殿熏、龚植和李禧等闽南或当地的诗人为吟社中坚力量，春秋佳辰，飞笺分韵，吟侣遍及全国以及南洋各地，其人数几达两千人。吟社除一部分诗人有诗集存世外，还以"菽庄"为名出版丛书六种、丛刻八种，一时有"东南坛坫"之誉。

20世纪上半叶，与菽庄吟社同在厦门的诗文社团，早期比较出名的有"海天吟社"和"鹭江梅社"，抗战胜利后则有"筼筜诗社"。海天吟社和鹭江梅社各有刊本存世。

海天吟社始创于丁巳（1917年）之夏，据周墨史为它撰写的序言和钱丕谟所写的后记，可知这个吟社乃由钱文显发起"集同志友于其楼为诗社"，邀请施士洁主讲其中，周墨史"左右其间"。"每周一集，月凡四课，先后阅十月，得课四十"。可惜"未几，闽粤事起，风鹤告警，吟朋星散，因是中辍。同人每以未得赓续为憾"。因此可见海天吟社存世仅十个月，为时甚短。壬戌（1922年）夏施士洁去世后，"同学诸君子""时翻旧稿，点窜犹新。手泽所存，何敢弃置？爰谋之同人，略为选择，刊诸梨枣，题曰《海天吟社诗存》"，目的是为着"怀念前型，不忍自没其诗以没先生之教"，且"聊以表师泽之不忘"。从周墨史作序的最后时间来看，这本"诗存"当付梓于癸亥（1923年）季秋。

《海天吟社诗存》由《诗存》、《海天吟社唱和诗》和《施耐师挽诗》三个部分组成。《诗存》部分辑录了李时熙、徐思防、柯征庸、陈杰、陈桂琛、洪焘生、许梓溪、许廷慈、徐铭庆、钱丕谟、陈桂琨、陈干、陈桂琚等13位"同学诸君子"的诗作。各人的作品虽多寡不等，但均各成单元。从内容来看，既有共同的诗课，又有自拟的习作。诗课有《久雨书怀》、《雨后闻蝉》、《花影》、《蒲葵扇》、《日本刀歌》、《自由车》、《泥美人》、《斗蟋蟀》和《斗龙舟竹枝词》等。因为入选诗篇都是个人认可之作，且又经过施士洁批阅修改过，所以写来大多都能藉题抒发，有情有物。自拟习作则多见佳什，如陈桂琛的《哀安海》，其诗前小序云："庚申仲春张干之与刘汉臣肇衅安海，靖粤两军复生恶战，淫杀焚掠，无幸免者。诗以哀之。"乃知所记述的是庚申年（1920年）闽南军阀混战时期，靖国军与援闽粤军交战，安海人民遭受的悲惨劫难。"风飐飐，雨潇潇。何来啾啾似鬼哭，哭声直逼安平桥。安平桥，地犹昔。敌楼虽设不延敌"，似此起句，可谓得杜工部《兵车行》之意味矣。又如许梓溪《吊郑延平王故垒三首》有句云"千秋碧血埋孤岛，一代雄风付逝波"、"江山未复英雄死，吊古人来百感并"等，皆有感而发，颇有可观。《唱和诗》部分系周墨史有一首以海天吟社某次雅集为题的七律诗，杨振衡、施士洁、黄瀚、余雨农等诗友对这首诗的唱酬，共存诗 13 首。周墨史，原名殿熏，字墨史，厦门近现代文化教育界名人。施士洁，字应嘉，号沄舫，又号耐公，清末台南名进士，乙未（1895 年）内渡居鼓浪屿，菽庄吟社诗侣。黄瀚，字雁汀，厦门人清末举人，工诗。"唱和诗"数量虽然不多，但却是一件有意义的文化记忆。《施耐师挽诗》则是陈桂琛等人悼念老师施士洁的组诗。

"鹭江梅社"是民国初年厦门一个诗社组织，创办于 1919 年，社长陈维垣（屏青），有会员十余人。这些会员多半为居住或往来于厦门的闽南籍文化人，或热爱诗词的海外华侨。他们另外成立董事会，以个人捐助为诗社的活动和编印刊物提供经济保证。社址设在厦门岛内典宝街镒成号楼上（一度迁至典宝街和昌号楼上）。第二年 1 月开始编印会员的作品集，名为《鹭江乙组梅社吟草》，每月出版一期。厦门市图书馆藏有 1920 年 1 至 10 月份共 9 期（其中缺第三期）。此外，该馆还藏有《鹭江梅社丙组课抄》文集一部，可见鹭江梅社至少有三个小组进行活动。1920 年 10 月以后，因无刊物为据，该诗社的社事活动暂不清楚。

《鹭江乙组梅社吟草》，鹭江梅社编印。己未（1919 年）仲冬陈健青为《鹭江乙组梅社吟草》所作序言有云"盖欲开通其智识，而感孚其声气也。虽无洛阳之盛会，竟效江洲为联吟。故正课之编，续以外课，而外界之作，间亦附焉"，由此阐明创办诗社的宗旨和刊物的特色。从《鹭江乙组梅社吟草》所刊发的内容来看，每期大体分为正课、附课（或称附课同人诗）和附外界诗三部分。历次正课的诗题计有"寿顾轩先生七十"（第一课）、"梅花（不限韵）"（第二课）、"游虎溪岩七律限先韵"（第四课）、"岳武穆"（第五课）、"华盛顿"（第六课）、"白莲"（第七课）、"晚香玉"（第八课）、"万石岩避暑"（第九课）、"玉屏山"（第十课）、"金带水"（第十一课）、"落叶"（第十二课）、"秋夕杂咏"（第十三课）、"残菊"（第十四课）、"早梅"（第十五课）。作者有陈维垣、洪孝怡、王慕韩等二十多人，其中陈健青、陈耐霜、孙君庭、钱碧海等人作品甚多，另有姓名却不见其作品的"社员一览表"，他们可能是梅社其他组的成员。除了会员正课的作品外，《鹭江乙组梅社吟草》的附课部分则刊登鄢铁香、林尔嘉、李禧、陈桂琛、黄鸿翔，黄仲训等厦门部分文化名人的诗作，其中颇有佳作，非但使刊物生色，同时也为当地的诗史增添了不少内容。这些诗作中每有佳句，如《菽庄》之"诗联汐社怀吟侣，节到重阳感岁华"（林尔嘉），"人在镜中花影静，香随帘外篆烟斜"（李实秋）；《春草》之"细雨浅深蝴蝶梦，斜阳寂寞鹧鸪天"、"古驿归心风一笛，废城春恨路三叉"（铁香）；《寿鼎卿先生六秩双寿》之"家无担石青毡旧，梦绕湖山赤嵌奇"（李禧），"携家避世仙成偶，烂斧观棋鬓有霜"（黄鸿翔）；《自题画像》之"浮名成画饼，侠骨愧雄儿"（陈桂琛）等，读之婉约清新，楚楚有致。其第九期有李禧先生的《吊郑延平故垒》四首，写来怀古情深，苍茫跌宕，其佳句如"归魂春寂乌衣国，落日潮连赤嵌城"、"飞花剑蹴寒涛白，浴血旗翻落日红"、"异代可怜余战地，彼苍终负济时才"等，诚为吟咏郑成功遗址的佳作。其附外界诗部分，选登了刘铭传、丘逢甲、唐景崧、施士洁和林卓人等人之作，他们都是近现代台湾有影响的人物。其中刘铭传的《三貂岭》、丘逢甲和唐景崧的分别所作的《梦蝶园》以及林卓人记述台湾新竹孝子的七古长歌，都是两岸文化交流史上很有价值的篇章。值得称赞的是，鹭江梅社还注意培养青少年对格律诗的兴趣，这部《吟草》中辟有"培育学校学生诗"一栏，刊登学生的习作。

海天吟社、鹭江梅社和菽庄吟社一样，都是近现代厦门民间自发创立的文学社团。吟侣们虽然分属于不同的团体，但之间的关系仍然很密切。如海天吟社的教习施士洁和周墨史，同时是菽庄吟社的重要成员；菽庄吟社的林尔嘉、李禧、钱碧海的诗作也刊登在鹭江吟社的刊物上；陈桂琛等人的诗篇在这三个诗社的出版物上都能读到。这些诗作者及其作品，成为厦门文化史的一个重要环节。

厦门市社会科学联合会、厦门市社科院辟"同文书库"，广泛搜集近代地方文献，加以整理并重新出版以存文脉。《海天吟社诗存》和《鹭江乙组梅社吟草》这两部原刻本均藏于厦门市图书馆。今将此二种合订为一册，编入《同文书库·厦门文献系列》的第三辑，以飨广大读者。

2018年7月20日，何丙仲于云顶岩麓之一灯精舍。

本文载于《同文书库·厦门文献系列》第三辑，《海天吟社诗存》《鹭江乙组梅社吟草》合集，厦门大学出版社，2018年。

注释：
①叶其苍《翼社谱序》。

重刊《红叶草堂笔记》、《感旧录》前言

《同文书库》第三辑的这本书乃辑录近人所著的《红叶草堂笔记》与《感旧录》这两种笔记体的作品集而成。

《红叶草堂笔记》,黄伯远著。黄伯远,广东番禺人,生卒时间不详,仅知久居厦门,1949年之前历任《江声报》、《民国日报》、《新闻画报》等报刊的编辑,以及《厦门大报》的副刊编辑。从这部笔记我们可以了解到,黄伯远系从业三十年的老报人,国学基础扎实深厚。他除了抗战期间一度避居香港,以及胜利后曾到江西省龙南县和杭州小住外,平生的大部分时间都在厦门活动,因此作者对当地的社会风情和人文状况都有相当的了解。作为文化人兼报人,加上他平时对诗书画艺术有所偏好,所以这部作品中有关这方面的篇章占较大的比例,这也许正是它值得传世的原因所在。总体上说,它虽然仅有118篇长短不一的小文章,而且言之略嫌简略,却还是能够勾勒出20世纪30年代厦门人社会生态的大体轮廓,不但具有可读性,而且还有一定的史料价值。

阅读这部笔记,我们可以了解到20世纪初虎头山事件发生前后,日本领事收买厦门人的恶劣行径;也可以得知其后臧致平、洪兆麟等大小军阀在厦门之祸民以及种种丑行。书中还揭示旧社会厦门蓄婢、"好养异姓之子为子"的陋俗,和那些"服贱役,名曰'姐'"的婢女的悲惨生活,也对当地盛行家族自治会而引发械斗的现象,加以鞭挞,这些对后人研究地方历史文化颇有参考价值。作者在书中所记的文化艺术界人物甚多,其中有喜养金鱼还种蝴蝶花(紫燕花),自称平生有"十端友"(蔡文鹏、吴秀人、王选闲、黄幼垣、龚绍庭、沈琇莹、苏逸云、萧幼山、陈桂琛、杨宜侯)的文化名人李禧;有在抗战期间不肯媚敌而甘愿"困穷以死"的律师兼诗人胡军弋、"独具只眼"的收藏鉴赏家马亦篯、论"作诗譬如制钢,愈锻炼愈佳"的诗人兼书法家虞愚。至于厦门的画家,几乎他所接触到的都能在这本书中读到其简介或评价,他们是郑煊(霁林)、吴苹(石卿)、赵叔孺、苏元(笑三)、赵素(龙骖)、龚煦(叔

翊）龚植（樵生）兄弟、林嘉（瑞亭）。据作者所知，抗战胜利后只剩下郑熙、吴苇存世，后起之秀则有林子白和石雪庵，而郑熙八十九岁还能写小楷画工笔划。这些都是厦门近现代书画艺术史很珍贵的资料。

本书还记录了一些久已湮没的史迹，如南普陀那通1908年欢迎美国舰队的摩崖石刻的书写者是陈南谷，又近代厦门的泥塑佛像受广东石湾潘玉书的影响，以大走马路的"永顺"号店最有名，佛像作品甚至"运售外洋"；清末水师提督衙门曾悬"作万人敌"巨匾，臧致平占衙门为"闽军总司令部"时，"付祖龙一炬矣"等等，这些记载尽管简略，但却为后人的研究提供了不可多得的线索。当然，限于见闻，书中所记录的有些人事未免有值得商榷之处，如八国联军攻入北京时的德军统帅瓦德西是否到过厦门等等。

《红叶草堂笔记》是作者黄伯远将自己历来所发表的随笔小品加以整理而自行印刷出版的作品集，时间约在20世纪40年代末，今已成比较稀见的出版物之一。

另一种是《感旧录》，庄克昌著。庄克昌（1900～1987年），字蓝田，别号蔚蓝、漆园后人，原籍福建惠安，12岁时随父至厦门，居鼓浪屿，遂在岛上的福民小学、寻源书院上学。1919年在寻源书院修完高中和大学预科课程毕业后，先后在福民小学、双十商业学校、云梯中学和厦门女子师范学校（后改为"慈勤女子中学"）任教，或担任教务主任、代理校长等职。在此期间，他又兼任《民钟报》、《思明日报》、《华侨日报》以及《江声报》等报纸的副刊编辑、主笔或总编辑，针对当时军阀混战、民生维艰的时局，发表大量鞭挞弊政的文章，颇有时誉。1930年起任教于鼓浪屿的毓德女子中学，一度为该校的代理校长，为学校校舍的改建做出贡献。抗战期间，1938年厦门沦陷前夕，与胞弟馥冲仓皇南渡，先是避难香港，继而应聘到菲律宾马尼拉的普智学校任教，同时协助当地热心教育的侨界人士共同筹办中正中学，并长期担任该校图书馆主任及华文、历史两科的教师。抗战胜利后，曾兼任《中正日报》的副刊《语林》的主编，其后又在《大中华日报》的"人生小简"及"笔谈"等专栏撰写许多散文、小品，当地华文社会评其作品"内容隽永飘逸，庄谐并陈，收到广泛的欢迎"。今收入《庄克昌诗文存》的作品大部分均结集于这段时间。

1970年，庄克昌先生从中正中学退休，又受聘于当地的圣公会中学，直到1980年才以80岁的高龄离开他所致力的华文教育事业。期间，他仍继续为《大中华日报》撰写专栏，笔耕不辍。晚年的庄克昌先生思乡弥甚，1985年6月终于"摒挡一切"，归返鼓浪屿，旋因病于1987年与世长辞。

庄克昌先生去世后的同年年底，他的学生和亲友为他出版《庄克昌诗文存》。该书包括庄先生生前结集问世的十二本散文、小品的单行本，计有《感旧录》、《炎乡梦忆》、《松岭梦痕》、《炉香斋小品》、《绿尘集》、《蔚蓝诗存》、

《海上语林》、《笔耕余谭》、《椰风蕉雨丛谈》、《宝岛屐痕》、《南溟清话》、《古今中外谭》。他的这些作品全都写作于海外的侨居地，遗憾的是我们至今未能获读到抗战之前他在厦门留下的断缣零璧。不过，我们仍可以从他的这部《诗文存》所有的文章中，感受到作者传统文化厚实的底蕴，驾驭语言精湛的功力，以及字里行间所洋溢着的对故乡、对中华文化深厚的感情。

闽南地处海滨一隅，素有"地瘦植松柏，家贫子读书"之风，由是文化气息能够绳绳相继。庄克昌先生的家乡惠安也不例外，他五岁即入村塾，接受传统文化的教育，从《三字经》、《百家姓》念到四书五经、唐诗宋词，继而又转到乡下的新式学堂上学。后来庄先生来到厦门鼓浪屿，时值该岛已成了华洋杂处的历史国际小区，他所读的又是外国教会创办的小学和中学，所接触的不但有中国文学、历史，还有自然科学等西方文明。中西文化的交融对他日后所从事的文化教育事业的影响很大，但他对中国文化情有独钟。据他晚年回忆，在进入寻源书院的第一学年，他的教国文的业师就鼓励他多看杂书，于是他"几乎拨出三分之二的时间看小说"，并且还"藏有几十部小说"。①青少年时期文学方面的积累，反映在他以后的散文小品中，使之形成了其与众不同的风格。

自从庄克昌先生间关来到菲律宾后，就一直在那里工作和生活。他是性情中人。从此，厦门故乡的"一山一水，一草一木，时萦梦毂"，"父老音容，以至于儿时钓游地，及击社鼓、敲小锣的游侣，无日不入于我的梦中。一鳞一羽，一丘一壑，一颦一笑，一悲一喜，一生一死，……都织成短梦"②，这些故乡的梦，就贯穿在他所有作品的字里行间。这里面有厦门老家往时的"薄饼、肉粽、油葱粿、土笋冻、夹烧饼、熏肠、五香卷、泉镒的鱼丸、北庆的芋包、泉发的肉面、双虎的马蹄酥、庆兰的豆沙饼……"浓浓的乡味，"怎教人不垂涎三尺，食指频动呢"③？这里面还有"蚊子'报筲'"、"失食失怪"、"格空"（摆架子）等一大堆已近消失的闽南俚语，遥远的乡音，听来何等亲切。可能经过岁月的淘洗，故乡亲友们那些留在脑中的印象越发深刻，所以庄先生笔下回忆的人物，个个亲切可爱，呼之欲出，如说到孔子马上提起精神，高呼"密西斯，泡好茶来"的林文庆④；每天叫孙儿持字条来借报纸的中华新字改革先驱者卢戆章⑤；说话间反复强调"共你说你就明白"那一句口头禅的云顶岩和尚⑥，类似这些人物形象，在其作品中都能读到，其精湛的文学造诣于此可见一斑。

总体来说，庄克昌先生的作品讲究篇幅短小精炼、语言生动流畅，信手拈来而庄谐有趣，颇得明人小品的旨趣，这当然与他早年从事报刊的副刊工作有一定关系，此其一；谈文说史，引古论今，文虽白话而用典自然，言亦有据，因此可读性强，在菲律宾的华文社会很有影响，此其二；因其笔下所涉及的人与事大多系亲见亲历，故写来引人入胜，甚至还有一定的史料价值，此其三；作者久居海外，思乡之情洋溢于言表，读罢每每令人顿生秋风莼鲈之感，此其四。

今者，我们征得庄秀蓉和庄友仁等庄先生的亲属同意，从《庄克昌诗文存》里挑选出其中单篇的《感旧录》，另外再从《炎荒梦忆》、《炉香斋小品》、《海上语林》、《笔耕余谭》、《南溟清话》、《古今中外谭》等集子精选出若干篇作品，附其后一起编成此辑。顾名思义，《感旧录》共34篇，所缅怀者都是作者遍布闽南的亲朋好友，其中大部分是我们耳熟能详的厦门或鼓浪屿的文化人，譬如贺仲禹（仙舫）、马侨儒、林文庆、黄复初（廷元）、卢戆章、鄢铁香、苏笑三、林安国、邵庆元（觉庐）、王泉笙、柯伯行等，还有毕腓力、和安邻等外国传教士。此外，还有梁燕居、陈宝善、张琴缘、黄清玉等国学有专长而已经被历史所遗忘的寻源等学校的教师。在其他集子里所选择的，也是以人物为主，辅以过去厦鼓两地值得回味的往事。所记人物有到过厦门的林语堂、吴稚辉、徐玉诺和许地山等文化名人，所忆的事有故园从前的圣诞夜和元宵、中秋、重阳等节庆，以及菽庄的菊花会等。此外，选录的《烽火余生录》等三篇则是1917年至1923年闽南地区军阀混战期间，作者作为新闻记者在第一线的亲历记。作者通过为这些人物所写的回忆文章，以其生花妙笔，让读者对上述的这些人与事，以及鼓浪屿作为历史国际小区文化、教育呈现多元的状况，有进一步的了解。

厦门市社会科学联合会、厦门市社科院辟《同文书库》，广泛搜集近代地方文献，加以整理并重新出版以存文脉。《红叶草堂笔记》原刻本藏于厦门市图书馆，《感旧录》及其他篇章则选自菲律宾陈国全、刘天佑、吴曼如、高锦心、蔡卿卿编印的《庄克昌诗文存》一书。今将此二种合订为一册，编入"同文书库·厦门文献系列"的第三辑，以飨广大读者。

何丙仲叙于云顶岩麓之一灯精舍，时2018年7月20日。

本文载于《同文书库·厦门文献系列》第三辑，黄伯远著《红叶草堂笔记》及庄克昌著《感旧录》合集，厦门大学出版社，2018年。

注释：
① 庄克昌《炎荒梦忆·看小说去》。
② 庄克昌《炎荒梦忆·自序》。
③ 庄克昌《绿尘集》。
④ 庄克昌《感旧录·林文庆博士》。
⑤ 庄克昌《感旧录·卢戆章先生》。
⑥ 庄克昌《炎荒梦忆·萧寺一僧》。

蔡复一《遯庵全集》点校后记

蔡复一，字敬夫，号元履，福建同安人。生于明万历四年（1576年），二十二年乡试中举，翌年成进士。初授刑部主事，历员外郎。丁艰，服除，补兵部车驾，迁武库郎中。万历三十九年，出任湖广参政，分守荆岳，后引疾归。旋起湖广按察副使，备兵易州，擢山西左布政使。天启二年（1622年），以右副都御史抚治郧阳。贵州苗民起义，以兵部右侍郎，都察院右佥都御史总督贵州、云南、湖广军务，兼巡抚贵州，赐尚方剑，节制五省。因兵饷不继，事权不专败绩。天启五年，卒于平越军中，时年五十。讣闻，赠兵部尚书，赐祭葬，谥清宪。蔡复一"学博才高，诸著作皆崇论宏议，至书牍、奏议之文，慷慨谈天下事，切中时弊。而诗则出入汉魏唐宋间，居然一代名作"①。

蔡复一著作甚丰，据《同安县志·艺文》记载，计有《遯庵文集》十八卷、《诗集》十卷、《督黔疏草》八卷、《雪诗编》、《骈语》五卷、《楚愬录》十卷、《毛诗评》一卷、《续骈语》二卷，《楚愬摘录》一卷。《〈四库提要〉分纂稿》记载，"《遯庵全集》，文十八卷、诗十卷、骈语五卷、续骈语一卷"。而《明史·艺文志》则称其所著《遯庵集》十七卷。

今据北京大学图书馆、台北"中央图书馆"和厦门市图书馆所藏的蔡复一著作刊本，可知存世者有明季林文昌（又名长旻，字观曾，蔡复一婿）刻本《遯庵诗集》十卷、明末刻本《骈语》五卷、《续骈语》二卷。

此外，又有山西大学图书馆馆藏的蔡复一《遯庵全集》明刻本（辑入《四库焚毁书丛刊补编》第六十册），包括《遯庵全集》十八卷、《遯庵骈语》五卷、《续骈语》二卷。其中十八卷的《遯庵全集》实际上包括《遯庵诗集》十卷，《楚牍》二卷（全集之卷十一、卷十二），《燕牍》一卷（全集之卷十三），《郧牍》二卷（全集之卷十四、卷十五），《黔牍》三卷（全集之卷十六、卷十七、卷十八）。山西大学图书馆藏本比其他藏本多出文牍八卷。

台北"中央图书馆"还藏有一部《遯庵蔡先生文集》手抄本，题作"绣佛阁藏本"，辑录蔡复一所作的序、记、传、行实、祭文、墓志铭、呈文、公移等作品五十七篇，共分为四册。从内容和书的结构看，极有可能是《遯庵文集》十八卷的选集。金门文化局近年出版了郭哲铭的校释本。

根据蔡献臣、谭元春等人为《遯庵全集》所作序言，蔡复一去世后，他的遗作即由其弟仁夫和女婿林观曾主持搜集、整理及刊印。最初有蔡仁夫刊印的《奏议》，不久仁夫亡故，林观曾继而完成编校刊行。不知何故，林观曾并未将蔡仁夫辑录的《奏议》以及《督黔疏草》、《雪诗编》、《楚愍录》、《楚愍摘录》和《毛诗评》等编入《全集》，甚至把当时可能存在的《遯庵文集》十八卷也排除在外。

这次点校整理以山西大学图书馆馆藏的《遯庵全集》为底本，以金门文化局出版的《遯庵蔡先生文集校释》一书的原文，和辑入其他地方志文献中的零散文章为本书的《补遗一》和《补遗二》，同时又从《明史》和各种方志上选录有关蔡复一的传记，和其亲友为蔡复一的诗文集所写的序言，作为本书的《附录一》和《附录二》。原刊本中明显的异体字、俗体字、通假字或纂辑刊误、笔误处，均予以改正。

本文载于《遯庵全集》，〔明〕蔡复一著，何丙仲点校，商务印书馆，2018年7月。

注释：
① 《金门县志·人物志》。

附录

碑记

重建日光岩寺碑记

日光岩寺系闽南古刹,其鼓浪洞天为鹭江大八景之冠。初,建莲花庵于此,香火日盛。明万历十五年及清乾隆间两度重修。清同治十一年,寺僧六湛始扩建为寺。民国八年,寺僧清智增建大雄宝殿于南侧。尔来岁序邅遞,梵庐就敝。建国后,曾经修葺,惜一九六零年冬几毁于火。越二年仲春,旅居菲岛之六湛徒孙善契师捐资重建观音殿;一九八六年更名为弥陀殿,莲花庵亦葺而新之。一九九一年嘉平之月,承厦门市人民政府拨款襄举,海内外诸善信鸠工庀材,仍于故址重建大雄宝殿,优婆夷胜严、胜勇董其事也。于兹功德圆满,轮奂聿新。法雨潮音,洽人天之善趣;飞甍宝树,增胜概于名区。是为序。

此碑文作于1992年,同年刻石立于鼓浪屿日光岩寺内。

重建日光岩寺碑记

闽南名刹日光岩寺之宏规杰构于今告竣矣。盖兹寺数百载废兴凡几,迨新中国诞生,乃渐复生机。六十年代翻建弥陀殿,八十年代莲花庵、大雄宝殿相继葺建,初具气象。迩来沐改革开放之东风,承厦门市人民政府宗教局及诸部门鼎力襄助,海内外十方善信各喜擅施,集腋成裘。更于寺前复起山门,辟钟鼓二楼,拓展平台,以为禅净同参、梵行并举之所在。此有仗住持优婆夷胜严、居士李明利之夙夜靡朝也。今者登山寻延平故垒,入寺仰百丈宗风;南北山门,含鹭江之秀色;左右钟鼓,映沧海之朝晖。云门胜地,斯为美哉。

此碑文作于1996年,同年刻石立于鼓浪屿日光岩寺内。

重修甘露亭碑记

　　岁辛巳，银同甘露亭重修后之三年，叶氏乡贤征序于余。余曰：伟哉斯亭！地当城南，双溪为带，三秀作屏。朱紫呈祥，九曜孤卿蕴奇抱翠；凤山排闼，七宫八池毓秀钟灵。佛岭叶氏自唐末肇基于此，枝繁叶茂，南宋有"郡马"之荣；裕后光前，祠堂添文笔之妙。是以亭、祠俱建于宋淳祐年间，尔来千百年矣。明永乐重建，万历乙巳年、民国丙子年二次修葺，嗣后复渐颓敝。今也者，佛岭叶氏乡贤得厦门市文物管理部门之支持，集资再次重修。于是飞甍攒尖，牵云戴月；重檐映日，浥露迎风，依旧吾闽之古名亭也。且官路犹存，接九重之春色；文物焕彩，腾万象以新颜。际此清时盛世，叶氏乡贤爱护中华文化瑰宝之善举，厥功不朽，谨为之记云尔。

　　此碑文作于2001年底，翌年刻石立于同安区郡马府之甘露亭侧。

故黄章柒蔡瑞卿贤伉俪墓表

　　故人民教师黄章柒、蔡瑞卿贤伉俪合葬之佳城既竣，其哲嗣奕捷、奕强两昆仲嘱为文记之。黄先生为紫云黄氏贤裔，先世自马巷徙金柄而居焉；蔡女士则出南安蔡攸坑之望族。髫龄同窗于南安，乃结秦晋；献身百年之事业，共育英才。噫！春华秋实几五十载矣。默默耕耘，师仪足式；淳淳立世，淑德可风。今贤哲嗣事业有成，为卜吉壤于故乡之青山。谨为之铭曰：彼故山兮，紫云悠悠。滋兰毓秀兮，造福千秋。生而唱随乃乐，福慧双修。逝矣德业永在，子孙箕裘。孝思不匮，先芬长留。

　　此墓表作于2003年，同年刻石立于翔安区新墟镇之大帽山上。

重兴种德宫碑记

　　兹宫乃鼓岛仅存崇祀宋代闽南名医吴夲之庙宇也，建自明代，迄今四百多年；清咸丰年间迁今址，亦历一百五十余载星霜矣。际此清时盛世，万象更新，一九九六年本岛信众感真人之济世，永怀神仪赫濯；愿鸠赀以修葺，再使庙貌庄严。今工既竣，是以嘉树崇岩，海上花园增以胜概；灵医溥德，闽南文化藉此弘扬。且瓣香来自两岸，祝河山早归一统。于斯种德，意义大焉。

此碑文作于 2005 年清明节，今存种德宫内，尚未刻石。

重兴龙池岩寺碑记

龙池岩在文圃山阿，南滨大海，峰峦秀丽；嘉木蔚茂，洞谷天成。岩中招提创自初唐，旧碑可考；傍之书院昉自清代，胜迹犹存。自昔山川与文化辉映，梵呗共书声和鸣，诚闽南之名胜古刹也。百年以降，寺院递废递兴，不可殚述。新中国成立后，云门大德善扬法师修行于此，坚持农禅并举。"文革"中寺废，栋宇倾塌，几不蔽风雨。壬戌春，善扬法师携徒正实、正盛二师劫后重来，继而沐改革开放之东风，百废俱兴。经数载筚路蓝缕，起颓振废，先后修建大悲殿、祖堂、功德堂、大寮、斋堂、东西僧舍、普全塔及山体护坡与上山公路，并承台湾护法灿坤居士发心，独建藏经阁、念佛堂。岂料宏猷垂成之际，而善扬法师却因积劳，痛于癸未正月引疾归西。大雄宝殿诸未竟大业，幸赖正实法师独肩其成。今者千年古刹，廓尔重光；十方善信，熙然称庆。登山寻帝子潜踪、考亭贤躅；入寺霑大千法雨、百丈宗风。际此清时盛世，作人间之方壶，亦佛门之胜境也。是为记。

此碑文作于 2007 年，同年刻石立于龙海市龙池岩寺中。

菽庄吟社碑文

菽庄吟社肇始于一九一四年。盖马关条约签订后，台湾板桥望族之林尔嘉先生举家内渡居鼓浪屿，辟菽庄花园。园落成之翌年，吟社成立焉。一时闽台俊彦，星驰云集。仿兰亭之韵事，抒家国之情怀。漱石枕流，听潮赏菊，每有佳篇迭出，莺声遝闻。极盛之时，社侣近两千人，分别来自全国二十六个省市地区及日本、新加坡和印尼等国家，出版有菽庄丛书六种、菽庄丛刻八种及其他单行本多种，宛然东南坛坫，亦鼓浪屿近代社会多元文化之一奇葩也。惜抗日战争爆发，社事遂渐趋零落。今逢盛世，鼓岛申遗，菽庄吟社重见于兹。遥想往贤遗徽，必有新声继起。

此碑文作于 2016 年春，同年刻石立于鼓浪屿菽庄花园内。

海沧东屿中元宫碑记

　　海沧乃厦门之名区，而东屿系海沧之宝地，中元宫在焉。宫建于明代，距今数百年矣。所祀以三宝佛像为主，配祀有恩主吴真人、水仙尊王以及三元帅、福德正神、城隍爷诸神，历年久远而灵显异常，里人共沐恩光，中元宫由是递废递兴，仗信众共襄义举，至今庙貌焕然，香火旺甚。

　　公元二〇一一年，东屿蜈蚣阁民俗游艺活动被列为国家级非物质文化遗产。经有关部门与村民协商，确定中元宫为蜈蚣阁文化传习中心之地点。蜈蚣阁，又名粉阁，滥觞于古代北方之"山车"、"彩舟"，清人《燕京岁时记》所载之"跑旱船"庶几近之。东屿之有蜈蚣阁民俗活动源远流长。村之毗邻北宋时期有吴夲，生前为名医，羽化而为真人，闽南各地多建庙崇祀之，故以民俗活动娱神之俗遂兴。东屿古称长屿，里人对吴真人敬仰素虔，是以蜈蚣阁娱神之风亦最盛。际此国运兴隆，万象更新之时，东屿蜈蚣阁这项文化遗产从此得以有效的保护与传承，将成为美丽厦门最靓丽名片，而备受海峡两岸民众的欢迎，有厚望焉。

　　此碑文作于 2016 年，同年刻石立于厦门市海沧区东屿村之中元宫。

重修惠安模柄何氏宗祠碑记

　　祠之有碑，所以述祖德、明创建、传来世者也。我惠安何氏嗣韩公原籍河南光州府固始县，初唐总章年间（约 669 年）率族随陈政、陈元光父子入闽，分镇泉州。唐季王审知据闽，裔孙衍庆公因辅佐有功，追授嗣韩公为安抚节度使。嗣韩公遂为惠安埔崎之开基一世祖。模柄何氏自埔崎东族三世祖国信公长子容公蕃衍至今，已千余载矣，而祖德宗功，历久罔替。故宗人建祠，以报本追远，识渊源之有自；尊祖敬宗，积馀庆于将来。夫宗祠建于何年，已历久莫稽，递废递兴，亦有年所。兹际清时，国运兴隆，模柄何氏诸族众无不踊跃以重建祠宇为己任。于是乎捐资出力，鸠工庀材，共襄盛举。经始于公元某年某月，工竣于公元某年某月，共费人民币若干万元。从此庙貌聿新，光俎豆于万世；轮奂俱美，尽孝思于无穷。

　　此碑文作于 2016 年，同年刻石立于惠安驿坂五社村之何氏祠堂。

厦门二中百友园赋

伟哉母校,迈乎百年。
创中西学,得风气先。
英华毓德,振铎南天。
滋兰树蕙,桃李灿然。
欣逢盛世,出谷莺迁。
五缘湾畔,笔架山前。
新枝老树,共展春妍。
黉宇巍巍,小荷尖尖。
栋材继出,大可望焉。
怀念百友,建此新园。
览斯园兮,感慨万千。
勤诚智洁,铭记心间。
敢不勉哉,奋我先鞭!

此碑文作于2014年,同年刻石立于厦门第二中学五缘校区办公大楼前。

学人序跋

《厦门史事杂俎》序

韩国磐

厦门位于闽南海滨，系我国东南名胜之地，青山碧海，白云蓝天，此乃晴日之丽景；若夫大风骤起，乱云交驰，波涛山立，雨下如注，此又阴雨之奇观。丙仲何君《厦门史事杂俎》与此二者皆不书，而尽写厦门人事沧桑之迹，起于唐，迄于今，大至于帝王将相，小至于陋巷庶民，凡有可书者，靡不笔之，真厦门之信史也。夫厦门阴晴显晦之景，人多身历之，鲜不知者；而盛衰兴废之史迹，则不知者众矣；摒而不书，即湮没无闻，何以启迪教育后人，鉴往知来哉?！则斯编之作，功用至大，故书数言为序。公元二千年仲秋韩国磐志。

注：《厦门史事杂俎》，集何丙仲此前在各种报刊所发表的文史作品八十余篇，未刊。今改写并入《一灯精舍随笔》一书。

《厦门碑志汇编》 序

汪毅夫

厦门市文物工作者何丙仲先生经多年努力,成就《厦门碑志汇编》一书。阅读书稿,心存感念。

20世纪20年代,厦门大学国学研究院顾颉刚、张星烺、陈万里诸教授在厦门学界开田野调查之风,倡言"我们要掘地看古人的生活,要旅行看现代一般人的生活"。他们于碑碣一项,尤加留意。我在史料里曾见顾颉刚教授以《厦门的墓碑》为研究课题的记载,又在陈万里《闽南游记》、张星烺《泉州访古记》等著述里见其"抚拓碑刻"的工作照片和工作记录。当年厦大的青年学生吴文良、青年教师林惠祥受其感召,自兹亦锐心此道。吴文良积二十余年之功,收集"泉州古代石刻"。1949年厦门某报载文指出:1927年,"厦大考古团张星烺、顾颉刚、陈万里、孙伏园诸氏,及德人艾克博士到泉考古,……张星烺氏并在厦大生物院做专题演讲,其时吴氏尚在厦大求学,使吴氏印象更加深刻";并报告:"吴氏今次颇受厦大教授林惠祥、庄为玑……之鼓励,欲将现存吴氏家中及散见于泉城内外唐宋元三代之石刻,……加以照相著成专集。"1955年,林惠祥教授(时兼任福建省文物管理委员会副主任)在《为什么要保护古物》一书里指出:"汉代以后历朝都有刻字的石碑,种类有墓碑、墓志铭、纪念碑、石刻经书等,数量极多,书法常很精妙,故自宋以来拓印著录颇多,成为金石学的一半资料。石碑时代古的必须保存,时代不古但有关于历史事件的,也应保存。书法精美的也应保存。……福建石刻自唐宋起渐多,时代不及北方古,但也有重要的。又泉州有宋元时阿拉伯等外国文的碑很多,这是很特殊的。"

何丙仲先生秉承前辈学人的遗风和遗训,忠于职守,自谓"视学术研究为个人之生命"。其《厦门碑志汇编》收录厦门历代碑志共554方(其中田野考古所得446方,文献抄录所得108方),收录的范围远远超出顾颉刚教授当年的《厦门的墓碑》之计划,是有关"厦门碑志"之第一部具有集大成性质的著作。《厦门碑志汇编》收录的碑志包涵了多学科、多方面的文献价值。以明人蔡献臣的史料为例,据我闻见所及,《厦门碑志汇编》收录的《司李姜公署同捐振饬四事碑记》(蔡献臣撰,碑存同安博物馆)为蔡献臣《清白堂集》未收,《蔡虚台先生筑海丰朱埭堤岸功德碑颂》(何乔远撰,碑存后溪镇政府院内),则是有关蔡献臣生平史实的文献,足补志乘之缺。

近30年前,我在厦门市图书馆、厦门大学李拓之教授寓所同何丙仲先生有数面之缘。我知道,他是很用功的。祝贺他在文物保护和学术研究方面都取得了成绩,祝贺《厦门碑志汇编》一书的出版!

2003年11月25日

《厦门碑志汇编》序

杨国桢

　　历代碑志是社会制度、社会生产、社会生活遗存的实物见证，具有文物和文献的双重价值。每一个碑志都留下一个特定的历史记忆，蕴藏着先人经历的履痕，每一个地方的碑志体现了该地的文化生态，背负着文明的累积。所以，世界各国都把它作为文化遗产的一部分，努力加以保护。

　　厦门古为同安地，开发较迟，向被视为蛮乡。南唐置同安县，宋为紫阳过化之邑，海岸带人文具有陆地与海洋双重性格。厦门岛在中国以至世界历史舞台扮演角色，登录于史册，当在16世纪西方海洋势力东来以后。即便如是，历尽沧桑，文献、档案的遗存也是极其不完备的。以至今日的厦门人，要拷问"我们从哪里来，将往何处去"，都感到失去依凭。当开发商造势要让麦哲伦、哥伦布登陆未来海岸，或把马銮湾打造成威尼斯水城的时候，他们不知道这块热土本来就有让西方人汗颜的海上英雄和历史的辉煌，这样做岂不等于失守了自己的精神家园？！

　　古代同安人从陆地走向海洋，成就了厦门的兴起，当代厦门湾乡村的城市化进程，又将造就厦门的新辉煌。传统与变革的连续性是社会转型成功的标志，保护自己的根，比过去任何时代都更为紧迫了。可喜的是，厦门市政府加大了保护文化遗产的力度，厦门人也不甘心自己文化传统的沉沦，自发地兴起探索、发现之旅。何丙仲先生就是其中的一位。他五年坚持不懈，利用节假日自费遍走城乡访寻碑碣，将捶拓、拍照或抄录所得，加以地志、文献录存，汇编成集，期与各界人士共享，其用心之良苦，用功之勤勉，令人敬佩不已。

　　我有幸先睹了何丙仲先生发掘的宝藏。单体观之，并不是什么惊人的大巨制，综而视之，却关乎厦门湾跳动的人文血脉，不少在社会变迁中毁灭的历史信息，因残碑断碣的清理而再现，增加了修补历史断裂的可能，应证了"当人类沉默时，石头开始说话"的名言。它的学术价值和社会价值，也许要后人才看得清楚，现在刊布出来，至少具有保存人文血脉的现实意义。如果因为它的刊布，能唤醒人们的文物保护意识，阻止开发中的人为破坏，那更是功德无量了。

　　因此，我热烈地祝贺《厦门碑志汇编》的出版，更期待有其他高质量的研究成果出现。

2003年12月15日

《厦门墓志铭汇粹》序

郭志超

国际上的学科分类,一般不把历史学划入社会科学,而与宗教、文学艺术等同归入人文学科。原因是科学研究的事实是真实的,而历史学所研究的史料,与真实的历史相去甚远。这些历史文本,或因隐恶扬善,或因结构性失忆,而有了伪造、增减以及变形的历史叙述。历史学陷入这种缺乏真实的泥沼的窘境,于是有风靡当今世界的后现代史学新潮:无所谓事实,而在意于读出意义。

在众多的史料里,墓志铭恰恰是异类。作为记录亡者的履历和重要事迹的墓志铭,一般是掩埋于墓穴里,不是公诸于众的,故而平实是其基本特点。因此,这种史料中的异类,在真实性上,却很"正港"。

历史文献多为隔时的遥记,即使记述者能够秉笔直书,却邈远不清。如果间隔时段很长,竟会规律性地出现时间愈后记载愈详的现象。疑古的历史学家顾颉刚,据此提出历史记述的"层垒说",令世人大吃一惊。墓志则是当事人记当时事,因近看而清晰,不必因邈远而创作。事实及其解释是科学的两种发现,前者如奠基,后者似耸立。时人多躁进,甚或梦幻于春笋雨后之神速,避艰苦的根基工作为畏途。由此而观这部墓志荟萃,价值明矣!

墓志铭一般由志和铭两部分组成,或惟志而无铭。记叙死者世系、姓名、爵位及生平事迹等称为"志";文末即"铭",多用韵文,表示对死者的悼念和赞颂。墓志铭言简意赅,如唐《故奉义郎前歙州婺源县令陈公墓志铭并序》,志计416字,铭计42字。

墓志铭一般多为黑色页岩,高、宽各约33~67厘米,高多长于宽,或有宽长于高者,厚度2厘米。一般为篆额、楷题,正文楷书,阴刻。少数为砖质墨书。偶尔也有很个性的,像书家吕世宜,墓志微刻于砚背。本汇编也收录墓道碑和墓表之文,作为墓地构件的亡人之志,内容可归入墓志类。至于个别的买地券,则是为死者在阴间所虚拟的买地契约,也权且收录,以增见识。

本书所收的墓志铭:出土地域为现今厦门市所辖(包括历史上同安县所辖);墓主曾居住本地,尽管卒葬他乡;墓主虽不曾居住本地,但其墓志涉及厦门历史人文。出土时间、地点尽量标明。由此看来,何丙仲君辑录此集不是画地为牢,仅就墓志做井中观,而是在意于厦门历史上的社会文化状况。本书墓志撰者有张瑞图、何乔远、黄道周、蔡复一、郑芝龙、曾樱、李光地、周凯等文武名人,他们挟裹的时代风云及其与墓主的关系扩展着墓志的资讯。

墓志确可管窥地方史,而且较之辗转传抄的文献,堪称权威。据唐《许氏故陈夫人墓志》,"其先颖川人……曾祖僖(从福清,约于唐中期)浮海……遁于清源之南界，海之中洲，曰新城，即今之嘉禾里是也。"尽管当时的厦门岛"人所罕到"，但并非荒无人烟。否则怎么会称"新城"。正是这方墓志，纠正了宋代才有"嘉禾里"的长期谬说，也纠正了中唐开基鹭岛的陈氏来自漳州南院派（陈邕后裔）的误传，并使有文献记录的厦门历史始于中唐得以坐实，甚至透露汉人开发嘉禾远在中唐之前。

据唐《故陈府君汪夫人墓志》记载，陈元通妻"厝（葬）于宅东三里之原，祔府君之茔"，说明陈氏家族的聚落是在墓地西向三里处，也就是在仙岳山南麓、筼筜港北畔。与陈氏避居新城几乎同时的开基薛岭之北的薛姓，两者的空间格局，不是洪济山（下）麓比邻的"南陈北薛"，而是隔港遥望的"西陈东薛"。

在所辑的墓志里，多远追光州固始，近溯建州、福清、莆田、晋江（而同安或鹭岛）。由岛外的同安迁入鹭岛，也有突出的比例。这是对所辑的墓志所涉迁徙的由点而线的勾勒。其中，由晋江而同（安）、鹭（岛）的记载具有最高的出现频率，而由龙溪、海澄北上同、鹭极罕见，至于漳州他邑则未见。当然，有限的墓志所反映的情况，不可能等同于对历史的一览无遗，但却能以概率反映普遍性程度。由于有墓志者，多为官宦、书香之家，因而这种反映偏倚于上流社会。唐代福建的人口尚稀。唐末，王氏率领的以来自光州固始为主的数万军民，由赣入闽之漳、泉，而后北上入榕，是福建移民史上最大的一次，并以浪卷沙淘之势，对当时闽人的历史记忆进行一次广泛的覆盖。尽管以河南固始作为移民溯源的高度认同，其真实性程度有待探讨，但对闽南人，特别是厦门人的心态史研究具有重要价值。

作为个人生命史的记述，墓志所涉的文史风物生动翔实。例如：写晚明鼓浪屿，"（黄氏）宗人世居鼓浪，环海而戴石"，历史与景观，一语朗然；写晚明的高浦，"相传，戚继光御倭寇，驻军高浦"，时隔百年的高浦人墓志写嘉靖晚期戚将军抗倭驻扎于本地，相当可信。

闽台一体，厦台尤密，所辑墓志还有涉台故事。例如：高浦人陈昂，"贾海上"，"往来东西洋"，"尽识其风潮"，正是他求见献策，促使施琅攻澎湖改乘北风为乘南风，果得大捷；总纂修《厦门志》的福建分巡兴泉永海防兵备道的周凯，他在厦卸任、旋履新于台湾，卒前三个月还不畏险远，考察噶玛兰"番地"；还有涉及台南郡学及其科名事迹等。即将付梓之际所新收的施琅岳父母的墓志，使施琅与厦门同安的姻亲关系得以显影。

除非考古发掘所得，博物馆有意收集的墓志藏品不多。墓志铭出自墓圹，或以为晦气极重，人们下意识避之唯恐不及。然而，此阴气之物竟因阳光性格而得以展现于汇编，并焕发出诱人的学术气息。何丙仲君闻得有关墓志的风声，就急切前往。他在乡村收集墓志资料，不是来去匆匆，而是喜欢同村民闲聊，继续获取新的线索。村民也喜欢这一性格亦庄亦谐的实在人，一有线索就会告知。作为专业人士，而且人品可靠，密藏墓志者希望请他鉴定，何丙仲君也得以顺势墨拓、摄影。或有借转手墓志盈利者，何丙仲君也能取得他们的信任而获取有关资讯。同安吴君鹤立，嗜收藏，爱文化，对本土草根甚熟悉，对何君丙仲搜集石刻、墓志帮助甚多。本书编者，二君联袂，显金石之谊，彰古道心肠。

才学对于成功固然重要，但若缺乏人格魅力而难以形成畅通的人脉，迈向成功的行走就较艰难。得道多助，岂止国家，个人亦然。在何丙仲君看来，治学科研若只是为稻粱谋，为沽名钓誉，便会患得患失，行之不远，甚至有辱斯文。惟怀有敬畏之心，才能持久热爱并为之奉献，也在其中得到无穷快乐。

在这一来之不易的墓志铭资料集成之上，升腾着科学求真的吉光翼影，产生令人欲轻盈离地而翱翔的召唤。在这种摈弃庸俗、执着求真的感召中，我领悟着做人做事的真谛，并展望到我所热爱的海岛兼海湾的这座城市，将更重视在文史领域做好基础工作的未来。

2010 年 8 月 28 日初稿
2010 年 10 月 21 日修订

《厦门墓志铭汇粹》序

郑国珍

　　常言道，读书难，读古书更难，读古碑文，特别是读懂古墓志铭文那更是难上加难，繁难深奥，自不待说。日前，我的好友何丙仲发来他与吴鹤立联合编纂的《厦门墓志铭汇粹》，索序，这不，一下子就把我给难住了，通读起来，着实费劲，自然也就倍感作者在编纂此类书过程中的艰辛了。

　　丙仲兄，是我们厦门文博界一位承上启下的中坚专家，极为推崇王国维的"二重证据法"，认为做学问就应该将历代石刻和历史古籍相结合，这样才能取得突出成就。长期以来，他紧紧围绕厦门乃至全省的历史变迁、人物掌故、对外交流、文物保护、陈列展览等诸多领域，锲而不舍地求索，研究成果颇丰，期间热衷于石刻文字的搜集和研究是其一大特色，为世称道。自从厦门郑成功纪念馆副馆长、文博研究馆员岗位上退休后，他依然笔耕不止，在搜集整理出版了《厦门摩崖石刻》、《厦门碑志汇编》之后，近期又在以往积累的基础上，将搜索的目光投向了散见于各处的墓碑。

　　众所周知，墓志素来是生者为亡故的朝夕相处之亲人而作，举世无双，非有特殊之变故，即不为世所能见到。而能够撰、制墓志者，又往往是官宦与书香门第之家。皆乃依其所接触的社会阶层，礼请沾亲带故中功高位重或品学兼优者执笔、手书的佳作，言简意赅，寓意深远。既有追记亡者的家世生平，亦铭记着亡者的节烈教诲，更倾注着生者对亡故亲人的悼念与彰扬，而随葬于朝夕相处的亡故亲人之墓穴中，以寄托着道不尽的哀思和怀念，具有很高的史料和文物价值。因此，时有出现，一方墓志的出土，顷刻起到了证史、补史、纠错的作用，甚至达到足以重写或颠覆历史的地步。由为所从事工作取向的缘故，我们在文物考古和科研过程中，就时有遇到，一些疑难的或争论不休的问题，随着一方墓志的发现而迎刃趋解的现象，那令人欢欣的喜悦情景，的确非常言所能尽数。

　　综观本书收录的内容，除了一小部分是得之于谱牒文献之外，几乎囊括厦门市范围内历年出土或者传世的唐代以降墓志（包括圹志、墓表等）。这些墓志，或取之破损墓穴，或收于民间传世，或拾之荒郊僻壤，或索之名家收藏，或仅仅是作者的真诚感动了人家而得于一睹……颇费周折与辛劳；而经作者逐一识文、断句，还记述了墓志出土的时间、地点或来源、质地与尺寸、字体与刻法、保存情况、收藏地点，以及共存（出土）的器物介绍等，频添了不少文物和史料的价值于今，其治学之严谨足见一斑，颇值得后学者效之。我们期待着丙仲兄，百尺竿头更进一步，再有富具厦门区域特色的成果问世。

　　是勉为序。

2010年12月12日

一份粗浅的读书报告（代序）

黄 猷

抗战时期，在大学图书馆看到 In and about Amoy 这本书，孤陋寡闻，第一次见识到外国人关于厦门这片土地的专著，颇有新鲜感。其实这书的出版已是 30 年前的事了。当时，我是厦门的流亡学生，读来如游旧径，如见故人，某些内容、几张照片，一直留在记忆之中。

这一回，何丙仲先生让我看了他的译稿，我边读边想，似乎又略有所得。

书是 1912 年出版的，作者在中国，包括厦门已经有 20 多年的阅历，但他对中国社会的关注，主要是其在两个时间段的变化：一是鸦片战争带来的"门户开放"，二是清末"新政"的措施和效应，预备行宪、谘议局、商会、学堂、工厂、铁路、汽船……，这是和西方国家社会舆论早已形成的"To change China"的主流思想一脉相通的。不能不引起人们思考的是，身为传教士，作者于以灵魂的救赎来改变中国没有多大信心，尤其缺乏热情；在议论中国人的愚昧、落后中不时流露出不知上帝将会如何施为的无奈心情；在对于生活环境、旅游条件的一大堆埋怨中，看不到对周遭的中国人有一丝同情，也看不到牧师先生有任何献身的牺牲精神。更使人难以理解的是，他从破除偶像与祖先崇拜的角度，大大颂扬了洪秀全的勇气，而对于中国人第一次以引进西方代议制度为目标、且有李提摩太等美国人参与其中的"维新运动"，与道道地地的基督徒孙中山所领导的、眼前即将实现的亚洲第一个民主共和国一字不提。这就只能有一个解释，即在作者心目中，能够改变中国的只有西方国家的干预，和在外部压力下中国统治者的理性选择；知识分子的觉醒、群众的奋起是决定不了中国的命运的，一个独立的中国，并非"To change China"所追求的。平心而论，这不是 100 年前作者一个人的偏见，直到今天，仍有不少西方国家的精英人士不愿意接受"中国问题只能由中国人自己在中国的实践中解决"这一理念，甚至某些以"自由主义者"自居的中国知识分子，也对中国人能够创造性地独立解决中国现代化的问题动动摇摇。

作者对中国的社会结构做了认真的分析。他对宗族、族权的保守性，亦即其对中国社会进步的消极作用有比较充分的了解。他将商人与农民（自耕农）列为中产阶级，并指明这是传教的主要对象，隐隐约约透露出一种对资本主义的生长与突破使中国长期如此落后的宗法制度的藩篱的期望，这和一些西方传教士对东南亚社会，包括华侨社会的探索与工作经验是一致的。早期来到中国的西方基督教传教士，其活动于政治、经济中心的，也曾和过去的天主教士一样，试探过争取一批上层人士，包括传统的士人与官商作为依托的传教路线，李提摩太就为此写过《孔子与耶稣为友论》一类的证道文章；其以沿海开放口岸为立足点向内地延伸的，则面对着一个正在兴起的商人阶层与逐步进入市场交易的为集镇提供食物的农民，与从农村游离出来的手工业者，因而自然为这些比较开放、比较容易接近的人群所吸引。然而，历史并没有给予中国的中产阶级以发展成为强大的民族资本、足以推动中国从农业社会走向工业社会的机会；而中国基督教会早期的中坚也不是来自他们，而是来自破产农民中一些善良、正直、不屈服于命运，而在自由、平等、博爱的教导中找到一种新的社会理想和希望的人们，这些人倒是踏踏实实的以其高尚的情操，为改变中国做了自己力所能及的工作，从组织社会互助、社会救济、卫生防疫、平民教育，直至投身辛亥革命。作者生活和工作的闽南地区包括厦门就是如此。

  我们应该积极对待、解读外国人作为第三者对我们国家、社会的观察，力求更全面的认识自己；又应该尽可能弄清楚观察者的背景、思路和其结论的真实涵义，从而增加解读的准确性。简单的为观察者贴上一个政治标签、拒人于千里之外是愚笨的，囫囵吞之则恐怕于"滋补"无益。不承认有普世价值，例如将"亚洲价值观"与"西方价值观"对立起来是荒谬的，但是，承认有普世价值是一回事，接受别人从自己的角度对某一领域普世价值所做出的规范、或其在不同条件下所取得的经验又是一回事，特别是别人向我们推广的规范与经验。这正是我们当前还需要不断探索、加深认识的一个问题。

  何丙仲先生好意要我为其译本写一点什么，自愧不学，从第一次接触这本书到现在，已经60多年了，而孤陋寡闻如故，难以承命。只能将边读边想的，如实写出来，以就正于何先生。祈望他这译本行世取得成功，心所愿也！

2009年5月

《厦门纵横》 译序

周振鹤

在鸦片战争后开放的通商五口中,厦门的行政级别最低,既非如广州、福州那样的省城,亦非宁波一样的府治,甚至连上海县城这样的地位都没有,只不过是同安县下属的一个嘉禾里而已。但厦门由于港口优良,却早在康熙年间就成为设置的闽海关的正口。1846年到过厦门的英国圣公会传教士四美,就在鼓浪屿发现过1698年与1700年的英文墓碑。因此在鸦片战争前,外商来厦门进行贸易活动是常有的事。即使在乾隆中实行闭关政策,外贸只限广州一口之后,仍经常有西洋船只前来进行非法贸易。而在1830年代,英国人急切想打开中国门户时,曾派人数次乘船窥探过中国东南沿海的良港。1832年东印度公司的船只就从厦门开始,一路向北直到上海。南京条约签订以后,厦门正式开放,渐次发展为一个近代化的城市,成为中国自东徂西文化变迁中重要的一环。厦门也成为提督、道台、海防同知等重要官员的驻地,行政职能远远超过其上属的同安县。厦门城市的发展也走了近代化道路。我曾在《从南到北与自东徂西》一文中简略地分析了中国文化的南北差异与东西差异的发展经过,并认为到了近代以后,原来数千年的南北差异让位给了东西差异。因而在沿海省份,形成了大连、青岛、厦门、汕头这样一些过去名不见经传的新型城市,以至前三者竟然在各自所在省分形成了可与省会颉颃的政治与经济地位。

当然由于厦门在全国的地理位置的偏向以及腹地太小的缘故,在对外开放后的百年中,始终未能发展成为有全国性地位的城市,所演绎的仍然只是一部小城春秋。但就在这样的小城里,我们仍然处处可见近代化的步伐在不断向前迈进。我是一个历史地理领域的从业者,曾对上海的历史地理变迁写过一些文字,也主编了《上海历史地图集》,虽然很想对故乡厦门的历史地理做一些研究,但时间有限,始终未能如愿。环顾已经行世的有关厦门的著作,也觉得在历史的追索方面尚有所欠缺。尤其是在厦门近代化的步履中,还有许多我们并不清楚的细节。如果我们有意想将厦门史的研究向前推进,则除了深入发掘中文档案文献资料以外,也必须注意到外文文献的作用。虽然这样的文献成为专著的不多(据我所知至少还有另外四种),远不能与有关上海的专著相比,但部分与片断存在的依然不少,例如上引之四美在其著作 *A Narrative of An Exploratory Visit to Each of The Consular Cities of China* 里,就有很大的篇幅说到厦门,分量甚至比对上海的描述还多。无论是专著或部分片断的外文文献都值得我们重视,有能力的话应该尽量将其汉译行世。

本书的原版问世于清王朝即将覆亡之时,从厦门以及以厦门为中心的闽南与闽西地区的历史、地理面貌一直写到当时的现状,不但是西洋人对厦门等地的理解，而且也为我们保留了可贵的历史资料。因为异域的眼光与本土的思维常有不同的理路，在我们认为是习以为常而不会记载下来的事物，在他人却看成是另一种文化的重要体现而述之甚详。因此他者的眼光是认识自身的重要补充，有时甚至是极其重要的认识资源。我曾经说过，乾隆皇帝是不认识自己的，包括他自身与大清帝国，因为他没有将中国放在世界中去观察，他不利用他者的眼光这面镜子来对照自己，不知道在 1793 年的时候，大英帝国已经是世界上的一个强国，很有结束中国天朝大国地位的可能，结果半个世纪后他的孙子就不得不咽下鸦片战争失败的苦果。因此不管在什么时候，我们都要重视外人对我们文化的观察，不管是善意的还是恶意的，或许我们可以转用古人所说的"善吾师，恶亦吾师"这句话来表达这种必要性。此书翻译的重要意义就在于此，更何况书中的许多记述不但于一般人了解厦门历史有所助益，甚且于学术上亦有其参考价值，例如关于厦门方言与白话字两章就让我受益良多。

何丙仲与我一样是厦门人，但显然，他比我对厦门的感情更深。多年来，他一直为推进厦门史研究的深化而努力，这部《厦门纵横》译作的出现更是体现了他对乡土的热爱之情。翻译西文著作中有关中国的内容是一件不容易的事。西洋文化与中国文化相去太远，欧洲语言与汉语截然不同，因此在翻译中，各种专名的还原常常是随处可见的拦路虎。尤其是对现已不存的地理面貌的描述，更需要译者参考大量中文文献予以复原，显然丙仲为此是花了大量的心血的。全书的翻译认真细致，比较专门的章节还请有关专家审阅，大大提高了翻译的质量。这本书是有关厦门的西文专著的头一本译作，我希望以此为始，能有人继踵其武，将近代描述研究厦门的著作与论文或零星的记载都翻译出来，以使厦门史及厦门文化的研究能更上一层楼。是所至望。

《近代西人眼中的厦门》序

陈支平

中国的地方史或区域史研究,这些年来取得了众多的成果,十分可喜。但是也存在着一个不良的倾向,即动辄奢谈地方文化或区域文化。文化者,堂皇而大哉也!也许是出于热爱本乡土的美好愿望,地方文化或区域文化的论述,尽挑好的方面讲,优秀非凡。然而,我们如果把一些不同地方或区域的文化论述放在一起,比较比较,就会发现原来大家都一样,少有差别。比如什么历史文化积淀深厚、爱国爱乡、尊师重教、富有拼搏精神、勤劳勇敢、不屈不挠等等,是万万不能少的。自己绞尽脑汁,以为论述得面面俱到、高深俱到,可是既然大家都一样,岂不说了等于白说。

我以为,从事地方史或区域史的研究,必须脚踏实地,多做一些实实在在的工作。第一步,不妨深入到本区域的城乡各地,开展社会调查和田野调查,广泛搜集文献以及文献之外的各种资料。在拥有大量资料的基础上,才有可能进行专题性的研究工作,从而取得有所创见的成果。宏观的文化探讨,假如没有坚实的资料积累与多层面的专题性研究作为依托,必然流于空谈,于地方文化或区域文化的建设并无所补。

厦门市博物馆的何丙仲先生,可称是我的畏友。丙仲先生生活工作在厦门,眷恋乡土,热心厦门地方文化。长年以来,他利用业余时间,坚持不懈地在厦门市及其周边地区,从事地方资料的搜集工作。以一己之力,于2000年编纂出版了《厦门摩崖石刻》一书,详细介绍了他收集到的470多通石刻文字。2004年,他又编纂出版了《厦门碑志汇编》,本书辑录现厦门市政区范围内,包括历史上曾隶属于同安县的部分地区目前所遗存的从唐、宋、元、明、清代至1949年为止的各类碑志文字,共485方;以及载录于地方志书、诸家著录和有关谱牒中的部分碑志文献,共63方。这些资料的搜集整理出版,无疑对于厦门地方历史文化的研究,将起到十分重要的促进作用。而丙仲先生在搜集整理这些资料的过程中,尝尽千辛万苦,更是为一般读书人所难于体会。余巧英在《听何丙仲讲厦门摩崖石刻》一文中写道:"何先生花甲之年,加上腿脚不便,为了搜集厦门的摩崖石刻,四处奔忙,历时多年,可谓是历尽艰辛。在云顶岩上,何先生发现了一方石刻,经过几天的描红、核对,证实那是丁一中写的六首七律诗,他兴奋得差点从人字梯上摔下。有一次,何先生跑到一户人家堂屋的香案下面抄碑文,主人误认他为梁上君子,最后还是掏出名片才洗刷'罪名'。还有一次,何先生到乡下探访,被蚊子叮得不行,同行的人用灭蚊虫的药喷到他的腿上,结果,蚊子没灭死,何先生的腿麻得差点失去知觉。何先生都是自费下乡寻找摩崖石刻的。他说,有次从海沧坐公交车回家,时值盛夏中午,车上只有他一个人,背着一个大包,周身晒得跟民工似的,公交车师傅以为他不顾性命挣钱,一路上严厉批评,'他劝我要看淡名利,还批评人为财死鸟为食亡的错误人生观,我也不好争辩,回答说是是,要享受生活'。"如此执着以求,实在令人敬佩!

何丙仲先生有着十分扎实的英语根底,为了开拓厦门市地方历史文化资料的多方面来源,他还从西方学人的许多著述中寻找相关的文献,翻译出版了[美]毕腓力著《厦门纵横——一个中国首批开放口岸的史事》。如今,他翻译的《近代西人眼中的厦门》一书又要出版了。本书共收进[英]乔治·休斯著《厦门及周边地区(1872年)》,[英]厦门大英长老会编《纪念杜嘉德牧师(1877年)》,[英]赫伯特·艾伦·翟理思著《鼓浪屿简史(1878年)》、《厦门方言谚语(1887年)》,[英]麦戈文著《厦门与厦门人(1889年)》,[美]毕腓力著《在厦门五十年(1893年)》,[英]朱利恩·休斯·爱德华撰、《厦门地理通述(1896年)》,[英]米塔·莉娜编著《仁历西在厦门生活纪略(1907年)》,[英]塞舌尔·包罗著《厦门(1908年)》、《1908年在厦接待及宴请美国舰队服务指南(1908年)》,[美]A.C.马休斯著《郁约翰医生的平生及成果述略(1911年)》,[美]纽约美国归正教会编《厦门传教百年史(1842—1942)》,[美]德·扬格著《归正教会在中国(1842—1951)》,共十三篇,另有三篇附录。即《近代厦门外国人名中英文索引》、《近代厦门外国专名中英文索引》、《近代外国驻厦门历任领事一览表》。相信这部译著的出版,对于深入推进厦门地方历史文化的研究,将产生重要的学术影响。

我衷心祝愿丙仲先生多多保重,健康愉快,为厦门市地方历史文化的建设,做出更大的贡献。

《鼓浪屿公共租界》序

汪毅夫

何丙仲先生近日推出新书《鼓浪屿公共租界》,作为厦门市社科联、厦门市社科院主编的《鼓浪屿文化丛书》之一种,由厦门大学出版社出版。

鼓浪屿是闻名远近的风景区,近代曾沦为多个国家共同统治的"公共租界",中西文化在这里产生过撞击,发生过交流,现存的近代建筑文化和大量人文方面的遗存,诸如音乐、绘画等,已成为一项很重要的文化遗产。目前,政府有关部门正在积极将鼓浪屿纳入我国申报世界文化遗产的名录。申报的过程也推动了学术界对鼓浪屿文化历史的研究,何先生的新著便是一个例证。

何丙仲先生毕业于复旦大学历史系,服务于厦门市博物馆和郑成功纪念馆。于明清史和闽南文化研究,做出不少有益的贡献。我曾引用过他的《厦门碑志汇编》中的资料,对他吃苦耐劳地整辑乡邦文化史料的精神,深感佩服。他家世居鼓浪屿已历五代,又长于田野调查。本人虽曾在鼓岛居住过多年,阅后仍颇有所得,甚感欣喜。对这本小书的印象简述如下。

一是来自西方的史料丰富。他利用曾经旅居美国及在荷兰莱顿大学访学的机会,搜集有关厦门地方史的资料,并自行翻译,由是本书的资料来源多一途径,视野自然较开阔;

二是图文并茂,给人颇多新意。如作者论述"工部局"译名的来源,让读者从中看到了清廷在近代外交中的思维方式:

"工部局的英文为 Municipal Council,原义是'市政会'的意思。这个名称始于上海,据说太平军进攻上海时,洋人圈地为保护区,且砌筑了围墙。事后这些洋人还向清政府索讨砌墙的费用,清廷遂派员以工部的名义处理此事。以后在这基础上划出租界,就把双方共管的机构称作'工部局'。另外还有一种说法,是上海公共租界划定之初,Municipal Council 所做的事多以建房修路、疏浚水沟、改善环境为主,而在清代,此类事情乃属于朝廷六部之一的'工部'的职责,于是 Municipal Council 就被上海人称为工部局。鼓浪屿沿用上海公共租界那一套,连工部局这个名称也照搬过来。"

三是通过大量史实进行考证,对一系列鼓浪屿地方史问题得出有学术价值的结论,如:

(一)鼓浪屿近代文化是闽南文化的一朵奇葩。近代以来居住鼓岛的闽南人,大部分在海外"淬过火",在经济能力和文化视野等方面,已具备主动吸收或移植多种文化营养的能力,这个过程并非简单的"中西文化交流"便可说明的。

(二)鼓浪屿沦为半殖民地半封建社会的转折点在第二次鸦片战争之后,

在公共租界之前的近四十年间，该岛已逐渐成了"外国人居留地"，公共地界章程无非是一个使之"合法化"的过程。

（三）英、美等国家在岛上建领事馆的时间。

（四）公共地界章程正式生效的时间。等等。

何丙仲先生的新著，功力深厚，令晚辈感佩。鼓浪屿近代历史是极其丰富的宝库，还有待学术界同人从各方面共同努力，深度发掘。

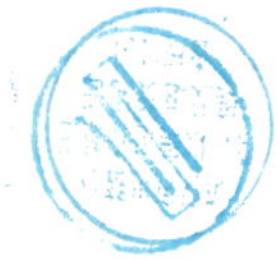

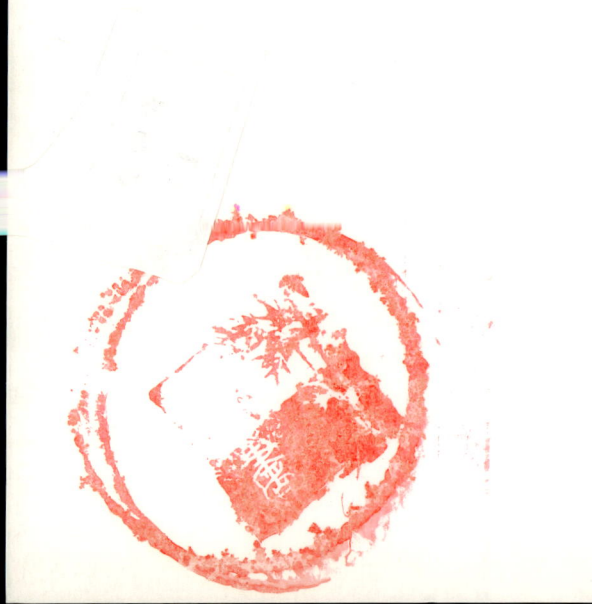